河南博物院学术文库

武　玮 / 著

黄河中下游地区汉至西晋
模型明器研究

MODEL BURIAL OBJECTS

FROM HAN TO WESTERN JIN DYNASTIES IN THE
MIDDLE AND LOWER REACHES OF THE YELLOW RIVER

中原出版传媒集团
大地传媒

大象出版社

·郑州·

图书在版编目（CIP）数据

黄河中下游地区汉至西晋模型明器研究/武玮著. —郑州：大象出版社，2014. 10

（河南博物院学术文库）

ISBN 978-7-5347-8178-0

Ⅰ. ①黄… Ⅱ. ①武… Ⅲ. ①黄河流域—明器—研究—汉代—西晋时代 Ⅳ. ①K878. 94

中国版本图书馆CIP数据核字（2014）第216421号

黄河中下游地区汉至西晋模型明器研究

武玮　著

责任编辑　郭一凡
责任校对　钟　娇
书籍设计　郑州新海岸设计中心

出版发行　大象出版社（郑州市开元路16号　　邮政编码450044）
发行科　0371-63863551　总编室　0371-65597936
网　　址　www. daxiang. cn
印　　刷　郑州新海岸电脑彩色制印有限公司
经　　销　各地新华书店经销
开　　本　787mm × 1092mm　　1/16
印　　张　18. 25
字　　数　320千字
版　　次　2014年10月第1版　　2014年10月第1次印刷
定　　价　180. 00元

若发现倒装、破损、少页等印装质量问题，请与印刷厂联系调换。　联系电话　0371-63601610

“河南博物院学术文库”编辑委员会

序

河南博物院的前身河南博物馆成立于1927年，最初收藏品源于同时期河南重要考古发现。20世纪30年代建馆初期，以关百益为首的专家学者，重视藏品搜集，先后接收了古物保存委员会所存文物，包括1923年新郑出土的春秋青铜器、洛阳等地的历代石刻碑帖等，大大丰富和提高了博物馆藏品的数量和质量。同时博物馆主动进行了几次田野发掘，获得了大量的出土文物。这一时期拥有的藏品数量多、质量精，弥足珍贵。如新郑出土的莲鹤方壶、大型列鼎、王子婴次炉、编钟等。抗战时期，为了文物安全，馆藏文物精品被装箱先后运往武汉、重庆存放。1949年11月，由国民党政府挑选38箱，运往台湾，致使旧藏至今分别保存于海峡两地的博物馆中。中华人民共和国成立后，在党和政府的关怀支持下，河南博物院积极开展文物征集工作，通过收购、捐赠、发掘、拣选、调拨等，丰富充实馆藏数量。目前馆藏文物达13万余件，藏品来源多为本省的考古发掘，有明确的出土地点、地层和墓号。特别是中原重要的考古发现，如殷墟妇好墓、郑州商城遗址、三门峡虢国墓地、淅川下寺楚墓、新郑郑韩故城等的出土文物均有成组收藏。

利用藏品，结合博物馆特色进行多领域、深层次的科学研究，是河南博物院科研工作的重心。1927年本馆建立后，随着馆藏文物的增多，学术研究工作犹显得重要。1929年底，殷墟文物进馆之后，当时的博物馆即聘请考古学者关百益先生为编辑委员，研究考订甲骨文字和各种器物并刊印成书。1930年底，关百益先生接任馆长职务，同时成立研究部，使本馆科学研究步入正轨。1931年颁布的《河南博物馆组织条例》上明确提出了“发扬固有文化，提倡学术研究”的办馆宗旨。据统计，1931—1938年间河南博物馆出版文物图录和研究著述达100多册卷。1936年7月，为“阐扬文化，研究学术”，创办《河南博物馆馆刊》，1938年3月虽因日寇入侵而停刊，但两年时间共出版15期，内容丰富，立意新颖，“琳琳琅琅，萃集一堂，遂为中州古代文化之大观”。

中华人民共和国成立后，随着博物馆事业的迅速发展，学术研究也逐步走向深入。1991年本馆成立了专门负责学术研究的组织机构——学术委员会，为学术研究工作的发展与繁荣提供了便利条件。1997年河南博物院新馆落成开放以来，明确提出了

“科研兴院”的战略。为提高本院在国内外博物馆界的知名度和学术地位，加快科研成果转化，院学术委员会制定了中长期科研发展规划，负责设立每年的科研课题、提出科研资金的使用办法、评审验收科研成果、制定相关科研管理条例，营造了浓厚的学术氛围。十几年来先后出版了《河南博物院精品与陈列》《新郑郑公大墓青铜器》《许顺湛考古论集》《河南出土汉代建筑明器》《周到艺术考古文集》《辉县琉璃阁甲乙二墓》《五帝时代研究》《河南古代陶塑艺术》《中原古代音乐文物》等十几部学术专著，发表学术论文上千篇。河南博物院主编的文物考古类期刊中《中原文物》，从1977年创刊至今，已出版180期，面向国内外公开发行。该刊被列入全国中文核心期刊和中国人文社科类核心期刊，在学术界产生了重要的影响。

“河南博物院学术文库”收录的图书侧重于对中原考古、历史、文化等研究。文库图书从策划、撰稿至出版均经院学术委员会评审通过。著作的出版得到我院科研人才项目培养资金的资助支持。入选的学术著作，为我院科研人员近年来学术成果的直接展示，也是作者对自身学术研究的深层回顾与总结。我们也希望在进一步发扬我院固有的学术传统基础上，围绕中原历史与文化，扩展学术视野，加强与国内外学术界的交流与合作，为共同推动中国博物馆事业发展、服务中原文化建设担负起我们应尽的职责。

河南博物院院长 田凯
2014年9月

目 录

第一章 引 言

第一节 研究背景及意义

两汉至西晋时期，王朝更迭，社会、经济、思想和文化同样发生了明显的变化，在考古学上俞伟超先生提出这一时期丧葬制度是“汉制”到“晋制”的转变时期[1]。与西周以礼器为主的随葬品不同，汉代墓葬随葬品逐渐形成一套包括仓、灶、井、磨、碓房、圈、家禽畜俑、楼等的随葬明器。这套随葬品中部分器类源自先秦，在汉代得以发展与补充，并逐渐形成一套完整的典型汉代随葬器物组合。俞伟超先生指出西汉中期以后模拟庄园面貌的模型明器发达是汉文化呈现的新的特点[2]。李如森先生将模型明器视为汉文化形成的一个重要因素，认为模型明器的使用反映了汉代庄园经济[3]。赵化成先生指出“汉制”以模型明器组合为最大特点[4]。这套典型的汉代随葬品经曹魏时期在西晋有所调整，模型明器从汉代器类繁多到西晋时期减少。这一转变过程与考古学上从汉制到晋制丧葬制度的变化相契合。

考古学研究主要通过对遗迹、遗物的分析，来复原制造、使用这些遗迹和遗物的人们的生活，以研究人类的文化与社会发展的过程及其规律[5]。以器物为基础探讨相关器物背后的文化现象也是考古学研究的主要课题。模型明器最早主要出现于先秦关中秦地，限于一定社会阶层使用。从西汉早期始，模型明器器类开始增多，使用逐渐扩散，从不同地域到不同社会阶层逐渐接受随葬模型明器，直至成为汉代丧葬文化的特征之一，又至西晋逐渐衰落，其中模型明器的某些器类在后世墓葬中仍被使用，其所隐含的文化发展现象值得我们关注。模型明器作为一种物质文化载体，反映了汉

[1] 俞伟超. 汉代诸侯王与列侯墓葬的形制分析——兼论“周制”、“汉制”与“晋制”的三阶段性［M］先秦两汉考古学论集. 北京：文物出版社，1985：117-124；俞伟超. 中国魏晋墓制并非日本古坟之源［M］古史的考古学探索. 北京：文物出版社，2002.

[2] 俞伟超. 考古学中的汉文化问题［M］古史的考古学探索. 北京：文物出版社，2002：180-190.

[3] 李如森. 东汉墓葬及其反映的社会面貌［J］. 吉林大学社会科学学报，1996（3）：69-74；李如森. 西汉墓葬及其反映的社会面貌［J］. 吉林大学社会科学学报，1995（6）：58-62.

[4] 转引自胡亚毅. 汉代模型明器研究［N］. 中国文物报，2005-09-02.

[5] 王巍. 关于中国考古学发展方向的思考［C］//中国社会科学院考古研究所编著. 21世纪中国考古学与世界考古学. 北京：中国社会科学出版社，2002：44.

晋时期丰富的社会文化内涵。基于运用考古学理论研究这一时期模型明器的发展演变特征及相关社会问题，是本书努力的方向。

第二节 相关研究界定

1. 研究对象

模型明器属于明器概念范畴，专门为随葬而制作，模仿现实动物、器物或建筑等随葬用具。模型明器的器类往往随时代而改变，根据各地出土的模型明器器类，已有不少学者对汉代模型明器做了分类归纳。俞伟超先生研究认为，汉代模型明器包括仓囷、灶、井、磨、碓房、猪圈、羊圈、鸡、狗、楼阁和多种人俑等[1]。李如森先生将汉代模型明器分为五类：一类为建筑模型（包括屋院、楼、楼院、城堡式楼院），二类为田地与池塘模型（包括旱田模型、水田模型、池塘模型），三类为车船模型，四类为磨盘、杵臼、碓房、风车、酿造作坊模型，五类为仓、灶、井等模型，家禽、家畜和人俑则被归入另一类[2]。而对于人俑是否应归属于模型明器类，目前学界存在较大争议。本文为研究方便，不将人俑归于模型明器类。因此本书的研究对象主要是汉至西晋墓中出现的仓、灶、井、磨、碓、臼、猪圈、羊圈、家禽畜及屋、楼阁等模型明器。根据模型明器的功能分类，则汉至西晋模型明器大致包括以下几部分：一是粮食贮藏与粮食加工类，主要包括仓与磨、碓、臼、风扇车、簸箕等粮食加工工具及碓房等粮食加工建筑；二是炊厨类，主要包括灶、井及厨房建筑类；三是圈厕及家禽家畜俑类，包括厕，猪圈、羊圈等牲畜圈及猪、狗、鸡、鸭等家畜禽俑；四是房屋等建筑类，主要是指模仿日常起居生活的居室、院落、楼阁等，以及居住建筑部分如阙、墙等；五是交通工具类，包括车、船等；六是田地池塘类，包括池塘、水田、旱田类等。

2. 研究区域

俞伟超先生曾经指出："汉文化涵盖的空间范围，远远超过以前的任何一种中国的考古学文化，所以其中存在的区域差异性，一定是很大的，对汉文化的研究，不能回避区域差别问题。"[3]徐苹芳先生指出中国历史考古学文化内涵丰富，在文化分

[1] 俞伟超.考古学中的汉文化问题[M]古史的考古学探索.北京：文物出版社，2002：180-190.
[2] 李如森.汉代模型明器与禽畜人俑综述[J].考古学集刊（12），中国大百科全书出版社，1999；又见李如森.汉代丧葬礼俗[M].长春：沈阳出版社，2003：130-156.
[3] 俞伟超.考古学中的汉文化问题[M]古史的考古学探索.北京：文物出版社，2002：189.

区方面很难有一个统一的标准。此外，民族的移动，因战乱和自然灾害造成的人口迁徙，都对中国地区文化差异产生影响。墓葬（包括葬式和葬俗）的分区很重要[1]。

考虑到汉文化的区域性特点，因此选取一定的区域集中讨论，对研究的深入有一定的帮助。模型明器为汉墓典型的随葬品组合，若讨论其发展，必然先从汉文化核心地区研究着手。故本书在选取区域时以汉文化的中心区域为研究对象，将研究区域界定为黄河中下游地区。这一地区包括两汉至西晋的京畿之地，为汉晋文化的典型地区。两汉为司隶、豫、青、徐、冀、兖、并、荆州刺史部等所辖，曹魏西晋时期为司隶、豫、青、徐、冀、兖、并、雍、荆州刺史部等所辖。这一地区中长安、洛阳、邺城、宛、彭城、临淄、邯郸等皆为两汉至西晋中央至地方的政治、文化、经济中心地区，人口众多，文化昌盛，经济发达。此外关中秦地为模型明器最早发源区，而江苏徐州和鲁南也是西汉全国最早出现模型明器的地区之一。此地区模型明器的出现与发展呈现出完整的发展序列，有利于对模型明器的整体研究。而本区发掘和发表的汉至西晋墓葬资料众多，也为本书继续开展研究工作提供了大量资料。

本书所讨论的黄河中下游地区范围基本套用今天的地理概念，但在局部略有调整。一是舍弃了内蒙古中南部的汉墓资料。两汉时期这里为北方边郡。自西汉武帝开边屯田，经济得到发展，汉墓形制与随葬品与关东及关中地区同期墓葬近似，但同时也保留有鲜明的北方民族文化因素[2]。从自然地理环境看，两汉时期这里主要属于半农半牧区，与黄河中下游大部分地区以传统种植业为主的农业区明显不同。因同类性质的分区保留有陕北与晋北，故这部分资料略去不再讨论。二是增补了河南南阳地区的汉墓资料。两汉至西晋南阳基本属于荆州刺史部所辖，南阳郡治所于宛，西汉时已是著名的商业中心城市。东汉光武帝刘秀因发迹于南阳，遂以宛城为陪都，又称“南都”。东汉时期南阳郡户口数占荆州刺史部总数的38%左右，且人口密集，经济发达，汉晋时期盛称的南阳大族多出于此。曹操又迁荆州刺史部治所于宛。考虑到南阳在两汉至西晋时期的重要地位，故将南阳列入讨论中。

这样，本书的研究范围大致界定为东至海，北至陕北、晋北、冀中南一带，西至陕西，南至秦岭—淮河中国气候南北分界线，相当于今天的河南大部（除信阳、驻马店）、河北中南部、山西、陕西、山东、苏北及安徽北部地区。

---

［1］ 徐苹芳. 中国历史考古学分期问题的思考［J］. 考古，2000（7）：81-87.
［2］ 内蒙古文物考古研究所. 内蒙古中南部汉代墓葬［M］. 北京：中国大百科全书出版社，1998：345.

3. 研究分期

本书研究的时间范围界定为两汉至西晋时期，即公元前206年西汉建立至公元316年西晋灭亡。基于本书使用的主要是考古资料，因此在时间上，基本采用的是考古分期，参考《洛阳烧沟汉墓》、张小舟[1]先生和李梅田[2]先生的分期法，将汉代至西晋考古分为10期：

西汉前期：公元前206年—公元前119年

西汉中期：公元前118年（武帝元狩五年）—公元前49年（宣帝黄龙元年）

西汉晚期：公元前48年（元帝初元元年）—公元6年

新莽—东汉初期：公元7年（王莽居摄二年）—公元39年

东汉早期：公元40年（光武帝建武十六年）—公元88年（章帝章和二年）

东汉中期：公元89年（和帝永元元年）—公元146年（质帝本初元年）

东汉晚期：公元147年（桓帝建和元年）—公元189年

东汉末期：公元190年（献帝初平元年）—曹魏前期（曹魏齐王曹芳）

曹魏后期：公元240年（曹魏正始元年）—公元279年西晋早期（西晋武帝咸宁五年）

西晋中晚期：公元280年（西晋武帝太康元年）—公元316年（西晋灭亡）

第三节 研究历史与现状

1. 研究历史与发现

20世纪初大量从古墓盗掘出来的随葬器物流入古玩市场，而对汉至西晋时期模型明器的关注与研究亦发轫于此。国内学者如罗振玉、郑德坤等先生及国外学者如法国人罗福与日本人滨田耕作、衡子等均对此有所研究[3]。而对模型明器真正做系统的科学整理研究则随着中国考古事业发展而逐渐走向深入。回顾一个世纪以来相关研究的发展历程，大致可将其划分为三个阶段：

第一阶段，20世纪40年代以前。

［1］张小舟. 北方地区魏晋十六国墓葬的分区与分期［J］. 考古学报，1987（1）：19-44.
［2］李梅田. 中原魏晋北朝墓葬文化的阶段性［J］. 华夏考古，2004（1）：50-53.
［3］郑德坤，沈维钧. 中国明器（影印本）［M］. 上海：上海文艺出版社，1992：10.

较早关注模型明器的中国学者为罗振玉先生。1916年，罗振玉先生将历年所购买收藏的古器物绘成图录《古明器图录》四卷，其序言称："光绪丁未（1907年）冬，余在京师始得古俑二于厂肆……明年春，复挟诸明器来，则俑以外，伎乐、田宅、车马、井、灶、杵、臼、鸡、狗之物悉备矣。"[1]之后罗氏又将所藏另一部分明器编成《古明器图录四卷》[2]。研究方法上，罗振玉先生主要沿袭传统金石学研究方法，为明器绘制图录，侧重器形及定名的研究。20世纪30年代，郑德坤先生著《中国明器》一书，开始有意识地结合考古学资料来探索明器产生的社会背景，为中国学者系统研究明器的较早著作。该书将古代明器发展分为萌芽时期（史前—三代）、发展时期（秦汉—六朝）、成熟时期（唐代）和衰落时期（唐以后）四阶段。讨论了各时期明器的种类。郑氏将汉代明器分类为俑、瓦灶、屋舍、陶仓、畜舍、鸡犬及其他禽兽、瓦井、杵臼、车舆、圹砖、瓶壶鼎罐之类，并讨论了明器装饰风格[3]。随后，郑氏编写《中国明器图谱》，以图录的形式收录厦门大学文学院收藏的历代明器。其中汉代明器35件，包括人物和家畜禽俑，楼台、井、灶、磨、囤、犬舍、牛车等模型明器和鼎、豆、奁、壶等日用器皿以及镇墓兽等[4]。另外梁思成先生较早注意到陶屋和楼明器所反映的汉代木构建筑技术，并对汉代建筑中的斗拱使用特点进行说明[5]。

第二阶段，20世纪50年代—20世纪70年代。

1949年后，中国的考古发掘与研究进入发展时期，这一阶段大量随葬有模型明器的汉墓被发掘。考古工作者在研究汉墓形制的编年外，注重用类型学方法研究出土的模型明器。以《洛阳烧沟汉墓》的编写为代表，该报告通过对洛阳烧沟地区出土的仓、灶、井等进行型式划分，不仅建立了西汉中期至东汉晚期中原地区分型分式标准，对其他地区的汉墓模型明器的型式划分和分期也具有重要的指导意义[6]。此外，20世纪50年代发表的黄河中下游区域出土模型明器汉墓的发掘报告还有《沂南古画像石墓发掘报告》(1956年)[7]、《庙底沟与三里桥》(1959年)[8]、《望都二号汉墓》

[1] 罗振玉.古明器图录[M].上虞罗氏影印本，1916.
[2] 罗振玉.古明器图录四卷[M].上虞罗氏影印本，1916.
[3] 郑德坤，沈维钧.中国明器（影印本）[M].上海：上海文艺出版社，1992：23-47.
[4] 郑德坤.中国明器图谱[M].厦门：厦门大学文学院，1935：11-17.
[5] 梁思成，著，费慰梅，编，梁从诫，译.图像中国建筑史[M].天津：百花文艺出版社，2001：133-137.
[6] 洛阳区考古发掘队.洛阳烧沟汉墓[M].北京：科学出版社，1959.
[7] 南京博物院，山东省文物管理处.沂南古画像石墓发掘报告[M].北京：文化部文物管理局，1956.
[8] 中国科学院考古研究所.庙底沟与三里桥[M].北京：科学出版社，1959.

（1959 年）[1] 等。发表的考古简报中出土模型明器的汉墓以河南省最多，如三门峡陕县 1956 年秋墓葬发掘[2]、三门峡陕县 1956 年刘家渠汉唐墓发掘[3]、1955 年洛阳汉河南县城东区发掘[4]、禹县白沙汉墓发掘[5]、郑州南关外东汉墓发掘[6] 等。陕西省出土有模型明器的汉墓发掘集中在西安及其周边地区，有西安环城马路汉墓[7]、西安徐家湾汉墓[8]、西安十里铺东汉墓[9]、长安县三里村东汉墓[10] 等。河北省有石家庄赵陵铺汉墓[11]、石家庄北宋村汉墓[12]、邢台前炉子村汉墓[13]、邯郸王郎村汉墓群[14]。山东省有章邱普集镇汉墓[15]、禹城汉墓[16] 等。山西省汉墓发表资料较少，以广武和古城堡的汉墓为代表[17]。20 世纪 60 年代至 70 年代河南省出土有模型明器的重要发掘有洛阳西郊汉墓[18]、洛阳老城西北郊汉墓[19]、洛阳西汉壁画墓[20]、南阳杨官寺汉画像石墓[21]、郑州二里岗汉墓[22]、郑州新通桥汉墓[23]、洛阳西汉卜千秋墓[24]、洛阳涧西七里河东汉墓[25] 等。陕西省出土有模型明器的重要发掘有西安东郊韩森寨汉墓[26]、

[1] 河北省文化局文物工作队. 望都二号汉墓［M］. 文物出版社，1959.
[2] 黄河水库考古工作队. 一九五六年秋河南陕县发掘简报［J］. 考古通讯，1957（4）：1-9.
[3] 黄河水库考古工作队. 一九五六年河南陕县刘家渠汉唐墓葬发掘简报［J］. 考古通讯，1957（4）：9-19.
[4] 黄展岳. 一九五五年春洛阳汉河南县城东区发掘报告［J］. 考古学报，1956（4）：21-54.
[5] 河南省文化局文物工作队. 河南禹县白沙汉墓发掘报告［J］. 考古学报，1959（1）：61-83.
[6] 刘东亚. 郑州南关外东汉墓的发掘［J］. 考古，1958（2）：43-45.
[7] 陕西省文物管理委员会. 西安环城马路汉墓清理简报［J］. 考古通讯，1958（7）：17-21.
[8] 唐金裕. 西安徐家湾清理一座汉墓［J］. 文物参考资料，1956（9）：73-74.
[9] 雒忠如. 西安十里铺东汉墓清理简报［J］. 考古通讯，1957（4）：38-42.
[10] 陕西省文物管理委员会. 长安县三里村东汉墓葬发掘简报［J］. 文物参考资料，1958（7）：62-64.
[11] 河北省文物管理委员会. 河北省石家庄市赵陵铺镇古墓清理简报［J］. 考古，1959（7）：350-353.
[12] 河北省文物管理委员会. 石家庄市北宋村清理了两座汉墓［J］. 文物，1959（1）：53-56.
[13] 河北省文化局文物工作队. 1958年邢台地区古遗址古墓葬的发现与清理［J］. 文物，1959（9）：66-68.
[14] 唐云明，江达煌. 河北省邯郸王郎村清理五十二座汉墓［J］. 文物，1959（7）：72.
[15] 王思礼. 山东章邱县普集镇汉墓清理简报［J］. 考古通讯，1955（6）：33-38.
[16] 山东省文物管理委员会. 禹城汉墓清理简报［J］. 文物参考资料，1955（6）：77-87.
[17] 阎文儒. 广武和古城堡的汉墓［J］. 雁北文物勘察团报告，1959：15-22.
[18] 中国科学院考古研究所洛阳发掘队. 洛阳西郊汉墓发掘报告［J］. 考古学报，1963（2）：1-58.
[19] 贺官保. 洛阳老城西北郊81号汉墓［J］. 考古，1964（8）：403-407.
[20] 河南省文化局文物工作队. 洛阳西汉壁画墓发掘报告［J］. 考古学报，1964（2）：107-125.
[21] 河南省文化局文物工作队. 河南南阳杨官寺汉画像石墓发掘报告［J］. 考古学报，1963（1）：111-139.
[22] 河南省文化局文物工作队. 郑州二里岗汉画像空心砖墓［J］. 考古，1963（1）.
[23] 郑州市博物馆. 郑州新通桥汉代画像空心砖墓［J］. 文物，1972（10）：41-48.
[24] 洛阳博物馆. 洛阳西汉卜千秋壁画墓发掘简报［J］. 文物，1977（6）：1-12.
[25] 洛阳博物馆. 洛阳涧西七里河东汉墓发掘简报［J］. 考古，1975（2）：116-123.
[26] 陕西省文物管理委员会. 西安东郊韩森寨汉墓清理简报［J］. 文物，1960（5）：72-75.

潼关吊桥汉代杨氏墓群[1]、千阳县汉墓[2]等。山东省有东平王陵山汉墓[3]、临沂银雀山汉墓[4]等。河北定县北庄汉墓[5]、河北任邱东关汉墓[6]。

这一时期，对模型明器研究主要集中在某类器物的型式划分上，为墓葬分期提供依据。国内学者开始注意到模型明器的装饰及建筑特征，如赵世纲先生对河南新密出土陶仓的地主收租彩绘图像进行阐释[7]，陈明达先生对汉代模型建筑明器所反映的汉代建筑技术进行讨论[8]。此外杨焕成[9]、孙传贤、张静安[10]、王寿芝[11]、秦中行[12]诸先生则对出土的汉代陶仓、陶水榭、陂池模型等加以介绍。另外日本学者林巳奈夫先生主持编纂的《汉代の文物》中对汉代出土的模型明器仓、灶、井、楼等加以介绍[13]。

第三阶段，20世纪80年代至今。

这一时期汉墓发掘资料较为丰富，田野考古发掘报告和简报大量出版，各地区逐渐建立起自己的汉墓考古区系，汉墓的分期、分区研究取得了一定的成果。发掘报告或简报中出土器物登记资料，特别对汉墓出土的陶仓、灶、井等模型明器的分类定型，为这一区域模型明器的类型及组合研究奠定了基础，而报告中的汉墓分期工作的完成也成为讨论模型明器的时空支撑点。如西安地区的《西安龙首原汉墓》[14]、《白鹿原汉墓》[15]、《长安汉墓》[16]、《西安北郊郑王村西汉墓》[17]、《西安东汉墓》[18]等报告的出

[1] 陕西省文物管理委员会. 潼关吊桥汉代杨氏墓群发掘简记［J］. 文物，1961（1）：56-66.
[2] 宝鸡市博物馆，千阳县文化馆. 陕西省千阳县汉墓发掘简报［J］. 考古，1975（3）：178-181.
[3] 山东省博物馆. 山东东平王陵山汉墓清理简报［J］. 考古，1966（4）：189-192.
[4] 山东省博物馆，临沂文物组. 临沂银雀山四座西汉墓葬［J］. 考古，1975（6）：336-351.
[5] 河北省文化局文物工作队. 河北定县北庄汉墓发掘报告［J］. 考古学报，1964（2）：127-156；河北省文化局文物工作队. 河北定县北庄汉墓出土文物简报［J］. 文物，1964（12）：26-32.
[6] 天津市文化局考古发掘队. 河北任邱东关汉墓清理简报［J］. 考古，1965（2）：70-72.
[7] 赵世纲. 密县汉墓陶仓楼上所绘的地主收租图［J］. 文物，1966（3）：6-7.
[8] 陈明达. 关于汉代建筑的几个重要发现［J］. 文物参考资料，1954（9）：91-92.
[9] 杨焕成. 河南焦作东汉墓出土彩绘陶仓楼［J］. 文物，1974（2）：70.
[10] 孙传贤，张静安. 介绍一件东汉晚期的陶水榭［J］. 文物，1966（3）：59-60.
[11] 王寿芝. 汉代堆纹陶囷［N］. 中国文物报，1975-07-30.
[12] 秦中行. 记汉中出土的汉代陂池模型［J］. 文物，1976（3）：77-78.
[13] ［日］林巳奈夫. 汉代の文物［M］. 京都大学人文科学研究所，1976.
[14] 西安市文物保护考古所. 西安龙首原汉墓甲编［M］. 西安：西北大学出版社，1999.
[15] 陕西省考古研究所. 白鹿原汉墓［M］. 西安：三秦出版社，2003.
[16] 西安市文物保护考古所，郑州大学考古专业. 长安汉墓［M］. 西安：陕西人民出版社，2004.
[17] 陕西省考古研究院. 西安北郊郑王村西汉墓［M］. 西安：三秦出版社，2008.
[18] 西安市文物保护考古所. 西安东汉墓［M］. 北京：文物出版社，2009.

版，使人们对西安地区两汉时期汉墓的分期及墓葬形制演变和随葬品组合的规律有了较为全面的认识。洛阳地区亦是汉墓发掘集中之地，高炜先生将洛阳地区汉墓进行了分期，同时概括了各期墓葬形制和随葬品的演变，反映了洛阳汉墓发展演变轨迹[1]。此外其他地区的汉墓资料也日益丰富。

这一时期学界对模型明器的认识和研究进一步加深，模型明器的分期定型不再仅局限于为墓葬分期服务，而是开始侧重于模型明器自身的研究。此外不少学者亦开始从建筑、美学等方面多视角、多学科地研究汉代模型明器，更加有利于全面认识模型明器。此时期研究主要侧重于以下几个方面：

一是对模型明器的个案研究。这类研究以孙机先生的《汉代物质资料文化图说》为代表。该书对汉代出土的器物（包括模型明器）按照门类编入，对不同器物进行定名并解释器物背后反映的汉代社会生活，涉及的模型明器有仓、灶、井、粮食加工工具、房屋等[2]。其他学者对模型明器的器物分析则集中在仓、灶、井、磨、圈等模型明器的类型学研究上，尤以仓、灶居多。如陶仓方面，不少学者依据文献对出土的仓类定名分类，并对汉代粮仓形制、贮粮方式、仓政管理等进行探讨。禚振西、杜葆仁[3]及张锴生[4]先生结合文献对出土的贮粮器进行型式划分并定名，并介绍了汉代粮仓的种类、粮仓构造及储粮技术。张剑锋[5]、徐寿群[6]等先生对仓储模型进行型式划分、形制和分布地域分析。陶灶方面，有郭灿江[7]、张勇[8]先生对豫北、豫西地区，胡金华先生等[9]对河北，李永敏先生等[10]对山西出土陶灶进行研究。梁云先生对关中、山东、洛阳、湖北等地出土的秦汉时期的陶灶进行区域划分，以（新）函谷关和秦岭为界，将陶灶划分为两大系统，并讨论陶灶在上述地区的传播[11]。朱津

［1］ 中国社会科学院考古研究所，编．新中国的考古发现和研究［M］．北京：文物出版社，1984：412-415.
［2］ 孙机．汉代物质资料文化图说（增订本）［M］．上海：上海古籍出版社，2008：18-21.
［3］ 禚振西，杜葆仁．论秦汉时期的仓［J］．考古与文物，1982（6）：84-93.
［4］ 张锴生．汉代粮仓初探［J］．中原文物，1984（2）：93-101.
［5］ 张剑锋．两汉时期陶囷的类型学分析［J］．江汉考古，1995（4）：69-77.
［6］ 徐寿群．仓、囷与“筒腹罐”之界说［J］．江汉考古，1995（1）：66-72.
［7］ 郭灿江．河南出土的汉代陶灶［J］．中原文物，1998（3）：62-66.
［8］ 张勇．豫北汉代陶灶［J］．中原文物，2007（5）：78-88.
［9］ 胡金华，等．河北汉墓出土的陶灶概述［C］//河北省文物考古研究所、河北省考古文集（二）．北京：北京燕山出版社，2000：403-408.
［10］李永敏，范文谦．山西出土的东周两汉陶灶［C］//山西省考古学会论文集（三）．太原：山西古籍出版社，2000：325-330.
［11］梁云．论秦汉时代的陶灶［J］．考古与文物，1999（1）：48-54.

先生对全国汉墓出土陶灶进行类型分析，并对其产生的社会文化背景进行探讨[1]。陶井模型明器方面，有李桂阁先生对河南南阳出土汉代陶井明器的型式划分[2]，戴书田先生对河北水井与陶井明器的研究[3]，李京华先生对河南出土古井及提水机械的研究[4]。陶厕模型方面，有曹建强[5]、龚良[6]等先生对汉代陶厕及猪圈进行的简要分类。陶磨方面有李发林先生对战国至隋唐时期古代旋转磨研究[7]，石敬东等[8]先生对山东枣庄汉墓出土石磨分析。河南博物院编写的《河南出土汉代建筑明器》一书对河南汉代出土的陶仓楼、仓房、望楼、水榭、百戏楼、作坊、猪圈、井等13类建筑明器进行了类型学研究，并对建筑明器所反映的汉代建筑技术等问题进行探讨[9]。

二是对模型明器的整体研究。以模型明器组合作为整体研究的成果并不多，目前只见胡亚毅先生根据全国汉代模型明器的出土和组合，分区域探讨汉代模型明器的组合变化及数量消长，认为汉代模型明器组合的形成是关中地区与旧楚地区随葬品制度共同融合的结果。模型明器的使用与分布同地域、流行程度、时间因素、财富等级等因素有关[10]。

三是对模型明器产生的社会背景研究。多数学者尤其侧重分析仓、灶模型明器的产生原因，普遍认为最早的仓、灶模型明器出现在秦地。如韩伟先生指出在春秋晚期至战国早期秦墓中就已出土了陶囷，并论述了囷的贮粮优点[11]。张颖岚先生认为出有陶囷的墓主为士或庶民中的较富有者。陶囷模型反映了秦国贮粮设施的发展演变，即从春秋晚期至战国早期主要流行“架空式”，到战国早期以后以“平地式”和“台

[1] 朱津. 汉墓出土陶灶类型学研究［D］. 郑州：郑州大学历史学院，2010.

[2] 李桂阁. 南阳地区汉代陶井及相关问题［J］. 农业考古，2003（1）：163-165.

[3] 戴书田. 河北省的古代水井和水井模型［C］//河北省文物考古研究所、河北省考古文集（二）. 北京：北京燕山出版社，2001：473-482.

[4] 李京华. 河南古代水井及提水机械与技术的发展史［C］//李京华文物考古论集. 郑州：中州古籍出版社，2006：206-216.

[5] 曹建强. 汉代的陶厕［J］. 古今农业，1999：79-80.

[6] 龚良. “圂”考释——兼论汉代的积肥与施肥［J］. 中国农史，1995（1）：90-95；龚良. 汉“更衣之室”形象及建筑技术考辨［J］. 南京大学学报，1995（1）：129-135.

[7] 李发林. 古代旋转磨试探［J］. 农业考古，1986（2）：146-167.

[8] 石敬东，陶威娜，等. 浅谈山东枣庄出土的汉代磨［J］. 农业考古，2004（1）：136-139.

[9] 河南博物院，编. 河南出土汉代建筑明器［M］. 郑州：大象出版社，2002.

[10] 胡亚毅. 汉代模型明器研究［D］. 北京：北京大学考古文博学院，2005.

[11] 韩伟. 秦国的贮粮设施浅议［J］. 考古与文物丛刊（第3号），1983：76.

基式”两种为主流。陶囷模型的出现与流行反映了秦国农业的快速发展，同时也反映了秦人重功利、重实用的社会观念[1]。此外武丽娜[2]、步雁先生[3]等基本沿袭前述两位学者的观点，并认为西汉早期以中原地区的墓葬为中心，随葬陶仓等明器的风习明显增加。使用实用型仓虽限于诸侯王墓中，但不久制作和使用急速扩大并广泛流行开来。认为秦汉墓葬中陶仓模型的出现，是颠覆传统随葬等级制度的有力工具，是生产生活的真实写照，表现了当时人们的丧俗观念。此外，陶仓模型也反映了汉代小农经济的发展。

另有学者以汉代模型明器的组合为整体对其出现和使用进行阐释。以俞伟超先生为代表，指出西汉中期以后，特别是东汉时期，由于大土地所有制的发展，模型明器的种类在逐渐增加，形成了一套象征庄园生活缩影的明器群，因而这种明器的意义已经发生变化。作为随葬品，“既是为了表示墓主的社会地位，又反映普天之下希望成为一种规模很大、能够自给自足又有部曲保卫的庄园主的时代愿望。[4]”韩国河先生[5]、李如森先生[6]等通过对模型明器研究，认为汉代模型明器与汉墓随葬品制度、汉代地主庄园经济兴起有关。周学鹰先生认为明器在汉代墓葬中重新出现的年代应在西汉初期，是西汉初期社会思想急剧变化的产物，代表了墓主的部分建筑财富[7]。黄晓芬先生提出墓葬中仓、灶、井、厕模型明器在墓葬是按照一定方位、特定场所配置的，并非单纯为人死后生活提供方便，其功用应与五祀和阴阳五行有关[8]。

四是对模型明器与汉代建筑技术的研究。模型明器所反映的汉代建筑技术一直为古建筑学者所关注，以刘敦桢、陈明达、刘叙杰等先生为代表。刘敦桢先生以古代文献为基础，结合汉代建筑明器对汉代住宅建筑技术进行考察[9]。陈明达先生则对模型明器及汉画建筑中的汉代木结构技术进行研究[10]。刘叙杰先生[11]对汉代的住

---

[1] 张颖岚. 秦墓出土陶仓模型及相关问题研究［J］//秦文化论丛（第七辑）. 西北大学出版社，1999：363-378.
[2] 武丽娜. 秦墓出土陶囷研究［D］. 西安：西北大学历史学院，2007.
[3] 步雁. 关中地区秦汉陶仓初探［D］. 西安：西北大学历史学院，2008.
[4] 俞伟超. 考古学中的汉文化问题［C］//古史的考古学探索. 北京：文物出版社，2002：180-190.
[5] 韩国河. 秦汉魏晋丧葬制度研究［M］. 西安：陕西人民出版社，1999.
[6] 李如森. 东汉墓葬及其反映的社会面貌［J］. 吉林大学社会科学学报，1996（3）：69-74；李如森. 汉墓葬及其反映的社会面貌［J］. 吉林大学社会科学学报，1995（6）：58-62.
[7] 周学鹰. 汉代建筑明器探源［J］. 中原文物，2003（3）：54-62.
[8] 黄晓芬. 汉墓的考古学研究［M］. 长沙：岳麓书社，2003：217-227.
[9] 刘敦桢. 中国古代建筑史（第二版）［M］. 北京：中国建筑工业出版社，2003：50-53.
[10] 陈明达. 中国古代木结构建筑技术（战国—北宋）［M］. 北京：文物出版社，1987.
[11] 刘叙杰. 中国古代建筑史（第一卷）［M］. 北京：中国建筑工业出版社，2003.

宅、仓、灶等汉代建筑特点进行详细分析。杨焕成先生将河南境内出土的陶建筑明器分为住宅、仓房、作坊、戏楼、楼橹等类，从中探讨汉代的建筑技术[1]。曹云钢先生对汉代楼阁建筑明器中的梁架、斗拱、楼层、屋顶技术等进行研究[2]。

五是有关汉晋丧葬制度及思想信仰的研究。模型明器与汉晋丧葬制度及思想信仰密不可分。目前相关的研究成果比较丰富，如杨树达先生利用文献对汉代丧葬礼俗分类整理系统研究[3]，俞伟超先生对汉至魏晋丧葬制度转变的讨论[4]，韩国河先生将考古与文献资料结合，对秦汉至魏晋时期丧葬制度的发展演变进行整体系统研究[5]，吴桂兵先生对晋代墓葬制度与两晋变迁的研究[6]，李如森先生对汉代的丧葬制度进行了系统研究[7]，杨泓对汉唐葬俗内容转变的讨论[8]，蒲慕州先生从考古材料对墓葬反映的汉代民间宗教信仰加以阐释[9]，李锦山先生利用考古资料研究汉代丧俗[10]等。

六是从艺术、美术角度研究汉代模型明器。以巫鸿先生为代表，从艺术考古视角探讨汉代墓葬及随葬品[11]，陈安利先生对关中土陶灶上的装饰进行分析[12]，孙敏先生对汉代建筑明器的美学思想进行分析[13]，周俊玲先生对陕西出土汉建筑明器的建构美学进行探讨[14]等。

[1] 杨焕成. 河南陶建筑明器简述［J］. 中原文物，1991（2）：67-77.
[2] 曹云钢. 以汉代建筑明器为实例对楼阁建筑的研究［D］. 西安：西安建筑科技大学建筑设计学院，2007.
[3] 杨树达. 汉代婚丧礼俗考［M］. 北京：商务印书馆，1935.
[4] 俞伟超. 中国魏晋墓制并非日本古坟之源［C］//古史的考古学探索. 北京：文物出版社，2002.
[5] 韩国河. 秦汉魏晋丧葬制度研究［M］. 西安：陕西人民出版社，1999；韩国河. 魏晋时期丧葬礼制的承传与创新［J］. 文史哲，1999（1）：31-36.
[6] 吴桂兵. 晋代墓葬制度与两晋变迁［J］. 东南文化，2009（3）：58-63.
[7] 李如森. 汉代丧葬制度［J］. 长春：吉林大学出版社，1995.
[8] 杨泓. 谈中国汉唐之间葬俗的演变［J］. 文物，1999（10）：60-68.
[9] 蒲慕州. 墓葬与生死：中国古代宗教之省思［M］. 北京：中华书局，2008；蒲慕州. 追寻一已之福：中国古代的信仰世界［M］. 上海：上海古籍出版社，2007.
[10] 李锦山. 考古资料反映的汉代丧俗［J］. 四川文物，1983（1）：3-9.
[11] 巫鸿. 礼仪中的美术：巫鸿中国古代美术史文编［M］. 北京：三联书店，2005；巫鸿著，施杰译. 黄泉下的美术：宏观中国古代墓葬［M］. 北京：三联书店，2010.
[12] 陈安利. 陶灶图案所反映的汉代人民生活［J］. 陕西历史博物馆馆刊（第2辑）：63-67.
[13] 孙敏. 由大美而优美的发轫——秦汉墓葬明器的审美意趣的流变［J］. 南京艺术学院学报，2007（3）：190-192.
[14] 周俊玲. “器”与“道”——汉代陶灶造型、装饰及其意蕴［J］. 文物世界，2009（6）：24-29；周俊玲. 建筑明器美学论——从陕西出土资料展开研究［D］. 西安：西安美术学院，2009.

2. 研究现状

综上所述，20世纪50年代特别是80年代后，对于模型明器的研究逐步走向深入。从早期侧重对模型明器的型式划分进而以为汉墓的分期划分建立时代标尺和断代依据为目的，至20世纪80年代开始对模型明器等开展个案研究，再至注意到模型明器所反映的社会文化层面。以上学界前辈的研究为本书提供了坚实的研究基础。但是对模型明器的研究尚存在一些探讨空间，主要表现在以下几点：

一是以模型明器个案研究成果较多，而将模型明器作为整体的研究成果较少。对模型明器的器物研究往往脱离了出土环境（墓葬）背景分析，忽视了以墓葬为单位，各模型明器的组合。因此在一些器物定名和功能问题上就显得混乱。模型明器是一种特殊的物质文化资料。说其特殊，是从功能上看，主要为丧葬服务的，是事死如事生，饰哀、饰终的精神文化产品。模型明器所反映的社会文化方面应该是有其现实生活的一面，但同时也包含了一定的虚拟与理想的成分。这也是我们在进行研究过程中需要细心甄别的。二是以模型明器为主的区域性综合研究成果较少。对模型明器的类型划分和分区多局限于某一墓地或省份范围内，不利于与其他区域的分析比较研究。

第四节　主要研究方法及相关理论说明

模型明器属于器物研究，因此本书的基本研究方法为类型学研究。以2012年以前的考古报告正式发表的模型明器资料为基础，对模型明器进行型式分析，分析各类模型明器的发展演变规律。以往学界虽对一些模型明器做过类型学研究，但各器类型式划分标准不统一，不利于本书研究的开展。而类型学的分析是本书使用文化因素分析各区域文化互动嬗变的基础分析，因此对这一时期模型明器进行类型学研究是必要的。汉代模型明器的器类众多，不可能一一进行分析。而一些模型明器由于出土数量不多，本身也无型式演变，故仅将其按照功能归类，只进行介绍不再进行型式分析。本书选择进行类型学研究的模型明器为代表性的器物，如仓、灶、井、圈厕、磨、碓、碓房、臼、屋、楼、院落等，这些器物多数是在全国汉墓均有出土，在本区内出土数量最多，型式演变明显。

模型明器最早出现在先秦关中秦地。因此在划分分区标准中存在着是否延续使用先秦时期黄河中下游地区以列国文化传统划分文化区的问题。东周时期黄河中下游地区主要为三晋两周、齐、鲁、燕、赵和秦地，列国文化传统有相近的一面，但也有明显的地域特征。然而随着两汉的长期统一和郡县制的迅速推行，一些原有的列国地域文化特征逐步消失。《史记·货殖列传》和《汉书·地理志》中均对西汉时期此区的经济、文化、历史、风俗进行讨论，并划分了不同文化区。周振鹤[1]、卢云[2]、雷虹霁[3]等先生都对这一地区文化分区有不同的见解。在整理模型明器的资料时，发现模型明器的地域文化特征情况更加复杂，很难完全套用东周列国文化区域的划分来进行讨论。模型明器仅仅是墓葬文化的一部分。因此在模型明器分区中，本书仍是主要基于黄河中下游各地墓葬的分布情况及模型明器类型组合进行区域划分，同时参考汉代历史地理文化分区的研究成果，结合出土墓葬形制及典型器物的组合，来进行各分区模型明器类型组合分期。

在文化研究方面本书侧重于采用文化因素分析方法，即在类型学研究的基础上，初步分析出各分区模型明器的本地文化因素和外来文化因素，探讨各分区在交流互动过程中如何共同形成各阶段模型明器的文化特征，以期对模型明器发展演变作一整体认识。

在利用模型明器解释社会文化方面，注重考古资料与历史文献等的多重印证。考古与历史研究的最终目标就是尽可能地复原古代社会。模型明器是物质资料，同时也是精神产品，因此在解释社会时，需要借助于文献资料的支持。同时，对考古发现中相关的遗址、遗迹与遗物间互证的足够关注，可以避免得出片面的结论。因此，考古资料之间、历史文献之间、考古资料与历史文献之间的互补、互证的比较研究是本书研究社会文化现象不可缺少的方法。

[1] 周振鹤.中国历史文化区域研究[M].上海：复旦大学出版社，1997：114-122.
[2] 卢云.汉晋文化地理[M].西安：陕西人民出版社，1991.
[3] 雷虹霁.秦汉历史地理与文化分区研究[M].北京：中央民族大学出版社，2007.

第二章　考古与文献所见先秦墓葬出土明器

明器是丧葬观念发展到一定阶段的产物。模型明器属于明器范畴类，直接源自先秦明器，是先秦明器组合发展变化的新生器物，具有一定的传承性。因此对汉代模型明器的讨论无法割裂先秦明器的发展特点。这里对先秦明器尤其是模型明器的出现作一概括，以便对汉晋模型明器的发展有一整体认知。

文献记述明器的使用已经有很长的历史。《礼记·檀弓下》称：“其曰明器，神明之也。涂车刍灵，自古有之，明器之道也。”《礼记·檀弓上》中孔子弟子仲宪亦言：“夏后氏用明器，示民无知也。殷人用祭器，示民有知也。周人兼用之，示民疑也。”而近年考古资料也证明墓葬中明器的使用有着悠久的历史。但目前我们所能见到的早期较为系统的有关明器的文献主要集中于东周时期儒家相关文献中。通过考古与文献对比有助于我们对先秦墓葬出土明器性质的认识。

第一节　先秦墓葬出土明器概况

考古资料中明确专为丧葬而制作的明器可以追溯至新石器时代。如陕西西安半坡墓葬出土的小型陶尖底瓶[1]，河南淅川下王岗仰韶文化二期遗存内墓葬中出土的非实用性陶器[2]，山东兖州六里井大汶口文化墓葬中出土的一批质地疏松、器形粗糙、尺寸也明显小于实用器的陶器[3]，这一时期墓葬出土的明器主要为陶器，少量为石器，以日用生活器皿为主，有瓶、罐、豆、碗等。特点是器物制作粗略，尺寸小于实物[4]。

商代墓葬中也随葬有明器。较早见于洹北花园庄期河北藁城台西墓葬出土的陶钵，烧制火候低，制作粗糙[5]。河南安阳殷墟一二期墓葬中出土的陶觚、爵等已经

---

[1] 中国社会科学院考古研究所. 西安半坡［M］. 北京：文物出版社，1964.
[2] 河南省文物研究所，等. 淅川下王岗［M］. 北京：文物出版社，1989.
[3] 国家文物局考古领队培训班. 兖州六里井［M］. 北京：科学出版社，1999.
[4] 也有学者认为山东龙山文化出土的精美蛋壳陶也是为丧葬而制作的明器。于海广. 山东龙山文化大型墓葬分析［J］. 考古，2000（1）：61-67.
[5] 河北省文物研究所. 藁城台西商代遗址［M］. 北京：文物出版社，1985：112，119.

开始明器化[1]，铜礼器[2]、铜兵器[3]也出现明器化现象。另外山西浮山桥北商周墓葬中未经烧制的泥质器[4]，河北磁县下七垣M2出土的陶爵和觚[5]，山东青州苏埠屯M8中铜钺、矛等兵器及陶簋、罐等陶器[6]，安徽颍上王岗郑小庄墓葬中铅质的容器、工具和兵器[7]等应属于明器。这种商代墓葬随葬明器的现象主要集中在殷墟地区，殷墟以外商文化区随葬明器的墓葬数量不多，可见尚未普遍接受随葬明器的习俗[8]。商代墓葬出土的明器主要集中在用器、礼器、兵器类上，有陶质、铜质、铅质等。明器外表多制作粗糙，器身布满砂眼，体轻薄，无使用痕迹。

西周时期墓葬中明器的种类明显增多，有用器、礼器、乐器、兵器、车马器、偶人等。如河南三门峡虢国西周晚期中小型墓地中出土的陶鼎、簋、壶等，这些陶器制作粗略，无使用痕迹。在一些大墓如M2001、M2009中出土了一批小型的青铜器[9]。山西侯马晋侯墓地中也出土了一批小型青铜器，如西周后期的11JM62中出有青铜鼎3、簋4、壶1、盘1、匜1、爵1、尊1、方彝1、鼎形方盒1，共14件，器形小而单薄[10]。这一时期的明器使用材质有铜、陶、玉、铅、木等，品种较为丰富。而明器使用的阶层也逐渐扩大。高级贵族墓葬的明器中特别是仿礼器的数量增加，出现了模仿成套组合礼器的现象。大量用于丧葬的玉器组合趋于完善，也是这一时期玉明器使用的特点。

春秋战国时期为社会大变革时期，也是思想最为活跃的时期。东周列国墓葬在使用明器种类上表现出强烈的地域色彩，而不同阶层的墓葬在明器使用上也有明显不同。春秋时期三晋两周地区大墓中仍主要承袭周制，如墓葬形制、车马制度、随葬礼乐器等。战国中期以后随葬品有了显著变化，出现了成组的陶质仿铜礼器和生活用

[1] 杜金鹏. 陶爵——中国古代酒器研究之一［J］. 考古，1990（6）：519-530；何毓灵. 殷墟墓葬随葬品冥器化现象分析［C］//三代考古（二）. 北京：科学出版社，2006.

[2] 杨锡璋，杨宝成. 殷代青铜礼器的分期与组合析［C］// 殷墟青铜器，北京：文物出版社，1985.

[3] 刘一曼. 安阳殷墓青铜礼器组合的几个问题［J］. 考古学报，1995（4）：395-412.

[4] 桥北考古队. 山西浮山桥北商周墓［J］. 古代文明（第5卷）. 北京：文物出版社，2006.

[5] 河北省文物管理处. 磁县下七垣遗址发掘报告［J］. 考古学报，1979（2）：185-214.

[6] 山东省文物考古研究所，青州市博物馆. 青州市苏埠屯商代墓发掘报告［C］// 海岱考古（第一辑），济南：山东大学出版社，1989.

[7] 阜阳地区博物馆. 安徽颍上王岗、赵集发现商代文物［J］. 文物，1985（10）：36-41.

[8] 郜向平. 商墓中的毁器习俗与明器化现象［J］. 考古与文物，2010（1）：42-49.

[9] 河南省文物考古研究所，三门峡市文物工作队. 三门峡虢国墓（第一卷）［M］. 北京：文物出版社，1999.

[10] 北京大学考古学系商周组，山西省考古研究所. 天马—曲村（1980—1989）［M］. 北京：科学出版社，2000.

器的陶质明器。这一地区春秋中晚期小型墓葬如洛阳中州路[1]、安阳后岗[2]和山西侯马上马村[3]墓地等较大墓更早普遍使用鬲、豆、鼎、罐等陶质明器。关中地区秦墓春秋时期铜器墓葬出土的青铜礼器与三晋两周地区近同，而陶器墓中礼器组合为鼎、簋、甗、盘等，但种类不全，多为陶质明器。战国时期陶器墓中组合除个别使用鼎外，主要是以陶质的鬲、盆、罐、壶等明器为主，出现了秦式茧形壶和蒜头瓶等带有地方特色的器物。另外少数墓葬中出现了陶仓、灶类模型明器。南方楚墓战国初期大墓中同时使用一套青铜礼器和一套仿铜礼器的陶质明器。此外还随葬有模仿生活用具的漆木器，如豆、耳杯、案、俎、几等和侍俑、镇墓兽、车马明器等。中型墓葬中多使用仿铜的陶礼器明器，组合为鼎、盖豆、壶、盘等[4]。这一时期各地中小型墓葬中明器使用出现普遍化，成组仿铜礼器的普遍使用成为这一时期明器使用的重要标志。另外，在关中秦地和南方楚墓中出现了大量模仿日用生活器皿的明器，汉代流行的模型明器陶仓与灶率先在秦墓中出现。这些都标志着有别于“周制”的新的丧葬习俗正在形成。

第二节　关中秦墓出土模型明器

东周至秦代，关中地区在日常生活明器使用方面最为典型，特别是陶仓、灶等模型明器的出现，对汉代反映生活的仓、灶、井、圈厕、屋等模型明器的大量使用产生了深远的影响。

1. 陶仓模型明器的出现

陶仓作为模型明器最早见于陕西咸阳任家咀春秋墓中晚期秦墓中，共出土10件[5]。春秋晚期至战国陶仓模型主要分布于陕西长陇、宝鸡、西安地区，铜川地区也有少量出土[6]。根据陶仓模型出土情况我们可以推知东周至秦代，关中随葬陶仓模型的葬

[1] 中国科学院考古研究所.洛阳中州路（西工段）[M].北京：科学出版社，1959.
[2] 中国社会科学院考古研究所安阳队.1991年安阳后岗殷墓的发掘[J].考古，1993（10）：880-903.
[3] 山西省考古研究所.上马墓地[M].北京：文物出版社，1994.
[4] 蔡永华.试论明器在丧葬中的作用[J].四川师范大学学报（社会科学版），1986（1）：29-33.
[5] 咸阳市文物考古研究所.任家咀秦墓[M].北京：科学出版社，2005.滕铭予先生定为春秋晚期。
[6] 另外甘肃甘谷毛家坪春秋晚期至春秋战国之际秦文化墓葬M17、M19中各出有陶仓1件。滕铭予.秦文化：从封国到帝国的考古学观察[M].学苑出版社，2002；甘肃省文物工作队，北京大学考古学系.甘肃甘谷毛家坪遗址发掘报告[J].考古学报，1987（3）：359-396.

俗仅处于初期阶段。这主要表现在以下四个方面。

一是出土时间比较集中于春秋晚期至战国早期。这一时期陶仓模型分布于陕西长陇、宝鸡、西安、铜川等秦文化地区。战国中期至秦主要集中在西安地区，而其他秦地已经很少见有陶仓出土。

二是出土陶仓模型型式单一。

关中春秋至秦墓中出土的陶仓模型型式问题，韩伟[1]、张颖岚[2]等先生皆有较深入的研究。根据诸学者研究，我们可以看到东周至秦关中区墓葬出土的陶仓模型多形体较矮，盆腹，上覆盖，腹部开有仓口。有的带有圈足。（图2.1）

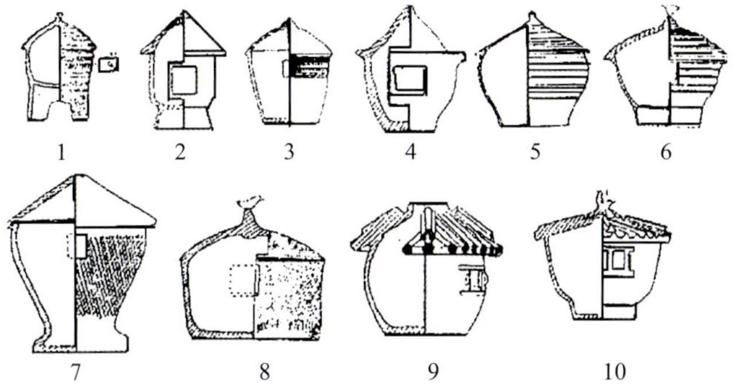

图2.1 关中秦墓出土陶仓模型（修改自张颖岚文中图）

三是陶仓在同一墓葬中的数量不固定，多者6件，常见1件。

如凤翔高庄M10为夫妇合葬，出土青铜礼器鼎3件及仿铜陶礼器，而陶仓模型竟达6件之多。和该墓同时期、同类别的其他墓中往往仅有1件陶仓模型出土[3]。陇县店子秦墓地出有陶仓模型的墓葬共29座，墓中皆随葬1件陶仓模型[4]。

四是随葬陶仓限于一定社会阶层使用。

张颖岚先生认为出有陶仓模型的墓主身份主要为士或庶民中较富有者[5]。滕铭予先生分析认为春秋晚期至战国早期秦地出有陶仓模型的墓葬多数不见青铜礼器，随葬有仿铜陶礼器或共出有日用陶器，葬具多为一棺一椁，少数配置两棺一椁或仅一棺。墓主身份为秦地从事管理和统治当地居民的阶层。陇县店子秦墓中春秋晚期至战

[1] 韩伟.秦国的贮粮设施浅议［J］.考古与文物丛刊（第3号），1983：76.

[2] 张颖岚.秦墓出土陶仓模型及相关问题研究［J］.秦文化论丛（第七辑）.西北大学出版社，1999：363-378.

[3] 雍城考古队 吴镇烽，尚志儒.陕西凤翔高庄秦墓地发掘简报［J］.考古与文物，1981（1）：12-38.

[4] 陕西省考古研究所.陇县店子秦墓［M］.西安：三秦出版社，1998.

[5] 张颖岚.秦墓出土陶仓模型及相关问题研究［J］.秦文化论丛（第七辑）.西北大学出版社，1999.363-378.

国早期此类墓葬有85座，其中出有陶仓模型的墓葬有29座；宝鸡地区随葬陶仓的墓葬占这类墓葬总数的50%以上[1]。西安南郊秦墓出有陶仓模型的墓葬中绝大多数葬具为一棺一椁、少于3鼎的仿铜陶礼器及日用陶器[2]。另外关中地区少数出有陶仓模型的墓葬也同出成组配套的铜礼器。如战国中期咸阳任家咀殉人墓葬具为一棺一椁，随葬3件陶仓模型，同出有中原青铜礼器；长安客省庄M202中随葬1件陶仓模型，同时出有鼎、簋、壶、盘等铜礼器[3]。

另需注意的是，陶仓除在秦墓中有出土外，在陕西省凤翔县马家庄一号建筑遗址中也发现3件。马家庄一号建筑遗址推测为秦国宗庙建筑。在基址的中庭部发现的祭祀坑内埋有数量极多的牛、马、羊动物牺牲及少数人牲。其中祭祀坑T79K1中发现与牲骨埋在一起的2件陶仓；祭祀坑T93K3中也同样出土1件陶仓[4]。有学者注意到马家庄中人坑的特殊性质。滕铭予先生指出这些人坑无论是在坑的方向、大小、形制还是共出器物等方面，都与其他埋入牺牲的祭祀坑存在着明显的差别，而表现出与同时期秦文化小型墓葬的相似性。但由于建筑遗址附近都未发现东周时期的秦人墓葬，尚不能认定这些人坑就是普通的墓葬[5]。

2. 陶灶模型明器的出现

灶在新石器时代就已经出现。原始的灶是在地上挖坑，直接在土坑内或在土坑上悬挂炊具进行烹饪。这种灶坑广为流行，并发展为后世的用土或砖垒砌的不可移动灶台。新石器时代也出土有可移动的单体陶灶，大致有盆状、盆形鼎状、筒状、釜与筒形灶连体式四种形制[6]。这类可移动的单体陶灶在商周时期得以继承并发展，出现了由铜或铁铸成的炉灶。如春秋末期山西太原金胜村赵卿墓出土的实用青铜虎形灶[7]。高蒙河先生指出陶灶的出土地点主要集中在黄河流域特别是陕晋豫地区，应是可移动

[1] 滕铭予. 秦文化：从封国到帝国的考古学观察［M］. 学苑出版社，2002：111. 有关陶仓的统计数据见书中附表。
[2] 西安市文物保护考古所. 西安南郊秦墓［M］. 西安：陕西人民出版社，2004.
[3] 中国科学院考古研究所. 沣西发掘报告［M］. 北京：文物出版社，1962.
[4] 陕西省雍城考古队. 凤翔马家庄一号建筑群遗址发掘简报［J］. 文物，1985（2）：1-29.
[5] 滕铭予. 秦文化：从封国到帝国的考古学观察［M］. 学苑出版社，2002：107. 另外焦南峰先生也对其中的人坑性质提出质疑。见陕西省考古研究院秦汉考古研究部. 陕西秦汉考古五十年综述［J］. 考古与文物，2008（6）：96-160.
[6] 武玮. 汉墓出土金灶寓意探析［J］. 考古与文物，2008（5）：64-68.
[7] 山西省考古研究所，太原市文物管理委员会. 太原晋国赵卿墓［M］. 北京：文物出版社，1996：125-128.

单体陶灶最主要的发生区和使用区。庙底沟文化、半坡晚期和庙底沟二期文化阶段应是先秦陶灶发展的鼎盛时期。进入龙山时代晚期以后，陶灶的数量开始减少，种类变得单调，这种情况大概与庙底沟二期文化以来大量空足三足器的出现和发展有着直接的关系。商周时期以后，鬲、甗等空足三足器大量使用，适应于先秦房屋中的火塘、灶面及灶台等地灶设施，陶灶出土数量骤然减少[1]。

东周时期秦地关中墓葬出土的陶灶实用器主要为釜与筒形灶连体形式。如陕西大荔朝邑战国晚期秦墓M102发现的陶釜灶，陶釜肩下张出灶壁一周，由于灶壁残损严重，形状不清楚[2]。西安半坡战国墓葬M53和 M77出土陶釜灶2件，釜的肩部周围张出灶壁一周。灶壁面上开一圆形火口。灶壁与釜底间隔部分遗留有烟灰，有使用痕迹，为实用器[3]。学者指出这种陶釜与筒状陶灶连体实际上开启了秦汉锅台式灶台之先河。关中邻近的山西临县三交镇战国早期M19中也出土陶灶，实用器，与鬲或釜配套使用，呈圆形，灶口内敛，凸肩、灶壁后端有一小烟囱，前侧开一方形灶门[4]。

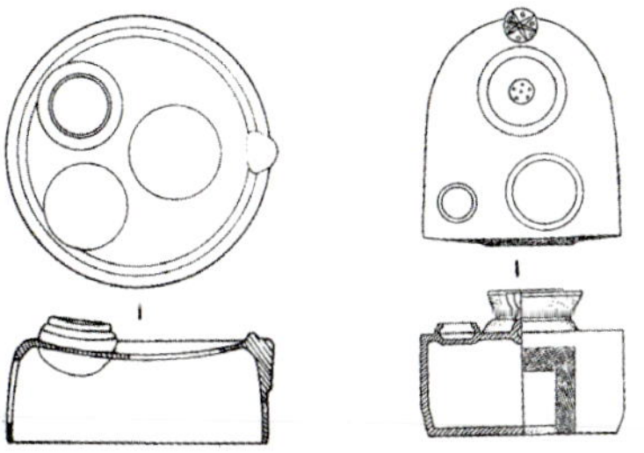

1　　　　2

图2. 2　关中战国、秦出土陶灶模型
1. 陕西临潼刘庄战国晚期墓葬M3出土
2. 陕西凤翔高庄秦墓M7出土

战国晚期关中秦墓中开始出现作为模型明器的陶灶，数量少。如陕西临潼刘庄战国晚期墓葬M3出土陶灶（M3：3）1件。灶圆形，不封底，无沿，前有半圆形灶门，后设烟囱，烟囱高出灶台面。灶面有三个火眼，出土时一个火眼内置釜[5]。陕西凤翔高庄秦墓M7出土陶灶（M7：3）1件。灶前方后圆，灶面有三个火眼[6]。（图2.2）另外西安南郊秦墓出有陶灶[7]。陶灶均为每墓出土1件。

根据上述可知，东周至秦时，关中秦地是仓、

[1] 高蒙河. 先秦陶灶的初步研究[J]. 考古，1991（11）：1019-1022.
[2] 陕西省文管会，大荔县文化馆. 朝邑战国墓葬发掘简报[J]. 文物资料丛刊（第2辑）：75-91.
[3] 金学山. 西安半坡的战国墓葬[J]. 考古学报，1957（3）：63-92.
[4] 山西省考古研究所，等. 临县三交战国墓发掘简报析[C]//三晋考古. 太原：山西人民出版社，1994.
[5] 陕西省考古所秦陵工作站，临潼县文物管理委员会. 陕西临潼刘庄战国墓地调查清理简报[J]. 考古与文物，1989（5）：9-13.
[6] 发掘者认为高庄秦墓M7时代上限或可早到昭襄王时期。雍城考古队吴镇烽、尚志儒. 陕西凤翔高庄秦墓地发掘简报[J]. 考古与文物，1981（1）：12-38. 滕铭予先生则认为此墓时代已到西汉初年。见滕铭予. 秦文化：从封国到帝国的考古学观察[M]. 学苑出版社，2002：193.
[7] 西安市文物保护考古所. 西安南郊秦墓[M]. 西安：陕西人民出版社，2004.

灶模型明器出现最早的地区。这一时期仓、灶模型明器型式单一、出土数量较少、同墓出土数量不固定，主要集中于一定社会阶层使用，尚处于初期使用阶段[1]。

3. 其他模型明器

除陶仓、灶等外，关中秦墓中还见有其他模型明器出现，但数量极少。如陕西长武上孟村秦国墓M26不仅出土有陶仓，还有泥人、陶马、陶车等明器[2]。凤翔八旗屯BM103除出土陶仓外还出有牛车模型[3]。

第三节 东周时期儒家文献对明器的探讨

1. 明器概念的提出

“明器”一词最早见于先秦文献《左传》“昭公十五年”：“诸侯之封也，皆受明器于王室，以镇抚其社稷。”杜预注：“谓明德之分器。”这里“明器”应指周王分封诸侯时所赐社稷重器[4]。而明器更常见的概念则是与丧葬死亡有关。先秦至两汉文献中“明器”亦有“鬼器”“凶器”“藏器”“荐器”等称谓。《礼记·檀弓上》曾子言：“夫明器，鬼器也；祭器，人器也。”《释名·释丧制》也有：“送死之器曰明器，神明之器异于人也。”将明器和祭器、人器相对立，释为死亡后为鬼魂所准备的器物。《礼记·曲礼下》：“书方、衰、凶器，不以告，不入公门。”郑玄注：“凶器，明器也。”《仪礼·既夕礼》：“陈明器于乘车之西。”郑玄注：“明器，藏器也。”藏器即随葬于墓中的器物。

林沄先生指出先秦文献中的“明器”概念有所不同：一是泛指墓中随葬给死者的器物，即郑玄所注“藏器”。据《仪礼·既夕礼》所列条目和墓葬出土的随葬品，则随葬的部分器物有可能为实用器。二是仅指为亡者使用的“神明之器”，将明器与生器区分开来，突出了非“生者之器”和“不可用”特点，强调了明器的非实用性。三

[1] 张颖岚. 秦墓出土陶仓模型及相关问题研究［J］. 秦文化论丛（第七辑）. 西北大学出版社，1999：363-378.
[2] 陕西省考古研究所. 陕西长武上孟村秦国墓葬发掘简报［J］. 考古与文物，1984（3）：8-17.
[3] 吴镇烽，尚志儒. 陕西凤翔八旗屯秦国墓葬发掘简报［J］. 文物资料丛刊（3）. 文物出版社，1980.
[4] 巫鸿先生提出“明”可释为“命”。此句可读成：“诸侯之封也，皆受命、器于王室，以镇抚其社稷。”见巫鸿.“明器”的理论和实践——战国时期礼仪美术中的观念化倾向［J］. 文物，2006（6）：72-81.

是儒家所赋予明器的虚拟性特征，体现了儒家丧葬伦理观[1]。比较三种解释，第二种解释则更接近今天考古学中所使用的明器概念，即专为丧葬而制作的器物。

儒家认为明器的使用是使人“知丧道”。《礼记·檀弓下》孔子曰：“为明器者，知丧道矣，备物而不可用也。哀哉。”《荀子·礼论篇》也指出明器的使用是为了“饰哀”“饰终”和“明死生之义，送以哀敬”。

儒家对明器的性质及特点有所界定。《礼记·檀弓下》孔子曰：“之死而致死之，不仁而不可为也。之死而致生之，不知而不可为也。是故竹不成用，瓦不成味，木不成斲，琴瑟张而不平，竽笙备而不和，有钟磬而无簨虡。”《荀子·礼论篇》也指出“荐器则冠有鍪而毋縰，瓮庑虚而不实，有簟席而无床笫，木器不成斲，陶器不成物，薄器不成内，笙竽具而不和，琴瑟张而不均，舆藏而马反，告而不用也。……象徙道又明不用也，是皆所以重哀也。故生器文而不功，明器貌而不用”。强调明器与实用器物必须有所区别，有形而无实，不能使用，即“明器貌而不用”。另《礼记·檀弓上》载：“宋襄公葬其夫人，醯醢百瓮。”曾子认为：“既曰明器矣，而又实之。”注云：“言名之为明器，而与祭器皆实之，是乱鬼器与人器。”同样强调明器的非实用性及与祭器使用的区别。

儒家经典记载随葬入土的明器种类，按《仪礼·既夕礼》记载，有“苞二。筲三，黍、稷、麦。瓮二，醯、醢、屑，幂用疏布。甒二，醴、酒，幂用功布。……用器，弓、矢、耒耜、两敦、两杅、槃、匜，匜实于盘中，南流。无祭器，有燕乐器可也。役器，甲、胄、干、笮。燕器，杖、笠、翣”。从《既夕礼》罗列的“士”阶层所用的明器种类来看，包括有用器、燕乐器、役器和燕器等，但强调不能有“祭器”，即祭祀礼仪用器。另一方面还特别指出提供给死者的各类饮食。汉代郑玄则指出：“士礼略。大夫以上兼用鬼器与人器。”[2]则这一时期的大夫和诸侯高级贵族墓葬内还包括有祭器（人器）。

2. 儒家思想规范下的明器使用

先秦的丧礼仪式有招魂、沐浴、饭含、袭、小敛、大殓、为铭作主、启殡、朝祖、饰柩车、陈明器、设奠，发引送丧，执窆下葬等诸环节。按照儒家理论，明器作为丧葬用器，从制作、陈设至入藏都需遵循严格的礼仪。

---

［1］ 林沄. 周代用鼎制度商榷［J］. 史学集刊，1990（3）：12-23.
［2］ ［宋］卫湜. 礼记集说（卷十九）［M］. 台北：商务印书馆，1986.

明器主要由丧家置备。制作明器的时间在殡棺后。《礼记·檀弓上》曰："既殡，旬而布材与明器。"是指将尸体放入棺里后，过十日需准备造椁的材料和制作明器。由主人告知工匠制作明器。《仪礼·士丧礼》："即井椁，主人西面拜工……献材于殡门外，西面，北上，绩。主人遍视之，如哭椁。献素、献成亦如之。"椁制成后，工匠制作明器的材料进献于殡门外请主人查看。这些制作器物的材料需面朝西放置，以北边为上位。明器制作中，未涂饰的素器与最后的成品都要献与主人查看。另外明器亦有他人赠送者。《仪礼·既夕礼》中记载宾送随葬器物者，"赠者，将命。摈者出请，纳宾如初。宾奠币如初。若就器，则坐奠于陈"。《周礼·天官·宰夫》亦记有："凡邦之吊事，掌其戒令，与其币、器、财用，凡所共者。"郑玄注："器，所致明器也。"

陈明器是指葬日在祖庙中举行的大遣奠仪式中陈放的器物。《仪礼·既夕礼》中记载"陈明器于乘车之西"，所陈明器包括"苞二。筲三，黍、稷、麦。瓮三，醯、醢、屑，幂用疏布。甒二，醴、酒，幂用功布。皆木桁久之"。此外还包括用器（弓、矢、耒耜、敦、杅、盘、匜）、燕乐器、役器（甲、胄、干、笮）、燕器（杖、笠、翣），但无祭器。在陈设明器时亦遵循一定原则。《礼记·丧服小记》："陈器之道，多陈之而省纳之可也，省陈之而尽纳之可也。"郑玄注："多陈之谓宾客之就器也，以多为荣。省陈之谓主人之明器也，以节为礼。"孔颖达疏："多陈之者，谓朋友宾客赠遗明器，多陈列之以为荣也。"朋友宾客所赠送的明器尽量多地陈设出来，但入圹因有定数而少纳入墓圹；主人自作的明器可以少陈设出来，但须全部纳入墓圹中。

所陈明器在设奠后带到墓地。《仪礼·既夕礼》："行器，茵、苞、器序从，车从。"郑玄注："行器，目葬行明器在道之次。"出行的次序为先茵、次苞、次用器等，车跟在最后。《仪礼·士丧礼》记柩车行至墓穴前，"陈器于道东西"，指将明器摆放在墓道东西两侧。待下棺后，则入藏明器于墓穴中。《周礼·春官·冢人》亦言："及窆，执斧以莅；遂入，藏凶器。"指下葬的时候，将明器藏入椁中。《仪礼·既夕礼》记有"藏器于旁，加见，藏苞、筲于旁。加折却之"。

可以看出，《仪礼》中《士丧礼》和《既夕礼》等记载的主要是周代士阶层明器使用的情况。这里的明器含义指代广泛，泛指埋入墓中的随葬品。明器的制作有规定的时间，主家需验看，他人也可赠与，陈设或陈列也有时间和地点的不同。这种明器使用制度在周代诸侯及贵族阶层中可能会更为烦琐。

第四节　小　结

考古资料所见墓葬出土的明器使用可追溯至史前。通过检阅资料，我们可以看到史前至先秦各时期墓葬随葬的明器种类有很大差异。

从考古发现来看，战国时期为墓葬随葬品组合变化较大时期，黄河中下游地区东周时期中小型墓葬中明器使用最先普遍化，多见使用成组仿铜陶礼器和日用生活明器，其中秦、楚二地随葬日用生活明器最普遍。尽管列国墓葬文化发展速度不同，但整体看随葬品组合从以礼器或模仿礼器为主转向以随葬日用生活的明器为主。而关中秦墓率先出现汉代流行的模型明器陶仓与灶等。仓、灶模型明器型式单一、数量较少、同墓出土数量不固定，使用主要集中于一定阶层，皆表明尚处于初期使用阶段。

另外陕西凤翔西村战国中期80M163出土有灰陶陶屋1件[1]，有学者认为此物为陶拍。同一时期房屋模型在浙江坡塘战国初期306号墓出土，为铜质，出土时置于壁龛内，高17厘米。房屋平面为长方形，三开间，三面围墙，正面敞开，无门窗。屋内有6人俑跪坐演奏乐器。屋顶作攒尖顶，顶上立有一柱子[2]。考古资料有关房屋模型的出现实际可以追溯至新石器时期。在江苏大墩子墓地[3]、陕西长安五楼仰韶文化遗址[4]、陕西西安武功县游凤遗址[5]中均出有陶屋模型。这些陶屋模型出现数量较少，在商至西周时期不见踪迹，我们很难将之与汉墓出现的房屋建筑模型直接联系起来。也有学者指出陶井最早出现在汉代旧楚之地。河南驻马店正阳苏庄Ml战国晚期楚墓边厢内出有陶井状物（M1：5）1件，黑陶，小口微外撇，敛颈，筒形直壁，无底，高26.4厘米[6]。但这种无底的井状器与西汉早期苏鲁豫皖交界地区流行的有底陶井模型有显著区别。另外山西侯马乔村战国晚期至秦统一前墓葬中出有陶箕模型3件，平面呈梯形，内壁及底部刻画菱格纹[7]。但此类模型明器再也未出现于汉晋时

[1] 雍城考古队李自智，尚志儒.陕西凤翔西村战国秦墓发掘简报［J］.考古与文物，1986（1）：8-34.

[2] 浙江省文物管理委员会，浙江省文物考古研究所，等.绍兴306号战国墓发掘简报［J］.文物，1984（1）：10-26.

[3] 南京博物院.江苏邳县大墩子遗址第二次发掘［J］.考古学集刊（第1辑），1981：27-81.

[4] 中国科学院考古研究所沣西发掘队.陕西长安鄠县调查与试掘简报［J］.考古，1962（6）：305-311.

[5] 西安半坡博物馆，武功县文化馆.陕西武功县发掘新石器时代遗址［J］.考古，1975（2）：97-99；杨鸿勋.仰韶文化居住建筑发展问题的探讨［J］.考古学报，1975（1）：39-72.

[6] 驻马店地区文化局，正阳县文化局.河南正阳苏庄楚墓发掘报告［J］.华夏考古，1988（2）：21-41.

[7] 山西省考古研究所.侯马乔村墓地（1959-1996）［M］.北京：科学出版社，2004：221.

期的晋南地区。有关东周时期其他模型明器的出土情况尚待考古资料的进一步翔实。

我们所见到系统讨论明器的《仪礼》和《礼记》两部书成书要晚至东周。书中在明器的界定方面与我们今天考古使用的“明器”一词有所不同，而有关丧礼和明器制度方面则主要集中在东周“士”这一社会阶层。考古资料表明，东周时期各诸侯国墓葬中明器的使用显示出鲜明的地域化特征，同时不同阶层随葬的明器材质及组合也有差异。《仪礼》中《士丧礼》与《既夕礼》所记载的明器种类与使用的统一标准很难与这时期各地区墓葬中的明器使用情况完全吻合。《礼记·檀弓上》记载孔子去世后，弟子公西赤主持葬礼，同时使用了夏礼、商礼和周礼三种不同的礼仪。“孔子之丧，公西赤为志焉。饰棺墙，置翣，设披，周也；设崇，殷也；绸练，设旐，夏也。”[1]我们从这一角度看东周时期的明器使用制度可能并没有完全规范，考古资料所显示的明器使用的复杂性也可对此进一步印证。《既夕礼》和《士丧礼》所记载的明器制度可能参考了三代及战国时期各地区的明器使用情况，这里面也包含儒家对使用明器的规范化和制度化思想。当然这种明器制度无法脱离其产生的时代背景，必定是对某一时段和区域的明器使用情况有所反映。有学者通过考古资料与文献比对，指出《仪礼》和《礼记》中记载的棺椁制度更接近于战国时期的黄河中下游地区[2]。更有不少学者结合考古资料对《既夕礼》和《士丧礼》中的名物制度做过详细考证，为我们辨识墓葬随葬器物的性质给予了很大帮助[3]。

至两汉，《既夕礼》和《士丧礼》所记载的丧礼与明器制度在《后汉书·礼仪志》大丧礼中多有继承。而儒家有关明器特征和种类的阐述也深深影响到后世墓葬明器的器类和使用。“貌而不用”，有形而无实，正是先秦汉晋模型明器所呈现出的整体特征。模型明器虽为实用生活器物和现实建筑等的仿制，但制作时尺寸有意缩小。一些器物制作粗糙；一些器物虽制作精美，但在表面彩绘、涂釉、贴塑、模印有大量的花纹、图案等，有意强调与实用器的区分，遵循的正是儒家明器制作理论的非实用性特征。

---

[1] 杨天宇. 礼记译注（上）[M]. 上海：上海古籍出版社，2004：74.

[2] 印群. 黄河中下游地区的东周墓葬制度[M]. 北京：社会科学文献出版社，2001. 印群先生书中所指的黄河中下游地区概念为三晋两周及齐鲁地区，不包括秦地。

[3] 陈公柔. 士丧礼、既夕礼中所记载的丧葬制度[J]. 考古学报，1956（4）：67-84；沈文倬. 对“士丧礼、既夕礼中所记载的丧葬制度”几点意见[J]. 考古学报，1958（2）：29-38；陈克伦.《仪礼·士丧礼》中所见丧葬、祭奠器物考略[J]. 郑州大学学报（哲学与社会科学版），1989（3）：37-44；沈其丽. 仪礼士丧礼器物研究[M]. 台北：“中华书局”，1971.

第三章　模型明器类型学研究

正如引言中所指出的，汉代模型明器的器类繁多，除了各地区汉墓中出土的仓、灶、井、圈厕、屋、楼、阙等模型明器外，亦有池塘、田地、车、船等模型明器及鸡、鸭、鹅等家禽家畜模型。如船类模型明器，主要在南方汉墓中出土。根据黄河中下游地区出土的模型明器功用的不同，我们将其主要分成六类：一是粮食贮藏与粮食加工类，主要包括仓与磨、碓、臼、风扇车、簸箕等粮食加工工具及建筑；二是炊厨类，主要包括灶、井及厨房建筑类；三是圈厕及家禽家畜俑类，包括厕，猪圈、羊圈等牲畜圈及猪、狗、鸡、鸭等家畜家禽俑；四是房屋等建筑类，主要是指人日常起居生活的居室及院落、楼阁及阙、墙等建筑；五是交通工具类，包括牛车等；六是田地池塘类，包括池塘、水田、旱田类，这类模型主要见于陕南、三门峡地区，数量不多。对于后两类，由于型式变化不大，本书不再作类型学分析。前四类模型明器普遍见于各地区汉墓中。具体到每类模型明器，如仓、灶、井、圈厕、磨、碓、房屋等出土数量较多，型式演变迅速。故本章将侧重对黄河中下游地区汉墓出土常见的模型明器仓、磨、碓、臼、碓房、灶、井、猪圈、羊圈、平房、楼、院落12类进行类型学分析，以期找到它们的发展演变规律。

第一节　粮食贮藏与粮食加工类

这一类主要包括贮藏粮食的仓储模型，与粮食加工有关的磨、碓、臼、风扇车、簸箕等工具及建筑模型。

1. 仓

本书论及的仓指仿照现实生活专用于贮粮或贮藏经济作物种子的建筑。近年一些学者多将平面呈圆形或近乎圆形称为囷，而平面近于方形者称为仓，并将两者严格区分开来，分别讨论。考虑到这些仓储模型贮藏粮食的同一功用，故笔者仍沿用考古报告习惯，将之统一纳入仓类模型明器并讨论。另外墓葬中多出土装有碳化粮食外壳壶、罐类器物，有些直接书写有粮食作物的名称。对于这类盛有粮食的器物仍依照考古惯例将之归入钫、罐、壶中，不再列入讨论。此外出土的陶仓建筑模型中有多层楼房结构，一些报告中多单独列出称之为“仓楼”。考虑到它们单一的贮粮功能，我们将这类建筑模型亦划归入仓类；而一些既有贮粮性质又兼有居住、生活等综合用途的楼房、院落类建筑模型，我们则将其归入后面的房屋类进行讨论。

汉代墓葬中普遍随葬仓储模型，形制变化多样。西晋时期仓储模型数量减少，形制也比较单一。从整体上看这一时期仓储模型主要是以陶质为主，个别为石质，主要有筒形、缸形、屋形等多种形式。我们依据器物的形制不同分为八型。

A型　仓体平面呈圆形，深盆形腹，多带有房形顶或笠形盖。依口沿不同分为二亚型。（图3.1）

Aa　伞形屋顶开口，口沿圆形，深盆形腹，底部圆形，多带圈足。器形矮胖。标本西安南郊荆寺二村西汉墓M7：1，顶与器身相连，顶上饰瓦楞，圆饼形盖，腹壁上部刻有长方形孔[1]。

Ab　敞口，口沿方形或圆形，圆形底，无圈足。按照腹部变化分为3式。

Ⅰ式腹微鼓，近底部斜收，无足。标本河北怀安乔子沟汉墓M1：1，敞口，口近方形，无盖，圆形平底[2]。标本山东微山汉画像石墓M7：8，长方形口，斜腹微鼓，圆形底，仓身有一孔，屋顶饰瓦垄，出檐较大[3]。

Ⅱ式腹部分二节，上节宽于下节，近底部微收，圆底。标本山东微山汉画像石墓M7：7[4]。

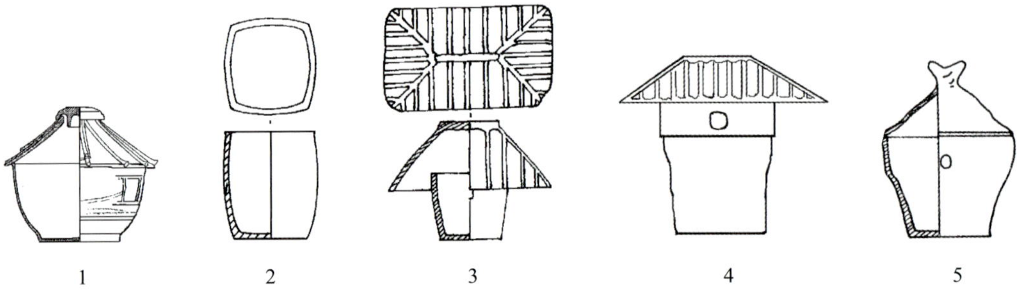

图3.1　A型仓

1. Aa（标本西安南郊荆寺二村西汉墓M7：1）；2. Ab Ⅰ（标本河北怀安乔子沟汉墓M1：1）；3. Ab Ⅰ（标本山东微山汉画像石墓M7：8）；4. Ab Ⅱ（标本山东微山汉画像石墓M7：7）；5. Ab Ⅲ（标本山东临沂苍山晋墓出土陶仓）

[1]　西安市文物保护考古所. 西安南郊荆寺二村西汉墓发掘简报［J］. 考古与文物，2009（4）：3-12.
[2]　怀安县文物保护所. 怀安县乔子沟汉墓清理简报［J］. 文物春秋，1997（3）：88-89.
[3]　微山县文物管理所. 山东微山县汉画像石墓的清理［J］. 考古，1998（3）：8-32.
[4]　微山县文物管理所. 山东微山县汉画像石墓的清理［J］. 考古，1998（3）：8-32.

Ⅲ式腹部向内斜收，分节不明显，腹上部有一圆孔。仓顶中央突起攒尖。标本山东临沂苍山晋墓出土陶仓[1]。

B型　仓平面为圆形，小口、矮领、圆肩、圆筒形腹。依底部有无足分为二亚型。（图3.2）

Ba　平底，底附有三足，足多作兽状或蹄形。依腹部变化分为5式。

Ⅰ式直筒状腹，肩径与底径相近。标本陕西西北医疗设备厂M169：4，泥质灰陶，浅碟形盖，敛口，矮领，平底，底部有三兽足[2]。标本陕西西安雅荷城市花园M83：7[3]。

Ⅱ式近似直筒状腹，肩部略粗于腹中下部。标本河南济源蓼坞M1：33，形制与

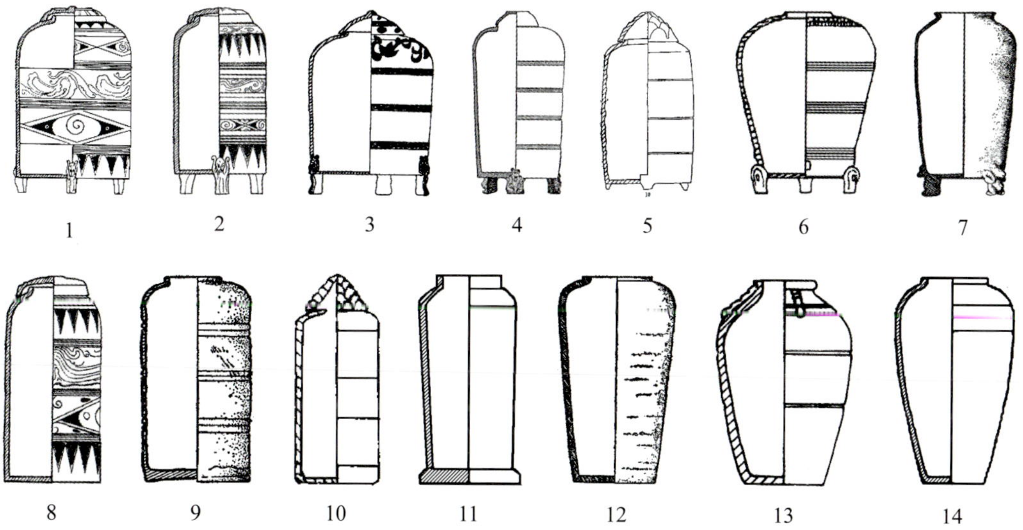

图3.2　B型仓

1. Ba Ⅰ（标本陕西西北医疗设备厂M169：4）；2. Ba Ⅰ（标本陕西西安雅荷城市花园M83：7）；3. Ba Ⅱ（标本河南济源蓼坞M1：33）； 4. Ba Ⅱ（标本河南洛阳烧沟M74：17）；5. Ba Ⅲ（标本河南新野樊集M29：3-7）；6. Ba Ⅳ（标本河南安阳梯家口M41：21），7. Ba Ⅴ （河南洛阳烧沟M1037：9）；8. Bb Ⅰ（标本陕西西安雅荷城市花园M83：8）；9. Bb Ⅰ（河南洛阳烧沟M126：10）；10. Bb Ⅰ（标本河南南阳市508厂M1：10）；11. Bb Ⅱ（河南洛阳新安铁塔山M4：26）；12. Bb Ⅲ（标本河南洛阳烧沟M1008：8）；13. Bb Ⅳ（标本陕西西安西北国棉五厂M1：17）；14. Bb Ⅳ（标本三门峡刘家渠M3：24）

[1] 临沂地区文物管理委员会，苍山县文物管理所. 山东苍山县晋墓［J］. 考古，1989（8）：714-718.
[2] 西安市文物考古研究所，郑州大学考古专业. 长安汉墓［M］. 西安：陕西人民出版社，2004：93.
[3] 西安市文物考古研究所，郑州大学考古专业. 长安汉墓［M］. 西安：陕西人民出版社，2004：305-306.

陕西西北医疗设备厂M169：4相近，小口、浅碟形盖，盖顶有乳钉状钮，圆肩，肩部略宽于腹部，平底，三兽形足[1]。标本河南洛阳烧沟M74：17，泥质灰陶，小口，上覆钵形盖，圆肩，肩部略宽于腹部，平底，三兽形足[2]。

Ⅲ式直筒腹略鼓，肩部略窄于底部。器身瘦高。标本河南新野樊集M29：3-7，小直口，口上覆博山炉式盖，圆肩稍折，平底，三足[3]。

Ⅳ式斜直筒腹，圆肩，腹部斜内收使肩部明显宽于底部。标本河南安阳梯家口M41：21，小口，圆肩，肩部以下器身斜收，平底，近底部有一圆孔，三兽足[4]。

Ⅴ式圆口变大，圆肩变窄下斜，腹部斜内收使上部粗于下部。标本河南洛阳烧沟M1037：9[5]。

Bb　平底无足。依腹部变化分为4式。

Ⅰ式圆肩，肩部与腹部大小相近，直筒状腹。有的口部覆有碗状或博山炉式盖。标本陕西西安雅荷城市花园M83：8，形制与Ca型Ⅰ式基本相同，唯平底无足[6]。标本河南洛阳烧沟M126：10[7]。标本河南南阳市508厂M1：10，博山式盖[8]。

Ⅱ式直口，圆肩下斜，直筒状腹，底下做出圈足地台。标本河南洛阳新安铁塔山M4：26，器形瘦高，直口，短颈，圆肩下斜，直筒状腹向内微收，底部有假圈足[9]。

Ⅲ式圆肩，肩部宽于腹部，筒状腹。标本河南洛阳烧沟M1008：8，泥质灰陶，圆肩，自肩部以下器身斜收[10]。

Ⅳ式圆肩下斜，腹部向内明显斜收，底径小于腹径。标本陕西西安西北国棉五厂M1：17，直口，方唇，圆肩，肩部粘附三道竖向凸棱[11]。标本三门峡刘家渠M3：24[12]。

---

[1] 河南省文物考古研究所.河南济源市蓼坞汉墓[J].华夏考古，2000（3）：21-30.
[2] 中国科学院考古研究所.洛阳烧沟汉墓[M].北京：科学出版社，1959：112-113.
[3] 河南省南阳地区文物研究所.新野樊集汉画像砖墓[J].考古学报，1990（4）：475-508.
[4] 安阳市文物工作队.安阳梯家口村汉墓的发掘[J].华夏考古，1993（1）：11-29.
[5] 中国科学院考古研究所.洛阳烧沟汉墓[M].北京：科学出版社，1959：114.
[6] 西安市文物考古研究所，郑州大学考古专业.长安汉墓[M].西安：陕西人民出版社，2004：305-306.
[7] 中国科学院考古研究所.洛阳烧沟汉墓[M].北京：科学出版社，1959：112-113.
[8] 刘新，周林.南阳市508厂汉墓发掘简报[J].考古与文物，1994（4）：12-14.
[9] 洛阳市文物工作队.洛阳新安县铁塔山汉墓发掘报告[J].文物，2002（5）：33-38.
[10] 中国科学院考古研究所.洛阳烧沟汉墓[M].北京：科学出版社，1959：113-114.
[11] 陕西省考古研究所.白鹿原汉墓[M].西安：三秦出版社，2003：127.
[12] 黄河水库考古工作队.河南陕县刘家渠汉墓[J].考古学报，1965（1）：107-167.

C型　仓平面为圆形，小口，折肩，肩部多饰瓦楞，呈伞状屋顶或绕口一周的环状台面，圆筒腹。依底部有无足分二亚型。（图3.3）

Ca　平底，有足。小口，无盖或覆有钵形盖。依腹部的变化分成4式。

Ⅰ式直筒腹，肩径等于或略小于腹径。标本陕西省交通学校M246：5，敛口，圆唇，肩稍出檐，口外侧一周环状台面，近底部有圆孔。平底，下有三兽足[1]。标本陕西省交通学校M146：1，敛口，圆唇，矮领，斜肩稍出檐，肩上均匀布置数道竖向凸棱，直筒腹，上腹略细于下腹[2]。

Ⅱ式器形与Ⅰ式相似，肩径略大于底径，筒状腹，下腹微内收平底。标本陕西西北医疗设备厂M153：4，敛口，尖圆唇，矮领，肩部稍出檐，上有竖棱装饰，直筒腹，下腹微内收，平底，三兽足[3]。

Ⅲ式腹部向下斜收较大，器形上粗下细。标本陕西西安方新村开发公司M19：29，敛口，圆唇，折肩，绕口有一周环状台面，筒状腹上粗下细，平底，三兽足[4]。

Ⅳ式圆筒形腹部向下斜收，腹壁外弧。标本陕西西安卫光电子M1：7，敛口，圆唇，矮领，折肩略出檐，筒形腹上粗下细，腹壁外弧，平底，三兽足[5]。

Cb　平底，无足。小口，折肩出檐呈伞状，肩部多饰瓦楞或绕口一周的环状台面。依腹部变化分成4式。

Ⅰ式直筒腹下部稍向内收。标本河南三门峡向阳汉墓M147：2，方唇，短领，小直口，折肩出檐，腹部稍向下内收，平底[6]。标本陕西西安有色M13：3[7]。

Ⅱ式仓身变短粗，筒腹下部明显向内斜收。标本陕西西安中华M15：13，肩部饰数道竖向瓦楞纹[8]。标本河南三门峡向阳汉墓M86：1，方唇，短领，小直口，斜肩略出檐[9]。

Ⅲ式直筒腹，肩作圆棱突出如檐。标本河南三门峡刘家渠M158：8，圆筒腹，直

［1］西安市文物保护考古所，郑州大学考古专业．长安汉墓［M］．西安：陕西人民出版社，2004：545.
［2］西安市文物保护考古所，郑州大学考古专业．长安汉墓［M］．西安：陕西人民出版社，2004：485-486.
［3］西安市文物保护考古所，郑州大学考古专业．长安汉墓［M］．西安：陕西人民出版社，2004：80-81.
［4］西安市文物保护考古所，郑州大学考古专业．长安汉墓［M］．西安：陕西人民出版社，2004：215-216.
［5］西安市文物保护考古所，西安东汉墓［M］．北京：文物出版社，2009：767.
［6］三门峡市文物考古研究所．三门峡向阳汉墓［M］．北京：燕山出版社，2007：81-82.
［7］西安市文物保护考古所．西安东汉墓［M］．北京：文物出版社，2009：83.
［8］西安市文物保护考古所．西安东汉墓［M］．北京：文物出版社，2009：742.
［9］三门峡市文物考古研究所．三门峡向阳汉墓［M］．北京：燕山出版社，2007：170-171.

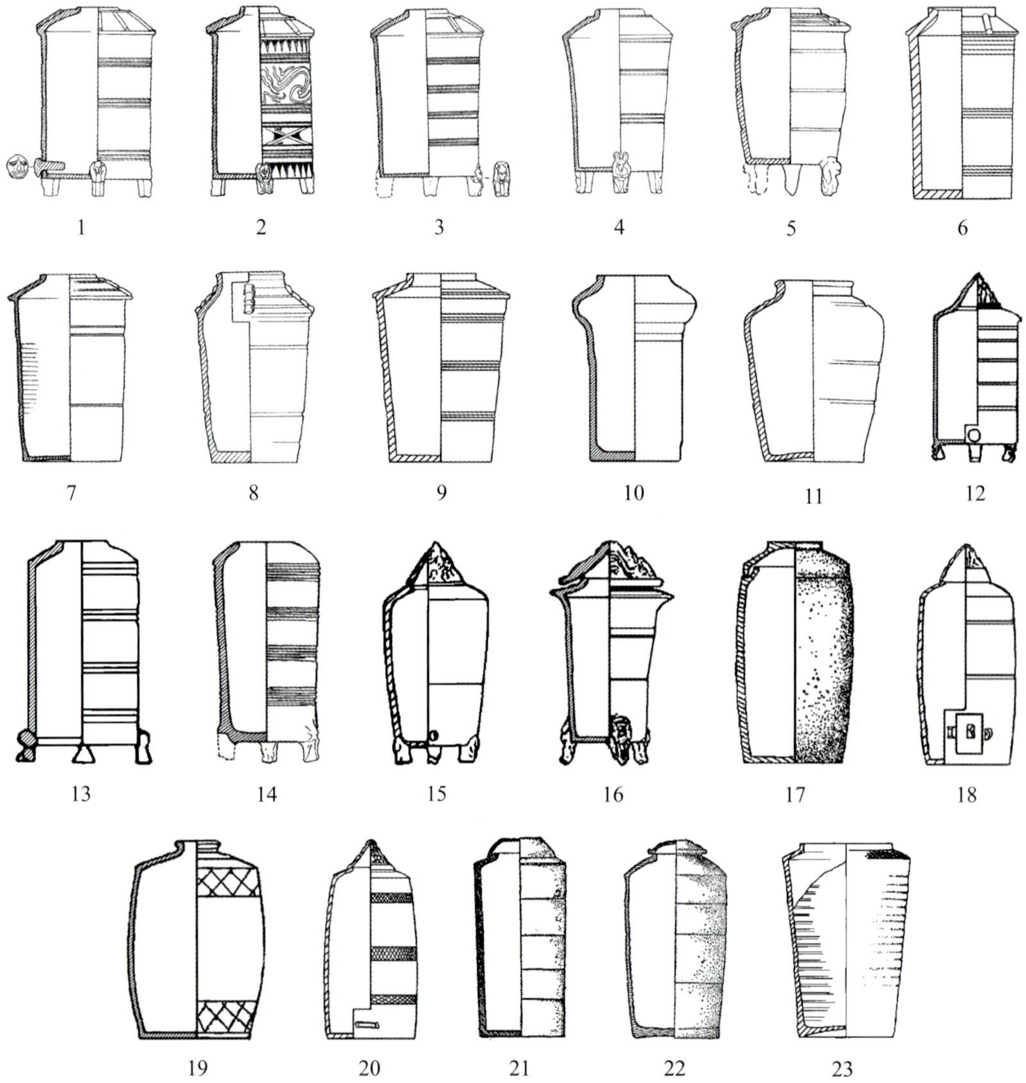

图3.3　C、D型仓

1. Ca Ⅰ（标本陕西省交通学校M246：5）；2. Ca Ⅰ（标本陕西省交通学校M146：1）；3. Ca Ⅱ（标本陕西西北医疗设备厂M153：4）；4. Ca Ⅲ（标本陕西西安方新村开发公司M19：29）；5. Ca Ⅳ（标本陕西西安卫光电子M1：7）；6. Cb Ⅰ（标本河南三门峡向阳汉墓M147：2）；7. Cb Ⅰ（标本陕西西安有色M13：3）；8. Cb Ⅱ（标本陕西西安中华M15：13）；9. Cb Ⅱ（标本河南三门峡向阳汉墓M86：1）；10. Cb Ⅲ（标本河南三门峡刘家渠M158：8）；11. Cb Ⅳ（标本陕西西安雁湖M14：11）；12. Da Ⅰ（标本河南唐河湖阳镇汉墓出土仓）；13. Da Ⅱ（标本河南三门峡立交桥西汉墓M4：18）；14. Da Ⅲ（标本河南三门峡陕县汉墓M3115乙：8）；15. Da Ⅳ（标本河南南阳辛店熊营画像石墓Ml：1）；16. Da Ⅴ（标本河南三门峡刘家渠汉墓M101：23）；17. Db Ⅰ（标本河南新乡五陵M22：3）；18. Db Ⅰ标本河南新野樊集M6：8）；19. Db Ⅰ（标本陕西靖边张家坬汉墓M3：9）；20. Db Ⅱ（标本河南新野樊集M37：23）；21. Db Ⅲ（标本河南洛阳烧沟汉墓M412：6）；22. Db Ⅳ（标本河南洛阳烧沟汉墓M107：16）；23. Db Ⅴ（标本河南洛阳衡山路晋墓HM719：20）

口，方唇，平底，近底处有圆形仓孔[1]。

Ⅳ式筒腹下部向内收，器形变小。标本陕西西安雁湖M14：11[2]。

D型　小口，折肩，肩部无瓦楞及绕口一周的环状台面装饰，多博山盖或钵形盖。依底部有无足分二亚型。（图3.3）

Da　平底，有足。小口，有博山式盖或无盖。依腹部变化分成5式。

Ⅰ式直筒腹，肩径大小近于腹径。斜肩稍出檐，上无瓦楞装饰。标本河南唐河湖阳镇汉墓出土仓。小口，圆唇，上覆博山式盖。斜肩稍出檐，上无瓦楞装饰。直筒腹，近底处有圆仓孔，底部有三足[3]。

Ⅱ式腹部近似直筒状。标本河南三门峡立交桥西汉墓M4：18，敛口，直筒腹。折肩[4]。

Ⅲ式筒状腹，腹部自上而下内收。标本河南三门峡陕县汉墓M3115乙：8，小口，斜肩，器身下部稍细，平底，三兽足[5]。

Ⅳ式腹部明显斜收。标本河南南阳辛店熊营画像石墓Ml：1，博山式盖，小口，圆唇，折肩，腹向下斜收，平底，三足。近底部有一圆形仓孔[6]。

Ⅴ式腹部明显斜收，肩部作出檐。标本河南三门峡刘家渠汉墓M101：23，口部覆有博山式盖，肩部出檐较长，上未饰瓦楞。仓身瘦长，腹部自上而下内收，上腹宽于下腹。平底，三兽足[7]。

Db　平底，无足。依腹部变化分5式。

Ⅰ式直筒腹略鼓，近底部内收。标本河南新乡五陵M22：3，覆碗形盖，敛口，折肩，腹微鼓，平底[8]。标本河南新野樊集M6：8，博山式盖，敛口，折肩，腹微鼓，平底，近底部饰有仓门[9]。标本陕西靖边张家坬汉墓M3：9，卷沿，小口，束

[1] 黄河水库考古工作队.河南陕县刘家渠汉墓［J］.考古学报，1965（1）：107-167.
[2] 西安市文物保护考古所.西安东汉墓［M］.北京：文物出版社，2009.767.
[3] 南阳地区文物工作队，唐河县文化馆.唐河县湖阳镇汉画像石墓清理简报［J］.中原文物，1985（7）：8-13.
[4] 三门峡市文物工作队.三门峡市立交桥西汉墓发掘简报［J］.华夏考古，1994（1）：12-20.
[5] 中国社会科学院考古研究所.陕县东周秦汉墓［M］.北京：科学出版社，1994：177-178.
[6] 河南南阳市文物考古研究所.河南南阳市辛店熊营汉画像石墓［J］.考古，2008（10）：37-41.
[7] 黄河水库考古工作队.河南陕县刘家渠汉墓［J］.考古学报，1965（1）：139-140.
[8] 新乡市博物馆.河南新乡五陵村战国两汉墓［J］.考古学报，1990（1）：103-135.
[9] 河南省南阳地区文物研究所.新野樊集汉画像砖墓［J］.考古学报，1990（4）：475-508.

颈，折肩，筒形壁微向外鼓，平底[1]。

Ⅱ式直筒腹略鼓，大平底。底径大于肩径。标本河南新野樊集M37：23，博山式盖，圆唇，筒腹较深，平底略有内凹。近底部附两个象征性鼻钮，鼻钮间刻画长方形仓门[2]。

Ⅲ式腹壁自上而下略向内收。标本河南洛阳烧沟汉墓M412：6， 有碗形盖，口无唇，平底，折肩，腹近直筒形，略向内收。腹部近底处有圆形或方形仓孔[3]。

Ⅳ式腹壁较Ⅰ式向内斜收，有盖或无盖。标本河南洛阳烧沟汉墓M107：16，口有唇，折肩[4]。

Ⅴ式筒腹自肩部向下内收，器形变小。标本河南洛阳衡山路晋墓HM719：20[5]。

E型　直口或侈口，圆筒腹。依腹部变化分2式。（图3.4）

Ⅰ式直口微侈，微束颈，圆筒腹微弧，平底。标本北京岩上汉墓M46：21，灰陶[6]。

Ⅱ式敞口，口沿、底为圆形，腹壁向内曲，呈束腰状。底部外侈，大平底。标本河北燕下都郎井村M1：15，器身瘦高[7]。

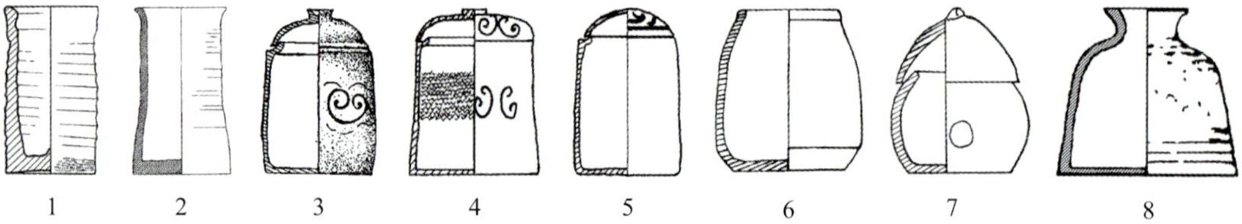

图3.4　E、F型仓

1. EⅠ（标本北京岩上汉墓M46：21）；2. E Ⅱ（标本河北燕下都郎井村M1：15）；3. FaⅠ（标本河南新乡五陵M56：8）；4. Fa Ⅱ（标本河南新乡凤凰山M103：1）；5. Fa Ⅲ（标本河南新乡凤凰山M219：1）；6. Fa Ⅳ（标本山东枣庄渴口汉墓M10：26）；7. FaV（标本山东临沂苍山晋墓出土陶仓）；8. Fb（标本山西广灵北关M95：35）

［1］陕西省考古研究所，榆林市文物考古研究所. 陕西靖边县张家坬西汉墓发掘简报［J］. 考古与文物，2006（4）：3-9.

［2］河南省南阳地区文物研究所. 新野樊集汉画像砖墓［J］. 考古学报，1990（4）：475-508.

［3］中国科学院考古研究所. 洛阳烧沟汉墓［M］. 北京：科学出版社，1959：112-113.

［4］中国科学院考古研究所. 洛阳烧沟汉墓［M］. 北京：科学出版社，1959：112-113.

［5］洛阳市第二文物工作队. 洛阳衡山路西晋墓发掘简报［J］. 文物，2005（7）：38-49.

［6］北京市文物研究所. 北京段考古发掘报告集［M］. 北京：科学出版社，2008：73.

［7］河北省文物研究所. 燕下都遗址内的两汉墓葬析［C］//河北省文物研究所. 河北省考古文集（二）. 北京：燕山出版社，2001：67-140.

F型　与C、D型仓比，器形短粗，多大口，大平底，形似罐、瓮。依器物颈部不同分为二亚型。（图3.4）

Fa　敛口，口上多覆钵形、葫芦形或博山形盖，平底，无足。依器物腹部变化分5式。

Ⅰ式子母口（敛口），折肩，直腹，腹略外鼓，大平底。标本河南新乡五陵M56：8[1]。

Ⅱ式与Ⅰ式相近，唯直腹微内曲。标本河南新乡凤凰山M103：1[2]。

Ⅲ式器形逐渐瘦高，直腹微鼓，大平底。标本河南新乡凤凰山M219：1，覆钵形盖，无捉手，子母口，直腹微鼓，大平底[3]。

Ⅳ式器形腹部外鼓。标本山东枣庄渴口汉墓M10：26[4]。

Ⅴ式器形腹部外鼓突出。标本山东临沂苍山晋墓出土陶仓，覆钵形盖[5]。

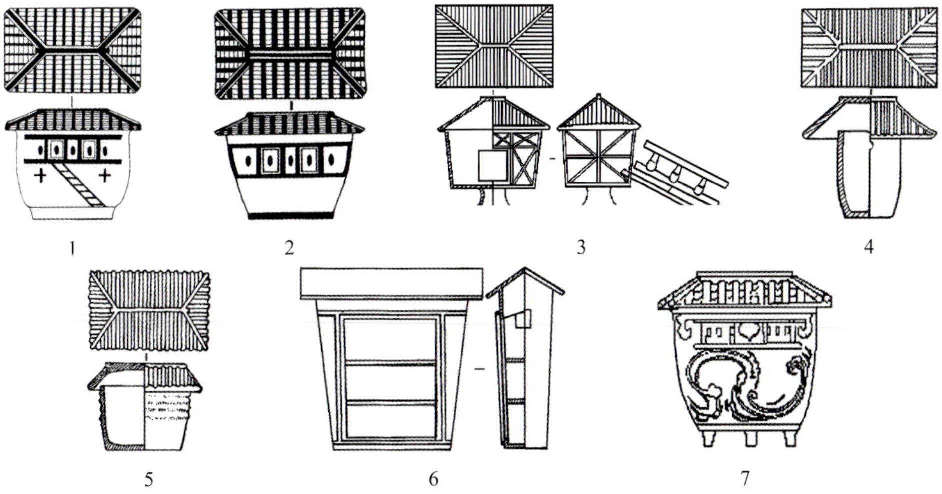

图3.5　G型仓

1. GaⅠ（标本陕西西安西北医疗设备厂M84：1）；2. GaⅠ（标本陕西西安西北医疗设备厂M7：4）；3. GaⅡ（标本山东微山岛汉墓M11：11）；4. GaⅢ（标本山东微山汉画像石墓M9：12）；5. GaⅢ（标本山东微山县墓前村M2：7）；6. GaⅣ（标本天津武清鲜于璜墓出土陶仓）；7. Gb（标本咸阳杨家湾M4陪葬坑出土陶仓）

［1］新乡市博物馆. 河南新乡五陵村战国两汉墓［J］. 考古学报，1990（1）：103-135.

［2］新乡市文物考古研究所. 新乡凤凰山墓地（2003-2004年度考古发掘报告）［M］. 呼和浩特：内蒙古人民出版社，2008：140-141.

［3］新乡市文物考古研究所. 新乡凤凰山墓地（2003-2004年度考古发掘报告）［M］. 呼和浩特：内蒙古人民出版社，2008：238.

［4］枣庄市博物馆. 枣庄渴口汉墓［J］. 考古学集刊（14），2004：80-160.

［5］临沂地区文物管理委员会，苍山县文物管理所. 山东苍山县晋墓［J］. 考古，1989（8）：714-718.

Fb　小口，束颈，腹部近底部外撇，大平底，形似罐。标本山西广灵北关M95：35[1]。

G型　仓身平面为长方形，腹部多向下斜收，底径小于腹径，平底或有圈足、柱足，屋顶饰瓦楞，仓体正面多绘有仓门、窗、楼梯等。依据器物底部有无足分为二亚型。（图3.5）

Ga　平底无足或有圈足。依底部变化分为4式。

Ⅰ式仓身平面为长方形，上覆屋顶。仓身直腹或向下斜收，平底，底部平底或有圈足。标本陕西西安西北医疗设备厂M84：1，仓身直腹，至底部向内弧形收缩，圈足。正面有仓门、窗或楼梯[2]。标本陕西西安西北医疗设备厂M7：4，仓身向下斜收，平底[3]。

Ⅱ式仓身呈长方形，腹部向下斜收，底径小于腹径，底为高圈足，足呈亚腰状。标本山东微山岛汉墓M11：11，四阿顶，仓门呈方形，有楼梯通向仓门。仓身正面及两侧皆刻有阴线图案[4]。

Ⅲ式平底无圈足。仓身向下斜收至底部向内呈弧形收缩，屋檐较大。标本山东微山汉画像石墓M9：12，长方形口，直身，近底处略缩，长方形底，腹壁有一圆孔[5]。标本山东微山县墓前村M2：7，口略大于底，仓身有四道凸棱[6]。

Ⅳ式标本天津武清鲜于璜墓出土陶仓，仓身上宽下窄，进深较浅，呈长方形。顶为悬山两坡式，两侧山墙各开一方窗。正面有一门，在上下横棱的两端，皆有门扉的轴孔。房内横向平放两块隔板，分成三层[7]。

Gb与Ga型Ⅰ式形制相近，唯底有多足。标本咸阳杨家湾M4陪葬坑出土陶仓，圆口，覆屋形盖，仓身长方形，平底，底有三柱足[8]。

H型　平面为长方形，仓体竖直，上下等宽。依据仓底有无足分为二亚型。（图3.6）

---

[1] 大同市考古研究所. 山西广灵北关汉墓发掘简报［J］. 文物，2001（7）：4-18.
[2] 西安市文物保护考古所. 西安龙首原汉墓甲编［M］. 西安：西北大学出版社，1999：104-105.
[3] 西安市文物保护考古所. 西安龙首原汉墓甲编［M］. 西安：西北大学出版社，1999：31-32.
[4] 微山县文物管理所. 山东微山县微山岛汉代墓葬［J］. 考古，2009（10）：21-48.
[5] 微山县文物管理所. 山东微山县汉画像石墓的清理［J］. 考古，1998（3）：8-32.
[6] 微山县文物管理所. 山东微山县墓前村西汉墓［J］. 考古，1995（11）：997-1002.
[7] 天津市文物管理处考古队. 武清东汉鲜于璜墓［J］. 考古学报，1982（3）：351-366.
[8] 陕西省文物管理委员会博物馆，咸阳市博物馆，杨家湾汉墓发掘小组. 咸阳杨家湾汉墓发掘简报［J］. 文物，1977（10）：10-21.

图3.6　H型仓

1. HaⅠ（标本山东阳谷吴楼M1：29）；2. HaⅠ（标本河北武邑青冢汉墓出土陶仓）；3. HaⅡ（标本河北涿鹿矾山五堡M3：20）；4. HaⅢ（标本北京房山岩上汉墓M57：12）；5. HaⅣ（河南南阳杨官寺画像石墓出土陶仓）；6. HaⅣ（标本河南淮阳北关汉墓M1出土石仓）；7. HaⅤ（标本河南荥阳魏河村汉墓出土陶仓）；8. HaⅥ（标本河南焦作市郊汉墓出土灰陶仓）；9. HaⅦ（标本河南洛阳新安晋墓M262：62）；10. HbⅠ（标本河北定县北庄汉墓出土陶仓）；11. HbⅠ（标本山西侯马乔村汉墓M7229：14）；12. HbⅡ（标本山东临淄金岭镇汉墓M1：125）；13. HbⅡ（标本山西侯马乔村汉墓M7229：6）；14. HbⅢ（标本河南灵宝张湾M3：29）；15. HbⅣ（标本河南新密后士郭M2：8）

Ha　平底无足。依仓体建筑变化分为7式。

Ⅰ式仓身平面为长方形，上下等宽，正面开有窗或门，平底，器形较小。标本山东阳谷吴楼Ml：29，长方体，正面上部有一小方形仓窗[1]。标本河北武邑青冢汉墓出土陶仓[2]。

Ⅱ式器形增高，仓体正面开一长方形门，仓内多置隔板将仓身分隔成数层。标本河北涿鹿矾山五堡M3：20，悬山顶，仓正面开有长方形门，仓内有一隔板将仓分隔为上下两层。仓门上设菱形格窗[3]。

Ⅲ式器形竖长，仓体正面开有数个长方形门以示多层。标本北京房山岩上汉墓M57：12，歇山顶，仓体竖长，正面开有三个上下排列的长方形门，两侧山墙开有圆形通气孔[4]。

Ⅳ式较之Ⅱ、Ⅲ式，仓身面阔加宽。仓身正面出现楼梯、平坐等，有的屋顶出现气窗。标本河南南阳杨官寺画像石墓出土陶仓，仓分二层，每层各开三个仓门，前墙中部有一横条以示平坐[5]。标本河南淮阳北关汉墓M1出土仓，石质，仓分上下两层，每层刻有多个仓门，有楼梯直达二层。屋顶并列有三个气窗，便于通风[6]。

Ⅴ式仓体竖直，仓身楼层间带有腰檐，以示多层。上层楼体进深多小于下层。标本河北抚宁邴各庄M1：27，一层顶部带有腰檐[7]。标本河南荥阳魏河村汉墓出土陶仓[8]。

Ⅵ式仓体缩小，仓身腰檐、平坐等建筑附件消失，仓身正面上部仅有多个仓门，制作简略。标本1992年河南焦作市郊区出土灰陶仓[9]。

Ⅶ式仓体缩小，正面多有楼梯、门或窗，制造粗略。标本河南洛阳新安晋墓M262：62。仓体长方形，上覆屋顶，正面楼梯伸向仓口，楼梯下有支柱支撑[10]。

---

[1] 聊城市文物管理委员会.山东阳谷县吴楼一号汉墓的发掘[J].考古，1999（11）：35-45.
[2] 衡水市文物管理处.河北武邑青冢汉墓发掘简报[J].文物春秋，2007（2）：31-35.
[3] 张家口地区博物馆.河北涿鹿矾山五堡东汉墓清理简报[J].文物春秋，1989（4）：24-35.
[4] 北京市文物研究所.北京段考古发掘报告集[M].北京：科学出版社，2008：87.
[5] 河南省文化局文物工作队.河南南阳杨官寺村汉画像石墓发掘报告[J].考古学报，1963（1）：111-139.
[6] 周口地区文物工作队，淮阳县博物馆.河南淮阳北关一号汉墓发掘简报[J].文物，1991（4）：34-46.
[7] 河北省文物研究所.河北抚宁县邴各庄汉墓发掘简报[J].文物春秋，1997（3）：27-45.
[8] 张松林.荥阳魏河村汉代七层陶楼的发现和研究[J].中原文物，1987（4）：45-47.
[9] 河南博物院.河南出土汉代建筑明器[M].郑州：大象出版社，2002：111.
[10] 洛阳市文物工作队.河南新安西晋墓（C12M262）发掘简报[J].文物，2004：13-25.

Hb　仓身平面为长方形，平底有足，足以兽形和柱状为主，多为四或六个。依仓体建筑变化分为4式。

Ⅰ式仓体竖直。仓身正中开一仓门，多数仓身内置数层隔板。屋顶多为悬山两面坡，有的屋顶开有气窗。标本河北定县北庄汉墓出土陶仓，悬山两面坡顶，房顶附有两气窗，长方形仓门，仓内中间置一横隔，四柱足[1]。标本山西侯马乔村汉墓M7229：14，仓体正面有长方形仓门，内置一隔板将仓身分隔为两层。底部有四兽足承托[2]。

Ⅱ式与Ⅰ式相近，唯仓身正中无仓门，正面多上面有仓窗、平坐及栏杆，有的刻有楼梯通向平坐，底部有柱足或兽足。标本山东临淄金岭镇汉墓M1：125。仓身上部有一长方形孔，中部做出平坐、栏杆，近底部有通风孔，四柱足[3]。标本山西侯马乔村汉墓M7229：6，仓体正面有平坐、栏杆，平坐上有二门，仓体底部有四兽足承托[4]。

Ⅲ式仓身面阔较Ⅰ、Ⅱ式加宽，呈横长方形或方形，下有四足或六足承托，足较矮。仓身正面出现楼梯、平坐等。标本河南灵宝张湾M3：29，悬山顶，仓身正面开长方形门。仓底有四足承托[5]。

Ⅳ式仓体竖直，楼层之间带有腰檐，以示多层。上层楼体进深多小于下层。标本河南新密后士郭M2：8，平面呈长方形，底部有四方柱足承托，第一层楼前置围以低平坐栏的平台，后为仓室。屋顶正脊上设置两个气窗[6]。

2.粮食加工用具及建筑

收获后的粮食，需经过去秕、脱壳、磨粉等加工工序才能食用。史游《急就篇》卷三就提到汉代常见的粮食加工工具有“碓硙扇隤舂簸扬”几类。黄河中下游地区汉晋墓葬中出土的粮食加工工具模型主要有磨、臼、碓、簸箕、风扇车等，以磨、碓、臼、碓房出土较多。

磨以陶质和石质为多。考古出土的石磨分为实用类与明器类两种。实用石磨器形较大，上面多留有使用的痕迹。明器磨体形小，一般由上下磨扇、承盘和支架等组

[1] 河北省文化局文物工作队. 河北定县北庄汉墓发掘报告［J］. 考古学报，1964（2）：127-159.
[2] 山西省考古研究所. 侯马乔村墓地（1959—1996）［M］. 北京：科学出版社，2004：902.
[3] 山东省文物考古研究所. 山东临淄金岭镇一号东汉墓［J］. 考古学报，1999（1）：97-121.
[4] 山西省考古研究所. 侯马乔村墓地（1959—1996）［M］. 北京：科学出版社，2004：902.
[5] 河南博物院. 河南出土汉代建筑明器［M］. 郑州：大象出版社，2002：204.
[6] 河南省文物研究所. 密县后士郭画像石墓发掘报告［J］. 华夏考古，1987（2）：96-159.

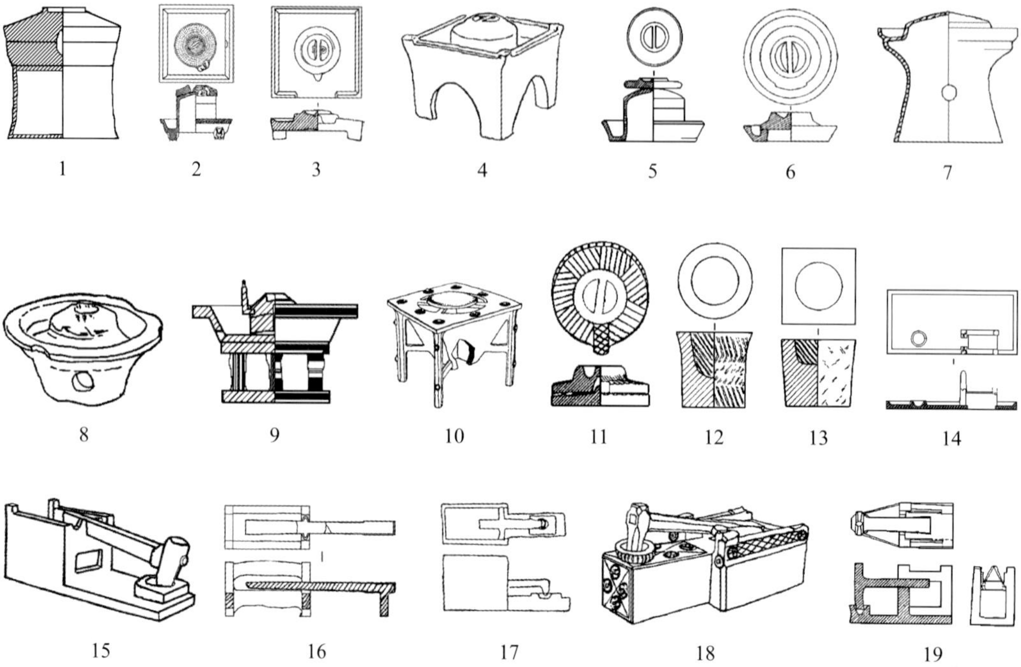

图3.7 磨、臼、碓型式

1. A（山东临沂银雀山西汉墓M4：28）；2. BaⅠ（标本河南南阳杨官寺画像石墓出土釉陶磨）；3. BaⅡ（标本河南三门峡陕县湖M1942：11）；4. BaⅢ（标本河南南阳教师新村M10出土红釉陶磨）；5. BbⅠ（标本河南南阳镇平程庄汉墓M39：7）；6. BbⅡ（标本河北武邑青冢汉墓出土陶磨）；7. Bc（标本山东微山岛M55：5）；8. Bc（标本山东滕县柴胡店汉墓M24：4）；9. CⅠ（标本徐州东甸子汉墓M1N：11）；10. CⅡ（标本北京平谷西柏店和唐庄子汉墓M1出土陶磨）；11. D（标本河北景县大代庄东汉壁画墓M1：11）；12. 臼A型（标本洛阳尹屯壁画墓M1：27）；13. 臼B型（标本洛阳尹屯壁画墓M1：42）；14. 碓AⅠ（标本河南南阳杨官寺汉画像石墓M2：37）；15. 碓AⅡ（标本河南灵宝张湾汉墓M3：20）；16. 碓AⅢ（标本河南南阳人民北路汉墓M1：23）；17. 碓AⅣ（标本山西运城十里铺西晋砖墓出土）；18. 碓B型（标本北京平谷西柏店和唐庄子汉墓M1：18）；19. 碓C型（标本河北景县大代庄壁画墓M1：22）

成。根据磨的形制不同分为四型。（图3.7）

A型　带有底座的磨，磨扇下有底座承托，未有承盘及支架承托。标本山东临沂银雀山西汉墓M4：28陶磨，灰陶，上下磨扇置于底座上。底座圆筒形，底部略外撇，磨扇与底座不连[1]。

B型带有承盘的磨。由磨扇、带承座的承盘、器足等组成。承盘平面有方形和圆形两种，有的盘底带有足或底座承托。依据器物底部不同分为三亚型。

[1] 山东省博物馆，临沂文物组. 临沂银雀山四座西汉墓葬[J]. 考古，1975（6）：351-363.

Ba有足承盘。承盘为方形或圆形。依据形制变化分为3式。

Ⅰ式盘内有承座，承座与盘相连，磨扇置于承座上。盘下三或四足，足较矮，多为兽形或柱形。标本河南南阳杨官寺画像石墓出土釉陶磨，磨扇置于承盘内承座上。方形承盘下承四兽足[1]。

Ⅱ式磨扇直接置于承盘内，盘内无承座，足较矮。标本河南三门峡陕县湖M1942：11，方形承盘，盘沿一侧开有出物口，盘下有四方形足[2]。

Ⅲ式磨扇直接搁置于承盘内，盘内无承座，承盘底的四足增高，足呈扁平或方柱状。标本河南南阳教师新村M10出土陶磨，宽扁足[3]。

Bb　有承盘，无足。承盘平面方形或圆形。依据承盘形制变化分为2式。

Ⅰ式由磨扇和带承座的承盘组成，承座与承盘连为一体。标本河南南阳镇平程庄汉墓M39：7[4]。

Ⅱ式磨扇直接置于承盘内，盘内无承座。标本河北武邑青冢汉墓出土陶磨，绿釉陶[5]。

Bc　带有底座的承盘。磨扇直接置于承盘内，承盘圆形，承盘下有底座承托。底座多为圆柱形或亚腰形，一侧多带有圆孔，与承盘连在一起。标本山东微山岛M55：5，灰陶，承盘亚腰形[6]。标本山东滕县柴胡店汉墓M24：4[7]。

C型　带有支架、漏斗的磨。支架为四足，中心带有漏斗。依据漏斗位置变化分为2式。

Ⅰ式漏斗口高于支架台面，磨扇置于漏斗内。标本徐州东甸子汉墓M1N：11，彩绘陶[8]。河南灵宝张湾汉墓M3：18，磨扇置于方形漏斗内，下有井字形四足支架[9]。

Ⅱ式漏斗口与支架台面平齐。标本北京平谷西柏店和唐庄子汉墓M1出土陶磨，

[1]　河南省文化局文物工作队.河南南阳杨官寺村汉画像石墓发掘报告［J］.考古学报，1963（1）：111-139.
[2]　中国社会科学院考古研究所.陕县东周秦汉墓［M］.北京：科学出版社，1994：178.
[3]　南阳市文物研究所.南阳市教师新村10号墓［J］.中原文物，1997（4）：24-29.
[4]　郑州大学历史学院考古系，河南省文物管理局南水北调文物保护办公室，南阳市文物考古研究所.河南镇平县程庄墓地汉代墓葬发掘简报［J］.华夏考古，2009（4）：29-39.
[5]　衡水市文物管理处.河北武邑青冢汉墓发掘简报［J］.文物春秋，2007（2）：31-35.
[6]　微山县文物管理所.山东微山县微山岛汉代墓葬［J］.考古，2009（10）：21-48.
[7]　山东省博物馆.山东滕县柴胡店汉墓［J］.考古，1963（8）：423-431.
[8]　徐州博物馆.徐州东甸子西汉墓［J］.文物，1999（12）：4-18.
[9]　河南省博物馆.灵宝张湾汉墓［J］.文物，1975（11）：75-93.

磨扇架在一方形台架上，磨台下连漏斗，有四柱支架[1]。

D型　仅有上下磨扇。标本河北景县大代庄东汉壁画墓M1：11，上磨扇有进料口和磨拐[2]。

臼　考古出土者多为石臼，亦有陶质或利用砖块简易加工而成的[3]。明器的臼有石质、陶质等，呈圆筒形或长方体，上粗下细，多与石磨同出，器形小。根据其平面形状不同分为二型。（图3.7）

A型　圆筒形。平面圆形，口大底小，面上有一圆形凹窝。标本洛阳尹屯壁画墓M1：27[4]。

B型　长方体。平面方形，口大底小，面上有一圆形凹窝。标本洛阳尹屯壁画墓M1：42[5]。

碓　利用杠杆原理将一根长杆装在木架上，杆的一端装有碓头，下面置放一石臼。模型多为陶质，由臼、踏杆（杵）、支架组成，根据其底座形制不同分为三型。（图3.7）

A型　底座长方形。上置碓架、臼、杵。按碓底座形制变化分为4式。

Ⅰ式底座较宽，四边略凸起，碓臼置于底座一侧。标本河南南阳杨官寺汉画像石墓M2：37[6]。

Ⅱ式底座变窄，仅置碓臼。标本河南灵宝张湾汉墓M3：20，有女俑持碓，臼旁模印有一箬帚[7]。

Ⅲ式无承托的底座。仅有支架和踏杆（杵）。标本河南南阳人民北路汉墓M1：23，红陶[8]。

Ⅳ式长方形底座。标本山西运城十里铺西晋砖墓出土[9]。

B型　底板平面呈凸字形。标本北京平谷西柏店和唐庄子汉墓M1：18，绿釉陶，

[1] 北京市文物工作队.北京平谷县西柏店和唐庄子汉墓发掘简报[J].考古，1962（5）：240-245.
[2] 衡水地区文物管理所.河北景县大代庄东汉壁画墓[J].文物春秋，1995（1）：14-22.
[3] 中国社会科学院考古研究所安阳工作队.河南安阳市郭家湾汉墓[J].考古学集刊（11），1997：18-22.
[4] 洛阳市第二文物工作队.洛阳尹屯新莽壁画墓[J].考古学报，2005（1）：109-126.
[5] 洛阳市第二文物工作队.洛阳尹屯新莽壁画墓[J].考古学报，2005（1）：109-126.
[6] 河南省文化局文物工作队.河南南阳杨官寺汉画像石墓发掘报告[J].考古学报，1963（1）：111-139.
[7] 河南省博物馆.灵宝张湾汉墓[J].文物，1975（11）：75-93.
[8] 南阳市文物研究所.南阳市人民北路汉墓发掘简报[J].华夏考古，1999（3）：53-58.
[9] 山西省考古研究所.山西运城十里铺砖墓清理简报[J].考古，1989（5）：439-443.

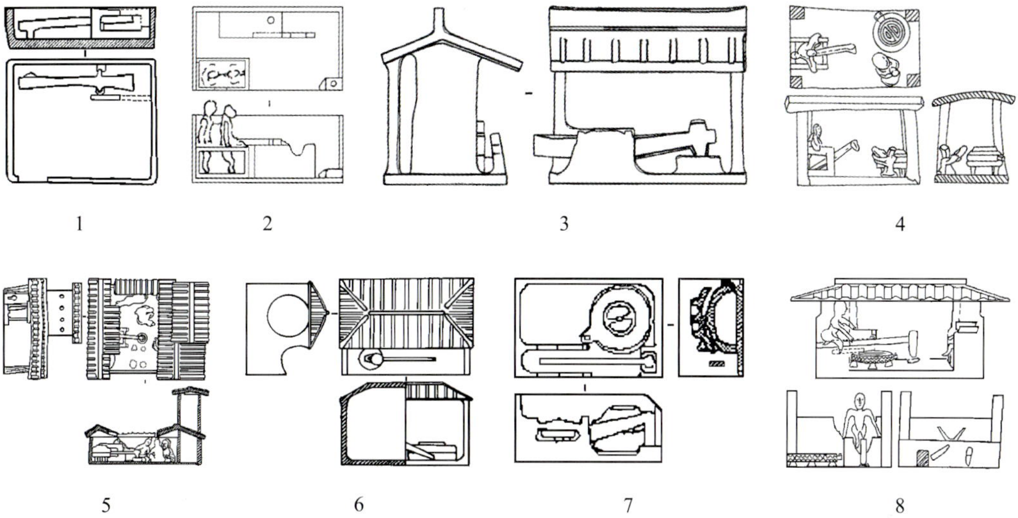

图3.8　碓房型式

1. Aa Ⅰ（标本河南新野樊集M37：11）；2. Aa Ⅱ（标本河南济源承留汉墓M1：35）；3. Ab（标本山西侯马乔村M7229：30）；4. Ba（标本河南三门峡刘家渠M101：36）；5. Bb（标本河南三门峡刘家渠M20：24）；6. Bc（标本河南三门峡刘家渠M88：26）；7. Bd（标本河南三门峡刘家渠M3：17）；8. C型（标本山西芮城城南出土的碓房）

底座较高，置臼前端的底座窄于后端[1]。

C型　底座置臼一端向前突出略呈三角形。标本河北景县大代庄壁画墓M1：22，绿釉陶[2]。

碓房亦有报告称为磨房或臼盘，为粮食加工场所。碓房一般内置磨、碓臼、风扇车等，屋内多有劳作俑。根据碓房内的粮食加工用具不同分为三型。（图3.8）

A型　仅有碓臼的碓房。依有无房屋建筑分为二亚型。

Aa　露天式碓房，无屋顶，四面或三面围墙。依据建筑形制的变化分为2式。

Ⅰ式碓房露天无屋顶，三面或四面围墙。标本南阳新野樊集M37：11[3]。

Ⅱ式碓房露天无屋顶，三面围墙，内有碓臼及二劳作俑。标本河南济源承留汉墓M1：35[4]。

［1］北京市文物工作队. 北京平谷县西柏店和唐庄子汉墓发掘简报［J］. 考古，1962（5）：240-245.
［2］衡水地区文物管理所. 河北景县大代庄东汉壁画墓［J］. 文物春秋，1995（1）：14-22.
［3］河南省南阳地区文物研究所. 新野樊集汉画像砖墓［J］. 考古学报，1990（4）：475-508.
［4］张新斌，卫平复. 河南济源县承留汉墓的发掘［J］. 考古，1991（12）：1084-1095.

Ab　屋形碓房。三面围墙，屋顶多为两面坡式。标本山西侯马乔村M7229：30，绿釉陶。碓房三面围墙，正面敞开，房前置一碓臼[1]。

B型内有磨、碓的碓房。依据建筑形制的不同分为四亚型。

Ba　凉棚式碓房。屋顶多为悬山顶或卷棚顶，四角有柱支撑屋顶，四面无墙。棚内置有碓、承盘等工具及舂碓、执簸箕等劳作俑。标本河南三门峡刘家渠M101：36，绿釉陶[2]。

Bb　院落式碓房。四面围墙为院落，墙上覆瓦顶，正面开门。院内置磨、碓臼等工具及劳作俑。标本河南三门峡刘家渠M20：24，绿釉陶，院内有碓臼、磨、人俑、犬、仓房等[3]。

Bc　屋形碓房。平面长方形，三面围墙，正面敞开。屋内置有碓臼、磨、劳作俑等。标本河南三门峡刘家渠M88：26，屋内置碓臼、磨[4]。

Bd　露天小屋形。仅两面或三面围墙，未见屋顶，屋内置有碓臼、磨。标本河南三门峡刘家渠M3：17[5]。

C型　有风扇车、磨、碓臼的碓房。标本山西芮城城南出土碓房，绿釉陶，屋四角有柱支撑歇山屋顶。房内有碓臼、磨和风扇车，一劳作俑正足踏碓杵舂米[6]。

3. 小　结

仓储模型由于出土数量多，故型式变化多样。Aa型仓出现最早，见于春秋至秦墓中，至汉代型式变化不大，主要见于初期阶段。Ab型演变规律为：早期器形较低、仓身与顶分开，至器形变大、仓体增高，后期器形变小、仓身与顶连在一起、器形制作粗糙。B型仓出土数量较多，型式多样。Ba型演变规律为：早期肩部与腹部相近，过渡到肩部略大于或小于腹部，到后期肩部明显宽于腹部。Bb型演变规律为：从早期肩部与腹部相近，过渡到肩部略大于腹部，少数底部出现圈足，到后期肩部明显宽于腹部。C型仓出土数量较多，型式多样。Ca型演变规律为：早期肩部与腹部大小接近至后期腹部明显内收，早期肩部伞状屋顶稍出檐，演变为伞状屋顶出檐较大，到后期

[1] 山西省考古研究所. 侯马乔村墓地（1959—1996）[M]. 北京：科学出版社，2004：901.
[2] 黄河水库考古工作队. 河南陕县刘家渠汉墓[J]. 考古学报，1965（1）：107-167.
[3] 黄河水库考古工作队. 河南陕县刘家渠汉墓[J]. 考古学报，1965（1）：107-167.
[4] 三门峡市文物工作队. 三门峡市刘家渠汉墓的发掘[J]. 华夏考古，1994（1）：22-30.
[5] 黄河水库考古工作队. 河南陕县刘家渠汉墓[J]. 考古学报，1965（1）：107-167.
[6] 赵家有，李天影. 山西芮城出土风扇车模型[J]. 农业考古，1988（2）：169.

肩部伞状屋顶出檐较小。Cb型演变规律为：早期伞状屋顶稍出檐、腹下部略内收，演变为腹部内收明显，到后期肩部与腹部大小接近，肩部突出如檐。D型仓出土较多。Da型演变规律为：肩部与腹部大小接近，到后期肩部明显大于底部，早期肩部略出檐，演变为肩部出檐不见、肩部出现出檐。Db型演变规律为：早期敛口、折肩、腹微鼓，演变为平底增大，演变为腹部略内收，到后期腹下部向内收，器形变小。E型仓出土较少，演变规律为：早期直口微侈、微束颈，到后期腹部内曲呈束腰状、底部外侈。F型仓出土范围较广。Fa型演变规律为：早期器形较矮、腹略外鼓，演变为器形逐渐增高，后期为腹部外鼓突出、器形变矮。Ga型演变规律为：从早期平底或有矮圈足、柱足向后期有高圈足发展。较之G型，H型房形仓出土数量多，器形多仿照生活中的木构建筑结构，故型式变化较多，分布广泛。Ha型演变规律为：从早期单层建筑、器形较小，演变为器形增高、仓内多置隔板，到出现多层、仓体加宽，并开始出现楼梯、平坐、腰檐等建筑设施，建筑造型具体化；到后期器形变小，制作粗略。Hb型演变规律为：从早期单层建筑，仓身或正面开口、内置隔板或仓身正面多有平坐和楼梯，演变为仓体加宽，到后期出现多层建筑。比较而言，仓储模型中，以B、C、D、G、H型仓出土数量较多、分布较广，型式较多，演变迅速。

粮食加工工具模型中以磨、碓型式变化较多。磨模型的演变规律为：Ba型磨早期承盘带有承座、承盘足低矮，至后期承座消失、承盘足增高；Bb型早期承盘带有承座，至后期承座消失；C型磨早期漏斗口高于支架台面、磨扇置于漏斗内，至后期漏斗口与支架台面平齐。碓模型的演变规律为：从早期制作规整，碓架、臼、杵及底座齐全，演变到制作粗略，底座消失，至后期底座、碓架又出现发展。

碓房建筑模型的演变规律为：建筑从早期仅四面围墙、露天式建筑，至有屋顶的单间建筑，至后期出现有独立的院落；从早期屋内仅置碓臼，向后期配置磨、碓臼、风扇车等多种加工工具。

第二节　炊厨类

炊厨类模型主要包括灶、井。灶的出现与釜、甑等器物的普遍使用有关。《释名·释宫室》称：“灶，造也，创造食物也。”灶为汉代人们进行炊厨的主要厨房设施。水井出现时间很早。《易·井》：“井者，物象之名也；古者穿地取水，以瓶引汲，谓之为井。”井与灶与人们的日常生活关系最为密切，故古文献常见

“井”“灶”并称。

1. 灶

黄河中下游地区出土的灶模型主要是模拟现实中锅台式的土灶形制，以陶质为主，此外还有一部分青铜质地及少部分石质。由于各地的自然环境、饮食习俗与文化背景的差异，灶的形态也呈现出不同特点。对于陶灶型式的划分，学者已多有论述[1]。按照这一地区出土灶面的形制，主要有马蹄形、圆形、长方形、梯形、船形等。我们根据灶的形制不同，将其分成八型。

A型　马蹄形灶。灶面前方后圆，火眼上置釜、甑等炊器。灶门多呈拱形或长方形。依据灶面上火眼的数量不同分为四亚型。（图3.9）

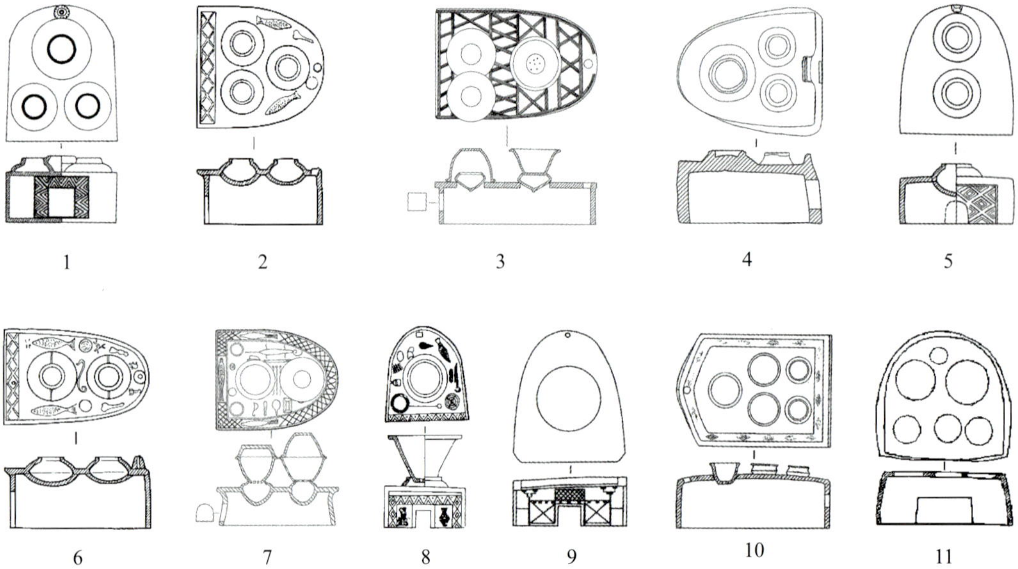

图3.9　A型灶

1. Aa Ⅰ（标本陕西西安西北医疗设备厂M2：21）；2. Aa Ⅱ（标本陕西省交通学校M178：12）；3. Aa Ⅲ（标本河南三门峡向阳汉墓M41：11）；4. Aa Ⅳ（标本标本北京房山岩上汉墓M57：14）；5. Ab Ⅰ（标本陕西省交通学校M258：6）；6. Ab Ⅱ（标本陕西省交通学校M86：4）；7. Ab Ⅲ（标本河南省三门峡向阳汉墓M140：11）；8. Ac Ⅰ（标本陕西省西安西北国棉五厂M35：6）；9. Ac Ⅱ（标本陕西省西安西北国棉五厂M11：49）；10. Ad（标本山西襄汾中陈汉墓M2：1）；11. Ad（标本山西朔县汉墓HM165：3）

［1］梁云. 论秦汉时代的陶灶［J］. 考古与文物，1999（1）：48-54；朱津. 汉墓出土陶灶研究［D］. 郑州：郑州大学历史学院，2010.

Aa　灶面有三个火眼，前二后一，一般后端火眼较大。依据陶灶结构变化分为4式。

Ⅰ式灶体短宽，前端无遮烟檐，烟囱位于灶尾中部。标本陕西西安西北医疗设备厂M2：21，三火眼上皆置釜，呈“品”字形排列[1]。

Ⅱ式灶面较平，灶面有的前伸出檐。烟囱进一步简化成短柱或圆孔。标本陕西省交通学校M178：12，灶体制作规整，连釜形三火眼，灶门呈拱形，落地，前端出檐[2]。

Ⅲ式灶体逐渐窄长，灶面四周稍出檐，大于灶身，烟囱矮短。标本河南三门峡向阳汉墓M41：11，三火眼，上置釜、甑或釜、盆[3]。

Ⅳ式灶面前端出现竖向直立挡烟檐。有的则仅在灶门上端做出一窄小的挡烟檐，灶面多为素面。标本北京房山岩上汉墓M57：14[4]。

Ab　灶面有两火眼，前后排列，灶体较Aa型窄长，多数火眼上置有釜或与甑、盆等组合。依据陶灶结构变化分为3式。

Ⅰ式灶体较短宽，灶面多为素面，灶面四周不出檐，前端无遮烟檐，灶门呈拱形或长方形，烟囱位于灶尾中部。标本陕西省交通学校M258：6，连釜形二火眼，前后排列[5]。

Ⅱ式灶体较Ⅰ式窄长，灶面前伸出檐或火门上有遮烟檐。标本陕西省交通学校M86：4[6]。

Ⅲ式灶面四周出檐，大于灶身，烟囱矮短。标本河南省三门峡向阳汉墓M140：11[7]。

Ac　灶面有一火眼。上置有釜或釜甑组合，依据灶体结构变化分为2式。

Ⅰ式灶面中间有一连釜形火眼，釜上置甑，灶面前伸出檐。标本陕西省西安西北国棉五厂M35：6[8]。

Ⅱ式制作较Ⅰ式粗糙，灶面前不出檐。标本陕西省西安西北国棉五厂M11：49[9]。

---

[1] 西安市文物保护考古所.西安龙首原汉墓甲编［M］.西安：西北大学出版社，1999：19.

[2] 西安市文物保护考古所，郑州大学考古专业.长安汉墓［M］.西安：陕西人民出版社，2004：507.

[3] 三门峡市文物考古研究所.三门峡向阳汉墓［M］.北京：燕山出版社，2007：65-66.

[4] 北京市文物研究所.北京段考古发掘报告集［M］.北京：科学出版社，2008：89.

[5] 西安市文物保护考古所，郑州大学考古专业.长安汉墓［M］.西安：陕西人民出版社，2004：554.

[6] 西安市文物保护考古所，郑州大学考古专业.长安汉墓［M］.西安：陕西人民出版社，2004：472.

[7] 三门峡市文物考古研究所.三门峡向阳汉墓［M］.北京：燕山出版社，2007：126.

[8] 陕西省考古研究所.白鹿原汉墓［M］.西安：三秦出版社，2003：132-133.

[9] 陕西省考古研究所.白鹿原汉墓［M］.西安：三秦出版社，2003：130-131.

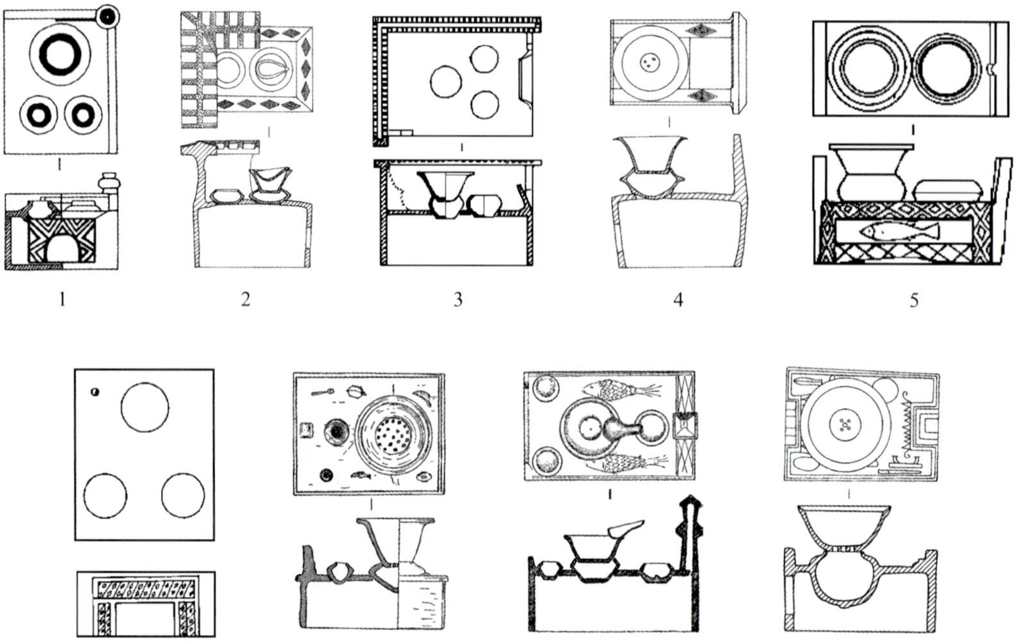

图3.10 B型灶

1. BaⅠ（标本陕西西北医疗设备厂M92：24）；2. BaⅡ（标本河南荥阳赵家庄汉墓M13：7）；3. BaⅢ（标本山西广灵北关汉墓M95：8）；4. BbⅠ（标本河南荥阳赵家庄M9：9）；5. BbⅡ（标本河南南阳新野樊集M11：9）；6. BcⅠ（标本陕西渭南市93西电一公司M24：8）；7. BcⅡ（标本洛阳烧沟汉墓M50：20）；8. BcⅢ（标本洛阳烧沟汉墓M403：21）；9. BcⅣ（标本洛阳吉利晋墓M2492：15）

Ad 多眼灶。灶面有4个以上火眼。标本山西襄汾中陈汉墓M2：1，灶面近似楔形，上有5个火眼，分别置有釜、盆等炊器[1]。标本山西朔县汉墓HM165：3，灶面5个火眼，前3后2，烟囱简略为圆孔[2]。

B型 灶面呈长方形或方形。依灶体结构不同分为三亚型。（图3.10）

Ba 灶尾及侧面有挡火墙。依据结构变化分为3式。

Ⅰ式灶尾及一侧有矮的挡火墙，灶面多为三火眼，呈品字形排列。标本陕西西北医疗设备厂M92：24，烟囱位于两挡火墙交接处[3]。

---

［1］ 胡建. 襄汾中陈汉墓发掘报告析［C］//山西省考古研究所，山西省考古学会. 三晋考古（第三辑）. 太原：山西人民出版社，2006：225-238.

［2］ 平朔考古队. 山西朔县秦汉墓发掘简报［J］. 文物，1987（6）：1-52.

［3］ 西安市文物保护考古所. 西安龙首原汉墓甲编［M］. 西安：西北大学出版社，1999：118.

Ⅱ式挡火墙墙体增高，墙顶出现覆瓦。多为1至2个火眼。标本河南荥阳赵家庄汉墓M13：7[1]。

Ⅲ式灶门上方出现遮烟檐，常见有长方形和阶梯形。灶面多为2至3个火眼，有的挡火墙形式复杂，标本山西广灵北关汉墓M95：8[2]。

Bb　与Ba比较，灶两侧无挡火墙，灶尾有挡火墙。依灶体结构变化分2式。

Ⅰ式灶体短宽，灶尾立有挡火墙。灶面火眼以1至2个居多。标本河南荥阳赵家庄M9：9[3]。

Ⅱ式灶体较Ⅰ式窄长，灶门上方出现遮烟檐，有拱形和长方形两种。灶面灶眼1至3个不等。标本河南南阳新野樊集M11：9[4]。

Bc　灶尾后端及两侧均无挡火墙。有的灶门上方有遮烟檐。依灶体结构变化分4式。

Ⅰ式灶面为长方形或抹角长方形，多为2至3个火眼。灶面与灶体横截面大小相同。标本陕西渭南市93西电一公司M24：8，灶面3个火眼[5]。

Ⅱ式灶面四周出檐，大于灶体，火眼有1至3个不等。标本河南洛阳烧沟汉墓M50：20[6]。

Ⅲ式火门上方出挡烟檐，火眼有1至5个不等。标本河南洛阳烧沟汉墓M403：21[7]。

Ⅳ式灶面四周不出檐。火门上方挡烟檐缩小。火眼有1至2个。标本河南洛阳吉利晋墓M2492：15[8]。

C型　平面为圆形或椭圆形。依火眼数量不同分为二亚型。（图3.11）

Ca　灶面一个火眼。依灶面变化分为4式。

Ⅰ式灶体近似圆筒状，火眼上置有釜和甑，灶门呈拱形或方形，烟囱大多呈圆筒或兽首状，少量以小圆孔代替。标本山东临沂银雀山M4：30，灰陶，灶体圆筒状，

---

［1］汪旭，马黔彬，赵同生，等.荥阳赵家庄汉代墓群发掘报告［C］//郑州文物考古与研究，北京：科学出版社，2003：833-857.

［2］大同市考古研究所.山西广灵北关汉墓发掘简报［J］.文物，2001（7）：4-18.

［3］汪旭，马黔彬，赵同生，等.荥阳赵家庄汉代墓群发掘报告［C］//郑州文物考古与研究，北京：科学出版社，2003：833-857.

［4］河南省南阳地区文物研究所.新野樊集汉画像砖墓［J］.考古学报，1990（4）：475-508.

［5］崔景贤，王文学.陕西渭南市区战国、汉墓清理简报［J］.考古与文物，1998（2）：14-24.

［6］中国科学院考古研究所.洛阳烧沟汉墓［M］.北京：科学出版社，1959：120.

［7］中国科学院考古研究所.洛阳烧沟汉墓［M］.北京：科学出版社，1959：121.

［8］洛阳市文物工作队.洛阳吉利区西晋墓发掘简报［J］.文物，2010（8）：29-47.

拱形火门，上出遮烟檐，圆柱形烟囱平出[1]。

Ⅱ式灶面台面加宽，中间高隆，火眼上多置釜或甑。标本山东阳谷吴楼汉墓M1：32，灶平面圆形[2]。

Ⅲ式灶面圆形，较平。灶底为圆形或圆角三角形。有的灶门上方出现遮烟檐。标本山东微山岛M20H2：2，灶面呈圆形，底为圆角三角形，拱形火门通底。火眼上置釜、甑[3]。

Ⅳ式灶面椭圆较平，火眼缩小。标本陕西西安北郊晋墓M4：9[4]。

Cb　灶面三火眼，平面多呈圆形或椭圆形，灶底平面为圆形或圆角三角形。标本山西广灵北关汉墓M56：1，平面椭圆形，三火眼，长方形火门[5]。

D型　灶面平面为梯形。一般灶面前端宽于灶尾。按灶体形制不同分为二亚型。

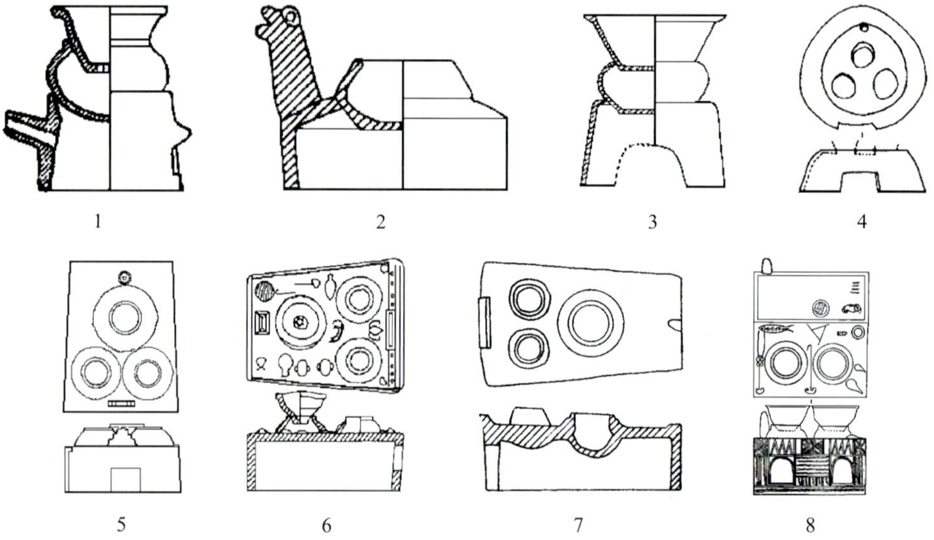

图3.11　C、D、E型灶

1. CaⅠ（标本山东临沂银雀山M4：30）；2. CaⅡ（标本山东阳谷吴楼汉墓M1：32）；3. CaⅢ（标本山东微山岛M20H2：2）；4. Cb（标本山西广灵北关汉墓M56：1）；5. Da（标本河北安平东汉壁画墓出土灶）；6. Da（标本河北石家庄城角汉墓M1：24）；7. Db（标本河北燕下都W21T85［1］M7：8）；8. E型（标本陕西紫阳白马石汉墓IM15：20）

［1］山东省博物馆，临沂文物组. 临沂银雀山四座西汉墓葬［J］. 考古，1975（6）：351-363.

［2］聊城市文物管理委员会. 山东阳谷县吴楼一号汉墓的发掘［J］. 考古，1999（11）：35-45.

［3］微山县文物管理所. 山东微山县微山岛汉代墓葬［J］. 考古，2009（10）：21-48.

［4］陕西省考古研究所. 西安北郊晋唐墓发掘简报［J］. 考古与文物，2003（6）：16-25.

［5］大同市考古研究所. 山西广灵北关汉墓发掘简报［J］. 文物，2001（7）：4-18.

Da　灶体短宽，灶面以两三个火眼居多，亦有一个或四个以上火眼。标本河北安平东汉壁画墓出土灶，三火眼呈“品”字形排列，长方形灶门，上方有挡烟檐[1]。标本河北石家庄城角汉墓M1：24[2]。

Db　灶体窄长，灶面上多为两三个火眼，灶面多素面无纹饰。标本河北燕下都W21T85［1］M7：8，灶面三火眼呈“品”字形排列。灶门拱形，上有遮烟墙[3]。

E型　双火门灶。平面为长方形，灶前端并排开两个火门。标本陕西紫阳白马石汉墓IM15：20[4]。（图3.11）

F型　带足灶。带足灶多为铜质和陶质地。灶底多有三足或四足支撑灶身。火眼以二三眼最常见。根据灶平面形制不同可分为五亚型。（图3.12）

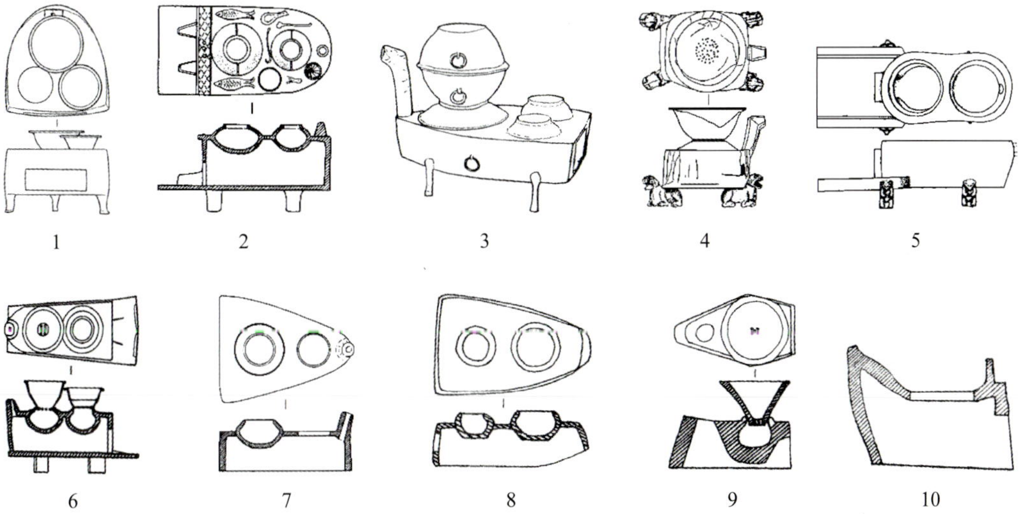

图3. 12　F、G型灶

1. FaⅠ（标本山西柳林杨家坪汉墓M95LYM1：7）；2. FaⅡ（标本1997年陕西西安方新村M11：7）；3. Fb（标本山西朔州平朔煤矿4M138：15）；4. Fc（标本河南洛阳烧沟汉墓M183：10）；5. Fd（标本河南南阳杨官寺汉画像石墓出土陶灶）；6. Fe（标本陕西高陵宝诗佳公司汉墓M12：4）；7. GⅠ（标本河南南阳淅川阎杆岭M38：44）；8. GⅡ（标本山东枣庄渴口汉墓M43：7）；9. GⅢ（标本山东枣庄渴口汉墓M67：9）；10. GⅣ（标本山东临沂苍山晋墓出土）

［1］河北省文物研究所. 安平东汉壁画墓发掘简报［J］. 文物春秋，1989年创刊号：70-77.

［2］石家庄市文物保护研究所. 石家庄市城角庄汉墓［J］. 文物春秋，2007（6）：24-28.

［3］河北省文物研究所. 燕下都遗址内的两汉墓葬［C］//河北省考古文集（二）. 北京：燕山出版社，2001：67-140.

［4］安康水电站库区考古队. 陕西紫阳白马石汉墓发掘报告［J］. 考古学报，1995（2）：209-237.

Fa 灶面前方后圆，呈马蹄形。依灶体底部变化分为2式。

Ⅰ式平底，灶面较宽。标本山西柳林杨家坪汉墓M95LYM1：7，灰陶，素面，灶面三火眼呈“品”字形排列，平底，三足[1]。

Ⅱ式灶底前伸出地台，四足。灶面比Ⅰ式略显窄长。标本1997年陕西西安方新村M11：7，灶面二火眼，上面模印有食物和灶具[2]。

Fb 灶面前方后尖，呈舟形。灶面多为一至三火眼，以三火眼常见。灶底多为四足。标本山西朔州平朔煤矿4M138：15，四蹄足[3]。

Fc 灶平面为方形或长方形。标本洛阳烧沟汉墓M183：10，平面为抹角方形，灶面上有一个火眼，方柱形烟囱，平底，四兽形足[4]。

Fd 灶平面近似椭圆形。标本河南南阳杨官寺汉画像石墓出土陶灶，灶面椭圆形，两火眼。灶底前伸出地台，底有四兽足[5]。

Fe 灶平面为梯形。标本陕西高陵宝诗佳公司汉墓M12：4，灶体平面呈梯形，前端方，后端略呈圆弧，二火眼，方形灶门。灶底有四方形柱足[6]。

G型 舟形灶。灶体窄长，灶尾突出，灶面近似舟形或三角形。灶面多为一至三火眼。多数灶面无纹饰。依灶体形制变化分为4式。（图3.12）

Ⅰ式灶面较平，灶尾狭窄，灶面近似舟形或三角形。灶面不出檐或仅在灶面前端灶门上方处出现竖向挡烟檐，略微向前倾斜。标本河南南阳淅川阎杆岭M38：44，平面近似三角形，烟囱圆柱形[7]。

Ⅱ式与Ⅰ式相比，灶体后端上翘。标本山东枣庄渴口汉墓M43：7，灶面近似三角形，灶尾尖圆[8]。

Ⅲ式灶尾前伸突出，灶体后端上翘。标本山东枣庄渴口汉墓M67：9[9]。

---

［1］山西省考古研究所，吕梁地区文物管理局，柳林县文物管理所. 柳林杨家坪华晋焦煤公司宿舍区墓葬发掘报告［C］//山西省考古研究所，山西省考古学会. 三晋考古（第三辑）. 太原：山西人民出版社，2006：297-312.

［2］西安市文物保护考古所，郑州大学考古专业. 长安汉墓［M］. 西安：陕西人民出版社，2004：772-773.

［3］平朔考古队. 山西朔县秦汉墓发掘简报［J］. 文物，1987（6）：4-52.

［4］中国科学院考古研究所. 洛阳烧沟汉墓［M］. 北京：科学出版社，1959：121.

［5］河南省文化局文物工作队. 河南南阳杨官寺汉画像石墓发掘报告［J］. 考古学报，1963（1）：111-139.

［6］陕西省考古研究所. 陕西高陵县宝诗佳公司汉墓发掘简报［J］. 华夏考古，2007（3）：65-71.

［7］河南省文物考古研究所. 河南淅川县阎杆岭38号汉墓的发掘［J］. 华夏考古，2006（2）：47-56.

［8］枣庄市博物馆. 枣庄渴口汉墓［J］. 考古学集刊（14），2004：80-160.

［9］枣庄市博物馆. 枣庄渴口汉墓［J］. 考古学集刊（14），2004：80-160.

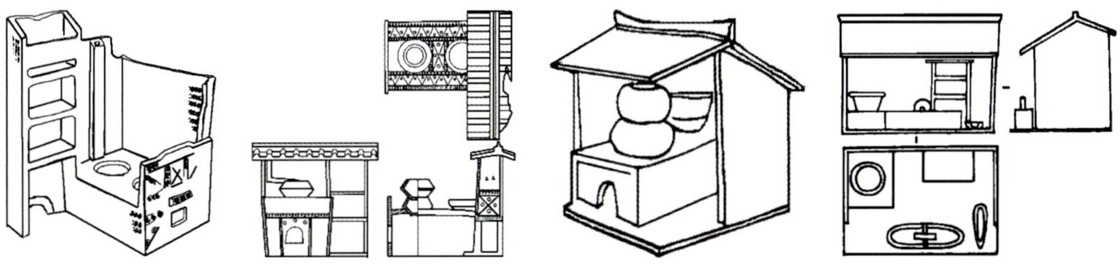

图3.13　H型灶

1. HaⅠ（标本河南安阳出土灰陶灶）；2. HaⅡ（标本河南武陟冯村汉墓M2：1）；3. HbⅠ（标本河南洛阳金谷园车站汉墓M11：206）；4. HbⅡ（标本河南洛阳金谷园车站汉墓M11：189）

Ⅳ式灶尾上翘突出。标本山东临沂苍山晋墓出土[1]。

H型灶房。以灶为主体，屋内多陈设有厨房用具等，当是模拟现实生活中的厨房。按照灶房的建筑形制不同分为二亚型。（图3.13）

Ha露天灶房。灶平面近长方形，灶上无屋顶或棚顶覆盖，灶尾附近有长方体橱柜及炊厨用具等。橱柜上未有屋顶覆盖。按照建筑风格变化分为2式。

Ⅰ式灶平面近长方形，灶面上有二火眼。灶尾一侧立有橱柜架，灶的一侧立有挡火墙。标本河南安阳出土灰陶灶[2]。

Ⅱ式与Ⅰ式相比，橱柜架顶覆有屋顶。标本河南武陟冯村汉墓M2：1，灰陶。橱柜架分三层，上置屋顶[3]。

Hb灶房多为屋顶两面坡式的平房建筑形制，三面围墙，正面敞开。灶台置于房屋内。按照灶房内的陈设变化分为2式。

Ⅰ式简单的灶房。灶房三面围墙，正面敞开，屋上覆两面坡屋顶，房内仅有灶台。标本河南洛阳金谷园车站汉墓M11：206，灶房狭小，内有一灶，长方体，两火眼前后排列，上置釜、甑，灶门拱形[4]。

Ⅱ式陈设复杂的灶房。房内除灶台外，另有橱柜、水槽、盆、碗、壶、盘等厨房设施、炊厨用具和器具等。标本河南洛阳金谷园车站汉墓M11：189，房内一角砌有

[1] 临沂地区文物管理委员会，苍山县文物管理所.山东苍山县晋墓［J］.考古，1989（8）：714-718.
[2] 张勇.豫北汉代陶灶［J］.中原文物，2007（5）：78-88.
[3] 焦作市文物工作队，武陟县文物局.焦作武陟冯村汉墓M2发掘简报［J］.中原文物，2011（5）：16-20.
[4] 洛阳市文物工作队.洛阳金谷园车站11号汉墓发掘简报［J］.文物，1983（4）：15-28.

长方体灶台，灶面上有一火眼，上置釜、甑。灶台旁靠墙立有三层橱柜架。房门口有椭圆形井，井上置滑轮，旁边置水槽[1]。

2. 井

黄河中下游地区出土的井模型多为泥质灰陶或红陶，少数为釉陶，主要由井架和井身两部分组成，井架之上多有井亭。与井配套的还有汲水罐、水槽等。依井有无陶质井架分为二型。

A型　无陶质井架。依井腹部不同分为五亚型。（图3.14）

Aa　圆筒腹，平面为圆形或椭圆形，敛口，无颈、肩，口径小于底径，器形矮胖。依口沿变化分为5式。

Ⅰ式口沿为方形或圆形，斜直腹。标本山东临沂银雀山汉墓M4：27，灰陶，圆筒形，平折沿，无底。附汲水罐1件[2]。

Ⅱ式宽平沿，斜直腹，底部外侈，器形较Ⅰ式更加矮粗。标本陕西西安西户高速公路M13：7，宽平沿，斜直腹，沿上两侧对称有安装井架的双孔，无底[3]。标本河北燕下都H2T2［2］M1：2[4]。

Ⅲ式口沿做“井”字形仿木结构，沿上有的做出对称的双孔。圆筒腹。标本山西忻州田村M92：21[5]。

Ⅳ式平沿加宽，井口缩小，口沿有的做出对称的双孔，井身呈喇叭形。标本河北燕下都W21T75［1］M4：8[6]。

Ⅴ式口沿窄小，斜直腹。标本山东临沂苍山晋墓出土[7]。

Ab　弧腹，平面为圆形或椭圆形，口径小于底径。依腹部变化分为3式。

Ⅰ式弧腹，近底微鼓。标本河南南阳东苑小区汉墓M31：20，敛口，灰陶，腹部

［1］洛阳市文物工作队. 洛阳金谷园车站11号汉墓发掘简报［J］. 文物，1983（4）：15-28.
［2］山东省博物馆，临沂文物组. 临沂银雀山四座西汉墓葬［J］. 考古，1975（6）：351-363.
［3］西安市文物保护考古所，郑州大学考古专业. 长安汉墓［M］. 西安：陕西人民出版社，2004：738.
［4］河北省文物研究所. 燕下都遗址内的两汉墓葬［C］//河北省考古文集（二）. 北京：北京燕山出版社，2001.
［5］忻州市文物管理处. 忻州市田村东汉墓发掘简报［C］//山西省考古研究所，山西省考古学会：三晋考古（第三辑），太原：山西人民出版社，2006：250-256.
［6］河北省文物研究所. 燕下都遗址内的两汉墓葬［C］//河北省考古文集（二）. 北京：北京燕山出版社，2001.
［7］临沂地区文物管理委员会，苍山县文物管理所. 山东苍山县晋墓［J］. 考古，1989（8）：714-718.

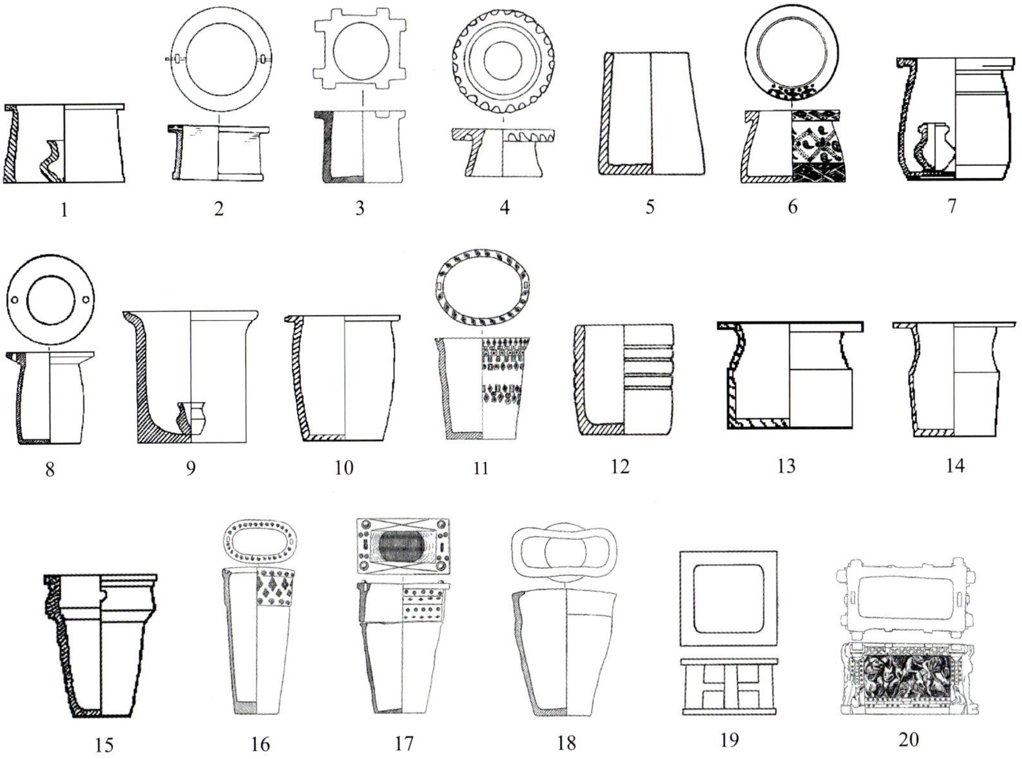

图3.14　A型井

1. AaⅠ（标本山东临沂银雀山汉墓M4：27）；2. AaⅡ（标本河北燕下都H2T2［2］M1：2）；3. AaⅢ（标本山西忻州田村M92：21）；4. AaⅣ（标本河北燕下都W21T75［1］M4：8）；5. AaⅤ（标本山东临沂苍山晋墓出土）；6. AbⅠ（标本河南南阳东苑小区汉墓M31：20）；7. AbⅡ（标本河南南阳镇平程庄M132：13）；8. AbⅢ（标本陕西勉县老道寺汉墓M3：19）；9. AcⅠ（标本山东微山岛独山汉墓M4：8）；10. AcⅡ（标本山东微山岛汉画像石墓M9：9）；11. AcⅢ（标本洛阳西汉张就墓IM1835：4）；12. AcⅣ（标本山东临沂苍山晋墓出土）；13. AdⅠ（标本河南南阳唐河湖阳汉画像石墓出土井）；14. AdⅡ（标本河南南阳新野樊集M34：5）；15. AdⅢ（标本山东微山县墓前村汉墓M3：6）；16. AdⅣ（标本洛阳烧沟汉墓M99：11）；17. AdⅤ（标本洛阳烧沟汉墓M58：30）；18. AdⅥ（标本洛阳烧沟汉墓M1004A：24）；19. Ae（标本洛阳烧沟汉墓M82：37）；20. Ae（标本洛阳烧沟汉墓M1028A：14）

近底部微鼓[1]。

Ⅱ式弧腹，近底微内收。标本河南南阳镇平程庄M132：13，灰陶，宽平折沿，方唇，斜弧腹，近底处内折，平底。井内置一汲水罐[2]。

［1］南阳市古代建筑保护研究所. 河南南阳市东苑小区古代墓葬清理简报［J］. 华夏考古，1999（2）：37-45.

［2］郑州大学历史学院考古系，河南省文物管理局南水北调文物保护办公室，南阳市文物考古研究所. 河南镇平县程庄墓地汉代墓葬发掘简报［J］. 华夏考古，2009（4）：29-39.

Ⅲ式腹部增高，标本陕西勉县老道寺汉墓M3∶19，井身较高，口沿加宽[1]。

Ac　敞口，无颈、肩，圆筒腹，口径近于或大于底径。器形高于Aa型。依口沿、腹部变化分为4式。

Ⅰ式侈口，直筒腹，口径同于或略大于底径。标本山东微山岛独山汉墓M4∶8，灰陶，有底。井内置一汲水罐[2]。

Ⅱ式腹部略鼓，口径略大于底径。标本山东微山岛汉画像石墓M9∶9[3]。

Ⅲ式沿上有对称的双孔，伴有水槽、滑轮等。标本河南洛阳西汉张就墓IM1835∶4，椭圆口，沿上有对称的方孔。井身及口沿模印有几何图案[4]。

Ⅳ式直口，口沿双孔消失。标本山东临沂苍山晋墓出土[5]。

Ad　敞口，束颈，折腹，圆筒形腹。依口沿、腹部变化分为6式。

Ⅰ式束颈，器形矮胖。标本河南南阳唐河湖阳汉画像石墓出土井，红黄釉陶，宽平沿，口微敞，平底。井内置一汲水罐[6]。

Ⅱ式器形较上式高。标本河南南阳新野樊集M34∶5[7]。

Ⅲ式器形增高，颈变短，折腹处将器身分为井栏、井圈上下两节，腹部以下向内斜收。标本山东微山县墓前村汉墓M3∶6，敛口，方唇，平折沿，沿下有对称圆孔[8]。

Ⅳ式井沿上两侧出现对应的开孔，多为插木质的井架。器身上部宽于下部，上部井栏部分多饰几何图案，多配有水斗、水槽、滑轮等。标本洛阳烧沟汉墓M99∶11，井口平面椭圆形[9]。

Ⅴ式井沿有对称的开孔，井栏平面多为长方形，井筒圆形或椭圆形。器身上部宽于下部，有的井栏与井筒可以分开，多附有水斗、滑轮。标本洛阳烧沟汉墓M58∶30，井沿四角皆有插木质井架的圆孔，配有二水斗[10]。

---

[1] 郭清华. 陕西勉县老道寺汉墓［J］. 考古，1985（5）：429-449.
[2] 微山县文物管理所. 山东微山县发现汉、宋墓葬［J］. 考古，1995（8）：691-697.
[3] 微山县文物管理所. 山东微山县汉画像石墓的清理［J］. 考古，1998（3）：8-32.
[4] 洛阳市第二文物工作队. 洛阳西汉张就墓发掘简报［J］. 文物，2005（12）：31-40.
[5] 临沂地区文物管理委员会，苍山县文物管理所. 山东苍山县晋墓［J］. 考古，1989（8）：714-718.
[6] 南阳地区文物工作队，唐河县文化馆. 唐河县湖阳镇汉画像石墓清理简报［J］. 中原文物，1985（7）：8-13.
[7] 河南省南阳地区文物研究所. 新野樊集汉画像砖墓［J］. 考古学报，1990（4）：475-508.
[8] 微山县文物管理所. 山东微山县墓前村西汉墓［J］. 考古，1995（11）：997-1002.
[9] 中国科学院考古研究所. 洛阳烧沟汉墓［M］. 北京：科学出版社，1959：125.
[10] 中国科学院考古研究所. 洛阳烧沟汉墓［M］. 北京：科学出版社，1959：125.

Ⅵ式制作不规整，器身折腹不明显，井栏与井筒连为一体，井口多近似圆形或长方形，有的口沿上有对称的二孔。器身多无纹饰。标本洛阳烧沟汉墓M1004A：24[1]。

Ae　无井架，方体或长方体腹，口沿上多有对称双孔，以便安装木质井架。标本洛阳烧沟汉墓M82：37，方形，井栏四周模制仿木结构纹饰[2]。标本洛阳烧沟汉墓M1028A：14，长方形[3]。

B型　有陶质井架。依井腹部不同分为六亚型。（图3.15）

Ba　井身呈直筒形或腹部微向外鼓。井沿多为圆形或椭圆形，也有少数为“井”字形。依井身、井架形制可分为4式。

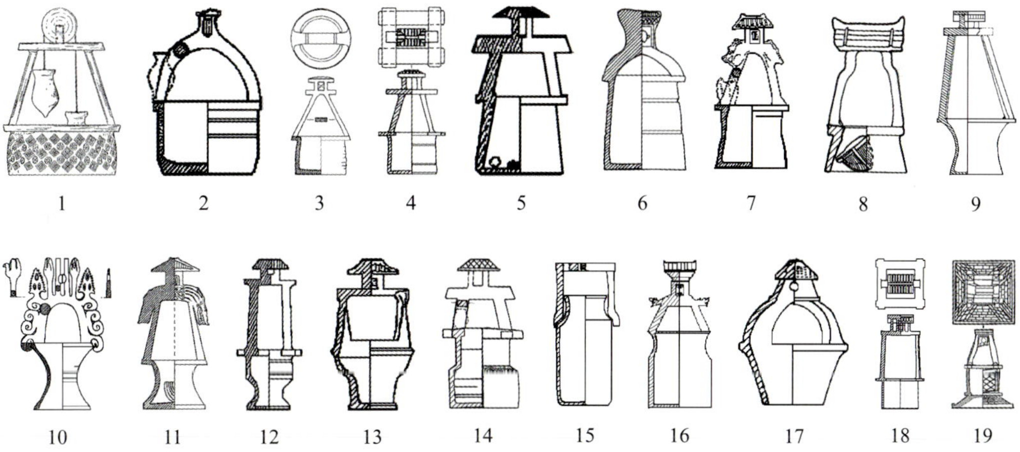

图3.15　B型井

1. BaⅠ（标本河南洛阳烧沟汉墓M59A：42）；2. BaⅡ（标本河南三门峡刘家渠汉墓M91：9）；3. BaⅢ（标本河北衡水景县大代庄86JDM1：14）；4. BaⅣ（标本陕西西安高新区广丰公司M13出土）；5. BbⅠ（标本安阳梯家口M49：2）；6. BbⅡ（标本陕西西安绕城高速公路M17：19）；7. BbⅢ（标本河南三门峡刘家渠汉墓M1937：6）；8. BbⅣ（标本河南洛阳衡山路西晋墓M114：4）；9. BcⅠ（标本河南新乡五陵汉墓M67：2）；10. BcⅡ（标本河北衡水景县大代庄86JDM1：15）；11. BcⅢ（标本山西阳泉马家坪汉墓M7：12）；12. BcⅣ（标本河南安阳梯家口汉墓M39：18）；13. BcⅤ（标本河南三门峡刘家渠汉墓M87：3）；14. BdⅠ（标本河南安阳郭家湾汉墓M47：35）；15. BdⅡ（标本山东青州马家冢子汉墓QM：126）；16. BdⅢ（标本陕西汉中铺镇砖厂85M5：5）；17. Be（标本河南新乡王门村汉墓M1：11）；18. BfⅠ（标本河北定县北庄汉墓灰陶井）；19. BfⅡ（标本河南永城酂城汉墓M3：10）

［1］中国科学院考古研究所. 洛阳烧沟汉墓［M］. 北京：科学出版社，1959：125.
［2］中国科学院考古研究所. 洛阳烧沟汉墓［M］. 北京：科学出版社，1959：126.
［3］中国科学院考古研究所. 洛阳烧沟汉墓［M］. 北京：科学出版社，1959：126.

Ⅰ式井身矮胖，腹部略鼓，梯形井架。标本河南洛阳烧沟汉墓M59A：42，井身饰有几何图案[1]。

Ⅱ式井身增高，直筒形，拱形井架，井架上多有井亭。标本河南三门峡刘家渠汉墓M91：9，釉陶，井沿上立一小汲水瓶[2]。

Ⅲ式梯形井架，井口呈圆形、方形或“井”字形。标本河北衡水景县大代庄86JDM1：14，梯形井架，有滑轮[3]。

Ⅳ式井架短小，井身加高。标本陕西西安高新区广丰公司M13出土[4]。

Bb　井身斜直壁，口小底大。依井架形制变化分为4式。

Ⅰ式梯形井架，架上多有井亭。标本安阳梯家口M49：2，有底，井内置滑轮和水罐[5]。

Ⅱ式拱形井架，井架或高耸或低矮，架上多有井亭，井口为圆形或“井”字形。标本陕西西安绕城高速公路M17：19，拱形井架低矮呈半环状[6]。

Ⅲ式与Ⅱ式相近，为拱形井架，有井亭，井架两端装饰有龙头。标本河南三门峡刘家渠汉墓M1937：6，井沿置汲水罐[7]。

Ⅳ式拱形井架简化，有井亭，井身矮小。标本河南洛阳衡山路西晋墓M114：4[8]。

Bc　井身为束腰圆筒形。依井身、井架变化分为5式。

Ⅰ式束腰，有的腰部有凸棱。梯形或方形井架，架上多有井亭、滑轮。井身底部外撇，口径与底径大小相近。标本河南新乡五陵汉墓M67：2，折沿，束腰，平底[9]。标本河北定州南关墓地M15：1[10]。

Ⅱ式束腰明显。多为拱形井架，井架出现花叶、树木、鸟、卷云等繁缛装饰。井

［1］中国科学院考古研究所．洛阳烧沟汉墓［M］．北京：科学出版社，1959：126.
［2］黄河水库考古工作队．河南陕县刘家渠汉墓［J］．考古学报，1965（1）：107-167.
［3］衡水地区文物管理所．河北景县大代庄东汉壁画墓［J］．文物春秋，1995（1）：14-22.
［4］西安市文物保护考古所．西安东汉墓［M］．北京：文物出版社，2009.
［5］安阳市文物工作队．安阳梯家口村汉墓的发掘［J］．华夏考古，1993（1）：11-29.
［6］陕西省考古研究所．白鹿原汉墓［M］．西安：三秦出版社，2003：144.
［7］黄河水库考古工作队．河南陕县刘家渠汉墓［J］．考古学报，1965（1）：107-167.
［8］洛阳市第二文物工作队．洛阳衡山路西晋墓发掘简报［J］．文物，2005（7）：38-49；洛阳市第二文物工作队．洛阳新发现的两座西晋墓发掘简报［J］．文物，2009（3）：19-34.
［9］新乡市博物馆．河南新乡五陵村战国两汉墓［J］．考古学报，1990（1）：103-135.
［10］河北省文物研究所，保定市文物管理所，定州市文物保护管理所．定州市南关墓地发掘简报［J］．文物春秋，2004（4）：32-42.

沿上增有人物、水罐等。标本河北衡水景县大代庄86JDM1：15[1]。

Ⅲ式束腰明显。多梯形井架，井架两侧有龙头装饰，架上有井亭，井沿上或井内多置汲水罐。标本山西阳泉马家坪汉墓M7：12[2]。

Ⅳ式井身较Ⅰ式增高，井身上增加直筒形井栏，多为梯形或方形井架，井架上多有井亭、滑轮。标本河南安阳梯家口汉墓M39：18[3]。

Ⅴ式底径明显缩小，井身为口大底小束腰形。标本河南三门峡刘家渠汉墓M87：3[4]。

Bd　井身圆筒形，束颈，折腹。方形或梯形井架，井架较矮。依据井身变化分为3式。

Ⅰ式颈较长，折腹明显，折腹处将井身分为上下两段。大平底，口径小于底径。方形或梯形井架，井架较矮。标本河南安阳郭家湾汉墓M47：35[5]。

Ⅱ式井身增长，颈缩短，腹部增深。方形或梯形井架，井架较矮。标本山东青州马家冢子汉墓QM：126[6]。

Ⅲ式井身微束颈，折腹，颈与腹部缩短。井身两侧出现龙首装饰。标本陕西汉中铺镇砖厂85M5：5[7]。

Be　井身斜圆筒形，口大底小。井架多呈拱形或梯形，架上多有井亭、滑轮。标本河南新乡工门村汉墓M1：11[8]。

Bf　井身方形，有“井”字形井栏。井架多呈拱形、方形或梯形，架上多有井亭、滑轮。依据有无台座分为2式。

Ⅰ式为无台座井。标本河北定县北庄汉墓灰陶井。井身方形，口有“井”字形井栏。井架呈方形，架上有井亭[9]。

---

[1] 衡水地区文物管理所.河北景县大代庄东汉壁画墓［J］.文物春秋，1995（1）：14–22.

[2] 阳泉市文物管理局.阳泉市马家坪东汉墓葬群发掘简报［C］//山西省考古研究所，山西省考古学会.三晋考古（第三辑）.太原：山西人民出版社，2006：239–249.

[3] 安阳市文物工作队.安阳梯家口村汉墓的发掘［J］.华夏考古，1993（1）：11–29.

[4] 黄河水库考古工作队.河南陕县刘家渠汉墓［J］.考古学报，1965（1）：107–167.

[5] 中国社会科学院考古研究所安阳工作队.河南安阳市郭家湾汉墓［J］.考古学集刊（11），1997：187–220.

[6] 山东省青州市博物馆.山东青州市马家冢子东汉墓的清理［J］.考古，2007（6）：59–75.

[7] 何新成.陕西汉中市铺镇砖厂汉墓清理简报［J］.考古与文物，1989（6）：35–49.

[8] 赵争鸣，等.河南新乡市王门村汉墓［J］.考古，2003（4）：88–91.

[9] 河北省文化局文物工作队.河北定县北庄汉墓发掘报告［J］.考古学报，1964（2）：127–156.

Ⅱ式为有台座井。井身方形，在井底置台座。标本河南永城酇城汉墓M3：10，井身方形，口有“井”字形井栏。井架梯形，架上有井亭、滑轮。井底有方形台，台面作斜坡状[1]。

3. 小　结

灶的演变规律为：Aa型早期灶体短宽、灶面素面，至灶体加长、灶面出现模印炊具和食物等纹饰，至灶体窄长、灶面大于灶体，至后期灶面前端出现挡烟檐；Ab型早期灶体短宽，至后期灶体窄长、灶面大于灶体；Ac型早期灶面前伸出檐，至后期灶面不出檐；Ba型早期挡火墙较矮，至挡火墙增高，至后期灶门上出现遮烟檐；Bb型早期灶体较短，至后期灶体窄长，灶门上方出现遮烟檐；Bc型早期灶面不出檐，至灶面大于灶体，至后期火门上方出挡烟檐；Ca型早期不见灶面，至后期灶面加宽；H型早期灶面较平、灶尾狭窄，至后期灶尾前伸突出、灶体后端上翘；灶房设施由简单逐渐向复杂演变。

井的演变规律为：Aa型井从早期的大口窄口沿，到口沿逐渐加宽，口部出现“井”字形仿木结构，口沿处并出现支立井架的双孔，到后期演变为宽大的平沿，口径缩小；Ab型井腹部最大径从底部逐渐上移，器形逐渐增高，口沿加宽；Ac型井从早期直筒腹，到腹部微鼓，至后期腹部近底处向内微收，口径大于底径，口沿处出现安装井架的双孔；Ad型井从早期的束颈，到器身分为井栏、井圈二节，至后期井栏、井圈又连在一起，器形逐渐增高。相对于A型井，B型井出现时间略晚。Ba型井从拱形井架向梯形井架过渡；Bb型井从早期的梯形井架向拱形井架过渡，井架两端出现有龙头等装饰，至拱形井架简化，装饰消失，仅存井亭；Bc型井井身束腰逐渐明显，井架逐渐出现花叶等繁缛图案和龙头装饰，井身增高，至后期器形缩小，井身为口大底小束腰形；Bd型颈部缩短，井身增长，井架出现龙头装饰。

[1] 河南省文物考古研究所，永城市文物旅游管理局. 永城黄土山与酇城汉墓 [M]. 郑州：大象出版社，2010：157.

第三节　圈厕类

黄河中下游地区汉晋墓出土的圈厕及家禽家畜俑类包括厕和猪圈、羊圈等牲畜圈。

圈，为畜养家畜的建筑。《说文·囗部》解释为："圈，养畜之闲也。"厕所是人们排出体内秽物的场所。汉时亦将厕称为"厕""清""溷""圊""更衣"等。汉代的厕所模型除一部分为单独建筑模型外，大多数是与猪圈连在一起的。考古报告亦将这类连带厕所者称为"猪圈"，或称"圈厕"。猪圈在汉代称"圂"。《说文》："圂，猪厕也。从囗，象豕在囗中也。"本书将沿袭考古报告将建有厕的猪圈模型明器仍归入猪圈类明器中的观点讨论。黄河中下游地区墓葬出土的各类圈舍和厕模型皆为陶质，可细分有灰陶、红陶和釉陶等。根据圈舍的不同用途，我们将其分为猪圈、羊圈、猪羊合圈、猪鸡合圈、狗圈、牛圈、厕等。其中猪圈、羊圈模型出土数量多，型式各样；猪羊合圈、猪鸡合圈、狗圈、牛圈等出土数量较少。这里我们仅对出土数量较多的猪圈与羊圈模型进行型式分析。

1. 猪圈

猪圈为黄河中下游地区墓葬中出土数量最多的畜圈模型。多为模仿现实中的家畜圈建筑。猪圈一般有圈墙，圈内多置有猪俑。我们根据猪圈模型平面不同将其分为二型。（图3.16）

A型　口沿呈方形或长方形。根据器物建筑形制不同分为四亚型。

Aa　无厕所的猪圈。根据形制的变化分为2式。

Ⅰ式圈墙一角或一侧覆有屋顶或搭置平顶棚为猪棚。标本山东微山县墓前村汉墓M2：11，灰陶[1]。

Ⅱ式圈内无猪棚，猪圈形制简化，有的圈外设有坡道。标本河南南乐宋耿洛M1：5，黄釉陶。圈墙作栅栏状，圈外设有坡道[2]。

Ab　厕所、猪圈组成院落。院落平面近方形，四周墙顶多覆瓦垄。前墙开门，后墙加高上置屋顶。屋顶下建有隔墙将厕所与猪圈分开。有的在屋与前院之间加一道

[1] 微山县文物管理所. 山东微山县墓前村西汉墓［J］. 考古，1995（11）：997-1002.

[2] 安阳地区文物管理委员会，南乐县文化馆. 南乐宋耿洛一号汉墓发掘简报［J］. 中原文物，1981（2）：4-10. 同墓出有猪槽。

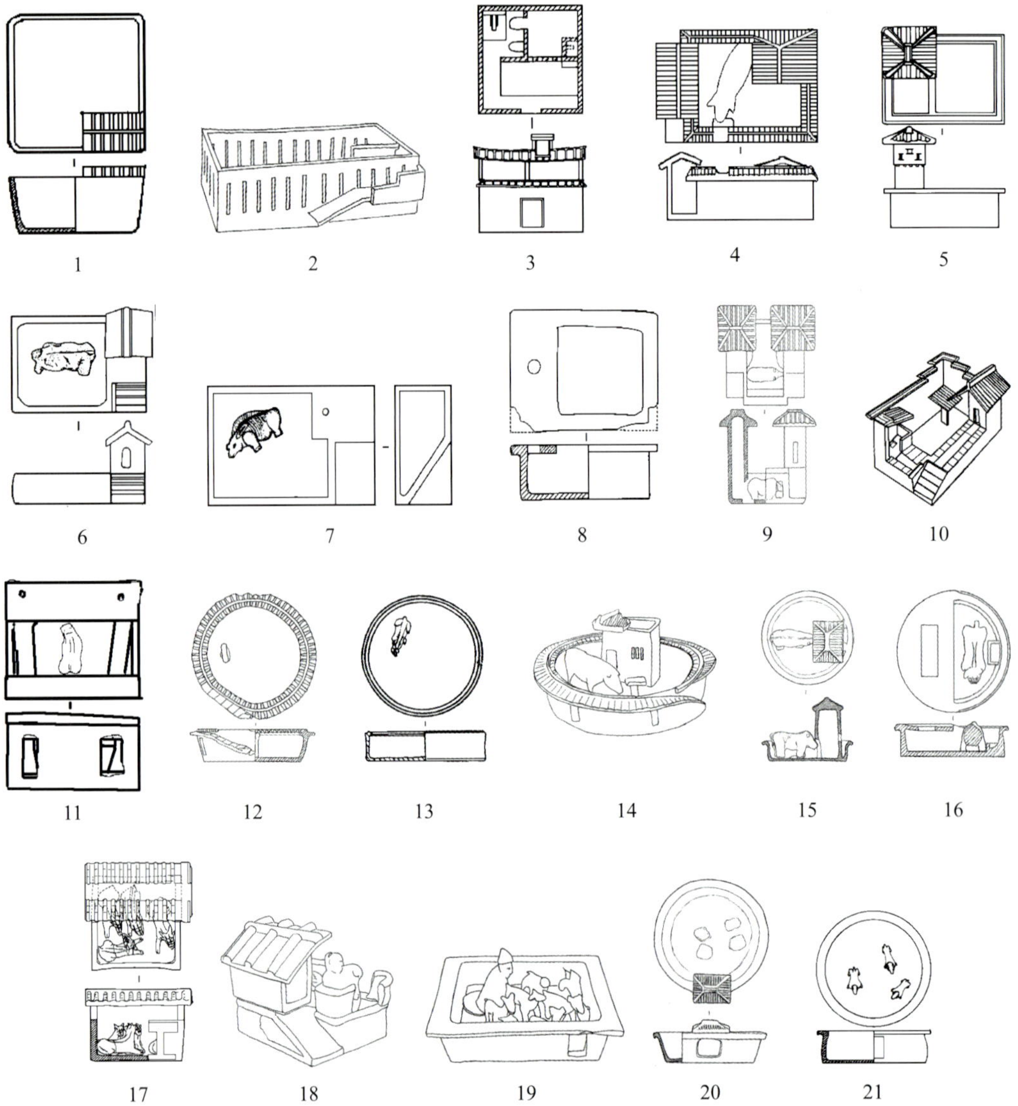

图3.16　猪圈、羊圈型式

1. Aa Ⅰ（标本山东微山县墓前村汉墓M2：11）；2. Aa Ⅱ（标本河南南乐宋耿洛M1：5）；3. Ab（标本河南南阳东苑小区汉墓M31：12）；4. Ac Ⅰ（标本山东微山岛M11：14）；5. Ac Ⅱ（标本1995年新乡火电厂M25：4）；6. Ac Ⅲ（标本河南郑州郑纺机油库汉墓M1：1）；7. Ac Ⅳ（标本山西广灵北关汉墓M96：7）；8. Ac Ⅳ（标本河南新乡金灯寺M38：4）；9. Ad Ⅰ（标本河南泌阳新客站汉墓M1：14）；10. Ad Ⅱ（标本山东淄博金岭镇M1：132）；11. Ad Ⅲ（标本河北阳原西城南关汉墓M1：23）；12. Ba Ⅰ（标本河南商丘永城太丘二号画像石墓出土陶猪圈）；13. Ba Ⅱ（标本河南济源赵庄汉墓M1：10）；14. Bb Ⅰ（标本河南商丘永城太丘一号画像石墓出土陶猪圈）；15. Bb Ⅱ（标本山西侯马乔村汉墓M7229：32）；16. Bb Ⅲ（标本河南巩义新华小区M2：55）；17. 羊圈A Ⅰ（标本河南三门峡南交口汉墓M17：4）；18. 羊圈A Ⅱ（标本河南灵宝北坡头西寨村出土羊圈）；19. 羊圈A Ⅲ（标本河南灵宝三大动力厂出土绿釉陶羊圈）；20. 羊圈B Ⅰ（标本山西侯马乔村羊圈M7229：13）；21. 羊圈B Ⅱ（标本三门峡刘家渠零售公司M4：36）

隔墙，隔墙上开门，使院与厕所、圈区域划分更明显。标本河南南阳东苑小区汉墓M31：12[1]。

Ac　带有一屋形厕的猪圈。屋形厕所多建于圈墙内、外的一侧或一角。根据形制变化可分为4式。

Ⅰ式平面近方形，圈墙一周覆瓦垄，圈内一角覆有屋顶为猪棚，对角或圈外一侧建一屋形厕。标本山东微山岛M11：14[2]。

Ⅱ式在圈顶覆平板作猪棚，平板上建有一屋形厕。标本1995年新乡火电厂M25：4[3]。

Ⅲ式在圈外侧或仍在圈顶覆盖的平板上建一屋形厕，并增设梯道通向厕所。标本河南郑州郑纺机油库汉墓M1：1[4]。

Ⅳ式房形厕不见，仅在圈顶平板上留有一泄粪孔。有的带有梯道通向露天厕，有的则无梯道。标本山西广灵北关汉墓M96：7，灰陶[5]。标本河南新乡金灯寺M38：4[6]。

Ad　带有二屋形厕的猪圈。这种双厕的出现应该是男、女厕分开建立。根据厕、圈等形制变化可分为3式。

Ⅰ式二屋形厕分别位于圈后部或圈墙外侧的后部，两两相对。二厕前各有梯道通向厕所。标本河南泌阳新客站汉墓M1：14，双厕置于长方形猪圈外面[7]。标本河北涿鹿矾山五堡汉墓M3：18，双厕置于圈墙内，有梯道通达[8]。

Ⅱ式二屋形厕呈对角设置，厕前有梯道，圈内设有猪棚。标本山东淄博金岭镇M1：132猪圈圈内设猪棚。厕所一大一小呈对角设置[9]。

Ⅲ式屋形厕不见，在圈墙上的平板上有二泄粪孔以示为二露天厕，有梯道分别通

---

［1］南阳市古代建筑保护研究所.河南南阳市东苑小区古代墓葬清理简报［J］.华夏考古，1999（2）：37–45.

［2］微山县文物管理所.山东微山县微山岛汉代墓葬［J］.考古，2009（10）：21–48.

［3］新乡市文物管理委员会.1995年新乡火电厂汉墓发掘简报［J］.华夏考古，1997（4）：15–26.

［4］郑州市文物考古研究所.郑纺机油库发现的一座汉墓［J］.中原文物，1997（3）：56–60.

［5］大同市考古研究所.山西广灵北关汉墓发掘简报［J］.文物，2001（7）：4–18.

［6］郑州大学历史学院考古系，河南省文物管理局南水北调文物保护办公室.河南新乡市金灯寺汉墓发掘简报［J］.华夏考古，2009（1）：81–86.

［7］河南省文物考古研究所，泌阳县文物保管所.河南省泌阳新客站汉墓群发掘简报［J］.华夏考古，1994（3）：15–28.

［8］张家口地区博物馆.河北涿鹿矾山五堡东汉墓清理简报［J］.文物春秋，1989（4）：24–35.

［9］山东省文物考古研究所.山东临淄金岭镇一号东汉墓［J］.考古学报，1999（1）：97–121.

向二厕。标本河北阳原西城南关汉墓M1：23[1]。

B型　口沿平面圆形或近似圆形。根据有无厕所又分为二亚型。

Ba　无厕所的猪圈。根据形制的变化分为2式。

Ⅰ式圈墙壁外侧有梯道或墙一角覆屋顶。标本河南商丘永城太丘二号画像石墓出土陶猪圈[2]。

Ⅱ式无梯道及屋顶，仅为圆形圈，开有方门，圈内多有猪。标本河南济源赵庄汉墓M1：10，圈内立一褐釉猪[3]。

Bb　带有厕所猪圈。根据形制变化分为3式。

Ⅰ式有梯道和房形厕。圈内或圈外有房形厕所，厕所平面为方形或圆形，上覆屋顶。厕内有泄粪孔。圈外多有梯道通向厕所。标本河南商丘永城太丘一号画像石墓出土猪圈，灰陶，有彩绘。圈外有梯道，圈内有厕所及猪[4]。

Ⅱ式无梯道，有房形厕。圈与Ⅰ式相近，圈内或圈外有房形厕所，但无梯道。标本山西侯马乔村汉墓M7229：32[5]。

Ⅲ式无梯道和房形厕。仅在圈上覆一半圆形板，板上开有泄粪孔。标本河南巩义新华小区M2：55，圈内置有猪和猪槽[6]。

2. 羊圈

根据平面形状不同分为二型。（图3.16）

A型　平面为方形或长方形。根据建筑形制变化分为3式。

Ⅰ式羊圈平面为长方形，前墙开有方形小门，后墙覆屋顶。圈内有羊数只，有的圈内立有牧羊俑。标本河南三门峡南交口汉墓M17：4，绿釉陶[7]。

Ⅱ式羊圈内或外侧有房、梯道。标本河南灵宝北坡头西寨村出土羊圈，绿釉陶。方形羊圈一侧有坡道和房屋。圈内立有牧羊俑及羊[8]。

---

[1]　河北省文物研究所，张家口地区文化局.河北阳原西城南关东汉墓［J］.文物，1990（5）：56-63.
[2]　永城县文物管理委员会，商丘博物馆.永城太丘二号汉画像石墓［J］.中原文物，1990（1）：23-27.
[3]　河南省文物考古研究所.河南济源市赵庄汉墓发掘简报［J］.华夏考古，1996（2）：60-74.
[4]　李俊山.永城太丘一号汉画像石墓［J］.中原文物，1990（1）：13-22.
[5]　山西省考古研究所.侯马乔村墓地（1959—1996）［M］.北京：科学出版社，2004：900.
[6]　郑州市文物考古研究所，巩义市文物保护管理所.河南巩义新华小区二号墓发掘简报［J］.华夏考古，2003（3）：25-32.
[7]　河南省文物考古研究所.河南三门峡南交口汉墓（M17）发掘简报［J］.文物，2009（3）：4-18.
[8]　河南博物院.河南出土汉代建筑明器［M］.郑州：大象出版社，2002：218.

Ⅲ式仅为方形羊圈，圈内有牧羊人和羊。标本河南灵宝三大动力厂出土羊圈，绿釉陶[1]。

B型　平面为圆形或半圆形。根据有无羊棚分为2式。

Ⅰ式羊圈平面为圆形或半圆形，前开有方形小门。后墙搭置平顶棚或覆有屋顶做羊棚，圈内有羊，有的内置磨、碓。标本山西侯马乔村羊圈M7229：13[2]。

Ⅱ式仅有圆形羊圈，圈多为折沿平底盆状。圈墙或为栅栏形，方形门。标本三门峡刘家渠零售公司M4：36[3]。

3. 小结

猪圈的演变规律为：Aa型无厕所方形猪圈从早期带有猪棚设施到后期猪棚消失；Ac型早期圈墙覆瓦垄并有猪棚和一屋形厕，到圈墙上瓦垄与猪棚简化甚至消失、出现梯道、圈旁屋形厕建筑形制多样化，至后期屋形厕不见，厕所简化成在平板上开一泄粪孔；Ad型早期二屋形厕呈平行对称设置或对角设置，到后期屋形厕消失，仅做二泄粪孔以示厕所。Ba型无厕所圆形猪圈从早期带有猪棚、梯道至后期简化为仅有圈围；Bb型带厕所圆形猪圈从早期有厕所、梯道至后期梯道与房形厕消失，仅做出泄粪孔。猪圈的总体演变规律为从早期的圈、棚、墙、厕、院等的建筑设施的完备向后期简略过渡。

羊圈的演变规律为：A型方形圈舍早期后墙置屋顶到圈内或外侧出现房屋、梯道，后期趋于简略，屋顶及房屋、梯道消失，仅为方形圈舍；B型圆形圈舍早期带有棚顶或屋顶，后期简略为圆盆状圈舍，制作亦粗略。

第四节　房屋等居住建筑类

黄河中下游地区墓葬出土的房屋模型型式多样，多为陶质，少数为石质。除了上述提到的模拟烹饪之所——灶房（厨）、仓储之地——仓房、粮食加工场所——碓房和畜禽圈舍与溷厕等外，还有一部分模拟人们日常起居的居室、院落、楼等建筑。完整的宅院建筑模型包括了居室、仓储、厨房、碓房、溷厕等部分。我们按照建筑形式将墓葬中出

[1] 河南博物院.河南出土汉代建筑明器[M].郑州：大象出版社，2002：260.
[2] 山西省考古研究所.侯马乔村墓地（1959—1996）[M].北京：科学出版社，2004：900.
[3] 三门峡市文物工作队.三门峡市刘家渠汉墓的发掘[J].华夏考古，1994（1）：22-30.

土的民居建筑模型分为平房、楼、院落及与民居建筑相关的阙、墙等附属建筑模型。

1. 平房

建筑单层，平面多为“一”字形，面阔为一间或多间。按建筑面阔不同分为二型。（图3.17）

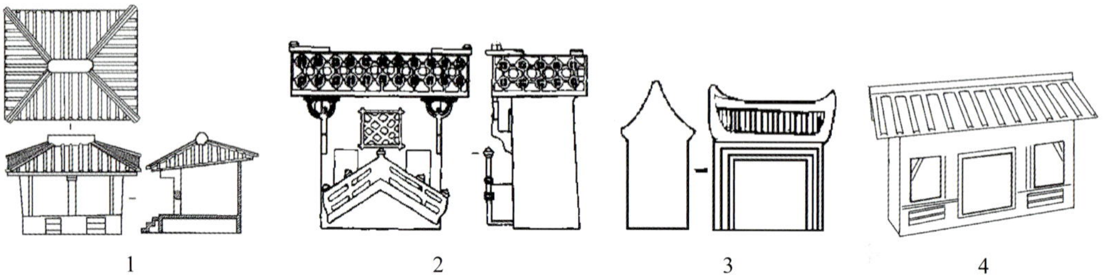

图3. 17　平房型式

1. AⅠ（标本山东金岭镇1号墓M1：131）；2. AⅡ（标本山东济南闵子骞祠堂M1：43）；3. AⅢ（标本陕西西安田王晋墓M462：16）；4. B型（标本河南焦作武陟出土陶房）

A型　面阔为一间，依建筑基部变化分为3式。

Ⅰ式带有台座。房屋进深小于或等于台座宽度，前檐下有中柱承托。标本山东金岭镇1号墓M1：131，灰陶施彩绘，房屋坐落在平台上，三面有围墙，正面敞开，前檐下正中立有一中柱，庑殿顶[1]。

Ⅱ式没有台座，房屋有多重装饰，檐下多饰斗拱，楼前增设楼梯等。标本山东济南闵子骞祠堂M1：43[2]。

Ⅲ式房屋明显缩小，仅前墙开有或模印有门，器物制作简略。标本陕西西安田王晋墓M462：16，长方形，悬山屋顶，前墙线刻出门的轮廓[3]。

B型　面阔为多间。标本河南焦作武陟出土陶房，两面坡悬山顶，正中开大门，门两侧开有窗[4]。

2. 楼

建筑楼层为两层以上，面阔多为一间或多间。按楼的建筑形制不同分为四型。（图3.18）

[1] 山东省文物考古研究所. 山东临淄金岭镇一号东汉墓［J］. 考古学报，1999（1）：97-121.
[2] 济南市考古研究所. 济南市闵子骞祠堂东汉墓［J］. 考古，2004（8）：42-49.
[3] 陕西省考古所配合基建考古队. 西安东郊田王村晋墓清理简报［J］. 考古与文物，1990（5）：50-56.
[4] 河南博物院. 河南出土汉代建筑明器［M］. 郑州：大象出版社，2002：117.

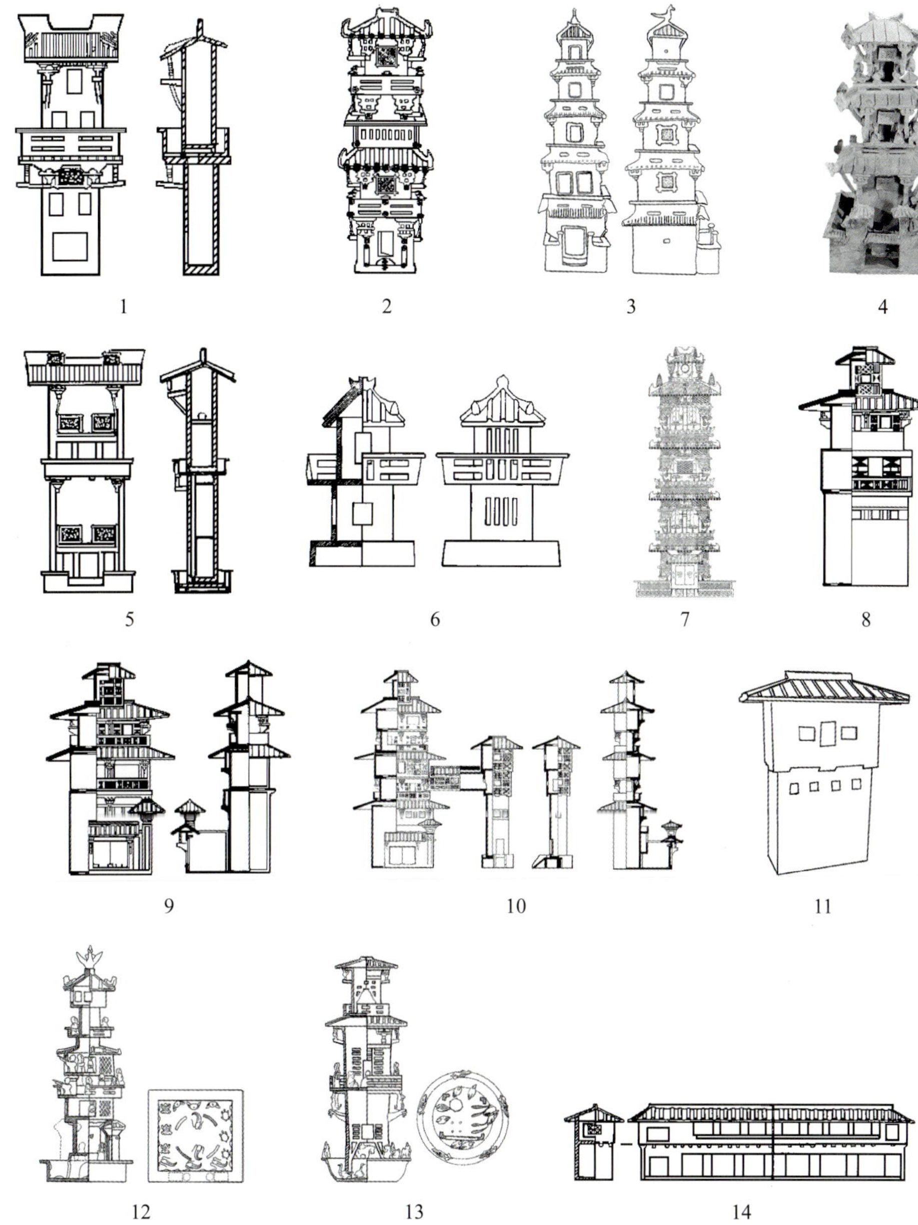

图3. 18　楼型式

1. Aa Ⅰ（标本河北涿鹿矾山五堡东汉墓M4：3）；2. Aa Ⅱ（标本河北迁安于家村一号汉墓M1：136）；3. Ab Ⅰ（标本河南洛宁东汉墓M4：19）；4. Ab Ⅱ（标本河南灵宝东汉墓出土陶楼）；5. Ac Ⅰ（标本河北涿鹿矾山五堡东汉墓M3：21）；6. Ac Ⅱ（标本陕西勉县老道寺M3：13）；7. Ac Ⅲ（标本河北阜城桑庄汉墓M1：95）；8. B Ⅰ（标本河南焦作马作墓群出土陶楼）；9. B Ⅱ（标本河南焦作白庄41号汉墓M41：1）；10. B Ⅲ（标本河南焦作白庄6号汉墓M6：1）；11. B Ⅳ（标本1993年焦作白庄10号墓出土陶仓楼）；12. Ca 型（标本河南三门峡刘家渠汉墓M3：1）；13. Cb 型（标本河南三门峡刘家渠汉墓M23：30）；14. D 型（标本山东金岭镇1号墓M1：130）

A型　楼体较封闭，四面围墙，一层开有门或刻画出门。按照楼的底部附属建筑的不同分为三亚型。

Aa　单独的楼，底部无院落、水池等附属建筑。按照建筑形制变化分为2式。

Ⅰ式楼层多为二三层。标本河北涿鹿矾山五堡东汉墓M4∶3，灰陶，两层。一二层之间有平坐，下有斗拱承托。悬山顶，下有斗拱承载[1]。

Ⅱ式楼层增高，多至四五层。楼层之间多有平坐与腰檐。檐下有斗拱承托。斗拱形制复杂化。屋顶多有复杂装饰。标本河北迁安于家村一号汉墓M1∶136，四层，一层有梯道直入楼门。楼层间设有平坐，坐下斗拱形制复杂，屋顶脊端饰有鸱尾[2]。

Ab　附有院落的楼。建筑以楼为主体，楼层多为三至五层，楼前常带有方形小院。按照院落布局变化分为2式。

Ⅰ式楼前有方形或长方形院落。标本河南洛宁东汉墓M4∶19，灰陶，五层，楼前有方形院落[3]。

Ⅱ式有内外双重院落。标本河南灵宝东汉墓出土陶楼，绿釉，四层，楼前有方形内院。楼与内院外又环绕有一重方形院落。外院落正门两侧立有双阙[4]。

Ac　带有台座的楼。陶楼建于高或低的台座之上。按照台座变化分为3式。

Ⅰ式低平台座，座四周有的围有低栏或底座前伸出台，楼体置于低台座正中。标本河北涿鹿矾山五堡东汉墓M3∶21，二层。长方形台座，四周有围栏。一二层之间有平坐，下有斗拱承托。悬山顶，下有斗拱承载[5]。

Ⅱ式高平台座，座四周有的有围栏。标本陕西勉县老道寺M3∶13，灰陶，二层。楼底部有方形台座，四周无围栏[6]。

Ⅲ式双层台座，座四周围有低栏。楼体置于台座正中。标本河北阜城桑庄汉墓M1∶95，绿釉陶，五层。楼下有长方形两层台座，座四周有栏杆。台座正中上立有门楼[7]。

---

[1] 张家口地区博物馆.河北涿鹿矾山五堡东汉墓清理简报［J］.文物春秋，1989（4）：24-35.

[2] 迁安县文物保管所.河北迁安于家村一号汉墓清理［J］.文物，1996（10）：30-42.

[3] 洛阳地区文化局文物工作队.河南洛宁东汉墓清理简报［J］.文物，1987（1）：37-42.

[4] 河南博物院.河南出土汉代建筑明器［M］.郑州：大象出版社，2002：76.

[5] 张家口地区博物馆.河北涿鹿矾山五堡东汉墓清理简报［J］.文物春秋，1989（4）：24-35.

[6] 郭清华.陕西勉县老道寺汉墓［J］.考古，1985（5）：429-449.

[7] 河北省文物研究所.河北阜城桑庄东汉墓发掘报告［J］.文物，1990（1）：19-30.

B型　一层为仓房，正面无门，有楼梯直通二层仓口。三层以上为居室。多为灰陶，上多饰有彩绘。按附属建筑变化分为4式。

Ⅰ式楼底部无附属院落。标本河南焦作马作墓群出土陶楼，灰陶施彩绘[1]。

Ⅱ式楼底部带有方形院落。楼层多为四层以上。标本河南焦作白庄41号汉墓M41：1，灰陶施彩绘，五层，楼前有方形院落，前墙正中开有大门，前墙两角做出对称的双阙。楼层间有腰檐、平坐，檐下有斗拱承托[2]。

Ⅲ式由主楼与附楼组成，主楼与附楼间以阁道相连。主楼底部带有方形院落。标本河南焦作白庄6号汉墓M6：1，灰陶施彩绘，主楼七层，主楼底部带有方形院落，院前墙两角做出对称的双阙。主楼三四层间有阁道通向附楼。附楼建于高台座上，高度低于主楼[3]。

Ⅳ式简化的多层单体陶仓楼。此式仓楼是在Ⅲ式、Ⅱ式基础上简化而来。仓楼前已不带院落，楼层层数减少，腰檐数目减少或消失。标本1993年焦作白庄10号墓出土三层灰陶仓楼[4]。

C型　楼立于方形或圆形水池中，楼底部多用杆栏或底座承载楼体。水池内多塑有鱼、虾、鳖、鸭等。报告中多称此类陶楼建筑为“水榭”或“水阁”。按照水池形制不同分为二亚型。

Ca　水池平面为方形。标本河南二门峡刘家渠汉墓M3：1，方形水池[5]。

Cb　水池平面为圆形。标本河南三门峡刘家渠汉墓M23：30，圆形水池[6]。

D型　楼层多为二三层，面阔多间连成一排。标本山东金岭镇1号墓M1：130，灰陶施彩绘，由两部分拼接而成，上下各七间[7]。

3. 宅院

宅为民居之处。《论衡·四讳》：“宅，人所居处。”《尔雅·释言》：“宅，居也。”结合汉画像石、壁画中出现的宅院形象，我们可以看到汉代的宅院布局复杂

［1］焦作市博物馆收藏.

［2］河南省文物考古研究所，焦作市博物馆.焦作白庄41号汉墓发掘简报［J］.华夏考古，1989（2）：69-76.

［3］索全星.河南焦作白庄6号东汉墓［J］.考古，1995（5）：396-402.

［4］河南博物院.河南出土汉代建筑明器［M］.郑州：大象出版社，2002：112.

［5］黄河水库考古工作队.河南陕县刘家渠汉墓［J］.考古学报，1965（1）：107-167.

［6］黄河水库考古工作队.河南陕县刘家渠汉墓［J］.考古学报，1965（1）：107-167.

［7］山东省文物考古研究所.山东临淄金岭镇一号东汉墓［J］.考古学报，1999（1）：97-121.

且多样，但基本上是封闭的四合式建筑。就黄河中下游出土的宅院模型明器而言，完整的宅院为封闭的四合院建筑，院内由堂屋、厨房、仓房、厕所、碓房等组成。我们按照宅院的建筑布局不同分为三型。（图3.19）

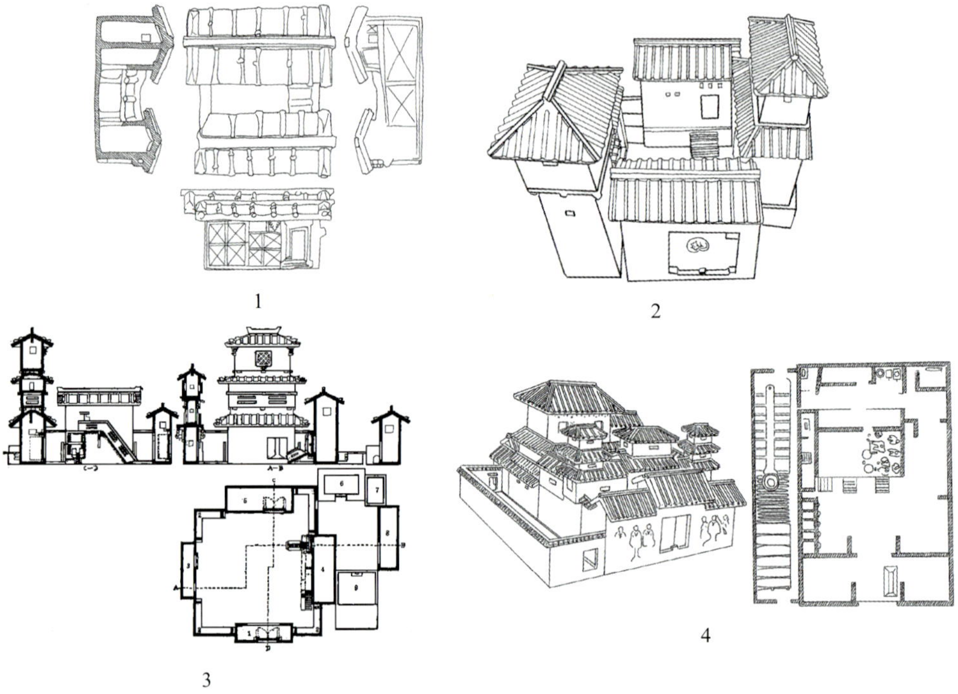

图3.19 宅院形式

1. Aa型陶宅院（河南陕县刘家渠汉墓M8：12）；2. Ab型陶宅院（河南郑州汉墓M159出土宅院）；3. B型陶宅院（陕西勉县老道寺汉墓M1出土陶宅院）；4. C型陶宅院（河南淮阳于庄汉墓M1：7）

A型　一进四合院建筑。按照院落布局不同分为二亚型。

Aa　简单的小型四合院。院前后仅有两排平房，以院墙连接形成口字形。标本1965河南陕县刘家渠汉墓M8：12，院前后两座平房，右侧建牲畜棚，左侧围以矮墙。前后平房为悬山顶，正面开门。后房隔为两间。牲畜棚一面坡顶，棚内用墙隔为三间[1]。

Ab　院落由门房、居室、仓房、厨房、圈厕组成。标本河南郑州汉墓M159出土宅院，灰陶，由门房、阙楼、居室、仓房、厨房、圈厕等组合而成[2]。

［1］黄河水库考古工作队. 河南陕县刘家渠汉墓［J］. 考古学报，1965（1）：107-167.
［2］河南省文物局文物工作队. 郑州南关159号汉墓的发掘［J］. 文物，1960（8/9）：19-24.

B型　二进四合院建筑。宅院有前后二进院或左右二路院落，院落四周围墙，内有居室等建筑。标本陕西勉县老道寺汉墓M1出土陶宅院，灰陶施彩绘，由主院和附院组成。主院平面近于方形，由门房、右厢房、左厢房（仓楼）、主屋组成。主屋为四层楼房建筑，右厢房为三层楼房，左院墙处有门从主院通向附院。附院面积较小，由猪圈、鸡圈和杂物房组成[1]。

C型　三进四合院建筑，由前、中、后三进院组成，建筑形制复杂。标本河南淮阳于庄汉墓M1：7，灰陶施彩绘。整个院落模型由用于居住生活的正院和田园两部分组成。正院分为前院、中庭、后院。院墙周围绘有人物。前院窄长，平面长方形，为马厩。中庭宽敞，主体建筑为二层楼，建于高台上。主楼两侧有厢房与仓房。后院窄长，由厨房、厕所、猪圈组成。田园部分亦用墙围绕，内有水井、水渠及田垄[2]。

4. 小　结

黄河中下游地区出土的民居建筑主要包括平房、楼、宅院等。这些建筑模型多以生活中的民居建筑为原型，故建筑形式丰富而多样。平房的演变规律为：A型从早期带有台座的单间，至台座消失、出现楼梯、房屋多重装饰，后期房屋缩小、制作简略。楼模型出土相对较多，形式也丰富多样。楼的演变规律为：Aa型楼层逐渐增高，建筑逐渐增加了平坐、斗拱等装饰；Ab型楼附属院落由单层向双重院落发展；Ac型楼底台座高度由低向高发展。B型楼楼层从低层向高层发展；从早期无院落，至出现院落，并出现附楼、阁道等附属建筑，至后期院落消失，制作简略。此外墓葬中还出有一些单独的附属建筑模型，常见的有阙、墙等。陶阙模型出土较少，如河南济源出土灰陶阙，阙身模印人物。与陶阙同出土的还有一段长方形墙体，墙上塑有鹿头[3]。陶阙与墙体模型可能是模拟宅院建筑的组成部分。

[1] 郭清华. 陕西勉县老道寺汉墓［J］. 考古，1985（5）：429-449.
[2] 周口地区文化局文物科，淮阳太昊陵文物保管所. 淮阳于庄汉墓发掘简报［J］. 中原文物，1983（1）：1-3.
[3] 河南博物院. 河南出土汉代建筑明器［M］. 郑州：大象出版社. 2002：187.

第四章 模型明器区域研究

受历史、文化传统、政治、地理环境等诸多因素的影响，模型明器的类型与组合发展表现出地域性特点。本章对黄河中下游汉至西晋模型明器的考古分区主要是建立在对汉晋墓葬材料的整理与划分基础上。结合出土模型明器的墓葬分布情况，分析模型明器的器类和组合特点，将两汉至西晋时期黄河中下游地区划分成12个分区。根据各分区内模型明器的组合发展，结合墓葬形制和伴随器物组合进行分期。对分区内模型明器的类型组合演变进行分析，概括各分区模型明器使用的区域文化特征。结合历史文献，对各区域特征形成做初步分析。

第一节 关中区

关中区以西汉首都长安为中心，包括其周围的京兆尹、左冯翊、右扶风三辅地区和弘农郡西部，其地理范围为今天汧陇以东至黄河西岸，秦岭以北的泾渭流域。这里为西周和秦国故地，是由秦代内史郡经西汉初期的多次拆分调整后于武帝太初元年（公元前104年）确定疆界，并基本延续至东汉末[1]。此区在西汉至新莽时期一直为全国的政治、经济、文化中心。至东汉，长安作为陪都，其政治地位仅次于洛阳。东汉时期关中地区行政机构基本延续旧置，为京兆尹、左冯翊、右扶风所辖，隶属司隶校尉部。三国时期此地一直为曹魏所辖，隶属雍州。西晋时亦属雍州所辖。

目前这一地区两汉墓葬的考古工作开展深入，特别是西安地区两汉墓葬群的大量发掘与整理，为我们研究这一地区模型明器提供了翔实资料。西安地区出土汉代模型明器比较集中的墓葬有龙首原汉墓42座[2]、白鹿原汉墓92座[3]、长安西汉墓139座[4]（另，书后附表三所列长安西汉墓458座，主要集中在汉长安城遗址东部）、西安北郊郑王村西汉墓80座[5]、西安东汉墓94座（另，书中附表二收录东汉墓88座，散布于汉

[1] 周振鹤. 西汉政区地理［M］. 北京：人民出版社，1987：130-131.
[2] 西安市文物保护考古所. 西安龙首原汉墓甲编［M］. 西安：西北大学出版社，1999.
[3] 陕西省考古研究所. 白鹿原汉墓［M］. 西安：三秦出版社，2003.
[4] 西安市文物保护考古所，郑州大学考古专业. 长安汉墓［M］. 西安：陕西人民出版社，2004.
[5] 陕西省考古研究院. 西安北郊郑王村西汉墓［M］. 西安：三秦出版社，2008.

长安城遗址附近及今西安市南郊和东郊）[1]、陕西新安砖厂汉初积炭墓1座[2]、陕西户县汉墓2座[3]、陕西高陵县宝诗佳公司汉墓1座[4]等。宝鸡地区出有模型明器的汉墓有千阳县汉墓1座[5]、宝鸡卧龙寺汉墓16座[6]、宝鸡市铲车厂汉墓3座[7]、宝鸡市金河砖瓦厂汉墓1座[8]、谭家村四号汉墓1座[9]、眉县常兴汉墓13座[10]、眉县白家村东汉墓1座[11]、扶风县官务汉墓1座[12]、扶风西河东汉纪年墓1座[13]、扶风纸白汉墓2座[14]、陇县店子村汉墓[15]、陇县原子头汉墓8座[16]等。咸阳麟游、凤翔汉墓8座[17]，咸阳地区出有模型明器的汉墓有咸阳西汉墓[18]、秦宫遗址汉墓16座[19]、咸阳织布厂汉墓16座[20]、咸阳塔尔坡汉墓1座[21]、陕西省185煤田地质队咸阳基地筹建处东汉墓3座[22]、咸阳杨家湾汉墓2座[23]、陕西咸阳二〇二所西汉墓5座[24]、咸阳

[1] 西安市文物保护考古所.西安东汉墓［M］.北京：文物出版社，2009.
[2] 郑洪春.陕西新安砖厂汉初积炭墓发掘报告［J］.考古与文物，1990（4）：31-57.
[3] 禚振西.陕西户县的两座汉墓［J］.考古与文物，1980年创刊号：6-11.
[4] 陕西省考古研究所.陕西高陵县宝诗佳公司汉墓发掘简报［J］.华夏考古，2007（3）：65-71.
[5] 宝鸡市博物馆，千阳县文化馆.陕西省千阳县汉墓发掘简报［J］.考古，1975（3）：178-181.
[6] 宝鸡市博物馆.陕西宝鸡卧龙寺汉墓［J］.文物资料丛刊（第九辑），北京：文物出版社，1985：197-203.
[7] 宝鸡市博物馆.宝鸡市铲车厂汉墓——兼谈M1出土的行楷体朱书陶瓶［J］.文物，1981（3）：46-52.
[8] 王红武.宝鸡市金河砖瓦厂汉墓［J］.文物资料丛刊（第四辑），北京：文物出版社，1981：236-237.
[9] 宝鸡市考古队.宝鸡市谭家村四号汉墓［J］.考古，1987（12）：1086-1090.
[10] 陕西省考古研究所宝鸡工作站，宝鸡市考古工作队.陕西眉县常兴汉墓发掘报告［J］.文博，1989（1）：3-32.
[11] 尔雅.陕西眉县白家村东汉墓清理简报［J］.考古与文物，1997（5）：9-14.
[12] 周原博物馆.陕西扶风县官务汉墓清理发掘简报［J］.考古与文物，2001（5）：22-23.
[13] 扶风县博物馆.陕西扶风西河东汉纪年墓清理简报［J］.考古与文物（2007增刊）：43-47.
[14] 陕西省考古研究院.陕西扶风纸白西汉墓发掘简报［J］.文物，2010（10）：43-51.
[15] 陕西省考古研究所宝中铁路考古队.陕西陇县店子村汉唐墓葬［J］.考古与文物，1999（4）：3-11.
[16] 宝鸡市考古工作队.陕西陇县原子头汉墓发掘简报［J］.文博，2002（2）：3-11.
[17] 赵丛苍.八座汉墓出土文物简报［J］.考古与文物，1991（1）：41-46.
[18] 咸阳市博物馆.咸阳西汉墓清理简报［J］.考古与文物，1984（5）：14-16.
[19] 咸阳秦都考古队.秦都咸阳汉墓清理简报［J］.考古与文物，1986（6）：28-42.
[20] 孙德润.咸阳织布厂汉墓清理简报［J］.考古与文物，1995（4）：10-28.
[21] 张蕴，叶延瑞.咸阳塔尔坡汉墓清理简记［J］.考古与文物，1987（1）：10-14.
[22] 陕西省考古研究所配合基建考古队.陕西省185煤田地质队咸阳基地筹建处东汉墓发掘简报［J］.考古与文物，1993（5）：15-26.
[23] 陕西省文物管理委员会博物馆，咸阳市博物馆杨家湾汉墓发掘小组.咸阳杨家湾汉墓发掘简报［J］.文物，1977（10）：10-21.
[24] 咸阳市文物考古所.陕西咸阳二〇二所西汉墓葬发掘简报［J］.考古与文物，2006（1）：3-11.

马泉镇西汉墓3座[1]、陕西第二针织厂空心砖汉墓12座[2]、咸阳市空心砖汉墓3座[3]、咸阳茂陵西汉空心砖墓M1[4]、咸阳杜家堡东汉墓M1[5]、陕西省185煤田地质队咸阳基地筹建处汉墓3座[6]等。另外景帝阳陵南区从葬坑K1、K2出土大量模型明器[7]。临潼高沟村东汉初平元年墓1座[8]、临潼西临高速汉墓20座[9]、陇县店子村汉墓5座[10]等。渭南地区出土汉墓有渭南西潼公路汉墓10座[11]、渭南市郊汉墓9座[12]、潼关吊桥汉代杨氏墓群7座（时代从东汉中晚期至曹魏初期）[13]、韩城出土汉墓[14]、华县梓里村汉墓2座[15]、华阴刘崎家族墓4座[16]、商县西涧汉墓[17]等。

曹魏西晋时期的墓葬发现较少，主要集中于西安附近。有西安东郊田王村晋墓[18]、西安北郊晋墓4座[19]、西安曹魏墓4座[20]、陕西长安县206基建工地晋墓[21]、西安

[1] 咸阳市文物考古所.咸阳马泉镇西汉空心砖墓清理报告[J].文博，2000（6）：10-20.
[2] 解峰，陈秋歌.陕西第二针织厂汉墓清理简报[J].文博，1999（3）：34-48.
[3] 咸阳市文物管理委员会，咸阳市博物馆.咸阳市空心砖汉墓清理简报[J].考古，1982（3）：225-235.
[4] 陕西茂陵博物馆，咸阳地区文物管理委员会.陕西咸阳茂陵西汉空心砖墓[J].文物资料丛刊（第六辑）.北京：文物出版社，1982：21-24.
[5] 咸阳市文物研究所.陕西咸阳杜家堡东汉墓清理简报[J].文物，2005（4）：43-50.
[6] 陕西省考古研究所配合基建考古队.陕西省185煤田地质队咸阳基地筹建处东汉墓发掘简报[J].考古与文物，1993（5）：15-26.
[7] 陕西省考古研究所汉陵考古队.汉景帝阳陵南区从葬坑发掘第二号简报[J].文物，1994（6）：4-28；陕西省考古研究所汉陵考古队.汉景帝阳陵南区从葬坑发掘第一号简报[J].文物，1992（4）：1-13.
[8] 林泊，李德仁.临潼发现汉初平元年墓[J].文博，1989（1）：37-41.
[9] 程学华，丁保乾.西临高速公路汉墓清理简报[J].考古与文物，1991（6）：1-11.
[10] 陕西省考古研究所宝中铁路考古队.陕西陇县店子村汉唐墓葬[J].考古与文物，1999（4）：3-11.
[11] 崔景贤，王文学.陕西渭南市区战国、汉墓清理简报[J].考古与文物，1998（2）：14-24.
[12] 崔景贤.渭南市郊古墓葬清理简报[J].文博，1992（6）：3-12.
[13] 陕西省文物管理委员会.潼关吊桥汉代杨氏墓群发掘简记[J].文物，1961（1）：56-66.
[14] 崔景贤.韩城市东汉墓清理简报[J].文博，1987（4）：27-35；陕西省文物管理委员会.陕西韩城县芝川镇东汉墓[J].考古，1961（8）：442-443；陕西省考古研究所.陕西韩城芝川镇东汉墓发掘简报[J].考古与文物，1989（3）：45-50.
[15] 西北大学历史系考古专业1977级实习队.陕西华县梓里村汉墓清理记[J].文博，1989（2）：13-21.
[16] 杜保仁，夏振英，呼林贵.东汉司徒刘崎及其家属墓的清理[J].考古与文物，1986（5）：45-56.
[17] 商洛地区文物管理委员会.陕西商县西涧发现汉墓[J].考古，1988（6）：574-575.
[18] 陕西省考古所配合基建考古队.西安东郊田王村晋墓清理简报[J].考古与文物，1990（5）：50-56.
[19] 陕西省考古研究所.西安北郊晋唐墓发掘简报[J].考古与文物，2003（6）：16-25.
[20] 西安市文物保护考古所.西安东汉墓[M].北京：文物出版社，2009.
[21] 陕西省考古所配合基建考古队.陕西长安县206基建工地汉、晋墓清理简报[J].考古与文物，1989（5）：38-47.

白鹿原三国墓1座[1]、西安三国曹魏纪年墓1座[2]、西安南郊雁南二路西晋墓M1[3]。此外，曹魏西晋墓还散见于咸阳师专西晋墓3座[4]及潼关吊桥汉代杨氏墓群。

1. 组合与分期

我们根据关中地区墓葬出土模型明器的类型演变，并结合墓葬共出的其他陶器组合，铜镜和铜钱等具有断代的器物，以及墓葬形制变化等，特别是参考《长安汉墓》《西安东汉墓》的分期及本地区出有模型明器的纪年墓葬，将这一区域的模型明器类型组合分为九组，共九期。（见表4.1）

第一组：模型明器为仓AaⅠ式、BaⅠ式、CaⅠ式、GaⅠ式、Gb型和灶AaⅠ式、AaⅡ式、AbⅠ式、BaⅠ式、BcⅠ式主要组合。另有牛、羊、猪、狗、鸡、马等家禽畜俑。个别墓葬出有井AaⅠ式、猪圈AcⅠ式。共存陶器有陶鼎、盒、蒜头壶、钫、罐、缶、釜（鍪）、盆、甑等。铜镜类型有蟠螭纹镜、草叶纹镜、日光镜等。随葬钱币多为秦代晚期半两、吕后八铢半两、汉初荚钱、文帝四铢半两和武帝四铢半两钱等。大中型墓流行斜坡墓道土圹木椁墓，中小型墓以竖穴墓道土洞墓为主，新出现斜坡墓道土洞墓等。时代为西汉早期。

第二组：模型明器为仓BaⅠ式、BbⅠ式、CaⅡ式、CaⅢ式和灶AaⅠ式、AaⅡ式、BcⅠ式、FaⅡ式、Fb型组合。家畜俑出土墓葬数目和器类减少，仅见猪俑。共存陶器有鼎、盒、钫（壶）、罐、樽等。铜镜主要有日光镜、昭明镜、草叶纹镜、星云纹镜、富贵镜等。随葬钱币较为流行，铜钱皆为五铢钱，有郡国五铢，武帝三官五铢，昭帝、宣帝及元帝五铢钱，规模较大的墓葬还出有仿金陶饼。墓葬形制方面，大中型墓与前期相同，小型墓墓道流行竖穴墓道洞室墓和斜坡墓道土洞墓，开始出现砖室墓。时代为西汉中期。

第三组：模型明器为仓CaⅡ式、CaⅢ式和灶AaⅠ型、AaⅡ式、AbⅡ式、BcⅠ式、FaⅡ式、Fb型组合。个别墓葬出有井AaⅡ式。家畜俑器类增多，有鸡、猪、羊、鸭俑。共存陶器有鼎、盒、壶、奁、罐等。铜镜除日光镜、昭明镜外，还新出现四乳四虺镜、博局镜等镜类。随葬钱币主要有武帝至元帝时期的五铢。墓葬形制仍流行竖穴

[1] 俞伟超. 西安白鹿原墓葬发掘报告［J］. 考古学报，1956（3）：33-75.
[2] 西安市文物保护考古所. 西安三国曹魏纪年墓清理简报［J］. 考古与文物，2007（2）：21-29.
[3] 西安市文物保护考古所. 西安曲江雁南二路西晋墓发掘简报［J］. 文物，2010（9）：21-29.
[4] 咸阳市文物考古研究所. 咸阳师专西晋北朝墓清理简报［J］. 文博，1998（6）：3-21.

表4.1：关中区汉晋出土主要模型明器演变表

类型 期别	仓										
	A		B		C		D	E	F	G	
	a	b	a	b	a	b				a	b
西汉早期	 I		 I		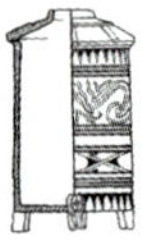 I					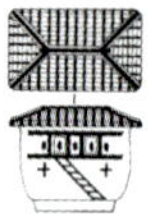 I	
西汉中期				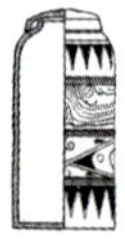 I							
西汉晚期					 II						
新莽时期至东汉初											
东汉早期					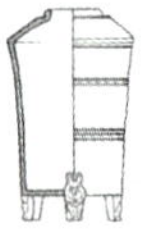 III	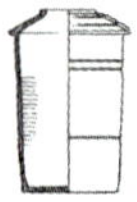 I					
东汉中期					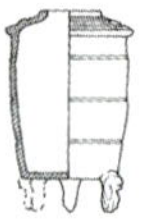 IV	 II					
东汉晚期											
东汉末年至曹魏时期						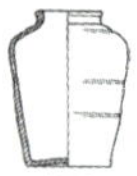 III					
西晋时期											

仓　AaⅠ西安南郊荆寺二村西汉墓M7：1；BaⅠ陕西西安西北医疗设备厂M169：4；BbⅠ西安雅荷城市花园M83：8；CaⅠ陕西省交通学校M146：1；CaⅡ陕西西安西北医疗设备厂M153：4；CaⅢ西安方新村M19：29；CaⅣ西安方新村2000M2：6；CbⅠ西安有色M13：3；CbⅡ西安中华M15：13；CbⅢ陕西西安雁湖M14：11；GaⅠ陕西西安西北医疗设备厂M84：1；Gb咸阳杨家湾M4出土。

表4.1（续表）

类型/期别	仓		灶													
	H		A				B			C		D		E	F	
	a	b	a	b	c	d	a	b	c	a	b	a	b		a	b
西汉早期			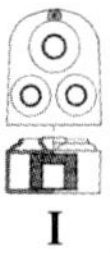 I	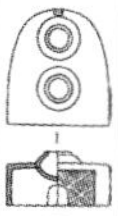 I			 I		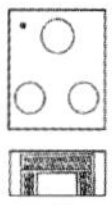 I							
西汉中期									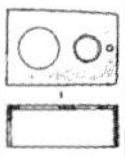 I						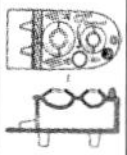 II	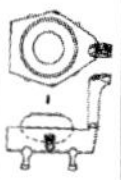
西汉晚期			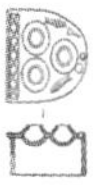 II													
新莽时期至东汉初				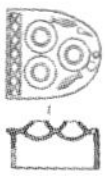 II												
东汉早期					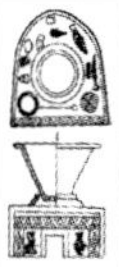 I											
东汉中期																
东汉晚期		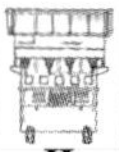 II  III			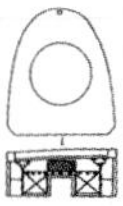 II				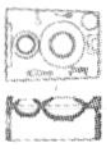 III							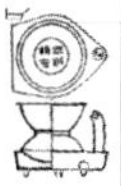
东汉末年至曹魏时期									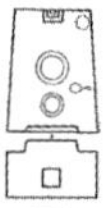 III	 III						
西晋时期									 IV	 IV		 II				

仓　HbⅡ西安电信局第二长途大楼M67：90；HbⅢ陕西潼关杨氏M5出土。灶 AaⅠ陕西西安西北医疗设备厂M2：21；AaⅡ陕西省交通学校M178：12；AbⅠ陕西省交通学校M258：6；AbⅡ陕西省交通学校M86：4；AcⅠ西安西北国棉五厂M35：6；AcⅡ标本陕西省西安西北国棉五厂M11：49；BaⅠ陕西西安西北医疗设备厂M92：24；BcⅠ陕西渭南市93西电一公司M24：8；BcⅠ陕西西安西户M13：6；BcⅢ陕西西安电信局M18：8；BcⅢ陕西临潼高沟村东汉墓Mg：12－13；BcⅣ陕西西安北郊晋墓M6：4；CaⅢ陕西西安国棉四厂M4：3；CaⅣ西安北郊晋墓M4：9。DaⅡ西安东郊田王晋墓M461：2；FaⅡ1997年西安方新村M11：7；Fb咸阳二〇二所M5：30；Fb咸阳麟游东汉墓出土；Fb商县西涧汉墓出土。

表4.1（续表）

类型	灶					井											猪圈					
	F			G	H	A					B						A				B	
期别	c	d	e			a	b	c	d	e	a	b	c	d	e	f	a	b	c	d	a	b
西汉早期						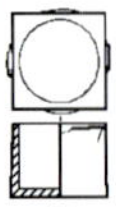 I													 I			
西汉中期																						
西汉晚期						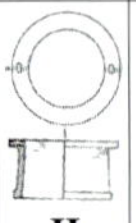 II																
新莽时期至东汉初																						
东汉早期											 I											
东汉中期											 II	 II				 I	 II					
东汉晚期			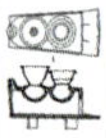										 I									 II
东汉末年至曹魏时期																						
西晋时期											 IV	 I										

灶　Fe陕西高陵宝诗佳公司汉墓M12：4。井　AaⅠ咸阳阳陵从葬坑K17：8；AaⅡ陕西西户高速公路M13：7；BaⅠ西安东郊绕城高速M12：9；BaⅡ西安电信局M163：1；BaⅣ西安高新区广丰公司M13出土；BbⅡ陕西西安绕城高速公路M17：19；BbⅠ西安白鹿原三国墓M13：1；BcⅠ陕西西安石油M7：48；Be长安县206基建工地M17：17；BfⅠ陕西西安国棉五厂M72：1。猪圈　AaⅡ陕西西安曲江雁鸣M1：42；AcⅠ陕西西安国棉五厂M95：4；BbⅡ陕西潼关杨氏M6出土。

表4.1（续表）

类型／期别	羊圈			臼	碓房				磨				平房		楼						宅院	
	A	B		A	A	B			A	B	C	D	A	B	A			B	C		A	
						a	b	c							a	b	c		a	b	a	b
西汉早期																						
西汉中期																						
西汉晚期																						
新莽时期至东汉初																						
东汉早期																						
东汉中期																						
东汉晚期		 II						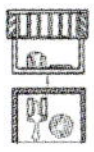							 II	 I				 		
东汉末年至曹魏时期																						
西晋时期												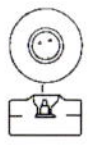	 III									

羊圈　BⅡ陕西潼关杨氏M5出土。臼　A西安国棉五厂M8：12。碓房　Bc陕西潼关杨氏M5出土。磨　D西安东郊田王村晋墓M461：11。平房　AⅢ西安田王村晋墓M462：16。楼　AaⅡ东汉司徒刘崎家族墓M2：30；AbⅠ陕西潼关杨氏M5出土；Cb东汉司徒刘崎家族墓M1：184；Cb西安新筑镇三里西村出土。宅院　Ab扶风县官务汉墓M1：10—13。

墓道洞室墓和斜坡墓道洞室墓，砖室墓大量出现。时代为西汉晚期。

第四组：模型明器为仓CaⅡ式、CaⅢ式和灶AaⅠ式、AaⅡ式、AbⅡ式组合。个别墓葬出有宅院Ab型。共存陶器有陶壶、罐、釜、甑等。铜镜类同第三组。随葬钱币除五铢外，另有多器类型的新莽钱币，如大泉五十、大布黄千、小泉直一、货泉、布泉、货布等。墓葬形制以竖穴墓道洞室墓和斜坡墓道洞室墓为主，砖室墓较为流行，墓道与墓室之间多以甬道相连。时代为新莽时期至东汉初。

第五组：模型明器为仓CaⅡ式、CaⅢ式、CbⅠ式，灶AbⅡ式、AcⅠ式和井BaⅠ式、BaⅡ式组合。个别墓葬出有灶Fb型。家畜俑有羊、牛俑。共存陶器组合以壶、罐、樽、釜、甑等为主，新出现陶案、盘、碗、耳杯等墓内祭奠器。出土铜镜器类与第四组基本相同，有日光镜、昭明镜、博局镜、四乳四虺镜、乳禽镜等，无新类出现。出土钱币中新莽钱的器类与数量减少，以五铢钱为主，分西汉五铢和东汉建武五铢钱，以后者数量居多。墓葬形制方面仍以单室拱顶墓为主，穹隆顶多室墓开始流行。出有同组陶器的纪年墓葬有秦都咸阳永平十三年（70年）甲M10[1]和咸阳教育学院永平三年（60年）M1[2]。时代为东汉早期。

第六组：模型明器为仓CaⅣ式、CbⅡ式，灶AcⅡ式和井BaⅠ式、BaⅡ式、BbⅡ式、BfⅠ式组合。出土家禽家畜俑墓葬数目增多，家禽家畜俑有猪、狗、鸡俑，中小墓葬中常见猪1、狗1、鸡2的固定组合。个别墓葬出有臼A型。共存陶器组合为陶壶、罐、案、盘、碗、耳杯等。墓葬形制以斜坡墓道多室墓为主。出有同组陶器的纪年墓葬有3座，户县朱家堡阳嘉二年（133年）M1[3]、长安县三里村永元十六年（104年）和建和元年（147年）M1[4]、西安中华世纪城小区阳嘉四年（135年）M15[5]。时代为东汉中期。

第七组：模型明器为仓CaⅣ式、CbⅢ式、HbⅡ式、HbⅢ式，灶AcⅡ式、BcⅢ式、CaⅢ式、Fe型，井BbⅡ式、BcⅠ式、BfⅠ式组合，家禽家畜俑仍为猪、狗、鸡俑。个别墓葬出有猪圈AaⅡ式、BbⅡ式，羊圈BⅡ式，臼A型，碓房Bc型和楼AaⅡ

[1] 咸阳秦都考古队.秦都咸阳汉墓清理简报［J］.考古与文物，1986（6）：28-42.
[2] 咸阳市文物研究所，咸阳教育学院汉墓发掘简报.文物考古论集——咸阳市文物考古研究所成立十周年纪念［M］.西安：三秦出版社，2000：227.
[3] 禚振西.陕西户县的两座汉墓［J］.考古与文物（1980年创刊号）：6-11.
[4] 陕西省文物管理委员会.长安县三里村东汉墓发掘简报［J］.文物参考资料，1958（7）：62-64.
[5] 西安市文物保护考古所.西安东汉墓［M］.北京：文物出版社，2009：740-754.

式、AbⅠ式、Cb型组合。共存陶器组合为陶壶、罐、案、奁、勺、盘、盆、碗、耳杯等，与第六组相同。出有同组陶器的纪年墓2座，西安昆仑厂延熹九年（166年）墓[1]和西安中华世纪城小区熹平六年（177年）M22[2]。时代为东汉晚期。

第八组：模型明器器类急剧减少，为仓CbⅢ式和灶AcⅡ式、BcⅢ式、CaⅢ式组合，家禽畜俑仍为猪、狗、鸡、鸭俑，但制作粗糙，数量减少。共存陶器组合为陶盘、勺、耳杯、案、豆、朱书镇墓瓶。墓葬形制为斜坡墓道砖室墓。出有同组陶器的纪年墓有临潼高沟村初平元年（190年）墓[3]、西安三国曹魏景元元年（261年）墓[4]。时代为东汉末年至曹魏时期。

第九组：模型明器器类较前期增多，为灶BcⅣ式、CaⅣ式、DaⅡ式，井BaⅣ式、BbⅠ式、Be型，磨D型，房AⅢ式，牛车组合。家禽家畜俑有猪、狗、鸡、鸭、马、鸽俑。共存陶器组合为陶罐、瓮、盆、钵、甑、盘、耳杯、勺、多子盒等。墓葬形制为斜坡墓道单室或双室墓，有的带有侧室。出有同组陶器的纪年墓有西安东郊田王村西晋元康四年（294年）M462[5]。时代为西晋时期。

2.区域特征及分析

根据对关中地区模型明器使用的类型及组合分期的分析，与其他分区相比较，我们可以看出汉晋时期关中地区模型明器的区域特征有以下几点：

一是流行以仓、灶为主的模型明器组合。这种模型明器组合自西汉早期就已经形成，一直延续至东汉中期。关中地区仓、灶在西汉早期形式多样，至西汉中期后，仓、灶形式逐渐固定。中小型汉墓中陶仓模型以筒腹形肩饰瓦楞的C型仓最为流行，仓底有足或无足。此型陶仓出现于西汉早期，与先秦及秦关中地区流行的陶仓形式明显有别。陶灶流行椭圆形A型灶和长方形B型灶，灶眼一至三个不等。这两型灶一直流行至东汉末至曹魏时期。

二是中小型墓葬东汉中期才开始随葬带有陶井架的B型井，陶井的出现与流行要晚于洛阳、豫北等其他地区。西安地区陶井模型多为半环形矮小的井架，制作粗糙。A型井在西汉早期阳陵从葬坑中虽已出现，但并未普及到关中地区中小型墓葬中，直

[1] 王育龙.西安昆仑厂东汉墓清理记［J］.考古与文物，1989（2）：43-48.
[2] 西安市文物保护考古所.西安东汉墓［M］.北京：文物出版社，2009：758-764.
[3] 林泊，李德仁.临潼发现初平元年墓［J］.文博，1989（1）：37-41.
[4] 西安市文物保护考古所.西安三国曹魏纪年墓清理简报［J］.考古与文物，2007（2）：21-29.
[5] 陕西省考古所配合基建考古队.西安东郊田王村晋墓清理简报［J］.考古与文物，1990（5）：50-56.

至东汉中期关中才逐渐形成以仓、灶、井为主的模型明器的组合。

三是关中在东汉晚期少数墓中出现猪圈、羊圈、磨、臼、碓房、楼、宅院、家禽畜俑等模型明器。特别是渭南地区中型墓葬中出土的猪圈、磨、臼、碓房、楼等模型明器形制与装饰与河南三门峡地区十分相似，应是受此地的影响。

四是关中在曹魏至西晋时期模型明器的数量及器类趋于减少。西晋时期，模型明器组合与其他分区尤其是洛阳区接近，区域特点已不再明显。

关中为西周旧地，也是秦文化中心区。《汉书·地理志》言，其民“好稼穑、务本业”，为主要的农业区。东周时期秦墓中已出现仓、灶两类模型明器，为模型明器出现最早的地区。关中为西汉国都长安所在地，是全国的政治中心区域。西汉早期以后，关中区延续秦地墓葬使用仓、灶模型明器，是对秦文化的继承。汉初置陵邑，迁关东豪族富民等于关中，对此地风俗产生很大影响。《汉书·地理志》称其地风俗“是故五方杂错，风俗不纯”。世家好礼文，富人逐商贾之利。“列侯贵人，车服僭上，众庶仿效……嫁娶尤崇侈靡，送死过度。”西汉时期，在墓葬文化面貌上一直呈现出对周边地区的文化强势性影响。故在整个西汉时期，此地区虽然最早使用模型明器，但在模型明器的器类组合上变化缓慢，远远落后于其他分区。东汉以后随着政治中心转移至洛阳，关中区开始接受洛阳区墓葬使用的模型明器组合，一些模型明器的型式与邻近地区也趋于接近。

第二节　洛阳区

洛阳区以东汉首都雒阳为中心，包括今河南洛阳、郑州巩义等地区。两汉时期为河南郡西部及弘农郡东部。河南郡基本是延续秦郡的设置。弘农郡则是西汉时期增设而成，元鼎四年（公元前112年，一说元鼎三年），将原分属右内史、河南、南阳三郡的十一县合并，设弘农郡[1]。光武帝建武元年定都洛阳，改河南郡为河南尹（一说为建武十五年改）。

洛阳地区出土两汉至西晋模型明器的墓葬数量众多。出土汉墓比较集中的有洛阳市区、偃师、孟津、新安等地和郑州巩义等地区。洛阳市区如洛阳烧沟汉墓225

[1] 周振鹤. 西汉政区地理［M］. 北京：人民出版社，1987：129；李晓杰. 东汉政区地理［M］. 济南：山东教育出版社，1999：17.

座[1]、洛阳西郊汉墓 217 座[2]、1984—1986 年洛阳市区汉墓 23 座[3]、洛阳涧滨汉墓 4 座[4]、洛阳吉利区汉墓 4 座[5]、洛阳金谷园汉墓 3 座[6]、洛阳市食品购销站汉墓 C1M35[7]、洛阳西汉壁画墓 M61[8]、洛阳卜千秋壁画墓[9]、洛阳北郊西汉墓 C8M574[10]、洛阳北郊东汉壁画墓[11]、洛阳火车站西汉墓 IM1779[12]、洛阳浅井头西汉壁画墓[13]、洛阳邮电局汉墓 M372[14]、洛阳烧沟西 14 号汉墓[15]、洛阳五女冢 2 座[16]、洛阳尹屯新莽壁画墓[17]、洛阳高新技术开发区西汉墓 GM646[18]、洛阳张就墓[19]、洛阳东关汉墓 2 座[20]、洛阳唐寺门汉墓 2 座[21]、洛阳涧西七里河东汉墓[22]、洛阳东汉光

[1] 洛阳区考古发掘队. 洛阳烧沟汉墓 [M]. 北京：科学出版社，1959.

[2] 中国社会科学院考古研究所洛阳发掘队. 洛阳西郊汉墓发掘报告 [J]. 考古学报，1963（2）：1-58.

[3] 中国社会科学院考古研究所洛阳唐城队. 1984年至1986年洛阳市区汉晋墓发掘简报 [J]. 考古学集刊（7）. 北京：科学出版社，1991：51-78.

[4] 中国社会科学院考古研究所洛阳发掘队. 洛阳涧滨古文化遗址及汉墓 [J]. 考古学报，1956（1）：11-28.

[5] 洛阳市文物工作队. 洛阳吉利区汉墓（C9M2365）发掘简报 [J]. 文物，2003（12）：39-42；洛阳市文物工作队. 洛阳吉利区汉墓（C9M2367）发掘简报 [J]. 文物，2003（12）：43-46；洛阳市文物工作队. 洛阳吉利区东汉墓发掘简报 [J]. 文物，2001（10）：52-59；郑州大学历史学院，洛阳市文物工作队. 洛阳吉利区汉墓（C9M2441）发掘简报 [J]. 文物，2008（4）：33-40.

[6] 洛阳博物馆. 洛阳金谷园新莽时期壁画墓 [J]. 文物资料丛刊（第9辑），1985：163-173；洛阳市文物工作队. 洛阳金谷园车站11号汉墓发掘简报 [J]. 文物，1983（4）：15-28；洛阳市第二文物工作队. 洛阳金谷园东汉墓（IM337）发掘简报 [J]. 文物，1992（12）：9-14.

[7] 洛阳市文物工作队. 洛阳西汉墓发掘简报 [J]. 考古，1983（1）：49-52.

[8] 河南省文化局文物工作队. 洛阳西汉壁画墓发掘报告 [J]. 考古学报，1964（2）：107-125.

[9] 洛阳博物馆. 洛阳西汉卜千秋壁画墓发掘简报 [J]. 文物，1977（6）：1-12.

[10] 洛阳市文物工作队. 洛阳北郊C8M574西汉墓发掘简报 [J]. 考古与文物，2002（5）：7-11.

[11] 洛阳市文物工作队. 河南洛阳北郊东汉壁画墓 [J]. 考古，1991（8）：713-722.

[12] 洛阳市第二文物工作队. 洛阳火车站西汉墓（IM1779）发掘简报 [J]. 文物，2004（9）：48-55.

[13] 洛阳市第二文物工作队. 洛阳浅井头西汉壁画墓发掘简报 [J]. 文物，1993（5）：1-16.

[14] 洛阳市第二文物工作队. 洛阳邮电局372号西汉墓 [J]. 文物，1994（7）：22-33.

[15] 洛阳市文物工作队. 洛阳烧沟西14号汉墓发掘简报 [J]. 文物，1983（4）：29-35.

[16] 洛阳市第二文物工作队. 洛阳五女冢267号新莽墓发掘简报 [J]. 文物，1996（7）：42-53；洛阳市第二文物工作队. 洛阳五女冢新莽墓发掘简报 [J]. 文物，1995（11）：4-19.

[17] 洛阳市第二文物工作队. 洛阳尹屯新莽壁画墓 [J]. 考古学报，2005（1）：109-126.

[18] 洛阳市第二文物工作队. 洛阳高新技术开发区西汉墓（GM646）[J]. 文物，2005（9）：36-45.

[19] 洛阳市第二文物工作队. 洛阳西汉张就墓发掘简报 [J]. 文物，2005（12）：31-40.

[20] 余扶危，贺官保. 洛阳东关东汉殉人墓 [J]. 文物，1973（2）：55-62；洛阳市文物工作队. 洛阳东关夹马营路东汉墓 [J]. 中原文物，1984（3）：43-49.

[21] 洛阳市文物工作队. 洛阳唐寺门两座汉墓发掘简报 [J]. 中原文物，1984（3）：34-42.

[22] 洛阳博物馆. 洛阳涧西七里河东汉墓发掘简报 [J]. 考古，1975（2）：116-123.

和二年王当墓[1]、汉魏洛阳城西东汉墓园遗址[2]、洛阳西工东汉壁画墓[3]、洛阳市西南郊东汉墓 94GM241[4]、洛阳市南昌路东汉墓 92CM1151[5]、洛阳李屯元嘉二年汉墓[6]、洛阳北邙汉墓 2 座[7]、洛阳东汉孝女黄晨、黄勺合葬墓[8]、洛阳东北郊东汉墓 C5M860[9]、洛阳王城公园东汉墓 C1M8567[10]、洛阳春都花园小区西汉墓 IM2354[11]、洛阳苗南新村 M528[12]。偃师地区如偃师杏园村壁画墓[13]、偃师市吴家湾东汉封土墓[14]、孟津送庄汉黄肠石墓[15]、孟津汉墓 3 座[16]。新安地区有新安铁塔山汉墓[17]、新安铁门镇西汉墓 36 座[18]等。洛宁东汉墓[19]。郑州巩义地区主要有叶岭村汉墓[20]、石家庄汉墓[21]、巩义市仓西汉墓[22]、巩义汉"赵冏"墓[23]、北窑湾汉墓[24]、新华

[1] 洛阳博物馆. 洛阳东汉光和二年王当墓发掘简报[J]. 文物，1980（6）：52-56.
[2] 中国社会科学院考古研究所洛阳汉魏城队. 汉魏洛阳城西东汉墓园遗址[J]. 考古学报，1993（3）：351-380.
[3] 洛阳市文物工作队. 洛阳西工东汉壁画墓[J]. 中原文物，1982（3）：15-20.
[4] 洛阳市第二文物工作队. 洛阳市西南郊东汉墓发掘简报[J]. 中原文物，1995（4）：1-6.
[5] 洛阳市第二文物工作队. 洛阳市南昌路东汉墓发掘简报[J]. 中原文物，1995（4）：17-24.
[6] 洛阳市文物工作队. 洛阳李屯元嘉二年发掘简报[J]. 考古与文物，1997（2）：1-7.
[7] 洛阳市第二文物工作队. 洛阳北邙45号空心砖汉墓[J]. 文物，1994（7）：34-35；洛阳市文物工作队. 洛阳北邙飞机场903号汉墓[J]. 考古与文物，1997（5）：15-18.
[8] 洛阳市文物工作队. 河南洛阳市东汉孝女黄晨、黄勺合葬墓[J]. 考古，1997（7）：13-15.
[9] 洛阳市文物工作队. 洛阳东北郊东汉墓发掘简报[J]. 文物，2000（8）：33-40.
[10] 洛阳市文物工作队. 洛阳王城公园东汉墓[J]. 文物，2006（3）：49-57；洛阳市文物工作队. 洛阳发掘的四座东汉玉衣墓[J]. 考古与文物，1999（1）：3-26.
[11] 洛阳市第二文物工作队. 洛阳春都花园小区西汉墓（IM2354）发掘简报[J]. 文物，2006（11）：22-32.
[12] 洛阳市第二文物工作队. 洛阳苗南新村528号汉墓发掘简报[J]. 文物，1994（7）：36-43.
[13] 中国社会科学院考古研究所. 河南偃师杏园村东汉壁画墓[J]. 考古，1985（1）：18-22.
[14] 洛阳市第二文物工作队，偃师市文物局. 河南偃师市吴家湾东汉封土墓[J]. 考古，2010（9）：37-45.
[15] 郭建邦. 孟津送庄汉黄肠石墓[J]. 河南文博通讯，1978（4）：30-33.
[16] 310国道孟津考古队. 洛阳孟津汉墓发掘简报[J]. 华夏考古，1994（2）：36-44.
[17] 洛阳市文物工作队. 洛阳新安县铁塔山汉墓发掘报告[J]. 文物，2002（5）：33-38.
[18] 河南省文化局文物工作队. 河南新安铁门镇西汉墓葬发掘报告[J]. 考古学报，1959（2）：57-74.
[19] 洛阳地区文化局文物工作队. 河南洛宁东汉墓清理简报[J]. 文物，1987（1）：37-42.
[20] 傅永魁. 河南巩县叶岭村发现一座西汉墓[J]. 考古，1974（2）：127.
[21] 河南省文化局文物工作队. 河南巩县石家庄古墓葬发掘简报[J]. 考古，1963（2）：71-79.
[22] 河南省文物考古研究所. 河南巩义市仓西战国汉晋墓[J]. 考古学报，1995（3）：365-390.
[23] 王彦民，汪旭，等. 巩义汉"赵冏"墓发掘简报[M]//郑州文物考古与研究. 北京：科学出版社，2003：809-821.
[24] 河南省文物考古研究所. 巩义市北窑湾汉晋唐五代墓葬[J]. 考古学报，1996（3）：361-396.

小区汉墓2座[1]、北山口邮电局汉墓[2]、康店叶岭砖厂汉墓[3]、万宝苑昱盈阁公寓汉墓群[4]等。

曹魏西晋时期墓葬有延津马岗晋墓[5]、洛阳曹魏正始八年墓[6]、洛阳16工区曹魏墓[7]、洛阳市区西晋墓2座[8]、洛阳涧西16工区2座[9]、偃师朱村晋墓[10]、偃师杏园村魏晋墓2座[11]、洛阳晋墓54座[12]、洛阳西郊晋墓8座[13]、洛阳西郊谷水晋墓5座[14]、洛阳北郊西晋墓C8M868[15]、洛阳市东郊魏晋墓2座[16]、洛阳春都路西晋墓[17]、洛阳太原路西晋墓[18]、洛阳华山路西晋墓[19]、洛阳衡山路西晋墓

---

[1] 郑州市文物考古研究所. 河南巩义新华小区汉墓发掘简报[J]. 华夏考古，2001（4）：33-51；郑州市文物考古研究所，巩义市文物保护管理所. 河南巩义新华小区二号墓发掘简报[J]. 华夏考古，2003（3）：25-32.

[2] 汪旭，秦德宁，黄俊. 巩义市北山口邮电局汉墓发掘简报[M]//郑州文物考古与研究. 北京：科学出版社，2003：858-863.

[3] 郑州市文物考古研究所，巩义市文物保护管理所. 河南巩义市康店叶岭砖厂汉墓发掘简报[J]. 华夏考古，2005（3）：20-36.

[4] 郑州市文物考古研究所，巩义市文物保护管理所. 巩义万宝苑昱盈阁公寓汉墓群发掘报告[J]. 中原文物，2004（1）：4-17.

[5] 陈文亮，等. 河南延津马岗晋墓的清理[J]. 考古通讯，1958（1）：65.

[6] 洛阳市文物工作队. 洛阳曹魏正始八年墓发掘报告[J]. 考古，1989（4）：314-318.

[7] 李宗道，赵国璧. 洛阳16工区曹魏墓清理[J]. 考古，1958（7）：51-53.

[8] 中国社会科学院考古研究所洛阳唐城队. 1984至1986年洛阳市区汉晋墓发掘简报[J]. 考古学集刊（7），北京：科学出版社，1991：51-78.

[9] 洛阳市第二文物工作队. 洛阳涧西16工区发掘简报[J]. 考古通讯，1957（3）：47-55；河南省文化局文物工作二队16工区发掘小组. 洛阳涧西16工区82号墓清理纪略[J]. 文物参考资料，1956（3）：45-46.

[10] 陈嘉祥. 河南朱村发现古墓[J]. 考古通讯，1956（6）：66-67.

[11] 中国社会科学院考古研究所河南第二工作队. 河南偃师杏园村的两座魏晋墓[J]. 考古，1985（8）：721-735.

[12] 河南省文物局文物工作队第二队. 洛阳晋墓的发掘[J]. 考古学报，1957（1）：169-186.

[13] 中国社会科学院考古研究所洛阳发掘队. 洛阳西郊晋墓的发掘[J]. 考古，1959（11）：606-607.

[14] 寇金昌. 洛阳市西郊谷水工地发现晋墓一座[J]. 文物参考资料，1956（1）：65；洛阳市第二文物工作队. 洛阳谷水晋墓[J]. 文物，1996（8）：37-45；洛阳市第二文物工作队. 洛阳谷水晋墓（FM5）发掘简报[J]. 文物，1997（9）：41-48；洛阳市第二文物工作队. 洛阳谷水晋墓（FM6）发掘简报[J]. 文物，1997（9）：49-54；洛阳市第二文物工作队. 洛阳谷水晋墓（FM38）发掘简报[J]. 文物，2002（9）：4-8.

[15] 洛阳市文物工作队. 洛阳北郊西晋墓[J]. 文物，1992（3）：35-39.

[16] 洛阳市文物工作队. 洛阳市东郊两座魏晋墓的发掘[J]. 考古与文物，1993（1）：29-37.

[17] 洛阳市第二文物工作队. 洛阳春都路西晋墓发掘简报[J]. 文物，2000（10）：26-34.

[18] 洛阳市第二文物工作队. 洛阳太原路西晋墓发掘简报[J]. 文物，2006（12）：32-36.

[19] 洛阳市第二文物工作队. 洛阳华山路西晋墓发掘简报[J]. 文物，2006（12）：18-31.

2座[1]、洛阳厚载门街西晋墓[2]、洛阳吉利区西晋墓[3]、洛阳关林皂角树西晋墓[4]、洛阳孟津三十里铺西晋墓[5]、洛阳孟津邙山西晋墓[6]、洛阳孟津晋墓[7]、洛阳孟津大汉冢西晋围沟墓[8]、洛阳西晋墓2座[9]、新安晋墓2座[10]、伊川槐庄墓地晋墓[11]、嵩县果酒厂晋墓[12]、偃师西晋支伯姬墓[13]、偃师市首阳山西晋帝陵陪葬墓[14]、巩义市晋墓2座[15]、巩义站街晋墓[16]、巩义市北窑湾晋墓[17]、巩义仓西晋墓[18]、巩义石家庄晋墓[19]、巩义芝田晋墓26座[20]。

1. 组合与分期

我们根据洛阳区墓葬出土模型明器的类型演变，并结合墓葬共出的其他典型陶器组合，铜镜和铜钱等具有断代的器物及墓葬形制变化等，特别是参考《洛阳烧沟汉墓》、高炜[21]、朱亮等[22]先生所作的分期，将这一区域汉晋墓葬出土的模型明器组合分为八组，共八期。（见表4.2）

[1] 洛阳市第二文物工作队. 洛阳衡山路西晋墓发掘简报［J］. 文物，2005（7）：38-49；洛阳市第二文物工作队. 洛阳新发现的两座西晋墓发掘简报［J］. 文物，2009（3）：19-34.
[2] 洛阳市文物工作队. 洛阳厚载门街西晋墓发掘简报［J］. 文物，2009（11）：30-41.
[3] 洛阳市文物工作队. 洛阳吉利区西晋墓发掘简报［J］. 文物，2010（8）：29-47.
[4] 洛阳市文物工作队. 洛阳关林皂角树西晋墓［J］. 文物，2007（9）：54-62.
[5] 310国道孟津考古队. 洛阳孟津三十里铺西晋墓发掘报告［J］. 华夏考古，1993（1）：31-41.
[6] 310国道孟津考古队. 洛阳孟津邙山西晋墓、北魏墓发掘简报［J］. 华夏考古，1993（1）：42-49.
[7] 洛阳市文物工作队. 洛阳孟津晋墓、北魏墓发掘简报［J］. 文物，1991（8）：48-61.
[8] 洛阳市第二文物工作队. 洛阳孟津大汉冢西晋围沟墓发掘简报［J］. 文物，2000（10）：48-57.
[9] 洛阳市第二文物工作队. 洛阳新发现的两座西晋墓发掘简报［J］. 文物，2009（3）：19-34.
[10] 洛阳市文物工作队. 河南新安县晋墓发掘简报［J］. 华夏考古，1998（1）：24-30；洛阳市文物工作队. 河南新安县西晋墓（C12M262）发掘简报［J］. 文物，2004（12）：13-25.
[11] 河南省文物考古研究所，伊川县文物管理委员会. 河南伊川县槐庄墓地晋唐墓发掘简报［J］. 华夏考古，2005（3）：44-50.
[12] 洛阳市第二文物工作队. 嵩县果酒厂晋墓发掘简报［J］. 中原文物，2005（6）：13-18.
[13] 洛阳市第二文物工作队，偃师商城博物馆. 河南偃师西晋支伯姬墓发掘简报［J］. 文物，2009（3）：36-40.
[14] 洛阳市第二文物工作队，偃师市文物局. 河南偃师市首阳山西晋帝陵陪葬墓［J］. 考古，2010（2）：47-62.
[15] 郑州市文物考古研究所，巩义市文物保护管理所. 河南巩义市晋墓发掘报告［J］. 华夏考古，2001（4）：52-61.
[16] 郑州市文物考古研究所，巩义市文物保护管理所. 河南巩义站街晋墓［J］. 文物，2004（11）：39-53.
[17] 河南省文物考古研究所，等. 巩义市北窑湾汉晋唐五代墓葬［J］. 考古学报，1996（3）：361-394.
[18] 河南省文物考古研究所，等. 河南巩义仓西战国汉晋墓［J］. 考古学报，1995（3）：386-392.
[19] 河南省文化局文物工作队. 河南巩县石家庄古墓葬发掘简报［J］. 考古，1963（2）：71.
[20] 郑州市文物考古研究所. 巩义芝田晋唐墓葬［M］. 北京：科学出版社，2003.
[21] 中国社会科学院考古研究所. 新中国的考古发现与研究［M］. 北京：文物出版社，1984：412-416.
[22] 朱亮，李德方. 洛阳魏晋墓葬分期的初步研究，洛阳考古四十年——一九九二年洛阳考古学术研讨会论文集［M］. 北京：科学出版社，1996：278-290.

表4.2：洛阳汉晋墓出土主要模型明器演变表

类型/期别	仓														灶												
	A		B		C	D		E	F	G		H		I	A	B			C	D	E	F			G	H	
	a	b	a	b		a	b			a	b	a	b		a	a	b	c				a	b	c		a	b
西汉中期							 Ⅲ									 Ⅰ		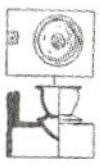 Ⅰ									
西汉晚期			 Ⅱ	 Ⅰ			 Ⅳ																				 Ⅰ  Ⅱ
新莽至东汉初期				 Ⅱ														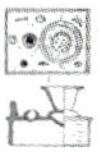 Ⅱ									
东汉早期			 Ⅳ	 Ⅳ																							
东汉中期													 Ⅱ														
东汉晚期			 Ⅴ															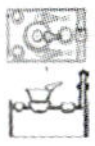 Ⅲ									
东汉末至曹魏前期				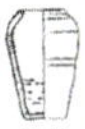 Ⅳ																							
曹魏后期至西晋时期							 Ⅴ					 Ⅰ  Ⅵ						 Ⅳ									

仓　BaⅡ洛阳烧沟汉墓M74：17；BaⅣ洛阳烧沟汉墓M134：12；BaⅤ洛阳烧沟汉墓M1037：9；BbⅠ洛阳烧沟汉墓M126：10；BbⅡ洛阳新安铁塔山M4：26；BbⅣ洛阳烧沟汉墓M1008：8；BbⅣ洛阳偃师杏园村M6：45；DbⅢ洛阳烧沟汉墓M412：6；DbⅣ洛阳烧沟汉墓M107：16；DbⅤ洛阳衡山路晋墓HM719：20；HaⅠ偃师杏园村M34：74；HaⅥ洛阳新安晋墓M262：62；HbⅡ洛阳南昌路M1151：82。灶　BaⅠ洛阳西郊汉墓M3207：16；BcⅠ洛阳烧沟汉墓M183：31；BcⅡ洛阳烧沟汉墓M50：20；BcⅢ洛阳烧沟汉墓M403：21；BcⅣ偃师杏园村M34：47；Fc洛阳烧沟汉墓M183：10；HbⅠ洛阳金谷园车站汉墓M11：206；HbⅡ洛阳金谷园车站汉墓M11：189。

表4.2（续表）

类型 / 期别	井											猪圈		
	A					B						A		
	a	b	c	d	e	a	b	c	d	e	f	a	b	c
西汉中期														
西汉晚期			 Ⅲ	 Ⅳ		 Ⅰ								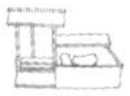 Ⅲ
新莽至东汉初期				 Ⅴ										
东汉早期														
东汉中期		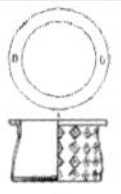 Ⅰ		 Ⅵ		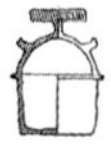 Ⅱ								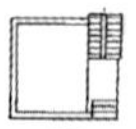 Ⅲ
东汉晚期						 Ⅲ		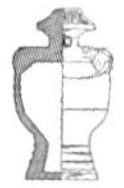 Ⅴ			 Ⅰ			
东汉末至曹魏前期														 Ⅲ
曹魏后期至西晋时期							 Ⅳ  Ⅳ							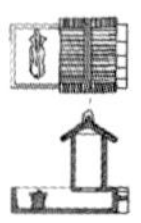 Ⅲ

井　AbⅠ洛阳吉利区汉墓M445：40；AcⅢ洛阳西汉张就墓IM1835：4；AdⅣ洛阳烧沟汉墓M99：11；AdⅤ洛阳烧沟汉墓M58：30；AdⅥ洛阳烧沟汉墓M1004A：24；Ae洛阳烧沟汉墓M82：37；Ae洛阳烧沟汉墓M1028A：14；BaⅠ洛阳烧沟汉墓M59A：42；BaⅡ洛阳西郊汉墓M7037：9；BaⅢ洛宁东汉墓出土；BbⅣ洛阳偃师杏园村晋墓M34：53；BbⅣ洛阳衡山路西晋墓M114：4；BcⅤ洛阳烧沟汉墓M144：16；BfⅠ洛阳烧沟汉墓M19：7。猪圈　AcⅢ洛阳金谷园M11：164；AcⅢ洛阳孟津汉墓M55：21；AcⅢ洛阳偃师杏园村M6：50；AcⅢ洛阳新安晋墓M262：18。

表4.2（续表）

类型 期别	猪圈			磨						碓			臼		风扇车	碓房					平房	楼		院落		
	A	B		A	B			C	D	A	B	C	A	B		A	B				A	A		A	B	
	d	a	b		a	b	c										a	b	c	d		a	b		a	b
西汉中期																										
西汉晚期																										
新莽至东汉初期						 II																				
东汉早期																										
东汉中期	 II		 II											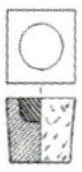									 I			
东汉晚期				 I																						
东汉末至曹魏前期																										
曹魏后期至西晋时期										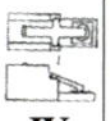 IV											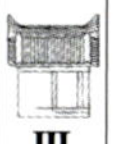 III					

猪圈　AdⅡ洛阳偃师杏园村M17：7；BbⅡ洛阳烧沟汉墓M1008：26。磨　BaⅠ洛阳南昌路汉墓M1151：116；BbⅡ洛阳新安铁塔山汉墓M4：29；D型洛阳尹屯壁画墓M1：31。碓　AⅣ洛阳伊川槐庄晋墓M6：13。臼　A型洛阳尹屯壁画墓M1：27；B型洛阳尹屯壁画墓M1：42。风扇车　洛阳东关汉墓出土。碓房　Bc洛阳洛宁汉墓M4：27。平房　AⅢ巩义木材公司晋墓M1：22。楼　AbⅠ洛阳洛宁汉墓M4：19。院落　Bb洛阳张茅汉墓出土。

第一组：模型明器主要组合为仓DbⅢ式和灶BaⅠ式、BcⅠ式、Fc型。共存陶器组合有鼎、敦、盒、壶、仓、灶、罐、瓮等。铜镜类型有草叶纹镜、星云纹镜、日光镜、昭明镜等。随葬钱币多为武帝三官五铢，昭帝、宣帝及元帝五铢钱，墓葬有单棺空心砖墓和单棺平顶土洞墓，并出现夫妇合葬的双棺空心砖墓，以及介于两者间的“两次造”双棺空心砖墓。盛行耳室。时代为西汉中期。

第二组：模型明器主要组合为仓BaⅡ式、BbⅠ式、DbⅣ式，灶BcⅡ式、Hb型，井AcⅢ式、AdⅣ式、AdⅤ式、BaⅠ式和猪圈AcⅢ式。共存陶器继续上期的器类，仿铜器或漆器的陶熏炉、酒樽、灯、盘等也普遍出现。铜镜类型以日光镜、昭明镜为主。此期盛行带竖井墓道的小砖券墓和仿照小砖券墓的弧顶土洞墓。空心砖墓为梯形墓顶。后段开始出现前室穹隆顶、后室券顶的小砖券墓以及仿照此型式的土圹墓。时代为西汉晚期。

第三组：模型明器主要组合为仓BaⅡ式、BbⅡ式，灶BcⅡ式，井AdⅣ式、AdⅤ式，猪圈AcⅢ式，磨BbⅡ式、D型和臼A型、B型。共存陶器沿用上期的器类，并增加了方盒、案、耳杯、勺等。新出现的铜镜有四神博局镜、几何纹博局镜、神兽镜、连弧纹镜等。伴出的钱币以新莽钱为主。此期流行前室穹隆顶、后室券顶的小砖墓。耳室缩小或不设耳室。时代为新莽至东汉初期。

第四组：模型明器主要组合为仓BaⅣ式、BbⅣ式，灶BcⅡ式，井AdⅥ式，猪圈AcⅢ式、AdⅡ式，磨D型和臼A型、B型。鸡、狗等家禽畜俑开始出现。其他陶器组合和第三组区别不大，但鼎、盒类器物减少，成套鼎、盒、壶的组合形式不再存在。伴出的钱币以东汉五铢为主。墓形仍以前室穹隆顶、后室券顶的前后室墓为主。时代为东汉早期。

第五组：模型明器主要组合为仓BbⅣ式、HbⅡ式，灶BcⅢ式，井AbⅠ式、AdⅥ式、Ae型、BaⅡ式、BaⅢ式、BcⅤ式、BfⅠ式，猪圈AcⅢ式、AdⅡ式和BbⅡ式，磨D型，臼A型、B型，碓房Bc型、楼AbⅠ式、院落Bb型和家畜禽俑。其他陶器器类组合增多，以鼎、盒为标志的礼器则近于消失。新出现的铜镜有夔凤纹镜和长宜子孙镜等。伴出的钱币以东汉五铢为主。此期出现双穹隆顶墓和前堂横列墓，并带有斜坡墓道。土圹墓洞室后部空间也相应增高，耳室已少见或仅做成假耳室，也有仿照此型式的土洞墓。时代为东汉中期。

第六组：模型明器主要组合为仓BaⅤ式、HbⅡ式，灶BcⅢ式，井BaⅡ式、BaⅢ式、BcⅤ式、BfⅠ式，猪圈AcⅢ式、AdⅡ式和BbⅡ式，磨BaⅠ式、D型，臼A型、B型，风扇车和家畜禽俑。其他陶器组合和前期差别不大。新出现的铜镜有位至三公镜、人物画像镜、四凤镜、变形四叶镜等。伴出的钱币有东汉晚期五铢，剪轮五铢，铁钱和铅、锡冥币。流行横列前堂墓，多人合葬。时代为东汉晚期。

第七组：模型明器主要组合为仓BbⅣ式、灶BcⅢ式、猪圈AcⅢ式和鸡俑。模型明器器类锐减。其他陶器组合和前期差别不大，主要有鼎、壶、罐、盆、盘、盒、奁等。墓葬形制由横列前堂砖室墓发展为前后室顺室砖室墓。时代为东汉末至曹魏前期。

第八组：模型明器主要组合为仓DbⅤ式、HaⅠ式、HaⅥ式，灶BcⅣ式，井BbⅣ式，猪圈AcⅢ式，碓AⅣ式，平房AⅢ式，牛车和家畜俑。其他陶器组合为壶、罐、盆、碗、空柱盘、盘等，新出现四系罐、多子盒、镇墓兽等。墓葬形制主要为单室、双室砖室墓和土洞墓。时代为曹魏后期至西晋时期。

2. 区域特征及分析

模型明器的区域特征表现为：

一是洛阳区自西汉中期始出现仓、灶。西汉晚期后模型明器器类增多，开始出现井、猪圈、磨、臼等，其中以陶井型式变化最为迅速。B型带陶井架的井模型在西汉晚期最早在洛阳区出现，新莽至东汉时期迅速流行于其他分区。

二是两汉时期模型明器组合主要为粮食贮存和加工类、炊厨类、家畜圈类三大类，房、楼等模型明器很少出土于汉洛阳城附近，仅在东汉中晚期洛阳张茅出土陶院落1件，洛宁和洛阳吉利区出土多层陶楼各1件，陶楼型式接近邻近的三门峡和焦作，应是受三门峡和豫北区的影响。

三是西晋时期模型明器组合以仓、灶、井、猪圈、碓、房为主，型式较固定。这种模型明器组合影响到黄河中下游其他分区。

洛阳位于伊洛河流域，处于关中、齐鲁、梁楚交汇之处，为周文化腹心之地。东周时期，洛阳成为东方诸国与秦国交战和贸易的必经之地。西汉时期为陪都。《史记·货殖列传》记有：“洛阳东贾齐、鲁，南贾梁、楚。”《汉书·地理志》记载周人“巧伪趋利，贵财贱义，高富下贫，憙为商贾，不好仕宦”。洛阳交通四方，逐富贵，重商贾，使其地域文化呈开放的姿态。西汉时期洛阳较长安远离中央皇权控制，最易于接受外来事物。表现在模型明器方面，陶井在西汉晚期出现且型式迅速变化，最终形成极具地域风格的B型陶井模型。东汉至魏晋洛阳作为国都，政治地位更显重要。模型明器器类组合相对固定，以仓、灶、井、猪圈、磨、臼为主，并影响到其他分区。另外东汉中晚期个别墓又出现南阳区常见的Ab型井及Ba型磨；洛宁区、吉利区出土了三门峡、焦作地区常见的陶楼模型。这与洛阳商业和手工业发达，人口流动频繁有关。

西晋时期洛阳仍为政治中心，最先受到政权及士族风尚影响。这一时期模型明器组合虽然有所恢复，但制作更有明器化趋势。

第三节 郑州区

郑州市包括今河南省黄河以南郑州市及所辖大部分地区、许昌禹州、周口淮阳等地区。郑州地区和许昌市禹州地区战国时大部分曾为韩国所辖，公元前408年，韩国国都自宜阳迁至阳翟（今禹州）。公元前375年，韩国攻灭郑国，遂迁国都于新郑。两汉时期为河南郡东部和颍川郡大部分地区。曹魏时期为河南尹东部和豫州颍川郡地区。西晋时期为河南郡、荥阳郡及颍州郡部分地区。周口淮阳原为陈地，公元前479年为楚所灭，战国末楚曾一度迁都于陈（今淮阳）。西汉高祖七年（公元前200年）置淮阳郡。高祖十一年（公元前196年）置淮阳国，陈县属之，隶兖州。新莽时改淮阳国为新平，改陈县为辰陵，属兖州。东汉明帝改新平为陈国，章帝改为郡，陈县属之，隶属豫州刺史。曹魏时明帝封曹植为陈王，遂改郡称国，后复作郡，隶属豫州。西晋武帝合陈郡于梁国，陈县属之，隶豫州。

郑州区出土模型明器的汉墓主要集中于郑州市区、荥阳、新郑及新密等地区，许昌禹州和周口淮阳地区。郑州市区主要有郑州二里岗汉墓3座[1]、郑纺机油库汉墓[2]、新通桥汉代画像空心砖墓[3]、乾元北街空心画像砖墓[4]、南仓西街汉墓2座[5]、向阳肥料社汉代画像砖墓[6]、南关外汉墓4座[7]、碧沙岗公园东汉墓[8]、同洲花

---

[1] 安金槐. 郑州二里岗空心砖墓介绍[J]. 文物参考资料，1954（6）：57-62；河南省文化局文物工作队. 郑州二里岗汉画像空心砖墓[J]. 考古，1963（1）；安金槐. 郑州二里岗的一座汉代小砖墓[J]. 考古，1964（4）：176-179.

[2] 郑州市文物考古研究所. 郑纺机油库发现的一座汉墓[J]. 中原文物，1997（3）：56-60.

[3] 郑州市博物馆. 郑州新通桥汉代画像空心砖墓[J]. 文物，1972（10）：41-48.

[4] 郑州市博物馆. 郑州市乾元北街空心画像砖墓[J]. 中原文物，1985（1）：5-9.

[5] 河南省文物研究所. 郑州市南仓西街两座汉墓的发掘[J]. 华夏考古，1989（4）：78-93.

[6] 河南省文物研究所. 郑州市向阳肥料社汉代画像砖墓[J]. 中原文物，1986（4）：34-38.

[7] 刘东亚. 郑州南关外东汉墓的发掘[J]. 考古，1958（2）：43-45；郑州市文物考古研究所. 郑州南关外汉代画像石空心砖墓[J]. 中原文物，1997（3）：30-48；河南省文物局文物工作队. 郑州南关159号汉墓的发掘[J]. 文物，1960（8/9）：19-24.

[8] 郑州市博物馆. 河南郑州市碧沙岗公园东汉墓[J]. 考古，1966（5）：248-251.

园小区汉墓[1]等。新密市区有后士郭汉画像石墓2座[2]、密新商场汉墓2座[3]、李堂画像砖墓[4]。新郑市区有山水寨汉墓2座[5]、刘庄汉墓[6]、东城路汉墓8座[7]等。荥阳市区有荥阳河王水库汉墓6座[8]、荥阳赵家庄汉墓17座[9]、荥阳薛村汉墓287座[10]等。许昌地区有禹县白沙汉墓262座[11]、禹县东十里村东汉画像石墓[12]、周口淮阳汉墓2座[13]等。

此区仅见西晋时期墓葬，其中出土模型明器的墓葬较少，主要有郑州晋墓[14]、郑州上街水厂晋墓[15]、荥阳晋墓[16]等。

1. 组合与分期

我们根据郑州区墓葬出土模型明器的类型演变，并结合墓葬共出的其他陶器组合，铜镜和铜钱等具有断代性质的器物，以及墓葬形制变化等，并参考本地区出有模型明器的纪年墓葬，将这一区域的模型明器组合分为七组，共七期。（见表4.3）

第一组：模型明器为仓BaⅡ式、灶BbⅠ式和院落Ab型组合。共存陶器有小壶、盆、釜、甑、罐。铜镜类型主要有日光镜、昭明镜等，伴出武帝至元帝时五铢钱。墓形有竖穴土圹墓和洞室墓。时代为西汉中期。

---

［1］郑州市文物考古研究所．郑州市同洲花园小区汉墓发掘简报［J］．考古与文物（2007增刊）：23–32.
［2］河南省文物研究所．密县后士郭汉画像石墓发掘报告［J］．华夏考古，1987（2）：96–159.
［3］郑州市文物工作队．河南密县密新商场汉墓和陶窑的发掘［J］．华夏考古，1992（2）：22–26.
［4］河南省文物考古研究所，新密市博物馆．河南新密市李堂画像砖墓的发掘［J］．华夏考古，1999（3）：27–32.
［5］王蔚波．新郑山水寨汉墓发掘简报［J］．中原文物，1987（1）：24–26；新郑县文物保管所．新郑山水寨沟汉画像砖墓［J］．中原文物，1990（1）：33–38.
［6］于宏伟，等．新郑刘庄汉墓发掘简报［M］//郑州文物考古与研究．北京：科学出版社，2003：910–921.
［7］王蔚波．新郑县东城路古墓群发掘报告［J］．中原文物，1988（3）：13–21.
［8］河南省文化局文物工作队．河南荥阳河王水库汉墓［J］．文物，1960（5）：60–68.
［9］汪旭，马黔彬，赵同生，等．荥阳赵家庄汉代墓群发掘报告［M］//郑州文物考古与研究．北京：科学出版社，2003：833–857.
［10］周立刚．荥阳薛村汉代墓地研究［D］．武汉：武汉大学历史学院，2008.
［11］河南省文化局文物工作队．河南禹县白沙汉墓发掘报告［J］．考古学报，1959（1）：61–83.
［12］河南省文物研究所．禹县东十里村东汉画像石墓发掘简报［J］．中原文物，1985（3）：51–54.
［13］周口地区文物工作队，淮阳县博物馆．河南淮阳北关一号汉墓发掘简报［J］．文物，1991（4）：34–46；周口地区文化局文物科，淮阳太昊陵文物保管所．淮阳于庄汉墓发掘简报［J］．中原文物，1983（1）：1–3.
［14］河南省文化局文物工作一队．河南郑州晋墓发掘记［J］．考古，1957（1）：37–41.
［15］郑州市文物考古研究所．郑州上街水厂晋墓发掘简报［J］．华夏考古，2000（4）：40–47.
［16］郑州市文物考古研究院．河南荥阳晋墓、唐墓发掘简报［J］．文物，2009（9）：43–48.

表4.3：郑州区汉晋出土主要模型明器演变表

类型	仓												灶				井					
	A	B		C	D		E	F	G	H		I	A	B			A					B
期别		a	b		a	b		a		a	b			a	b	c	a	b	c	d	e	a
西汉中期																						
西汉晚期		 Ⅱ				 Ⅳ		 Ⅰ		 Ⅳ  Ⅴ				 Ⅱ								
新莽至东汉初			 Ⅲ												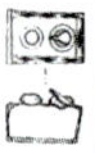 Ⅰ							
东汉早期																			 Ⅰ			
东汉中期															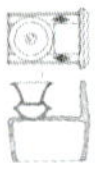 Ⅰ	 Ⅲ				 Ⅱ		
东汉晚期										 Ⅳ	 Ⅱ  Ⅳ											
西晋中晚期																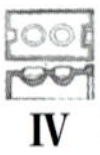 Ⅳ						

仓　BaⅡ郑州南关布厂街M1：2；BbⅢ新密密新商场汉墓M4：3；DbⅣ荥阳赵家庄汉墓M22：6；FaⅠ荥阳赵家庄汉墓M8：5；HaⅣ郑州南关北二街M4出土；HaⅤ荥阳魏河村汉墓出土；HaⅣ淮阳北关汉墓M1出土；HbⅡ新密后士郭M1：98；HbⅣ新密后士郭M2：88。灶　BaⅡ荥阳赵家庄汉墓M13：7；BbⅠ郑州南关布厂街M1：16；BbⅠ荥阳赵家庄M9：9；BcⅢ郑州上街水厂晋墓M7：3；BcⅣ荥阳薛村汉墓M73：15。井　AcⅠ荥阳薛村汉墓M10：6；AdⅡ荥阳薛村汉墓M10南：5。

表4.3（续表）

类型 期别	井					猪圈						猪鸡圈	磨		
	B					A				B			A	B	C
期别	b	c	d	e	f	a	b	c	d	a	b				
西汉中期															
西汉晚期															
新莽至东汉初															
东汉早期															
东汉中期		 Ⅰ			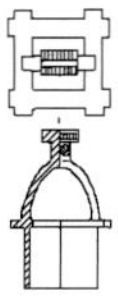 Ⅰ			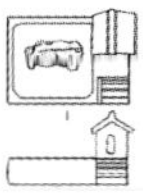 Ⅲ	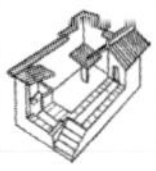 Ⅱ	 Ⅰ					
东汉晚期	 Ⅰ														
西晋中晚期	 Ⅳ														

井　BbⅠ郑州碧沙岗公园M13：7；BbⅣ郑州上街水厂晋墓M7：7；BcⅠ荥阳河王水库汉墓M3出土；BfⅠ荥阳薛村汉墓M66：3。猪圈　AcⅢ郑州郑纺机油库汉墓M1：1；AdⅡ密县后士郭汉画像石墓M1：91；BaⅠ禹县白沙汉墓M17出土；Bb荥阳薛村汉墓出土。猪鸡圈　禹州东十里村画像石墓出土。

表4.3（续表）

期别＼类型	磨	碓			碓房				平房	院落			
	D	A	B	C	A		B	C	A	A		B	C
					a	b				a	b		
西汉中期													
西汉晚期													
新莽至东汉初													
东汉早期													
东汉中期	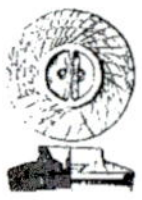				 I								
东汉晚期		 II							 I				
西晋中晚期				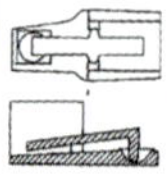									

磨　D型密县后士郭汉画像石墓M1：127；D型郑州上街水厂晋墓M7：4。碓　AⅡ密县后士郭汉画像石墓M2：85；C型郑州上街水厂晋墓M7：4。碓房　AaⅠ荥阳河王水库M3出土。平房　AⅠ郑州二里岗汉墓M2：1。院落　Ab郑州乾元北街汉墓出土；Ab郑州南关外M159汉墓出土；C型淮阳于庄汉墓M1：7。

第二组：模型明器为仓BaⅡ式、BbⅢ式、DbⅣ式、FaⅠ式、HaⅣ式、HaⅤ式，灶BaⅡ式和BbⅠ式和院落Ab型、C型组合。此期仓的型式增多，灶和院落皆出现新型式。共存陶器主要有小壶、罐。铜镜类型主要有日光镜、昭明镜等。伴出武帝至元帝时期五铢钱。墓形有竖穴土圹墓和空心砖室墓。时代为西汉晚期。

第三组：模型明器为仓BaⅡ式、BbⅢ式、DdⅣ式和灶BbⅠ式组合。共存陶器有小壶、罐、盆、甑、瓮等。此期仓、灶型式减少，不见院落建筑模型。墓形有竖穴土圹墓、空心砖椁墓和洞室墓。时代为新莽时期至东汉初期。

第四组：模型明器为仓BaⅡ式、BbⅢ式，灶BbⅠ式、BcⅢ式和井AcⅠ式组合。共存陶器有小壶、罐、瓮、奁、盒、盆等。此期出现水井模型。墓形有小砖券墓，伴出西汉五铢、新莽钱和东汉明帝章帝五铢。时代为东汉早期。

第五组：模型明器为仓BbⅢ式、HaⅣ式，灶BbⅠ式、BcⅢ式，井AdⅡ式、BcⅠ式和BfⅠ式，猪圈AcⅢ式、AdⅡ式、BaⅠ式、Bb型，磨D型，碓房AaⅠ式和鸡、猪、狗等家禽畜俑的组合。此期模型明器器类增多，出现猪圈、磨、碓房、家禽畜俑等。共存陶器有大壶、罐、瓮、奁、案、盘等。墓形有小砖券墓、穹隆顶墓、洞室墓，伴出新莽钱及东汉五铢钱。时代为东汉中期。

第六组：模型明器为仓HbⅡ式、HbⅣ式，井BbⅠ式，猪圈AcⅢ式、AdⅡ式、BaⅠ式、Bb型，磨D型，碓AⅡ式和平房AⅠ式组合。共存陶器有罐、奁、案、盘等。铜镜类型主要有长宜子孙镜、云雷连弧镜、变形四叶纹镜等。伴出新莽钱、东汉桓灵时期五铢钱。与之对应墓形有竖井或斜坡墓道小砖券墓、穹隆顶单室砖室墓、前堂后室砖室墓、横列前堂砖室墓等。时代为东汉晚期。

第七组：模型明器为灶BcⅣ式、井BbⅣ式、磨D型、碓C型和猪、马、牛等家畜俑组合。共存陶瓷器有四系罐、盘、碗、耳杯、多子盒等。铜镜类型有位至三公镜。伴出五铢、货泉等钱币。墓形有单室、双室等砖室墓。时代为西晋中晚期。

2. 区域特征及分析

郑州区汉晋墓葬出土模型明器的区域特征表现为：

一是两汉时期模型明器主要以仓、灶为主，粮食加工工具出现较晚。

西汉中期模型明器仓、灶开始出现。仓的形制接近于洛阳区同型仓，出土数量较多。Bb型陶灶则极富地方特色，不见于其他分区。西汉晚期仓的类型增多，灶仍以BbⅠ式为主，新出现BaⅡ式。东汉陶仓类型减少，多见H型屋形仓。陶井、磨、碓房、家禽畜俑等至东汉出现。东汉早期出现陶井模型。东汉中晚期出现猪圈、磨、碓房、家禽畜俑等。

二是西汉中晚期出现陶院落等建筑模型，为黄河中下游建筑模型出土最早的分区。如郑州乾元北街汉墓、郑州南关汉墓、淮阳于庄汉墓等出土。另外许昌石羊城还采集有陶阙等建筑附件模型。

三是东汉出现陶井猪圈、磨、碓房、家禽畜俑、平房等。

东汉早期出现陶井模型。东汉中期出现猪圈、磨、碓房、家禽畜俑等。东汉晚期仓类型减少，多见Hb型屋形仓。猪圈类型增多，新出现碓、平房。

四是西晋中晚期仅见灶、磨、井、碓、家禽畜俑模型明器。模型明器组合与洛阳近同。

今郑州、许昌、周口地区两汉时为河南郡、颍川郡及淮阳国所辖。此区荥阳西通洛阳、长安，北距温、轵很近，为郑、韩商业要地；禹州为汉时颍川（阳翟），曾为韩都，商业发达；陈（今淮阳）曾为楚都，东汉时为陈国都城，水路交通发达，《史记·货殖列传》有“陈……通鱼盐之货，其民多贾”。《盐铁论·通有》记载汉昭帝时桑弘羊称“郑之阳翟”“韩之荥阳”“楚之宛、陈”，皆“富冠海内”，列为“天下名都”。可见两汉时期此区交通便利，商业经济发达，人口流动频繁。这也使得这一地区非常容易接受其他区域文化。《汉书·地理志》称郑地俗淫，陈地俗巫鬼。

郑州区邻近洛阳区，墓葬文化表现出与洛阳较多的相似性特点。模型明器方面，自西汉中期开始出现模型明器，与洛阳同步。此地流行的B型陶仓型式与数量组合方面与洛阳相同。郑州区H型屋形仓多见于西汉晚期和东汉，早于周边分区。洛阳区此型陶仓在东汉中期后才出现。此地陶灶流行Bb型，灶头一端竖有较高的挡火墙，为本区地域特色。西汉晚期新出现BaⅡ式灶，与西安西汉早期出现BaⅠ式灶相近，灶尾及灶身一侧皆有挡火墙，但西安地区出土陶灶挡火墙较矮。推测郑州区此型灶的出现与关中区影响有关。东汉早中期新出现BcⅢ式灶，此型灶广泛见于同期各分区中。东汉晚期此区墓葬中很少见到陶灶。西晋中晚期使用BcⅣ式灶，与其他分区陶灶型式完全相同。

第四节 南阳区

南阳区以宛城（今河南南阳市）为中心，包括今河南南阳市及驻马店市西部、信阳、漯河、许昌、平顶山等地区，地理范围大致与汉南阳郡相当。南阳区春秋中期以后至垂沙之役（公元前301年）期间为楚地，其后一度被韩、魏占领，楚迁陈郢后为秦地。秦于此地设南阳郡，至西汉初基本沿袭建置，治所为宛（今南阳市），归荆州部。西汉武帝元鼎三年曾割丹水、淅县二地以成弘农郡，故今南阳淅川、西峡等地在西汉归属于弘农郡[1]。东汉时，南阳郡仍属荆州部，其辖县和西汉大体相同。但东汉时丹水、淅县二县又归入南阳郡中。三国时，南阳为曹魏所辖之地，隶属荆州。西晋时曾为南阳国，辖十四县，都宛。驻马店市、信阳、漯河、许昌、平顶山等地区为西汉颍川郡、汝南郡所在地，归豫州部。

目前这一地区出土模型明器的汉代墓葬主要集中在南阳市城区及市郊、唐河、新野、镇平、方城、桐柏、淅川，驻马店泌阳等地；魏晋墓葬则集中在南阳市区，数量不多。南阳地区出土汉代模型明器的墓葬主要有南阳市环卫处汉墓 M1[2]、南阳第二胶片厂汉墓 M6[3]、南阳市 508 厂汉墓[4]、南阳杨官寺汉画像石墓[5]、南阳石刻汉墓[6]、南阳军帐营汉画像石墓[7]、南阳石桥汉画像石墓[8]、南阳安居新村汉画像石墓[9]、南阳市陈棚村汉墓 M68[10]、南阳辛店乡熊营画像石墓 2 座[11]、南阳市人民北路汉墓[12]、南阳市刘洼村汉画像石墓[13]、南阳市一中新校址汉墓 M36[14]、南阳汽车制造厂汉墓 M2[15]、南阳市东苑小区汉墓 3 座[16]、南阳市防爆厂住宅小区汉墓 2 座[17]、南阳市

[1] 周振鹤. 西汉政区地理［M］. 北京：人民出版社，1987：132.
[2] 南阳市文物工作队. 南阳市环卫处汉墓发掘简报［J］. 中原文物，1994（1）：101-104.
[3] 南阳市文物工作队. 南阳第二胶片厂汉墓发掘简报［J］. 华夏考古，1994（4）：32-36.
[4] 刘新，周林. 南阳市508厂汉墓发掘简报［J］. 考古与文物，1994（4）：12-14.
[5] 河南省文化局文物工作队. 河南南阳杨官寺汉画像石墓发掘报告［J］. 考古学报，1963（1）：111-139.
[6] 河南省文化局文物工作队. 南阳汉代石刻墓［J］. 文物参考资料，1958（10）：38-39.
[7] 南阳市博物馆. 河南南阳军帐营汉画像石墓［J］. 考古与文物，1982（1）：40-43.
[8] 南阳市博物馆. 河南南阳石桥汉画像石墓［J］. 考古与文物，1982（1）：33-39.
[9] 南阳市文物考古研究所. 河南南阳市安居新村汉画像石墓［J］. 考古，2005（8）：27-33.
[10] 南阳市文物考古研究所. 河南南阳市陈棚村68号汉墓［J］. 考古，2008（10）：33-39.
[11] 南阳市文物研究所. 河南省南阳县辛店乡熊营画像石墓［J］. 中原文物，1996（3）：8-17；河南南阳市文物考古研究所. 河南南阳市辛店熊营汉画像石墓［J］. 考古，2008（10）：37-41.
[12] 南阳市文物研究所. 南阳市人民北路汉墓发掘简报［J］. 华夏考古，1999（3）：53-58.
[13] 南阳市文物工作队. 南阳市刘洼村汉画像石墓［J］. 中原文物，1991（3）：107-111.
[14] 南阳市文物考古研究所. 河南南阳市一中新校址汉墓发掘简报［J］. 华夏考古，2004（2）：19-22.
[15] 南阳市文物工作队. 南阳汽车制造厂东汉墓发掘简报［J］. 华夏考古，1998（1）：17-22.
[16] 南阳市古代建筑保护研究所. 河南南阳市东苑小区古代墓葬清理简报［J］. 华夏考古，1999（2）：37-45.
[17] 南阳市文物考古研究所. 南阳市防爆厂住宅小区汉墓M62、M84发掘简报［J］. 中原文物，2008（4）：4-13.

嘉丰汽修厂汉墓[1]、南阳市教师新村M10墓[2]、南阳中建七局机械厂汉画像石墓[3]、南阳蒲山汉墓2座[4]、南阳赵寨砖瓦厂汉画像石墓[5]、南阳王寨汉画像石墓[6]、南阳英庄汉画像石墓[7]、南阳市邢庄汉墓6座[8]、南阳市拆迁办M3东汉墓[9]、南阳方城县城关镇汉画像石墓[10]、南阳方城平高台遗址汉墓6座[11]、南阳方城党庄汉画像石墓[12]、南阳唐河县电厂汉画像石墓[13]、唐河汉郁平大尹冯君孺人画像石墓[14]、唐河县石灰窑村画像石墓[15]、唐河县针织厂汉画像石墓M2[16]、唐河县湖阳镇汉画像石墓[17]、新野县前高庙村汉画像石墓2座[18]、新野樊集汉画像砖墓37座[19]、南阳桐柏万岗汉墓[20]、桐柏县安棚画像石墓[21]、邓州市梁寨汉画像石墓[22]、南阳镇平

[1] 南阳知府衙门博物馆，南阳市文物考古研究所.南阳市嘉丰汽修厂汉墓清理简报[J].中原文物，2008（4）：14–20.
[2] 南阳市文物研究所.南阳市教师新村10号墓[J].中原文物，1997（4）：24–29.
[3] 南阳市文物研究所.南阳中建七局机械厂汉画像石墓[J].中原文物，1997（4）：35–47.
[4] 南阳市文物研究所.河南南阳蒲山二号汉画像石墓[J].中原文物，1997（4）：48–55；南阳市文物研究所.河南南阳县蒲山汉墓的发掘[J].华夏考古，1991（4）：20–30.
[5] 南阳市博物馆.南阳县赵寨砖瓦厂汉画像石墓[J].中原文物，1982（1）：1–4.
[6] 南阳市博物馆.南阳县王寨汉画像石墓[J].中原文物，1982（1）：12–16.
[7] 南阳地区文物工作队，南阳县文化馆.河南南阳县英庄汉画像石墓[J].文物，1984（3）：25–37.
[8] 南京大学历史系，南京市文物研究所.河南南阳市邢庄汉、宋墓群发掘报告[J].华夏考古，2008（3）：37–46.
[9] 南阳市文物考古研究所.南阳市拆迁办M3东汉墓发掘简报[J].中原文物，2010（6）：28–31.
[10] 南阳地区文物工作队，方城县文化馆.河南方城县城关镇汉画像石墓[J].文物，1984（3）：98–105.
[11] 河南省文物考古研究所，南阳市文物考古研究所.河南方城平高台遗址汉墓发掘简报[J].华夏考古，2007（4）：98–105.
[12] 黄运甫.方城党庄汉画像石墓——兼谈南阳汉画像石墓的衰亡问题[J].中原文物，1986（2）：45–51.
[13] 南阳汉画像石编委会.唐河县电厂汉画像石墓[J].中原文物，1982（1）：5–11.
[14] 南阳地区文物队，南阳博物馆.唐河汉郁平大尹冯君孺人画像石墓[J].考古学报，1980（2）：239–262.
[15] 南阳地区文物工作队，唐河县文化馆.河南唐河县石灰窑村画像石墓[J].文物，1982（5）：79–84.
[16] 南阳地区文物工作队，唐河县文化馆.唐河县针织厂二号汉画像石墓[J].中原文物，1985（3）：14–20.
[17] 南阳地区文物工作队，唐河县文化馆.唐河县湖阳镇汉画像石墓清理简报[J].中原文物，1985（7）：8–13.
[18] 南阳地区文物工作队，新野县文化馆.新野县前高庙村汉画像石墓[J].中原文物，1985（3）：2–7.
[19] 河南省南阳地区文物研究所.新野樊集汉画像砖墓[J].考古学报，1990（4）：475–508.
[20] 河南省文化局文物工作队.河南桐柏万岗汉墓的发掘[J].考古，1964（8）：385–392.
[21] 南阳市文物研究所.桐柏县安棚画像石墓[J].中原文物，1996（3）：22–25.
[22] 南阳市文物研究所.河南省邓州市梁寨汉画像石墓[J].中原文物，1996（3）：1–7.

程庄墓地汉墓 3 座[1]、南阳淅川程凹西汉墓[2]、淅川夏湾、高庄汉画像砖墓 2 座[3]、淅川县下寺汉画像砖墓[4]、淅川香花镇杨河组汉墓[5]、镇平程庄汉墓 3 座[6]等。驻马店地区主要有驻马店泌阳新客站汉墓 21 座[7]、驻马店泌阳板桥汉墓 23 座[8]等。

魏晋出土模型明器的墓葬有南阳市东关晋墓M1[9]、南阳市建材试验厂汉画像石墓[10]、南阳市独山西坡汉画像石墓[11]、南阳市邢营画像石墓M2[12]等。

1. 组合与分期

本地区未有出土模型明器的纪年墓葬。我们主要根据南阳区墓葬出土模型明器的类型演变，并结合墓葬共出的其他陶器组合，铜镜和铜钱等具有断代性质的器物及墓葬形制变化等，将这一区域的模型明器组合分为八组、共八期。（见表4.4）

第一组：模型明器为仓、灶AbⅠ式，少量出有陶狗俑。共存陶器有鼎、盒、小壶、钫、罐或瓮。铜镜类型主要有四山镜。墓中伴出半两钱。中小型墓为竖穴土圹墓，多无墓道；中型墓为竖穴土坑木椁墓。时代为西汉早期。

第二组：模型明器为仓BaⅡ式、BaⅢ式、BbⅠ式、DaⅠ式、DbⅠ式，灶AbⅡ式、AcⅡ式、BbⅡ式、BcⅠ式，井AaⅠ式、AbⅠ式、AcⅡ式、AdⅠ式，猪圈Ab型、AcⅡ式、AcⅣ式、AdⅠ式，磨BaⅠ式，碓房AaⅠ式，以及狗、鸡、鸭、鹅等家禽畜俑组合。这一期除仓、灶的型式变化多样外，新出现了井、碓房、磨，以及鸡、鸭、鹅等家禽畜俑类模型明器。共存陶器有鼎、盒、壶、罐、小盆。伴出武帝、昭帝

[1] 郑州大学历史学院考古系，河南省文物管理局南水北调文物保护办公室，南阳市文物考古研究所. 河南镇平县程庄墓地汉代墓葬发掘简报［J］. 华夏考古，2009（4）：29-39.
[2] 淅川县文物管理委员会. 淅川县程凹西汉墓发掘简报［J］. 中原文物，1987（1）：17-19.
[3] 南阳地区文物研究所，淅川县博物馆. 河南淅川汉画像砖墓发掘报告［J］. 华夏考古，1994（4）：21-31.
[4] 淅川县文物管理委员会. 淅川县下寺汉画像砖墓［J］. 中原文物，1982（1）：24-25.
[5] 河南省文物局南水北调文物保护办公室，北京大学考古文博学院. 河南省淅川县香花镇杨河组的四座汉墓［J］. 南方文物，2011（2）：114-120.
[6] 郑州大学历史学院考古系，河南省文物管理局南水北调文物保护办公室，南阳市文物考古研究所. 河南镇平县程庄墓地汉代墓葬发掘简报［J］. 华夏考古，2009（4）：29-39.
[7] 河南省文物考古研究所，泌阳县文物保管所. 河南省泌阳新客站汉墓群发掘简报［J］. 华夏考古，1994（3）：15-28.
[8] 河南省文化局文物工作队. 河南泌阳板桥古墓葬及古井的发掘［J］. 考古学报，1958（4）：51-74.
[9] 南阳市文物考古研究所. 河南南阳市东关晋墓发掘简报［J］. 华夏考古，2006（1）：17-23.
[10] 南阳市博物馆. 南阳市建材试验厂汉画像石墓［J］. 中原文物，1985（3）：21-25.
[11] 南阳市博物馆. 南阳市独山西坡汉画像石墓［J］. 中原文物，1985（3）：36-39.
[12] 南阳市文物工作队. 南阳市邢营画像石墓发掘报告［J］. 中原文物，1996（1）：108-117.

表4.4：南阳区汉晋出土主要模型明器演变

类型	仓													灶						
	A		B		C	D		E	F	G	H		I	A				B		
期别	a	b	a	b		a	b				a	b		a	b	c	d	a	b	c
西汉早期															 I					
西汉中期				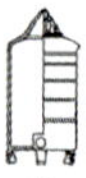 I		 I	 I								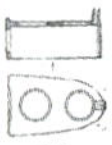 II	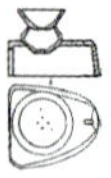 II				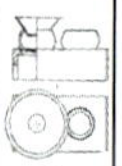 I
西汉晚期			 II				 II													
新莽至东汉初期			 III			 IV													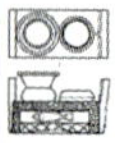 II	
东汉早期											 IV	 III							 II	 III
东汉中期			 IV																	
东汉晚期																				
曹魏至西晋时期							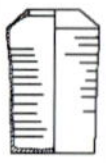 V									 II				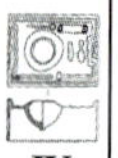 IV

仓　BaⅡ唐河汉郁平大尹冯君孺人画像石墓出土；BaⅢ南阳新野樊集M29：3-7；BaⅣ南阳汽车制造厂东汉墓；BbⅠ河南南阳市508厂M1：10；DaⅠ唐河湖阳镇汉墓出土；DaⅣ南阳辛店熊营画像石墓M1：1；DbⅠ新野樊集M6：8；DbⅡ新野樊集M37：23；DbⅤ南阳建材试验厂出土；HaⅣ南阳杨官寺画像石墓出土；HbⅢ南阳市郊出土。灶　AbⅠ南阳淅川程凹汉墓出土；AbⅡ南阳新野樊集M16：6；AcⅡ南阳新野樊集M25：6；AcⅡ南阳建材试验厂汉画像石墓出土；BbⅡ南阳新野樊集M11：9；BbⅡ南阳辛店熊营M1：6；BcⅠ南阳新野樊集M9：13；BcⅢ南阳第二胶片厂M2：10；BcⅣ南阳东关晋墓M1：12。

表4.4（续表）

类型 / 期别	灶											井						
	C		D		E	F					G	H	A					B	
	a	b	a	b		a	b	c	d	e			a	b	c	d	e	a	b
西汉早期																			
西汉中期													 Ⅰ	 Ⅰ	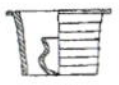 Ⅱ	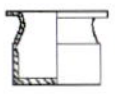 Ⅰ			
西汉晚期											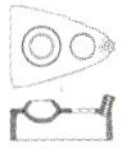 Ⅰ		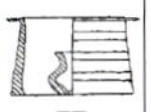 Ⅱ			 Ⅱ			
新莽至东汉初期									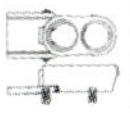					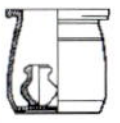 Ⅱ					
东汉早期																 Ⅲ			
东汉中期																			
东汉晚期																		 Ⅰ	
曹魏至西晋时期											 Ⅳ								 Ⅳ

灶　Fd南阳杨官寺汉画像石墓出土；GⅠ南阳淅川阎杆岭M38：44；GⅣ南阳邢营画像石墓M2：4。井　AaⅠ南阳市508厂汉墓M1：7；AaⅡ南阳新野樊集M13：3；AbⅠ南阳市东苑小区汉墓M31：20；AbⅡ南阳镇平程庄M132：13；AcⅡ南阳新野樊集M25：8；AdⅠ南阳唐河湖阳汉画像石墓出土；AdⅡ南阳新野樊集M34：5；AdⅢ南阳唐河冯君孺人画像石墓出土；BaⅠ南阳淅川香花镇汉墓M3：4；BbⅣ南阳东关晋墓M1：13。

表4.4（续表）

类型/期别	井				猪圈						磨						碓		
	B				A				B		A	B			C	D	A	B	C
	c	d	e	f	a	b	c	d	a	b		a	b	c					
西汉早期																			
西汉中期						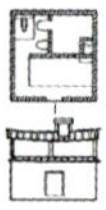	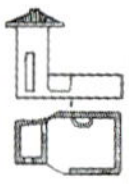 II					 I							
西汉晚期							 Ⅳ					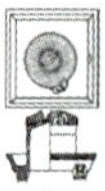 I	 I						
新莽至东汉初期																	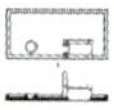 I		
东汉早期								I											
东汉中期				 I								 I 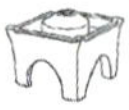 Ⅲ					 II  Ⅲ		
东汉晚期							 Ⅲ			 II									
曹魏至西晋时期							 Ⅲ										 Ⅳ		

井　BfⅠ南阳方城党庄汉画像石墓出土。猪圈　Ab南阳东苑小区汉墓M31：12；AcⅡ南阳新野樊集M19：9；AcⅣ南阳镇平程庄汉墓M104：3；AcⅢ南阳方城平高台M1：7；AcⅢ南阳东关晋墓M1：6；AdⅠ驻马店泌阳新客站汉墓M1：14；BbⅡ南阳新野前高庙村M2出土。磨　BaⅠ南阳市508厂汉墓M1：8；BaⅠ南阳杨官寺画像石墓出土；BaⅠ泌阳新客站汉墓M1：9；BaⅢ南阳教师新村M10出土；BbⅠ南阳镇平程庄汉墓M39：7；D型南阳东关晋墓M1：17。碓　AⅠ南阳杨官寺汉画像石墓M2：37；AⅡ新野前高庙村汉画像石墓M2出土；AⅢ南阳人民北路汉墓M1：23；AⅣ南阳东关晋墓M1：21。

表4.4（续表）

类型 期别	碓房				楼						
	A		B	C	A			B	C		D
	a	b			a	b	c		a	b	
西汉早期											
西汉中期	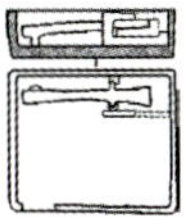 I										
西汉晚期											
新莽至东汉初期											
东汉早期											
东汉中期						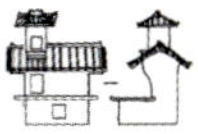 I					
东汉晚期						 I	 I				
曹魏至西晋时期											

碓房　AaⅠ南阳新野樊集M37：11。楼　Aa1968年淅川李官桥汉墓出土；AbⅠ南阳汽车制造厂汉墓M2：1；AbⅠ南阳内乡马山口镇茨远村采集；AcⅠ南阳桐柏汉墓出土；Cb南阳淅川汉墓出土。

时期的五铢钱。铜镜类型主要有星云纹镜、日光镜、昭明镜等。中小型墓多为无墓道和斜坡式墓道的竖穴土圹墓和洞室墓。时代为西汉中期。

第三组：模型明器为仓BaⅡ式、BaⅢ式、DaⅣ式、DbⅡ式，灶AbⅡ式、AcⅡ式、BbⅡ式、BcⅠ式、GⅠ式，井AaⅡ式、AbⅡ式、AcⅡ式、AdⅡ式，猪圈Ab型、AcⅡ式、AcⅣ式、AdⅠ式，磨BaⅠ式、BbⅠ式，碓AⅠ式，碓房AaⅠ式，以及狗、鸡、鸭、鹅等家禽畜俑组合。与前期相比，出现G型三角形灶、Bb型磨、A型碓。共存陶器有鼎、盒、壶、罐。伴出武帝至元帝时期的五铢钱。铜镜类型主要有日光镜、昭明镜等。中小型墓多为无墓道和斜坡式墓道的竖穴土圹墓和洞室墓。时代为西汉晚期。

第四组：模型明器为仓BaⅡ式、BaⅢ式、DaⅣ式，灶BbⅡ式、BcⅢ式、Fd型，井AbⅡ式、AdⅢ式，猪圈AdⅠ式，磨BaⅠ式、BaⅢ式、BbⅠ式，碓AⅠ式，以及狗、鸡、鸭、鹅等家禽畜俑组合。共存陶器有鼎、盒、壶、罐。伴出五铢钱和新莽钱币。中小型墓葬形制主要为洞室墓。时代为新莽时期至东汉初。

第五组：模型明器为仓BaⅡ式、BaⅢ式、DaⅣ式、HaⅣ式、HbⅢ式，灶BbⅡ式、BcⅢ式，井AbⅡ式、AdⅢ式、BfⅠ式，猪圈AdⅠ式，磨BaⅠ式、BaⅢ式，以及狗、鸡、鸭、鹅等家禽畜俑组合。共存陶器有鼎、盒、壶、罐。伴出东汉建武五铢钱和新莽钱币。中小型墓葬形制主要为洞室墓。时代为东汉早期。

第六组：模型明器为仓BaⅣ式，灶BbⅡ式、BcⅢ式，井AbⅡ式、AdⅢ式、BfⅠ式，猪圈AdⅠ式，磨BaⅠ式、BaⅢ式，碓AⅡ式、AⅢ式，楼Aa型、AbⅠ式，以及狗、鸡、鸭、鹅等家禽畜俑组合。共存陶器有盒、壶、罐。伴出东汉建武五铢钱和新莽钱币。中小型墓葬形制主要为洞室墓。时代为东汉中期。

第七组：模型明器为灶BbⅡ式、BcⅢ式，井BaⅠ式、BfⅠ式，猪圈AcⅢ式、AdⅠ式、BbⅡ式，磨BaⅠ式、BaⅢ式，楼AbⅠ式、AcⅠ式、Cb型，以及狗、鸡、鸭、鹅等家禽畜俑组合。与前期相比，陶仓、碓已经很少见到，楼的型式减少，新出现Bf型井。共存陶器有壶、罐、钵、盒。中小型墓葬形制主要为洞室墓。时代为东汉晚期。

第八组：模型明器为仓DbⅤ式，灶AcⅡ式、BcⅣ式、GⅣ式，井BbⅣ式，猪圈AcⅢ式，磨D型，碓AⅣ式，陶牛车，以及狗、鸡、马等家禽畜俑组合。与前期相比，出现Bd型仓、陶牛车，陶楼消失。共存陶瓷器有瓷罐，陶多子盒、瓮、盘、钵等。伴出东汉五铢钱。墓葬形制主要为洞室墓。时代为曹魏至西晋时期。

2.区域特征及分析

南阳区汉晋墓葬出土模型明器的区域特征表现为：

一是两汉出土的模型明器以仓、灶、井、圈及家禽家畜、磨、碓等组合为主，这种组合在西汉中期已经完备，并一直延续到东汉中期。楼建筑模型至东汉中期方出现，一直延续至东汉晚期。

仓以B、E型筒腹形仓为主，仓盖多为博山式盖，满刻山峦、树木、动物、骑射等图案。东汉晚期陶仓则很少见到。灶以A、B型为主，Bb、Bc型灶上多模印有人物、楼阁、树木等图案。陶井以不带陶质井架的A型井为主流，至东汉早期墓葬中开始随葬带有陶井架的B型井，造型简略，井身、井架不重装饰。此区家畜圈仅见猪圈一种，多带有厕所。磨、碓等粮食加工工具也比关中地区出土早且型式多样。

二是模型明器受关中、洛阳、鄂西北等地影响，文化面貌呈现出复杂性。

三是魏晋时期主要模型明器组合为仓、灶、井、猪圈、磨、碓等，造型式样与洛阳、关中地区已完全相同。

南阳连接华北平原和江汉平原，有“南襄隘道”之谈。《史记·货殖列传》记：“南阳西通武关、郧关，东南受汉、江、淮。宛亦一都会也。俗杂好事，业多贾。其任侠，交通颍川。”西汉时南阳郡人口密集，经济发达。郡治所宛已是当时著名的商业中心城市之一。《汉书·地理志》称南阳“上气力”“俗夸奢”“好商贾”。汉宣帝时召信臣为太守，劝农桑，郡因殷富。

南阳区西汉早期均为竖穴土扩墓，无洞室墓。西汉中期以后的洞室墓先挖长方形土坑，而后修筑墓室，不同于洛阳区先挖墓道而后掏出洞室的做法。洞室墓中双室并列、三室并列布局不见于洛阳区。横前堂多后室墓多双墓道，部分前室分成与后室数量相等的前室，后室多为二至四个，后室宽度多与前室相等，部分双后室者前室略宽于后室，与洛阳区差别较大。回廊式墓、单穹隆顶、并列双后室双侧室墓也不见于洛阳区。建筑材料以砖石混合结构最多，次为小砖结构和石结构。实心画像砖极具地方特色，画像石墓在该地区分布最为密集。葬俗多为同穴异室合葬，与洛阳区同穴同室合葬不同。

南阳区仓、灶、井、圈及家禽家畜、磨、碓等模型明器组合在西汉中期就已出现。其中筒腹形仓除与关中区相近外，博山式盖E型陶仓、陶井则更多见于邻近湖北襄阳地区。襄阳为《史记·货殖列传》中所记的“三楚”之“西楚”之地。“自淮北沛、陈、汝南、南郡，此西楚也。其俗剽轻，易发怒，地薄，寡于积聚。”南阳与襄阳地区毗邻。春秋中期南阳至鄂西北为楚地。秦昭王二十八年（公元前279年），秦取楚邓县。秦统一后，划汉水以北属南阳郡，汉水以南属南郡。西汉武帝时两地均属荆州刺史部，东汉因袭之。相近的历史文化背景使两地考古文化面貌十分相近。如襄阳王坡墓地[1]西汉武帝时期墓葬中出土的鼎、盒、壶和汲水瓶的组合及形制与河南南阳刘洼汉墓[2]、东苑小区汉墓[3]、烟草专卖局汉墓[4]、南阳市一中汉墓[5]等基本相同。故南阳与襄阳两地汉代模型明器如仓、井的形制与使用时间基本相近。东汉以后受洛阳区影响，至东汉早期墓葬中开始随葬带有陶井架的B型井。造型简略，井身、井架不重装饰。此区家畜圈仅见猪圈一种，多带有厕所。磨、碓等粮食加工工具也比关中地区出土早且型式多样。楼建筑模型至东汉中期方出现，一直延续至东汉晚期。魏晋时期主要模型明器组合为仓、灶、井、猪圈、磨、碓等，造型式样与洛阳、关中地区已完全相同。

第五节　豫北区

豫北区包括今河南省黄河以北新乡、安阳、焦作、济源等地大部分地区。豫北区大部分属于先秦秦汉魏晋时期的河内区。战国魏时始有河内之名，秦代置河内郡，汉时因袭之，郡治怀县（河南武陟县西南），西晋泰始二年（266年）徙郡治于野王（今河南沁阳市）。

目前这一地区两汉墓葬出土较多，主要集中在新乡、安阳、焦作、济源等地。新乡地区出土汉代模型明器比较集中的墓葬有新乡五陵村两汉墓[6]、新乡杨岗两汉墓[7]、新乡县丁固城汉墓16座[8]、新乡市北郊五里岗54号墓[9]、新乡市唐庄汉墓[10]、新乡市

[1] 湖北省文物考古研究所，襄樊市考古队，襄阳区文物管理处. 襄阳王坡东周秦汉墓［M］. 北京：科学出版社，2005.
[2] 南阳市文物工作队. 南阳市刘洼村汉画像石墓［J］. 中原文物，1991（3）：107-111.
[3] 南阳市古代建筑保护研究所. 河南南阳市东苑小区古代墓葬清理简报［J］. 华夏考古，1999（2）：37-45.
[4] 南阳市古代建筑保护研究所. 南阳市烟草专卖局春秋、西汉墓葬的发掘［J］. 华夏考古，1999（3）：46-52.
[5] 南阳市文物考古研究所. 河南南阳市一中新校址汉墓发掘简报［J］. 华夏考古，2004（2）：19-22.
[6] 新乡市博物馆. 河南新乡五陵村战国两汉墓［J］. 考古学报，1990（1）：103-135.
[7] 新乡市博物馆. 河南新乡杨岗战国两汉墓发掘简报［J］. 考古，1987（4）：323-328.
[8] 河南省文物研究所，新乡市博物馆，新乡地区文物管理委员会. 河南省新乡县丁固城古墓地发掘报告［J］. 中原文物，1985（2）：1-10.
[9] 齐泰定. 河南省新乡市北郊五里岗54号墓［J］. 文物参考资料，1959（4）：53.
[10] 新乡市博物馆. 河南新乡市唐庄汉墓［J］. 考古，1987（11）：1048-1050.

王门村汉墓[1]、新乡市北站区汉墓[2]、新乡火电厂汉墓[3]、新乡凤凰山墓地[4]、新乡市老道井金灯寺汉墓[5]、新乡李大召汉墓群[6]、辉县汉墓[7]、辉县地方铁路饭店工地汉墓[8]、卫辉市唐庄东汉墓[9]、卫辉市大司马村一号汉墓[10]等。焦作地区有焦作白庄汉墓[11]，济源地区有济源承留汉墓[12]、济源泗涧沟汉墓[13]、济源蓼坞汉墓[14]、济源桐花沟汉墓[15]、济源市赵庄汉墓[16]。安阳地区汉墓有安阳梯家口汉墓[17]、安阳郭家湾汉墓[18]、安阳西高穴2号墓[19]等。

[1] 赵争鸣，等. 河南新乡市王门村汉墓［J］. 考古，2003（4）：88-91.
[2] 新乡市文物工作队. 河南新乡市北站区汉墓［J］. 考古，2006（3）：39-44.
[3] 新乡市文物管理委员会. 1995年新乡火电厂汉墓发掘简报［J］. 华夏考古，1997（4）：15-26；新乡市文物工作队. 1997年新乡火电厂汉墓发掘简报［J］. 华夏考古，1998（3）：33-43.
[4] 新乡市文物考古研究所. 新乡凤凰山墓地（2003—2004年度考古发掘报告）［M］. 呼和浩特：内蒙古人民出版社，2008；新乡市文物考古研究所. 2003年河南新乡市火电厂墓地发掘简报［J］. 华夏考古，2008（2）：39-64.
[5] 郑州大学历史学院考古系，河南省文物管理局南水北调文物保护办公室. 河南新乡市金灯寺汉墓发掘简报［J］. 华夏考古，2009（1）：81-86；郑州大学历史学院考古系，河南省文物管理局南水北调文物保护办公室. 河南新乡老道井墓地金灯寺墓区汉墓清理简报［J］. 考古与文物，2008（5）：5-12.
[6] 郑州大学历史学院考古系. 新乡李大召——仰韶文化至汉代遗址发掘报告［M］. 北京：科学出版社，2006.
[7] 中国科学院考古研究所. 辉县发掘报告［M］. 北京：科学出版社，1956.
[8] 新乡地区文物管理委员会、辉县百泉文物管理所. 辉县地方铁路饭店工地汉墓发掘简报［J］. 中原文物，1986（2）：41-44.
[9] 新乡市文物工作队. 河南卫辉市唐庄东汉墓葬发掘报告［J］. 华夏考古，2005（1）：47-54.
[10] 河南省文物管理局南水北调文物保护办公室，四川大学考古学系. 河南卫辉市大司马村一号汉墓及墓前建筑［J］. 考古，2008（10）：31-43.
[11] 河南省文物研究所，焦作市博物馆. 焦作白庄41号汉墓发掘简报［J］. 华夏考古，1989（2）：69-76；索全星. 河南焦作白庄6号东汉墓［J］. 考古，1995（5）：396-402；焦作市文物工作队. 河南焦作白庄汉墓M121、M122发掘简报［J］. 中原文物，2010（6）：10-27.
[12] 张新斌，卫平复. 河南济源县承留汉墓的发掘［J］. 考古，1991（12）：1084-1095.
[13] 河南省博物馆. 济源泗涧沟三座汉墓的发掘［J］. 文物，1973（2）：46-54；河南省文物考古研究所. 河南济源泗涧沟墓地发掘简报［J］. 华夏考古，1999（2）：25-36.
[14] 河南省文物考古研究所. 河南济源市蓼坞汉墓［J］. 华夏考古，2000（3）：21-40.
[15] 河南省文物考古研究所. 河南济源市桐花沟十号汉墓［J］. 考古，2000（2）：78-88；河南省文物考古研究所. 河南济源市桐花沟汉墓发掘简报［J］. 文物，1999（12）：19-24.
[16] 河南省文物考古研究所. 河南济源市赵庄汉墓发掘简报［J］. 华夏考古，1996（2）：60-74.
[17] 安阳市文物工作队. 安阳梯家口村汉墓的发掘［J］. 华夏考古，1993（1）：11-29.
[18] 中国社会科学院考古研究所安阳工作队. 河南安阳市郭家湾汉墓［J］. 考古学集刊（11），1997：187-220.
[19] 河南省文物考古研究所，安阳县文化局. 河南安阳市西高穴曹操高陵［J］. 考古，2010（8）：35-45.

西晋时期出土模型明器的墓葬仅见于新乡卫辉市[1]和焦作地区[2]。

1. 组合与分期

学者对豫北区的墓葬分期有所讨论，如谷飞对安阳郭家湾汉墓群进行的分期[3]。我们根据豫北区墓葬出土模型明器的类型演变，并结合墓葬共出的其他陶器组合，铜镜和铜钱等具有断代的器物以及墓葬形制变化等，并参考本地区出有模型明器的纪年墓葬，将这一区域的模型明器组合分为八组，共八期。（见表4.5）

第一组：模型明器仅有仓FaⅠ式。共存陶器组合有鼎、盒、壶、罐。部分随葬陶俑头、马头和鸱鸮。随葬钱币多为半两钱，不见五铢钱。墓形有竖穴土坑墓与洞室墓两种。时代为西汉早期。

第二组： 模型明器主要组合为仓BaⅡ式、BbⅢ式、BbⅣ式、DbⅠ式、FaⅠ式、FaⅡ式、FaⅢ式、FcⅠ式、FcⅡ式、GaⅡ式和灶BcⅢ式。井Ae型仅在个别墓中出现。共存陶器组合有鼎、盒、壶、罐。铜镜类型有蟠螭纹镜、草叶纹镜等。随葬钱币多为武帝至宣帝时期的五铢钱。墓形为洞室墓。时代为西汉中期。

第三组：模型明器主要组合为仓BbⅢ式、BbⅣ式、FaⅣ式，灶BcⅢ式、HaⅠ式，井BdⅠ式，猪圈AcⅡ式和家畜俑。共存陶器组合有鼎、壶、罐。铜镜类型有日光镜、昭明镜等。随葬钱币多为宣元时期的五铢钱。墓形有竖穴土坑墓与洞室墓两种。时代为西汉晚期。

第四组：模型明器主要组合为仓BaⅣ式、BbⅢ式、BbⅣ式，灶BcⅢ式、HaⅡ式，井BaⅠ式、BbⅠ式、BcⅠ式、BdⅠ式，猪圈AcⅡ式、AcⅢ式、AdⅡ式和楼BⅠ式、BⅡ式，以及鸡、狗、猪等家禽畜俑。模型明器器类增多。共存陶器组合有鼎、壶、罐。铜镜类型有四乳镜、日光镜、四神规矩镜等。随葬钱币多为新莽钱、东汉五铢钱。墓形为洞室墓。时代为新莽至东汉早期。

---

［1］ 河南省文物管理局南水北调文物保护办公室，四川大学考古学系. 河南卫辉市大司马村墓地晋墓（M18）发掘简报［J］. 文物，2009（1）：15-21；河南省文物管理局南水北调文物保护办公室，四川大学考古学系. 河南卫辉市大司马村墓地晋墓发掘简报［J］. 考古，2010（10）：31-51；蔡海玉. 河南辉县发现一座西晋墓［J］. 考古，1990（4）：381.

［2］ 焦作市文物工作队. 河南焦作山阳北路西晋墓发掘简报［J］. 文物，2010（9）：58-66.

［3］ 谷飞. 试论安阳北郊郭家湾汉代墓葬［C］//考古求知集——中国社会科学院考古研究所’96考古研究所中青年学术讨论会文集. 北京：中国社会科学出版社，1997；河南省博物馆，新乡地区博物馆，温县文化馆. 河南省温县汉代烘范窑发掘简报［J］. 文物，1976（9）：66；河南省文化局文物工作队. 河南鹤壁市汉代冶铁遗址［J］. 考古，1963（1）：550-552.

表4.5：豫北区汉晋出土主要模型明器演变表

类型 期别	仓												
	A	B		C	D		E	F			G		H
		a	b		a	b		a	b	c	a	b	a
西汉早期								 Ⅰ					
西汉中期		 Ⅱ	 Ⅲ 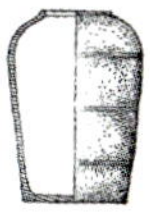 Ⅲ			 Ⅰ		 Ⅰ  Ⅱ  Ⅲ		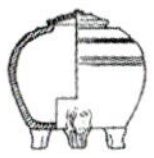 Ⅰ  Ⅱ	 Ⅱ		
西汉晚期			 Ⅳ					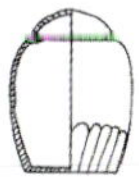 Ⅳ					
新莽至东汉早期													
东汉中期													
东汉晚期		 Ⅳ											 Ⅳ
东汉末期													
西晋中晚期													

仓　BaⅡ济源蓼坞M1：33；BaⅣ安阳梯家口M46：18；BbⅢ新乡五陵M59：6；BbⅢ新乡五陵M87：17；BbⅣ1995年新乡市火电厂汉墓M8：1；DbⅠ新乡五陵M22：3；FaⅠ新乡五陵M56：8；FaⅠ新乡凤凰山M104：4；FaⅡ河南新乡五陵M103：1；FaⅢ新乡凤凰山M219：1；FaⅣ新乡凤凰山M113：5；FcⅠ济源泗涧沟M29：6；FcⅡ济源泗涧沟M29：6；GaⅡ济源市桐花沟汉墓M63：8；HaⅣ1992年河南焦作市郊区出土灰陶仓。

表4.5（续表）

类型 期别	仓	灶											井			
	H	A	B			C	D	E	F	G	H		A			
	b		a	b	c						a	b	a	b	c	d
西汉早期																
西汉中期																
西汉晚期											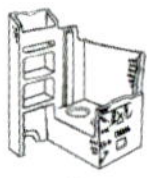 I					
新莽至东汉早期					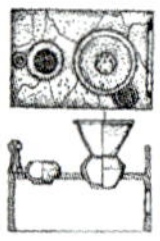 Ⅲ						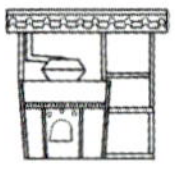 Ⅱ					
东汉中期	 I  Ⅱ				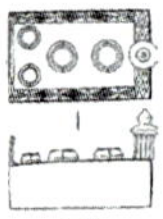 Ⅲ 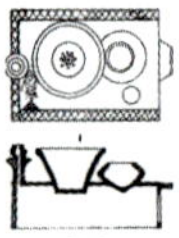 Ⅲ								 Ⅱ			
东汉晚期																
东汉末期			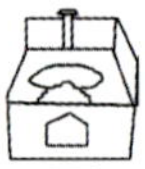 Ⅲ													
西晋中晚期					 Ⅳ											

仓　HbⅠ济源承留汉墓M1：54；HbⅡ焦作豫北碳素厂M1出土。灶　BaⅢ安阳西高穴M2：374；BcⅢ新乡五陵汉墓M59：4；BcⅢ济源蓼坞汉墓M1：20；BcⅢ1995年新乡火电厂汉墓M33：7；BcⅣ卫辉大司马村M19：11；HaⅠ安阳出土灰陶灶；HaⅡ焦作武陟冯村汉墓M2：1。井　AaⅡ济源赵庄汉墓M1：27。

表4.5（续表）

类型 期别	井							猪圈			
	A	B						A			
	e	a	b	c	d	e	f	a	b	c	d
西汉早期											
西汉中期											
西汉晚期										 Ⅱ	
新莽至东汉早期		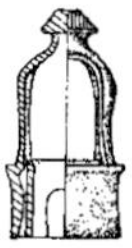 Ⅰ	 Ⅰ	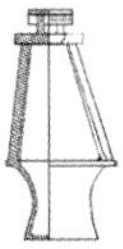 Ⅰ	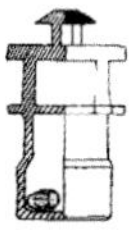 Ⅰ					 Ⅱ  Ⅲ	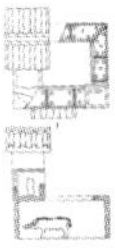 Ⅱ
东汉中期		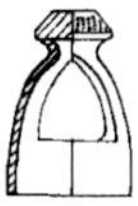 Ⅰ		 Ⅲ	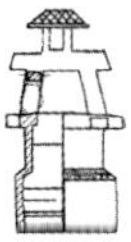 Ⅰ	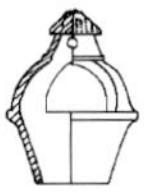					 Ⅱ
东汉晚期				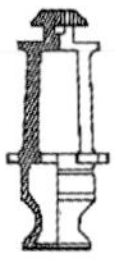 Ⅳ			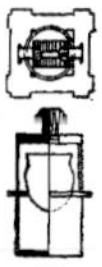 Ⅰ			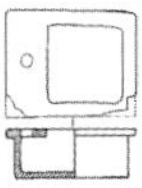 Ⅳ	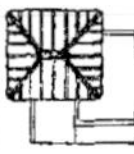 Ⅱ
东汉末期							 Ⅱ				
西晋中晚期			 Ⅳ								

井　Ae济源泗涧沟墓地M29：5；BaⅠ新乡五陵村西汉墓M71：3；BaⅠ新乡王门村汉墓M2：6；BbⅠ安阳梯家口M49：2；BbⅣ卫辉大司马村M19：3；BcⅠ新乡五陵汉墓M67：2；BcⅢ安阳郭家湾汉墓M3：1；BcⅣ安阳梯家口汉墓M39：18；BdⅠ安阳梯家口M46：25；BdⅠ安阳郭家湾汉墓M47：35；Be新乡王门村汉墓M1：11；BfⅠ济源承留汉墓M1：36；BfⅡ安阳西高穴M2：375。猪圈　AcⅡ1995年新乡火电厂M8：5；AcⅡ1995年新乡火电厂M25：4；AcⅢ焦作白庄汉墓M122：21；AcⅣ新乡金灯寺M38：4；AdⅡ武陟苏村汉墓M2：2；AdⅡ焦作白庄汉墓出土；AdⅡ焦作白庄汉墓M6：7。

表4.5（续表）

类型 / 期别	猪圈		磨					臼		碓		风扇车	碓房		平房		楼	
	B		A	B		C	D	A	B	A	B		A		A	B	A	B
	a	b		a	b								a	b				
西汉早期																		
西汉中期																		
西汉晚期																		
新莽至东汉早期																		
东汉中期	 II	 II		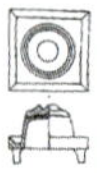 I	 I								 II					 I  II
东汉晚期										 III								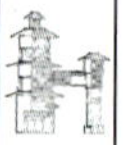 III  IV
东汉末期																		
西晋中晚期															 III			

猪圈　BaⅡ济源赵庄汉墓M1：10；BbⅡ新乡金灯寺汉墓M12：14。磨BaⅠ济源赵庄汉墓M1：31；BbⅠ济源承留汉墓M1：37；D型焦作白庄汉墓M6：5；D型卫辉大司马晋墓M19：3。臼　B型安阳郭家湾汉墓M16出土。碓　AⅢ焦作白庄M121：45；B型卫辉大司马村晋墓M20：18。风扇车　济源西窑头M10出土；济源泗涧沟M8：36。碓房　AaⅡ济源承留汉墓M1：35。平房　AⅢ式卫辉大司马村M21：4；B型焦作武陟出土。楼　BⅠ焦作马作墓群出土；BⅡ焦作白庄41号汉墓M41：1；BⅢ焦作白庄6号汉墓M6：1；BⅣ1993年焦作白庄10号墓出土。

第五组：模型明器主要组合为仓BaⅣ式、HbⅠ式、HbⅡ式，灶BcⅢ式，井AaⅡ式、BaⅠ式、BbⅠ式、BcⅢ式、BcⅣ式、BdⅠ式、Be型、BfⅠ式，猪圈AcⅣ式、AdⅡ式、BaⅡ式、BbⅡ式，磨BaⅠ式、BbⅠ式，风扇车B型，碓房AaⅡ式，平房B型和楼BⅠ式、BⅡ式，以及鸡、狗、猪等家禽畜俑。共存陶器组合有鼎、壶、罐。铜镜类型有六乳六禽镜、云雷纹镜等。随葬钱币多为东汉五铢。墓形为洞室墓。时代为东汉中期。

第六组：模型明器主要组合为仓BaⅣ式、HaⅣ式，灶BcⅢ式，井BcⅢ式、BcⅣ式、BdⅠ式、BfⅠ式，猪圈AcⅣ式、AdⅡ式、BbⅡ式，磨D型，臼B型，碓AⅢ式，楼BⅢ式、BⅣ式和鸡、狗、猪等家禽畜俑。共存陶器组合有鼎、壶、罐。铜镜类型有“君宜高官”连弧纹镜、变形四叶纹镜等。随葬钱币多为东汉桓灵时期五铢。墓形为洞室墓。时代为东汉晚期。

第七组：墓葬仅有安阳西高穴2号墓曹操高陵1座。墓葬规格等级高，墓形为甲字形多室砖室墓，出土有金银器、铜器、铁器、玉器、骨器、漆器、陶瓷器、石器等400余件。模型明器为灶BaⅢ式、BcⅢ式，井BfⅡ式，猪圈AcⅣ式组合。同出陶器有耳杯、盘、案、壶、三足鼎、甑、罐、托盘、盆、熏炉、樽等，瓷器有青瓷四系罐。时代为东汉末期。

第八组：模型明器主要组合为灶BcⅣ式，井DbⅣ式，磨D型，碓B型，平房AⅢ式，牛车和鸡、狗等家禽畜俑。共存陶器组合为罐、盘、多子盒、耳杯、镇墓兽等。铜镜类型有“位至三公”镜及神兽镜。随葬钱币多为东汉五铢、货泉、大泉五十等。墓形为单室和多室洞室墓。时代为西晋中晚期。

2. 区域特征及分析

豫北区汉晋墓葬出土模型明器的区域特征表现为：

一是两汉中小型墓葬出土的模型明器主要以仓、灶、井、圈等组合为主。

西汉早期就已出现陶仓，早于邻近的洛阳区。如新乡个别墓出现Fa型陶仓，可能是受关中区的影响。西汉中期陶仓类型迅速增加，特别是济源出土的G型陶仓同西安地区相同，但器形矮小，出现时代晚于西安，也应是受关中影响。西汉中期陶井出现。陶灶型式单一，主要为长方形灶。此外灶房建筑模型是此区特色。西汉晚期猪圈亦出现。

二是粮食加工工具模型器类较多，除了常见的磨、碓臼、碓房等，还有风扇车模型。磨的类型较多，济源地区甚至出现双联磨模型。单独的臼模型则出现较少，多以碓臼形式出现。

三是建筑模型以焦作地区出土带有仓的B型陶楼最具特色。

目前B型陶楼最早出现在新莽至东汉早期，一直延续至东汉晚期。此型陶楼主要集中在汉山阳城周围墓葬群中，陶楼下部为仓房，出土时仓房内多放有大量谷壳。此型陶楼出土较多，形体较大，多表现为高楼形制，楼层达到七层以上，周身装饰多色彩绘。

四是西晋中晚期模型明器组合与洛阳区近同。常见有灶BcⅣ式，井BbⅣ式，磨D型，碓B型，平房AⅢ式和鸡、狗等家禽畜俑等。

《史记·货殖列传》中将河内与河东、河南比作“鼎足”。曹魏时期，曹丕废汉献帝食邑于山阳。《汉书·地理志》称河内俗“刚强，多豪桀侵夺。薄恩礼，好生分”。《地理志》将此地区河南濮阳等一部分地区归属卫地，称其俗“刚武，尚气力”，“其失颇奢靡，嫁娶送死过度”。河内位于太行山东南，气候温和，土地肥沃，水源充足，为重要的农业区之一。河内农作物种植有黍、豆、麦、稻米等，水稻非常有名，袁准《观殊俗》有“河内青稻，新城白粳”之赞；卢毓《冀州论》也有“河内好稻”之誉。此地商业也很发达。温（今河南温县）、轵（今河南济源南）“西贾上党，北贾赵、中山”，为此地著名商业城市。西汉人口数量是“口百六万七千九十七”，东汉是“口八十万一千五百五十八”，为人口密集地区。冶铁业也很发达，此地发现冶铁遗址多处，出土大量铁质农具与兵器[1]。《后汉书·寇恂传》记载新莽末年河内“带河为固，户口殷实”，“河内完富”。东汉末年董卓之乱后，“河内太守张杨使数千人负米贡饷”，还保持着一定的经济实力。故曹魏时期《三国志·常林传》记有河内“表里山河，土广民殷”。

豫北区两汉模型明器中粮仓和粮食加工工具如磨、碓、碓房、风扇车出土器类较全且数量较多，与这一分区重视农业、农业经济发达和丧葬观念有关。

第六节　冀中南区

冀中南区主要包括今河北中南部地区，即石家庄、衡水、保定、沧州、邯郸、邢台等地区。两汉时这里主要为冀州和幽州南部小部分地区，包括魏郡、清河郡、巨鹿郡、渤海郡、常山国、中山国、安平国、河间国、清河国、赵国等。东汉末曹操击败袁绍领冀州牧，

[1] 河南省博物馆，新乡地区博物馆，温县文化馆. 河南省温县汉代烘范窑发掘简报［J］. 文物，1976（9）：66；河南省文化局文物工作队. 河南鹤壁市汉代冶铁遗址［J］. 考古，1963（1）：550-552.

治所于邺（今河北临漳西南）。曹操封魏王后以邺为都城。曹丕代汉后自邺迁都于洛阳，但仍以邺为“五都”之一。西晋时期沿袭汉、曹魏建置，这里主要为冀州刺史部所辖。

两汉出土模型明器的墓葬主要集中于石家庄、衡水、保定、沧州、邯郸、邢台等地。石家庄地区出土汉代模型明器比较集中的墓葬有石家庄市北宋村汉墓[1]、石家庄北郊汉墓[2]、石家庄肖家营汉墓[3]、石家庄市城角庄汉墓[4]、磁县讲武城汉墓[5]、石家庄市赵陵铺镇古墓[6]、无极县东汉墓[7]、石家庄振头村汉墓[8]等。邢台地区出土汉代模型明器比较集中的墓葬有1958年邢台地区前炉子村汉墓[9]、邢台曹演庄汉墓[10]、沙河兴固汉墓[11]、柏乡东小京汉墓[12]等。衡水地区有武邑中角汉墓[13]、武邑青冢汉墓[14]、景县大代庄东汉壁画墓[15]、安平壁画墓[16]、阜城桑庄东汉墓[17]、河北安平水泥管厂东汉墓[18]、深州市下博汉墓[19]等。邯郸地区有邯郸市建设大街汉墓[20]、邯郸百家村M6[21]、邯郸市龙城小区汉墓群[22]等。保定地区有满城四道口汉墓[23]、保定

[1] 河北省文物管理委员会.石家庄市北宋村清理了两座汉墓［J］.文物，1959（1）：53-56.
[2] 石家庄市文物保管所.石家庄北郊东汉墓［J］.考古，1984（9）：810-812.
[3] 河北省文物研究所，石家庄市文物研究所.河北石家庄肖家营汉墓发掘报告［C］// 河北省考古文集（三）.北京：科学出版社，2007：73-97.
[4] 石家庄市文物保护研究所.石家庄市城角庄汉墓［J］.文物春秋，2007（6）：24-28.
[5] 河北省文物管理委员会.河北磁县讲武城古墓清理简报［J］.考古，1959（1）：24-26.
[6] 河北省文物管理委员会.河北省石家庄市赵陵铺镇古墓清理简报［J］.考古，1959（7）：350-353.
[7] 王巧莲，樊瑞平，刘友恒.河北省无极县东汉墓出土陶器［J］.文物，2002（5）：39-41.
[8] 李胜伍，郭书春.石家庄东汉墓及其出土的算筹［J］.考古，1982（3）：255-256.
[9] 河北省文化局文物工作队.1958年邢台地区古遗址古墓葬的发现与清理［J］.文物，1959（9）：66-68.
[10] 河北省文物研究所，邢台市文物管理处.邢台曹演庄汉墓发掘报告［J］.文物春秋，1998（4）：1-21.
[11] 河北省文物研究所，邢台地区文物管理所.河北沙河兴固汉墓［J］.文物，1992（9）：12-21.
[12] 史云征，李振奇.河北柏乡东小京汉墓［J］.考古与文物，1984（4）：23-27.
[13] 河北省文物研究所，衡水地区文物管理所.武邑中角汉墓群4号墓发掘报告［C］// 河北省考古文集.北京：东方出版社，1998：261-271.
[14] 衡水市文物管理处.河北武邑青冢汉墓发掘简报［J］.文物春秋，2007（2）：31-35.
[15] 衡水地区文物管理所.河北景县大代庄东汉壁画墓［J］.文物春秋，1995（1）：14-22.
[16] 河北省文物研究所.安平东汉壁画墓发掘简报［J］.文物春秋，1989年创刊号：70-77.
[17] 河北省文物研究所.河北阜城桑庄东汉墓发掘报告［J］.文物，1990（1）：19-30.
[18] 衡水市文物管理处.河北安平水泥管厂东汉墓［J］.文物春秋，2005（2）：39-42.
[19] 河北省文物研究所，衡水市文物管理处，深州市文物保管所.河北省深州市下博汉唐墓地发掘报告［C］// 河北省考古文集（二）.北京：北京燕山出版社，2001：214-242.
[20] 邯郸市文物保护研究所.邯郸市建设大街战汉墓葬发掘报告［J］.文物春秋，2004（6）：35-60.
[21] 河北省文物研究所.邯郸百家村M6发掘简报［J］.文物春秋，2011（1）：51-56.
[22] 邯郸市文物保护研究所.邯郸市龙城小区墓葬发掘简报［J］.文物春秋，2004（6）：67-76.
[23] 保定市文物管理处.满城县四道口东汉墓发掘简报［J］.文物春秋，1991（1）：29-33.

市郊东汉墓[1]、满城西山花园东汉墓[2]、蠡县汉墓[3]、徐水县防陵村二号汉墓[4]、定县北庄汉墓[5]、定州市35号汉墓[6]、定县43号汉墓[7]、定州市南关墓地[8]、望都汉墓[9]、望都南柳宿东汉墓[10]、燕下都汉墓群[11]等。沧州地区有南皮县芦庄子汉墓[12]、任丘东关汉墓[13]等。

魏晋时期出有模型明器的墓葬较少，主要有石家庄桥东墓[14]、邯郸市魏晋墓[15]、沧州市郊刘胖庄西晋墓[16]、邢台西晋墓[17]等。

1. 组合与分期

我们根据冀中南区墓葬出土模型明器类型演变，并结合墓葬共出的其他陶器组合，铜镜和铜钱等具有断代性质的器物、墓葬形制变化及本地区出有模型明器的纪年墓葬等，将这一区域的模型明器组合分为七组，共七期。（见表4.6）

第一组：模型明器为灶GⅠ式。共存陶器有陶壶，铜器有铜盆、钫、锺、灯、车马饰等。铜镜类型有连弧纹镜。随葬钱币为五铢钱。墓葬形制为竖穴土坑墓。时代为西汉中期。

---

[1] 河北省文物研究所.保定市郊发现一座东汉墓［J］.文物春秋，1991（3）：80.
[2] 保定市文物管理所，满城县文物勘探队.河北满城西山花园东汉墓［J］.文物春秋，2007（6）：29-32.
[3] 河北省文物研究所.蠡县汉墓发掘纪要［J］.文物，1983（6）：45-52.
[4] 保定地区文物管理所.河北省徐水县防陵村二号汉墓［J］.文物，1984（4）：45-46.
[5] 河北省文化局文物工作队.河北定县北庄汉墓发掘报告［J］.考古学报，1964（2）：127-156；河北省文化局文物工作队.定县北庄汉墓出土文物简报［J］.文物，1964（12）：26-32.
[6] 定州市文物管理所.定州市35号汉墓清理简报［J］.文物春秋，1997（3）：35-37.
[7] 定县博物馆.河北定县43号汉墓发掘简报［J］.文物，1973（11）：8-20.
[8] 河北省文物研究所，保定市文物管理所，定州市文物保护管理所.定州市南关墓地发掘简报［J］.文物春秋，2004（4）：32-42.
[9] 北京历史博物馆，河北省文物管理委员会.望都汉墓壁画［M］.北京：中国古典艺术出版社，1955；河北省文化局文物工作队.望都二号汉墓［M］.北京：文物出版社，1959.
[10] 河北省文物研究所.河北望都南柳宿东汉墓［J］.文物资料丛刊（10）：104-112.
[11] 河北省文化局文物工作队.1964—1965年燕下都墓葬发掘报告［J］.考古，1965（11）：548-562；河北省文物研究所.燕下都遗址内的两汉墓葬［C］//河北省考古文集（二）.北京：北京燕山出版社，2001：67-140；河北省文物研究所.燕下都“6”号遗址汉墓发掘简报［J］.文物春秋，1990（3）：14-20.
[12] 沧州市文物管理处.河北南皮县芦庄子汉墓［J］.文物春秋，1998（2）：1-4.
[13] 天津市文化局考古发掘队.河北任丘东关汉墓清理简报［J］.考古，1965（2）：70-72.
[14] 孟浩.石家庄市桥东单室墓［J］.文物，1959（4）：72.
[15] 邯郸市文物保护研究所.邯郸市发现的两处魏晋时期墓葬［J］.文物春秋，2004（6）：77-84.
[16] 王世杰.河北沧州市郊刘胖庄西晋墓［J］.文物春秋，1989（5）：82-84.
[17] 李军，李恩玮.河北邢台西晋墓发掘简报［J］.文物，2006（1）：23-29.

表4.6：冀中南区汉晋出土主要模型明器演变表

类型 期别	仓													
	A		B		C	D	E		F			G	H	
	a	b	a	b			a	b	a	b	c		a	b
西汉 中期														
西汉晚期 至东汉初			 II								 II			
东汉 早期													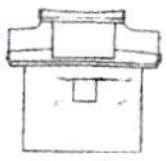 I  III	
东汉 中期													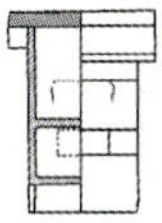 II	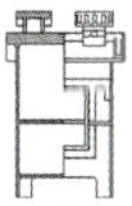 I
东汉 晚期		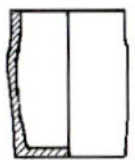 I  III					 II							 I
曹魏 时期														
西晋 时期														

仓　AbⅠ燕下都东于坻77DM1：6；AbⅢ燕下都东于坻77DM1：1；BaⅡ邢台曹演庄汉墓M22：2；EaⅡ燕下都郎井村M1：15；FcⅡ燕下都D6T65②M22：6；HaⅠ衡水景县大代庄M1：16；HaⅢ石家庄北郊出土陶仓；HaⅡ燕下都21号遗址M7：18；HbⅠ定县北庄汉墓出土；HbⅠ阜城桑庄M1：92。

表4.6（续表）

类型/期别	灶								
	A				B			C	
	a	b	c	d	a	b	c	a	b
西汉中期									
西汉晚期至东汉初	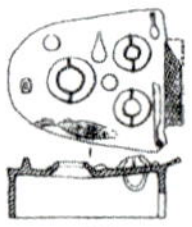 II			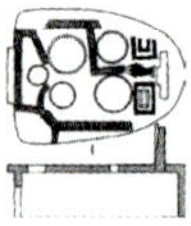	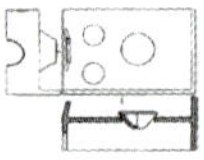 Ⅲ				
东汉早期	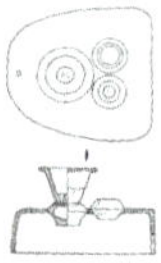 I				 Ⅲ		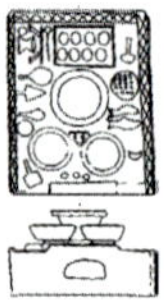 Ⅲ	 Ⅲ	
东汉中期									
东汉晚期							 Ⅲ	 Ⅲ	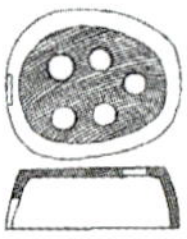
曹魏时期							 Ⅲ		
西晋时期							 Ⅳ		

灶　AaⅡ定州南关汉墓M18：2；AaⅠ石家庄肖家营汉墓M1：5；Ad定州南关汉墓M3：1；BaⅢ定州南关汉墓M28：6；BaⅢ石家庄肖家营汉墓M3：23；BcⅢ衡水景县大代庄M1：13；BcⅢ望都二号墓出土；BcⅢ邯郸户头M3：401；BcⅣ邯郸北羊井M1：5；CaⅢ衡水景县大代庄M1：12；CaⅢ燕下都东于坻77LDM1：3；Cb石家庄北郊东汉墓出土；Cb燕下都高陌村汉墓66LGM1：3。

表4.6（续表）

类型／期别	灶						井					
	D		E	F	G	H	A				B	
	a	b					a	b	c	d	a	b
西汉中期					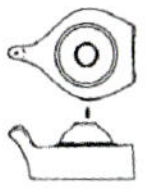 Ⅰ							
西汉晚期至东汉初		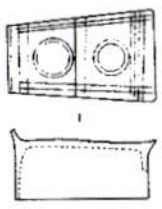					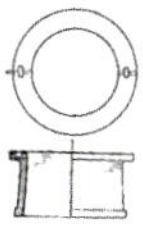 Ⅱ				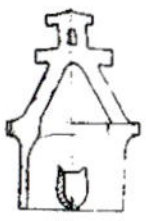 Ⅱ	
东汉早期		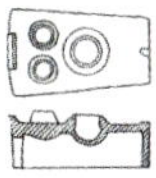			 Ⅰ		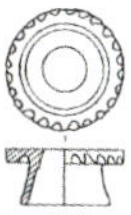 Ⅳ				 Ⅱ	
东汉中期	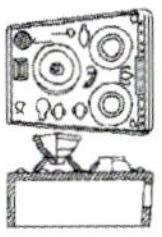									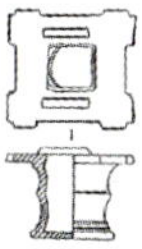 Ⅱ		
东汉晚期												
曹魏时期												
西晋时期	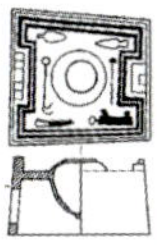											 Ⅳ

灶　Da安平东汉壁画墓出土；Da石家庄城角汉墓M1：24；Da邢台西晋墓M8：17；Db邢台曹演庄汉墓M4：4；Db燕下都W21T85［1］M7：8；GⅠ邯郸百家村汉墓M6：24；GⅠ廊坊三河小崔各庄出土。井　AaⅡ燕下都G2T2［2］M1：2；AaⅣ燕下都W21T75［1］M4：8；AdⅡ燕下都W21T75［1］M4：1；BaⅡ邢台曹演庄汉墓M17：17；BaⅡ衡水景县大代庄86JDM1：14；BbⅣ邯郸户村M1：481。

表4.6（续表）

期别＼类型	井				猪圈					
	B				A				B	
	c	d	e	f	a	b	c	d	a	b
西汉中期										
西汉晚期至东汉初	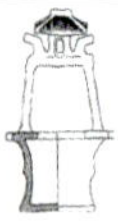 Ⅰ									
东汉早期	 Ⅰ						 Ⅱ	 Ⅱ		
东汉中期	 Ⅱ  Ⅳ			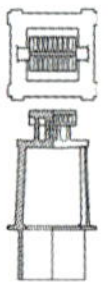 Ⅰ			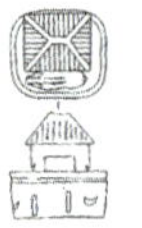 Ⅱ 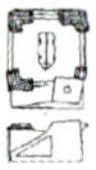 Ⅲ			
东汉晚期	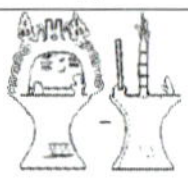 Ⅱ  Ⅴ						 Ⅱ	 Ⅱ 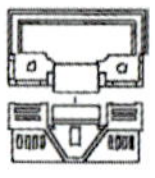 Ⅲ	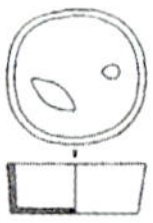 Ⅱ	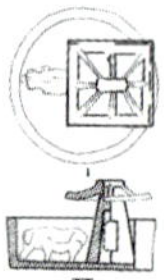 Ⅱ
曹魏时期										
西晋时期							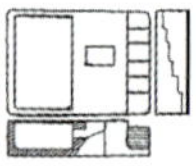 Ⅳ			

井　BcⅠ定州南关汉墓M15：1；BcⅠ石家庄肖家营M3：18；BcⅡ衡水景县大代庄86JDM1：15；BcⅣ石家庄北郊汉墓出土；BcⅡ邢台沙河兴固汉墓出土；BcⅤ石家庄城角汉墓M1：17；BfⅠ定县北庄汉墓灰陶井。猪圈　AcⅡ衡水景县大代庄86JDM1：25；AcⅡ武邑青冢汉墓出土；AcⅢ石家庄城角汉墓M1：22；AcⅡ邢台沙河兴固汉墓出土；AcⅣ邯郸北羊井M1：4；AdⅡ石家庄肖家营M3：179；AdⅡ望都二号汉墓出土；AdⅢ阜城桑庄汉墓M1：93；BaⅡ燕下都郎井村67LLM1：9；BbⅡ衡水深州下博汉墓M39：1。

表4.6（续表）

类型 / 期别	厕	磨						碓		
		A	B			C	D	A	B	C
			a	b	c					
西汉中期										
西汉晚期至东汉初										
东汉早期				 II						
东汉中期							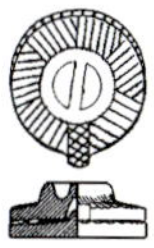			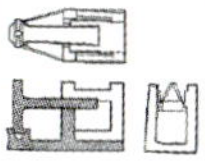
东汉晚期				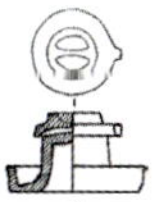 I				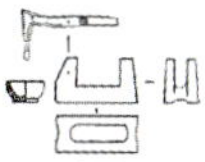 III		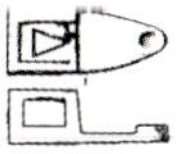
曹魏时期										
西晋时期							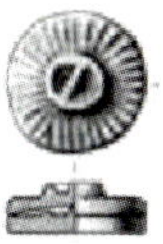	 IV		

厕　景县大代庄东汉壁画墓M1：26。磨　BbⅡ武邑青冢汉墓出土；BbⅠ深州下博汉墓M24：2；D型景县大代庄东汉壁画墓M1：11；D型玉田白各庄晋墓出土。碓　AⅢ深州下博汉墓M20：13；AⅣ玉田白各庄晋墓出土；C型景县大代庄壁画墓M1：22；C型沙河兴固汉墓出土。

表4.6（续表）

期别＼类型	碓房 A a	碓房 A b	碓房 B	碓房 C	平房	楼 A a	楼 A b	楼 A c	楼 B	楼 C	楼 D	宅院 A a	宅院 A b	宅院 B	宅院 C
西汉中期															
西汉晚期至东汉初															
东汉早期															
东汉中期						 Ⅰ	 Ⅰ		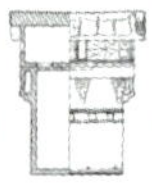 Ⅰ						
东汉晚期					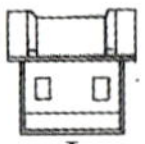 Ⅰ	 Ⅰ  Ⅱ	 Ⅰ	 Ⅲ							
曹魏时期								 Ⅲ							
西晋时期					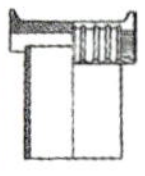 Ⅲ										

碓房　Ab燕下都郎井村67LLM1：29。平房　Ⅰ燕下都北沈村汉墓70LBM1：24－2；Ⅲ邯郸北羊井M1：3。楼　AaⅠ衡水武邑中角汉墓M4：3；AaⅠ满城四道口东汉墓出土；AaⅡ无极南池阳汉墓出土陶楼；AbⅠ景县大代庄东汉壁画墓M1：38；AbⅠ满城西山花园M9：24；AcⅢ阜城桑庄汉墓M1：95；AcⅢ邯郸户村M3：460；BⅠ石家庄肖家营汉墓M3：28。宅院　Ab邢台前炉子汉墓出土。

第二组：模型明器为仓、灶、井组合。仓有BaⅡ式，灶有AaⅡ式、Ad型、BaⅢ式、Db式，井有AaⅡ式、BaⅡ式、BcⅠ式。共存陶器有陶罐、瓮、鼎、樽、盒等。铜镜类型有带铭文昭明镜和日光镜等。随葬钱币有五铢钱和新莽钱。墓葬形制为土坑墓和砖室墓。时代为西汉晚期至东汉初期。

第三组：模型明器为仓、灶、井、猪圈、磨、碓组合。仓有HaⅠ式、HaⅢ式，灶有AaⅠ式、BaⅢ式、BcⅢ式、CaⅢ式、Cb型、Da型、Db型、GⅠ式，井有AaⅣ式、BaⅡ式、BcⅠ式、BcⅡ式、BcⅣ式，猪圈有AcⅡ式、AdⅡ式，磨有BbⅡ式和D型，碓有C型。个别中型墓葬中出有陶厕和AbⅠ式楼模型。此期模型明器数量及器类增多，特别是中型墓葬模型明器器类较多，组合全面。共存陶器有陶罐、樽等。墓葬形制以砖室墓为主。时代为东汉早期。

第四组：模型明器为仓、灶、井、猪圈、磨、碓、楼和家禽畜俑组合，个别墓中出现碓房。仓有HaⅡ式、HbⅠ式，灶有AaⅠ式、Da型，井有AaⅣ式、AdⅡ式、BcⅠ式、BcⅡ式、BcⅣ式、BfⅠ式，猪圈有AcⅡ式、AcⅢ式，磨有BbⅡ式和D型，碓有C型，碓房有Ab型，楼有AaⅠ式、AbⅠ式、BⅠ式。家禽畜俑有鸡、鸭、鹅、狗、猪等。共存陶器有陶壶、罐、瓮、樽等。铜镜类型有连弧纹镜和锯齿纹镜。伴出钱币有东汉五铢。墓葬形制以土坑墓和砖室墓为主。时代为东汉中期。

第五组：模型明器为仓、灶、井、猪圈、磨、碓、平房、楼和家禽畜俑组合。仓有AbⅠ式、AbⅢ式、EaⅡ式、HbⅠ式，灶有BcⅢ式、CaⅢ式、Cb型、Db型，井有BcⅡ式、BcⅤ式，猪圈有AcⅡ式、AcⅢ式、AdⅡ式、AdⅢ式、BaⅡ式、BbⅡ式，磨有BbⅠ式和D型，碓有AⅢ式和C型，平房有Ⅰ式，楼有AaⅠ式、AaⅡ式、AbⅠ式、AcⅢ式，院落有Ab型，家禽畜俑有鸡、鸭、鹅、狗、猪等。此期猪圈和房、楼等建筑模型类型增加。共存陶器有陶罐、灯、樽等。墓葬形制以砖室墓为主。时代为东汉晚期。

第六组：模型明器为灶BcⅢ式，此期出土模型明器器类和数量锐减。共存陶器有陶壶、罐、樽、鼎、案、耳杯等。墓葬形制以砖室墓为主。时代为曹魏时期。

第七组：模型明器为灶BcⅣ式、Da型，井BbⅣ式，猪圈AcⅣ式，磨D型，碓AⅣ式，平房Ⅲ式，牛车。共存陶器有陶罐、壶、樽、多子盒、盘、盆等。伴出钱币有五铢。墓葬形制以砖室墓为主。时代为西晋。

2. 区域特征及分析

冀中南区汉晋墓葬出土模型明器的区域特征表现为：

一是汉晋墓葬出土以灶、井为主的炊厨类模型明器组合。

西汉中期灶开始出现，西汉晚期至东汉初灶、井较多并用，型式上有自身地域文化特征。两汉陶灶以Bc型、C型、D型为主，其中平面梯形D型灶和平面圆形的C型灶则很少见于关中、洛阳区；陶井以B型井为主，中型墓中BcⅡ式陶井架上多装饰有花叶、鸟、卷云等纹饰和人俑、座屏的附件，同型式的陶井仅在黄河中下游地区鲁北分区汉墓中偶有出现。冀中南区到西汉晚期才出现陶仓，但并不普遍。东汉墓葬中多出土长方体的H型仓。E、F型仓见于燕下都地区。东汉早中期以后，模型明器组合主要为仓、灶、井、圈厕、磨、碓、楼及家禽畜俑等，但陶磨、碓等粮食加工工具出土数量较少。

二是东汉时期出土陶楼、陶院落等建筑模型。以A型陶楼模型出土较多。东汉早期A型陶楼层数较少，以二三层最为常见。东汉晚期中型墓葬中出土的A型陶楼模型制作高大精美，层数增多。东汉末至曹魏时期的中型墓葬中尚见多层陶楼出土。

三是曹魏时期模型明器数量及器类锐减，至西晋时期虽略有恢复但仅限于灶、井、圈、磨、碓、房等，不见陶仓。明器制作粗略，与洛阳、关中区同期墓葬器物组合和型式相近。

冀中南区战国时主要为赵地，两汉时主要为冀州和幽州南部小部分地区。赵都邯郸位于漳河与黄河之间，《史记·货殖列传》称其“北通燕、涿，南有郑、卫”，又“近梁、鲁”，为西汉时期著名都会。赵地亦以冶铁业著称。可以看出两汉时期冀中南地区经济发达。《汉书·地理志》称赵、中山“地薄人众”，男子“相聚游戏，悲歌忼慨，起则椎剽掘冢，作奸巧，多弄物，为倡优”，女子“游媚富贵，遍诸侯之后宫”。邯郸“土广俗杂”，其民“大率精急，高气势，轻为奸”。东汉末曹操领冀州牧，治所于邺。曹魏时邺为“五都”之一。故东汉末至曹魏时期冀中南为当时的政治经济文化中心之一，地位愈显重要。反映在模型明器方面，东汉末期至曹魏时期模型明器虽然与其他分区一样在数量和器类上锐减，但一些中型墓葬中还出土有高大的陶楼建筑模型，延续东汉早中期模型明器组合。

第七节　三门峡区

三门峡区主要包括今豫西三门峡，其地理范围大略为汉时弘农郡西部。三门峡战国时期归魏，秦时属三川郡，文献记载有陕县、陕城。西汉高祖二年（公元前205年）改三川郡为河南郡，陕城归属管辖。元鼎四年（公元前112年，一说元鼎三年），将原分属右内史、河南、南阳三郡的十一县合并，增设弘农郡[1]。《汉书·武帝纪》："元鼎三年冬，徙函谷关于新安，以故关为弘农县。"新莽始建国年间，弘农郡改称右队。东汉光武帝建武七年，又复称弘农郡，郡属司隶校尉部。三国曹魏时，弘农郡改为恒农郡。西晋时，又复称弘农郡。渭南地区秦时设内史辖之。两汉时为左冯翊、京兆尹东部。曹魏改京兆尹为郡，左冯翊为冯翊郡，隶属雍州。西晋沿袭之。

这一地区出土模型明器的墓葬皆为汉墓，主要有三门峡向阳村汉墓群32座[2]、三门峡南交口汉墓11座[3]、三门峡陕县汉墓35座[4]、三门峡刘家渠汉墓[5]、三门峡市立交桥西汉墓[6]、三门峡市华余包装公司汉墓M16[7]、灵宝张湾汉墓[8]等。

1. 组合与分期

我们根据三门峡地区墓葬出土模型明器的器类及模型明器的型式演变，并结合墓葬共出的其他陶器组合，铜镜和铜钱等具有断代性质的器物以及墓葬形制变化等，特别是参考《陕县刘家渠汉墓》《三门峡向阳汉墓》的分期及本地区出有模型明器的纪年墓葬，将这一区域的模型明器组合分为五组，共五期。（见表4.7）

第一组：模型明器仅有仓DbⅠ式。共存陶器有陶壶、钫、罐、鼎、樽、盒、盘、瓿等。伴出铜镜有旋涡纹镜、草叶纹镜、日光镜。随葬钱币多为西汉昭帝五铢钱。墓葬形制以竖穴墓道的洞室墓为主，多为墓道与墓室等宽的土洞墓，少数空心砖墓。时代为西汉中期或稍后。

第二组：模型明器以仓、灶组合为主。仓有CaⅡ式、CbⅠ式、DaⅡ式，灶有AaⅢ式、AbⅢ式。共存陶器有陶壶、小壶、鼎、罐、樽、盆、瓿等。伴出铜镜有日

---

［1］周振鹤. 西汉政区地理［M］. 北京：人民出版社，1987：129；李晓杰. 东汉政区地理［M］. 济南：山东教育出版社，1999：17.

［2］三门峡市文物考古研究所. 三门峡向阳汉墓［M］. 北京：北京燕山出版社，2007.

［3］河南省文物考古研究所. 三门峡南交口［M］. 北京：科学出版社，2009.

［4］中国社会科学院考古研究所. 陕县东周秦汉墓［M］. 北京：科学出版社，1994.

［5］黄河水库考古工作队. 一九五六年河南陕县刘家渠汉唐墓葬发掘简报［J］. 考古通讯，1957（4）：9-19；黄河水库考古工作队. 河南陕县刘家渠汉墓［J］. 考古学报，1965（1）：107-167；三门峡市文物工作队. 三门峡市刘家渠汉墓的发掘［J］. 华夏考古，1994（1）：22-30.

［6］三门峡市文物工作队. 三门峡市立交桥西汉墓发掘简报［J］. 华夏考古，1994（1）：12-21.

［7］三门峡市文物工作队. 三门峡市华余包装公司16号汉墓发掘简报［J］. 华夏考古，1993（4）：68-71.

［8］河南省博物馆. 灵宝张湾汉墓［J］. 文物，1975（11）：75-93.

表4.7：三门峡区汉晋出土主要模型明器演变表

类型	仓													灶						
	A	B		C		D		E	F		G	H		A				B		
期别		a	b	a	b	a	b		a	b		a	b	a	b	c	d	a	b	c
西汉中期或稍后							 Ⅰ													
西汉晚期				 Ⅱ	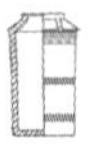 Ⅰ	 Ⅱ								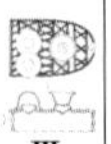 Ⅲ	 Ⅲ					
西汉末至东汉初				 Ⅲ	 Ⅱ	 Ⅲ														
东汉前期						 Ⅴ							 Ⅱ		 Ⅲ					
东汉后期			 Ⅳ		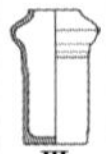 Ⅲ		 Ⅵ		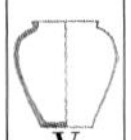 Ⅴ			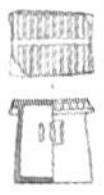 Ⅶ	 Ⅰ  Ⅱ  Ⅲ		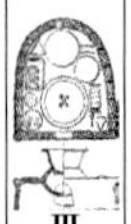 Ⅲ					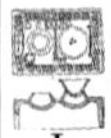 Ⅰ  Ⅲ

仓　BbⅣ三门峡刘家渠M3：24；CaⅡ三门峡向阳汉墓M10：3；CaⅢ三门峡向阳汉墓M131：1；CbⅠ三门峡向阳汉墓M147：2；CbⅡ三门峡向阳汉墓M86：1；CbⅢ三门峡刘家渠M158：8；DaⅡ三门峡立交桥西汉墓M4：18；DaⅢ三门峡陕县汉墓M3115乙：8；DaⅤ三门峡刘家渠汉墓M101：23；DbⅠ三门峡陕县M3104：2；DbⅥ三门峡刘家渠零售公司M3：3；FaⅤ三门峡陕县M2076：24；HaⅦ三门峡陕县M2076：32；HbⅡ陕县刘家渠汉墓M20：32；HbⅠ陕县刘家渠汉墓M1037：39；HbⅡ陕县刘家渠汉墓M1037：50；HbⅢ灵宝张湾汉墓M3：29。灶　AaⅢ河南三门峡向阳汉墓M41：11；AbⅢ河南三门峡向阳汉墓M140：11；AbⅢ河南三门峡陕县刘家渠汉墓M91：6；AbⅢ河南三门峡陕县刘家渠汉墓M101：38；BcⅠ河南三门峡陕县刘家渠汉墓M87：36；BcⅢ1986年河南三门峡陕县刘家渠汉墓M3：25。

表4.7（续表）

类型 期别	井							猪圈						羊圈	
	A	B						A				B		A	B
		a	b	c	d	e	f	a	b	c	d	a	b		
西汉中期或稍后															
西汉晚期															
西汉末至东汉初			 Ⅰ												
东汉前期		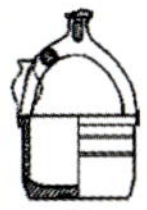 Ⅱ								 Ⅱ				 Ⅰ	
东汉后期			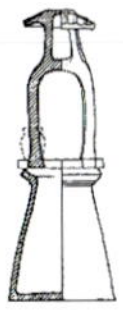 Ⅰ  Ⅲ	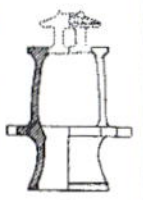 Ⅰ 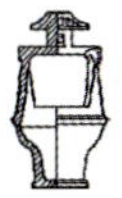 Ⅴ						 Ⅲ		 Ⅱ	 Ⅰ  Ⅱ	 Ⅰ  Ⅱ  Ⅲ	 Ⅰ 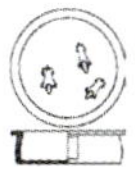 Ⅱ

井　BaⅡ三门峡刘家渠汉墓M91：9；BbⅠ三门峡向阳汉墓M137：27；BbⅠ三门峡刘家渠汉墓M88：23；BbⅢ三门峡刘家渠汉墓M1037：6；BcⅠ三门峡刘家渠汉墓M8：7；BcⅤ三门峡刘家渠汉墓M87：3。猪圈　AcⅡ三门峡刘家渠汉墓M20：14；AcⅢ三门峡陕县东周秦汉M2104：10；BaⅡ三门峡刘家渠汉墓M88：14；BbⅠ灵宝张湾汉墓M3：31；BbⅡ三门峡陕县M2057：33。羊圈　AⅠ三门峡刘家渠M20：10；AⅠ三门峡南交口汉墓M17：4；AⅡ灵宝北坡头西寨村出土；AⅢ灵宝三大动力厂出土；BⅠ三门峡刘家渠M1037：45；BⅡ三门峡刘家渠零售公司M4：36。

表4.7（续表）

类型／期别	猪羊圈	狗圈	磨						臼		碓			碓房		
			A	B			C	D	A	B	A	B	C	A	B	
				a	b	c									a	b
西汉中期或稍后																
西汉晚期																
西汉末至东汉初																
东汉前期									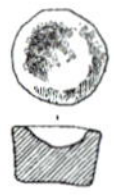							
东汉后期				 Ⅱ			 Ⅰ				 Ⅱ					

猪羊圈　1955年三门峡刘家渠M3：44。狗圈　1995年河南三门峡刘家渠M8：11。磨　BaⅡ三门峡陕县湖M1942：11；CⅠ灵宝张湾汉墓M3：18；D型三门峡陕县刘家渠M8：9。臼　A型三门峡向阳汉墓M15：19；A型三门峡刘家渠M101：49。碓　AⅡ灵宝张湾汉墓M3：20。碓房　Ba三门峡刘家渠M101：36；Bb三门峡刘家渠M20：24。

表4.7（续表）

类型 期别	碓房			楼							宅院			
	B		C	A			B	C		D	A		B	C
	c	d		a	b	c		a	b		a	b		
西汉中期或稍后														
西汉晚期														
西汉末至东汉初														
东汉前期														
东汉后期	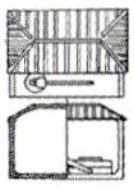	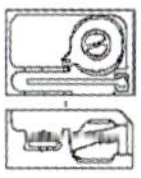			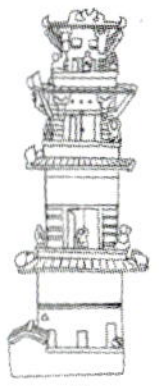 I  II	 I		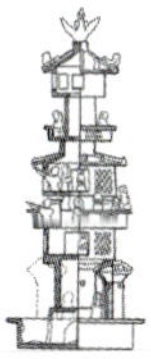	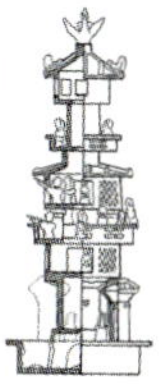					

碓房　Bc三门峡刘家渠M88：26；Bd三门峡刘家渠M3：17。楼　AbⅠ1986年灵宝西阎乡汉墓出土；AbⅡ灵宝东汉墓出土；AcⅠ灵宝张湾汉墓M5：48；Ca型三门峡刘家渠汉墓M3：1；Cb三门峡刘家渠汉墓M23：30。宅院　Aa陕县刘家渠汉墓M8：12。

光镜。随葬钱币多为西汉昭宣五铢钱。墓葬形制以竖穴墓道的洞室墓为主，土洞与砖室墓并存。时代为西汉晚期。

第三组：模型明器以仓、灶组合为主，仓有CaⅢ式、CbⅡ式、DaⅢ式，灶有AaⅢ式、AbⅢ式。新增井BbⅠ式、臼A型。共存陶器有陶鼎、樽、甗等。随葬钱币多为西汉五铢、新莽钱。墓葬形制多为竖穴墓道的小砖券洞室墓，墓葬出现甬道。时代为西汉末至东汉初期。

第四组：模型明器主要组合为仓CaⅢ式、DaⅤ式、HbⅡ式，灶AbⅢ式、BcⅠ式、BcⅢ式，井BaⅡ式，猪圈AcⅡ式，羊圈AⅠ式，臼A型，碓房Ba型、Bb型，楼Cb型。陶狗出现。共存陶器有陶壶、盆、樽、罐等。随葬钱币有东汉建武五铢。伴出铜镜有规矩镜、连弧纹镜、四乳四禽纹镜等。墓葬形制多为斜坡墓道洞室墓。时代为东汉前期。

第五组： 模型明器主要组合为仓BbⅣ式、CbⅢ式、DbⅥ式、FaⅤ式、HaⅦ式、HbⅠ式、HbⅡ式、HbⅢ式，灶AbⅢ式、BcⅠ式、BcⅢ式，井BbⅠ式、BbⅢ式、BcⅠ式、BcⅤ式，猪圈AcⅢ式、BaⅡ式、BbⅠ式、BbⅡ式，羊圈AⅠ式、AⅡ式、AⅢ式、BⅠ式、BⅡ式，猪羊合圈，狗圈，磨BaⅡ式、CⅠ式和D型，碓AⅡ式、碓房Bc型、Bd型，楼AbⅠ式、AbⅡ式、AcⅠ式、Ca型和Cb型，宅院Aa型。家禽畜俑有鸡、鸭、鹅、鸽、狗、猪等。模型明器数量和类型明显增多。共存陶器有陶壶、罐、樽、盆等。随葬钱币有东汉五铢。伴出铜镜有规矩镜、连弧纹镜、长宜子孙镜、夔龙纹镜、龙虎镜等。墓葬形制多为斜坡墓道洞室墓。时代为东汉后期。

2. 区域特征及分析

三门峡区汉晋墓葬出土模型明器的区域特征表现为：

一是模型明器既有关中特点，又有洛阳和豫北特征，体现出交界地区的文化特征和特色。

西汉中期至东汉初期模型明器组合主要以仓、灶为主。仓、灶型式与关中地区出土的接近，同时也受洛阳、豫北等地区的影响。表现在模型明器方面，出有A型马蹄形灶和肩部饰屋檐的Ca型、Cb型仓，明显受西汉时期西安地区的影响。但同时我们也应该注意到这一时期此地区受中原地区的影响，如西汉中期最早出现的DbⅠ式陶仓不见于西安地区，但同期邻近的河南新乡、南阳地区却可见到。东汉时期这一地区的汉墓面貌则更接近邻近的洛阳地区，墓葬出土模型明器明显带有洛阳、豫北、南阳等地区特征，如覆有博山炉式盖的仓、罐形仓、房形仓、长方形灶、带有井架与井亭的井、家畜圈等，反映了三门峡地区对周边地域汉文化的吸收与融合。

二是东汉时期模型明器数量和类型明显增多。模型明器组合包括粮食贮存和加工类、炊厨类、家畜圈和家禽畜俑和房屋等建筑模型四类。模型明器类型远远超过黄河中下游其他分区。模型明器组合表现出鲜明的地域文化特征，如房形仓HbⅠ式和HbⅡ式的固定组合，猪圈与羊圈的固定组合，多类家禽畜圈的出现，碓房的普遍使用，带有水池的陶楼和陂池等建筑模型。

三门峡区地理范围属汉弘农郡。东汉隶属司隶校尉部。三门峡陕县汉代墓地位于汉魏陕城近郊，报告推测墓主可能为生前居住在陕城的居民[1]。陕城地处洛阳、长安之间，近洛阳而远长安。在西汉中晚期至东汉初，这里受关中地区影响较深，墓葬中出土具有西安地区文化特征的典型器物较多，如肩部装饰浅浮雕的釉陶壶、釉陶罐等。东汉时期三门峡地区除受周边地区文化影响外，在模型明器组合和类型方面也形成了独特的地域文化特色。

第八节　晋南区

晋南地区为太岳山以南、汾河下游地区，主要包括今临汾、长治、晋城和运城地区。两汉时期主要为并州刺史部的南部上党郡及司隶的河东郡。曹魏西晋时期，这里仍主要属上党郡及河东郡。

目前这一地区两汉出有模型明器的墓葬集中在侯马、长治两地区，多为中小型墓葬。墓葬出土比较集中的有天马—曲村遗址出土汉墓[2]、侯马汉墓[3]、襄汾中陈汉墓[4]、

[1] 黄河水库考古工作队. 河南陕县刘家渠汉墓［J］. 考古学报，1965（1）：107-167.

[2] 北京大学考古系商周组，山西省考古研究所. 天马—曲村（1980-1989）［M］. 北京：科学出版社，2000；北京大学考古系，山西省考古研究所. 1992年春天天马—曲村遗址墓葬发掘报告［J］. 文物，1993（3）：19-30.

[3] 山西省考古研究所. 侯马乔村墓地（1959—1996）［M］. 北京：科学出版社，2004；山西省考古研究所侯马工作站. 山西侯马东周、两汉墓［J］. 文物季刊，1994（2）：29-48；山西省考古研究所侯马工作站，侯马市博物馆. 侯马发掘的三座东汉墓［J］. 文物季刊，1992（3）：23-32；山西省考古研究所侯马工作站. 侯马乔村M5001东汉墓发掘简报［J］. 文物，1992（2）：22-27；临汾地区文化局，曲沃县文化馆. 晋南曲沃苏村汉墓［J］. 文物，1987（6）：61-69；山西省考古研究所侯马工作站. 1990年山西侯马战国西汉墓发掘简报［J］. 文物，1993（7）：43-51；山西省考古研究所侯马工作站. 山西侯马市虒祁墓地的发掘［J］. 考古，2002（4）：41-59.

[4] 山西省考古研究所，山西省考古学会，编. 三晋考古（第三辑）［M］. 太原：山西人民出版社，2006：225-238.

芮城石门村汉墓[1]、运城永济上村汉墓[2]、平陆枣园村汉墓[3]、闻喜西官庄汉墓[4]、夏县王村汉墓[5]等。

曹魏西晋时期墓葬出土极少，仅有山西运城十里铺晋砖墓、长治故县村西晋墓[6]。

1. 组合与分期

我们根据晋南地区墓葬出土模型明器的类型演变，并结合墓葬共出的其他陶器组合和铜钱等具有断代性质的器物及墓葬形制变化等，特别是参考《天马—曲村（1980—1989）》和《侯马乔村墓地（1959—1996）》发掘报告及杨哲峰先生[7]的分期，将这一区域的模型明器组合分为五组，共五期。（见表4.8）

第一组：模型明器为灶AaⅠ式、AaⅡ式。共存陶器组合有鼎、盒、壶、罐，并流行陶鸱鸮。随葬钱币多为五铢钱。墓形主要为墓道宽度等于或小于墓室的土洞墓，个别地区出现洞室内起券的砖室墓。时代相当于西汉晚期。

第二组：模型明器主要为仓、灶和井。与上期相比较，灶有AaⅠ式和AaⅡ式，新出现Ad型。井主要为Ae型，个别墓葬出现仓CaⅢ式。共存陶器主要组合为壶、罐。随葬钱币多为五铢钱和新莽时期钱币。墓形主要为墓道窄于墓室的土洞墓和洞室内起券的砖室墓。时代相当于西汉末至东汉初期。

第三组：模型明器主要为仓、灶、井、猪圈、羊圈、磨、碓房和狗、鸡、鸭等家禽家畜俑。模型明器器类增多。仓与第二期相比，新出现HbⅠ式和HbⅡ式。灶为AaⅠ式、BcⅢ式。井此期有BbⅡ式、BcⅠ式、BcⅢ式、Be型、Bf型，型式增多。猪圈、羊圈、磨、碓房为此期新出类型，猪圈为BbⅡ式，羊圈为BⅠ式，磨为BbⅡ式，碓房为Ab型。共存陶器主要组合为壶、罐、盒。墓形主要流行单室、双室和多室的砖室墓。时代相当于东汉中期。

第四组：模型明器主要为仓、灶、井、猪圈、羊圈、臼、碓房、楼和狗、鸡等家禽家畜俑。与上期相比，新出现石臼和楼模型明器。仓的型式与第三期相同，为

［1］李奉山. 山西芮城石门村发现的汉墓［J］. 考古，1963（9）：522.
［2］运城行署文化局，永济市博物馆. 山西永济上村东汉壁画墓清理简报［J］. 文物季刊，1997（2）：5-11.
［3］山西省文物管理委员会. 山西平陆枣园村壁画汉墓［J］. 考古，1959（9）：462-468.
［4］王寄生. 闻喜西官庄汉代空心砖墓清理简报［J］. 考古通讯，1955（4）：46-48.
［5］山西省考古研究所，夏县博物馆. 夏县王村东汉墓地的勘查与发掘［J］. 文物季刊，1995（1）：5-13.
［6］山西省考古研究所. 山西运城十里铺砖墓清理简报［J］. 考古，1989（5）：439-443；朱晓芳. 山西长治市故县村出土一批西晋器物［J］，考古，1988（2）：184-185.
［7］杨哲峰. 曲村秦汉墓葬分期［J］. 考古学研究（四）. 北京：科学出版社，2000.

表4.8：汉晋晋南区出土主要模型明器演变表

类型 / 期别	仓											灶							井				
	A	B	C		D	E	F	G	H		I	A				B			A				
			a	b					a	b		a	b	c	d	a	b	c	a	b	c	d	e
西汉晚期												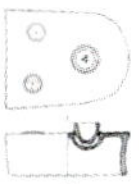 Ⅰ											
西汉末至东汉初			 Ⅲ									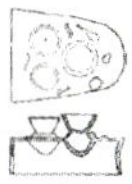 Ⅱ			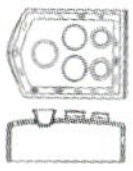								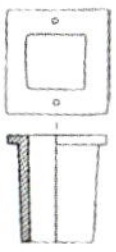
东汉中期										 Ⅰ		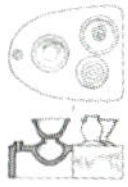 Ⅰ						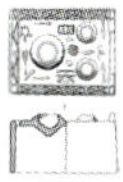 Ⅲ					
东汉晚期										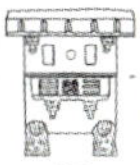 Ⅱ													
西晋时期																		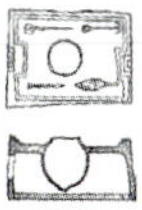 Ⅳ					

仓　CaⅢ山西平陆枣园村汉壁画墓出土；HbⅠ山西侯马乔村汉墓M7229：14；HbⅡ山西侯马乔村汉墓M7229：6。灶　AaⅠ山西侯马虒祁M7019：8；AaⅡ山西侯马515分队M2：21；AaⅠ山西侯马M3出土；Ad山西襄汾中陈汉墓M2：1；BcⅢ山西侯马曲村M5221：2；BcⅣ山西运城十里铺西晋砖墓出土。井　Ae山西曲村北赵M3：1。

表4.8（续表）

类型 期别	井						猪圈						羊圈		磨		
	B						A				B		A	B	A	B	
	a	b	c	d	e	f	a	b	c	d	a	b				a	b
西汉晚期																	
西汉末至东汉初																	
东汉中期		 Ⅱ	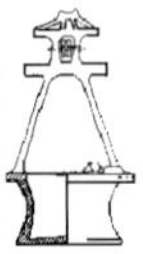 Ⅰ		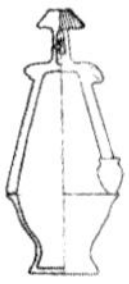	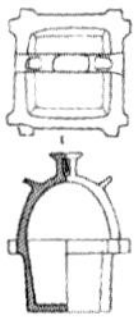						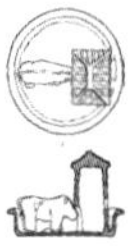 Ⅱ		 Ⅰ			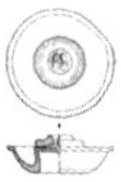 Ⅱ
东汉晚期			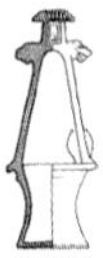 Ⅲ								 Ⅱ			 Ⅱ			
西晋时期		 Ⅴ															

井　BbⅡ山西运城十里铺西晋砖墓出土；BbⅤ侯马乔村M7230：20；BcⅠ山西曲沃苏村汉墓出土；BcⅢ山西曲村M5221：1；Be山西永济上村东汉墓出土；Bf山西曲村汉墓M8002：23。猪圈　BaⅡ山西曲沃苏村汉墓出土；BbⅡ侯马乔村汉墓M7229：32。羊圈　BⅠ山西侯马乔村羊圈M7229：13；BⅡ山西侯马火车站M3：54。磨　BbⅡ侯马乔村M7229：30。

表4.8（续表）

类型 期别	磨			碓			臼		碓房				房		楼				
	B	C	D	A	B	C	A	B	A		B	C	A	B	A	B	C		D
	c								a	b							a	b	
西汉晚期																			
西汉末至东汉初																			
东汉中期																			
东汉晚期																			
西晋时期			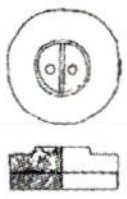	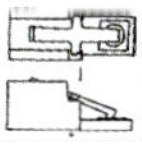 Ⅳ									 Ⅲ						

磨　D型运城十里铺西晋砖墓出土。碓　AⅣ运城十里铺西晋砖墓出土。臼　A型夏县王村东汉墓M10出土。碓房　Ab山西侯马乔村M7229：30。C型芮城城南汉墓出土。房　AⅢ运城十里铺西晋砖墓出土。楼　Cb平陆圣人涧大队出土。

HbⅠ式和HbⅡ式。灶为BcⅢ式，井的型式有BbⅡ式、BcⅠ式、BcⅢ式。猪圈为BaⅡ式、 BbⅡ式，羊圈为BⅡ式，碓房为C型。石臼数量极少，为A型圆形臼。楼仅见Cb型。共存陶器主要组合为壶、罐、盒。墓形主要流行单室、双室和多室的砖室墓。时代相当于东汉晚期。

第五组：模型明器主要为灶BcⅣ式、井BbⅤ式、磨D型、碓AⅣ式、房AⅢ式和狗、鸡、猪等家禽家畜俑。共存陶器主要组合为陶俑、镇墓兽、樽等。随葬钱币多为五铢钱。墓形为多室砖室墓。时代相当于西晋时期。

2. 区域特征及分析

晋南区汉晋墓葬出土模型明器的区域特征表现为两点。

一是模型明器至西汉晚期才出现，为黄河中下游地区模型明器出现最晚的分区。

二是模型明器以灶为主。东汉中期后模型明器器类增加，有仓、灶、井、圈、臼、碓房、楼和家禽家畜俑。但出土数量比较少。模型明器类型及组合受周边分区及汉主体文化影响明显。

晋南区为晋国统治的核心区域。韩、赵、魏三家分晋后，该地区一直是三晋的主要活动区域。两汉曹魏西晋时期主要为上党郡及河东郡。《史记·货殖列传》记载其地杨（今山西洪洞）、平阳（山西临汾）“西贾秦、翟，北贾种、代”，为联系关中与代北的商业通道。《汉书·地理志》称其俗“以诈力相倾，矜夸功名，报仇过直，嫁取送死奢靡”。

晋南区距关中较近，战国晚期秦占领此地。西汉时期其墓葬形制和随葬品组合方面明显受到秦文化影响。如墓葬形制从竖穴向洞室墓转化，竖穴墓道洞室墓由墓道宽于墓室向墓道窄于墓室发展，小砖墓的出现与流行等。器物组合方面西汉时期器物组合均由陶礼器和生活明器组成，而东汉时期以模型明器为主。但两地之间的差异也比较明显，西汉时期西安地区流行的仓、樽等生活明器在晋南地区不太流行，而陶灶直至西汉晚期才出现，型式明显受到关中地区的影响。东汉时期晋南地区受到中原地区的影响更强些，特别是模型明器明显受到邻近豫西三门峡地区影响，两地仓、井、家畜圈、碓房、磨、楼等型式和组合几乎相同。总之，晋南地区两汉墓葬出土的模型明器不是很多，组合主要以灶、井为主。东汉中晚期模型明器器类明显受到豫西三门峡地区影响。西晋时期模型明器器类减少，型式与组合方面已与其他地区相同。

第九节 鲁北区

山东省泰沂山以北，主要包括潍坊、淄博、滨州、济南、德州、聊城等市县。两周时，这里主要归属齐国。两汉至魏晋时期，这里主要为青州和兖州部分地区，同时也是齐、淄川等封国的管辖地。西汉武帝元封五年（公元前106年）设青州刺史部，驻广县。东汉沿袭，治所临淄（今山东淄博市临淄北），辖郡、国11，县65。辖境相当于今山东临南以东的北部地区。西晋怀帝永嘉五年（311年）曹嶷弃广县，筑广固，为青州刺史治。

另外胶莱河以东的胶东地区，包括今山东青岛、烟台、威海等市县，西周时齐灭莱国，此地归属齐国。秦时设胶东郡。西汉时主要为东莱郡、胶东国之地，属青州部所辖。胶东地区东南沿海归属琅邪郡，为徐州部所辖。东汉为东莱郡、北海国之地，属青州部所辖。三国时期此地归属曹魏，至西晋这里政制仍沿袭两汉，属青州部。目前这里汉墓随葬模型明器非常少见，其墓葬类型及随葬器物组合具有一定的地区特色[1]。为方便讨论，我们将此地亦归属于鲁北区。

目前这里仅两汉时期墓葬出土模型明器，主要集中于济南、潍坊、淄博、滨州、德州、聊城等地区。淄博出土模型明器的汉墓主要有临淄金岭镇一号汉墓[2]、淄博张庄汉画像石墓[3]等。济南地区出土模型明器的汉墓主要有济南青龙山汉画像石墓[4]、长清区大觉寺村汉墓M1和M2[5]、闵子骞祠堂汉墓[6]、济南轻骑模具厂画像石墓[7]、平阴新屯汉画像石墓[8]、济南大观园山汉墓[9]、章丘普集镇汉墓[10]、章丘女郎山汉

[1] 宋蓉，滕铭予. 汉代胶东半岛、辽东半岛及长江中下游地区海路交流的考古学例证［J］. 边疆考古研究（第7辑）：202-213；党浩. 胶东地区汉墓的特征及与周边地区的关系［C］//汉代考古与汉文化国际学术研讨会论文集. 济南：齐鲁书社，2006：314-320；郑同修，杨爱国. 山东汉代墓葬形制初论［J］. 华夏考古，1996（4）：87-101.

[2] 山东省文物考古研究所. 山东临淄金岭镇一号东汉墓［J］. 考古学报，1999（1）：97-121.

[3] 淄博市博物馆. 山东淄博张庄东汉画像石墓［J］. 考古，1986（8）：717-725.

[4] 济南市文化局文物处. 山东济南青龙山汉画像石壁画墓［J］. 考古，1989（11）：984-993.

[5] 济南市考古研究所，等. 济南市长清区大觉寺村一、二号汉墓清理简报［J］. 考古，2004（8）：26-41.

[6] 济南市考古研究所. 济南市闵子骞祠堂东汉墓［J］. 考古，2004（8）：42-49.

[7] 山东省文物考古研究所. 济南市轻骑模具厂画像石墓［C］//海岱考古（第二辑）. 北京：科学出版社，2007：407-419.

[8] 济南市文化局文物处，平阴县博物馆筹建处. 山东平阴新屯汉画像石墓［J］. 考古，1988（11）：961-974.

[9] 山东省文物管理委员会. 济南大观园的一个汉墓［J］. 考古通讯，1955（4）：48-50.

[10] 王思礼. 山东章邱县普集镇汉墓清理简报［J］. 考古通讯，1955（6）：33-38.

墓[1]等。潍坊地区出土模型明器的汉墓主要有青州市凤凰台遗址[2]、青州马家冢子汉墓[3]等。德州出土模型明器的汉墓主要有宁津庞家寺汉墓[4]、禹城汉墓[5]等。滨州出土模型明器的汉墓主要有滨州汲家湾汉墓[6]。聊城有阳谷县吴楼一号汉墓[7]等。胶东地区仅见烟台荣成梁南庄汉墓[8]等。

1. 组合与分期

我们根据鲁北区墓葬出土模型明器的器类及模型明器的型式演变，并结合墓葬共出的其他陶器组合，铜镜和铜钱等具有断代的器物、墓葬形制变化及本地区出有模型明器的纪年墓葬等，将这一区域的模型明器组合分为五组，共五期。（见表4.9）

第一组：模型明器仅为灶CaⅡ式，出于胶东半岛烟台荣成梁南庄汉墓M2中。共存陶器主要有陶钵、钫、壶、罐、盆等。铜镜类型有昭明镜和百乳镜。墓葬形制为竖穴石圹墓。时代为西汉中期。

第二组：模型明器组合为仓、灶、井。仓有AbⅠ式、HaⅠ式，灶有BcⅢ式、CaⅡ式，井有AcⅠ式。共存陶器有陶鼎、壶、罐、瓮、盘等。铜镜类型有四乳四螭镜。随葬钱币有五铢钱。墓葬形制为土坑墓。时代为西汉晚期至新莽时期。

第三组：模型明器组合为仓、灶、井、猪圈、磨、碓、风扇车、平房。仓有HaⅠ式、HbⅡ式，灶有BcⅢ式、CaⅡ式，井有AcⅠ式、BcⅡ式，猪圈有AdⅡ式，磨有D型，碓有AⅡ式，风扇车有B型，平房有AⅠ式、B型，楼有AaⅡ式、AcⅠ式、D型。共存陶器有陶鼎、樽、壶、罐、瓮、盘等。随葬钱币有新莽钱、五铢钱。墓葬形制为土坑墓和砖室墓。时代为新莽时期至东汉早期。

第四组：模型明器组合为仓、灶、井、猪圈、厕。仓有HaⅠ式，灶有AcⅡ式、BcⅢ式，井有AcⅠ式、BaⅠ式、BdⅡ式，猪圈有AcⅡ式。共存陶器有陶鼎、樽、

---

[1] 济青公路文物考古队绣惠分队. 章丘女郎山战国、汉代墓地发掘报告［C］//济青高级公路章丘工段考古发掘报告集. 济南：齐鲁书社，1993：150–178.

[2] 山东省文物考古研究所，等. 青州市凤凰台遗址发掘［C］//海岱考古（第一辑）. 济南：山东大学出版社，1989：141–181.

[3] 山东省青州市博物馆. 山东青州市马家冢子东汉墓的清理［J］. 考古，2007（6）：59–75.

[4] 德州地区文物组，宁津县文化局. 山东宁津县庞家寺汉墓［J］. 文物资料丛刊（第4辑），1981：125–128.

[5] 山东省文物管理委员会. 禹城汉墓清理简报［J］. 文物参考资料，1955（6）：77–87.

[6] 郭世云，吴鸿禧，李功业. 山东滨州市汲家湾发现汉墓［J］. 文物，1990（2）：67–69.

[7] 聊城市文物管理委员会. 山东阳谷县吴楼一号汉墓的发掘［J］. 考古，1999（11）：35–45.

[8] 烟台市文物管理委员会. 山东荣成梁南庄汉墓发掘简报［J］. 考古，1994（12）：1069–1077.

表4.9：鲁北区汉晋出土主要模型明器演变表

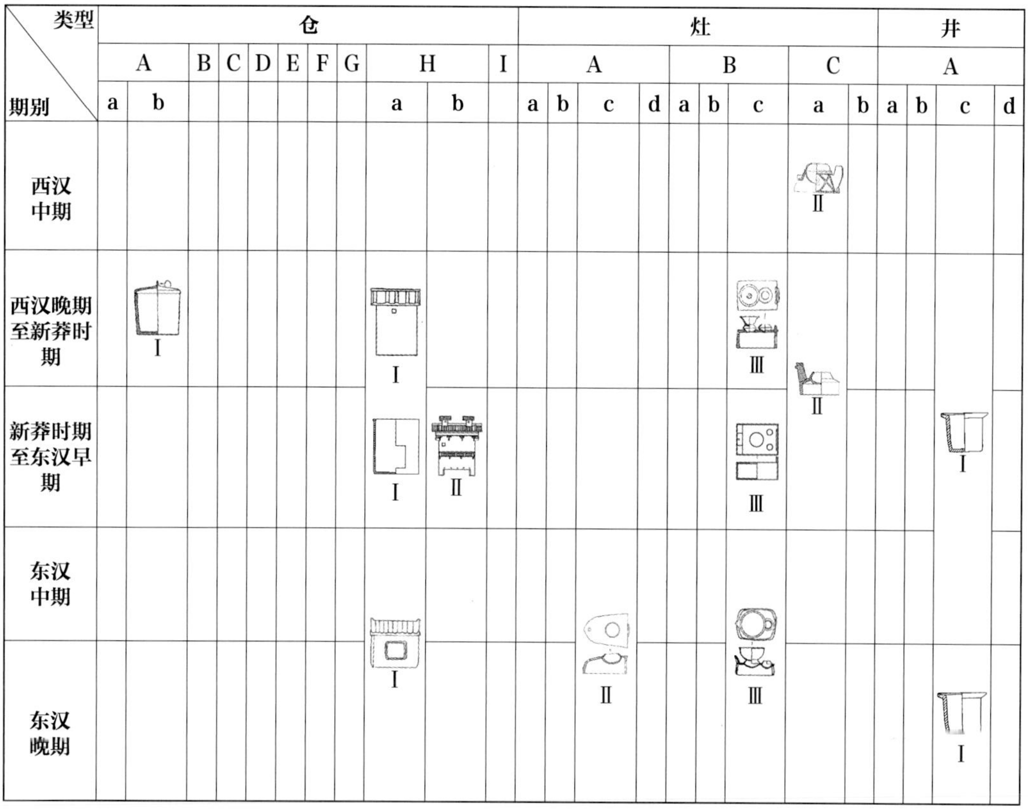

仓　AbⅠ济南平阴新屯汉墓M1：33；HaⅠ聊城阳谷吴楼M1：29；HaⅠ聊城阳谷吴楼M1：31；HaⅠ青州马家冢子QM：86；HbⅡ临淄金岭镇汉墓M1：125。灶　AcⅡ青州马家冢子QM：123；BcⅢ济南平阴新屯汉墓M1：5；BcⅢ临淄金岭镇汉墓M1：126；BcⅢ济南青龙山汉墓M1：75；CaⅡ荣成梁南庄汉墓M2：56；CaⅡ阳谷吴楼汉墓M1：32。井　AcⅠ阳谷吴楼汉墓M1：33；AcⅠ青州马家冢子汉墓QM：148。

表4.9（续表）

类型/期别	井						猪圈						厕	磨		
	B						A				B			A	B	C
	a	b	c	d	e	f	a	b	c	d	a	b				
西汉中期																
西汉晚期至新莽时期																
新莽时期至东汉早期			 Ⅱ							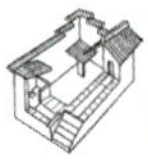 Ⅱ						
东汉中期	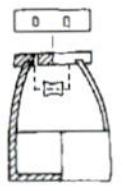 Ⅰ			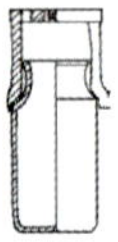 Ⅱ					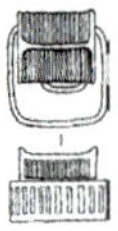 Ⅰ							
东汉晚期			 Ⅰ 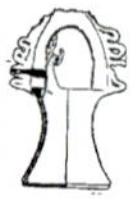 Ⅱ						 Ⅰ			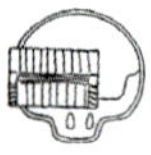 Ⅰ	 			 Ⅱ

井　BaⅠ青州马家冢子汉墓QM：148；BcⅡ宁津庞家寺汉墓出土；BcⅠ济南闵子骞祠堂汉墓M1：42；BcⅡ济南青龙山汉墓M1：86；BdⅡ青州马家冢子汉墓QM：126。猪圈　AcⅠ青州马家冢子汉墓QM：183；AcⅠ济南长清大觉寺村M2：11；AdⅡ淄博金岭镇M1：132；BbⅠ济南青龙山汉墓M1：95。厕　青州马家冢子汉墓QM：175；济南闵子骞祠堂M1：20。磨　CⅡ济南青龙山汉墓M1：80。

表4.9（续表）

类型／期别	磨	碓			风扇车	平房		楼					
	D	A	B	C		A	B	A			B	C	D
								a	b	c			
西汉中期													
西汉晚期至新莽时期													
新莽时期至东汉早期	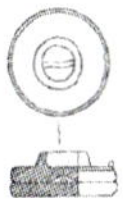	 Ⅱ			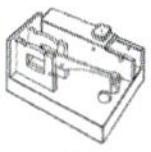 B	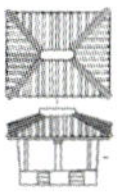 Ⅰ		 Ⅱ		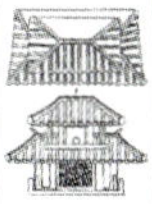 Ⅰ			
东汉中期													
东汉晚期				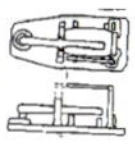		 Ⅱ							

磨　D型宁津庞家寺汉墓出土。碓　AⅡ宁津庞家寺汉墓出土；C型济南青龙山汉墓M1：92。风扇车　B型临淄金岭镇1号墓M1：133。平房　AⅠ临淄金岭镇1号墓M1：131；AⅡ济南闵子骞祠堂M1：43；B型宁津庞家村汉墓出土。楼　AaⅡ宁津庞家村汉墓出土；AcⅠ济南长清大觉寺村M2：18；D型临淄金岭镇1号墓M1：130。

壶、罐、瓮、盘等。铜镜类型主要有长宜子孙镜和柿蒂镜。随葬钱币有东汉五铢钱。墓葬形制为土坑墓和砖室墓。时代为东汉中期。

第五组：模型明器组合为仓、灶、井、猪圈、厕、磨、碓、房。仓有HaⅠ式，灶有AcⅡ式、BcⅢ式，井有AcⅠ式、BcⅠ式、BcⅡ式，猪圈有AcⅠ式、BbⅠ式，磨有CⅡ式，碓有C型，平房有AⅡ式。共存陶器有陶壶、盘、樽、罐、瓮等。随葬钱币有东汉五铢钱。墓葬形制为土坑墓和砖室墓。时代为东汉晚期。

2. 区域特征及分析

鲁北区汉晋墓葬出土模型明器的区域特征表现为：

一是西汉晚期始出现模型明器仓、灶、井等组合。陶灶为单眼釜灶，与邻近的鲁中南临沂地区西汉早期出土的陶灶形制相同，应是受徐州鲁南分区影响。

二是使用模型明器存在有地域分布的差异，模型明器出土数量很少。

胶东半岛地区的汉墓中很少使用模型明器。鲁北其他地区出土模型明器的墓葬主要集中在级别较高的中型墓葬中。如淄博金岭镇M1、济南青龙山汉画像石墓、青州马家冢子汉墓等。这些墓葬出土的模型明器器类较全，但与墓中随葬的陶礼器及日用器皿、铜仪仗车马器数量相比，所占比例很小，而且时代多为东汉时期。此区其他几处比较集中的汉代墓地，如济南张庄汉代墓地7座[1]、长清小范庄墓地汉墓39座[2]、潍坊后埠下墓地汉墓108座[3]、潍坊会泉庄汉墓群[4]等均未有模型明器出土，这可能说明此区在模型明器使用方面仅限于少数级别较高的中型墓葬，大多数中小型墓葬并未普及使用。

三是模型明器的型式组合明显受邻近地区特别是徐州鲁南区的影响。

此区较多出现的H型仓，BcⅢ式灶，A、B型井，磨、碓等粮食加工工具几乎都可以从邻近区域的模型明器中找到。

鲁北区近海，多渔盐之利。其地种植桑麻，纺织业非常发达，“织作冰纨绮绣纯丽之物，号为冠带衣履天下”[5]。临淄为齐国国都，战国时就是工商业繁荣之地。

---

［1］山东省文物考古研究所. 山东济南张庄汉代墓地发掘简报［C］//山东省高速公路考古报告集（1997）. 北京：科学出版社，2000：297-313.

［2］山东省文物考古研究所，等. 山东长清小范庄墓地发掘简报［C］//山东省高速公路考古报告集（1997）. 北京：科学出版社，2000：257-296.

［3］山东省文物考古研究所，等. 潍坊后埠下墓地发掘报告［C］//山东省高速公路考古报告集（1997）. 北京：科学出版社，2000：234-286.

［4］山东省文物考古研究所，等. 潍坊会泉庄遗址发掘报告［C］//山东省高速公路考古报告集（1997）. 北京：科学出版社，2000：119-132.

［5］［汉］班固. 汉书·地理志［M］. 北京：中华书局，2006：1660.

《史记·齐悼惠王世家》称："齐临淄十万户，市租千金，人众殷富，巨于长安。"《史记·货殖列传》称其民"好商贾趋利，甚于周人"。又"好末技，不田作"[1]。《汉书·地理志》称齐地"其俗弥侈"，"士多好经术，矜功名"。鲁北区汉墓在使用模型明器方面并不普及，可能与当地的丧葬习俗有一定关联。

第十节　徐州鲁南区

徐州鲁南区主要包括江苏徐州、鲁南及豫东等地区。徐州战国时期为楚国之地，西汉时为楚国政治、文化中心。西汉楚王刘交都彭城（今徐州），为楚国政治中心腹地。楚国在西汉早期政治地位比较重要，景帝时受"七国之乱"的影响，楚国封地缩减，徐州东北部大部分地区归于东海郡和鲁国管辖。东汉时徐州大部分地区初属楚国，后属改封的彭城国。三国时曹操迁徐州刺史部于彭城，西晋沿袭。鲁南包括山东泰沂山脉以南，临沂、泰安、枣庄、济宁、菏泽等市县以及河南商丘地区。春秋时期主要属齐、鲁、宋、卫、楚、陈等国。战国时期，域内为齐、楚、魏所兼并，至战国末期，南部属楚，北部属齐。秦属琅邪郡、郯郡、薛郡、东郡、砀郡等。西汉时，地域分属徐州、兖州、豫州和城阳国、鲁国、楚国、梁国等。东汉承西汉制度，分属徐州、兖州和城阳国、梁国等。三国时期，属曹魏。至曹魏末，分属东海国、琅邪国、东莞郡、泰山郡、梁郡等。西晋时期，分属徐州、兖州、豫州等。

徐州鲁南地区出土模型明器的汉墓集中于临沂、泰安、枣庄、济宁地区。临沂地区主要有临沂银雀山汉墓[2]、沂水荆山汉墓[3]、沂水西水旺庄汉墓[4]、沂水县龙泉站西汉墓[5]等。泰安出土模型明器的汉墓主要有泰安大汶口汉画像石墓[6]、泰安旧县村汉画像石墓[7]、东平县芦泉屯汉墓[8]、东平王陵山汉墓[9]等。枣庄出土模

[1]［汉］班固.汉书·循吏传［M］.北京：中华书局，2006：3640.
[2] 山东省博物馆，临沂文物组.临沂银雀山四座西汉墓葬［J］.考古，1975（6）：336-351.
[3] 沂水县文物管理站.山东沂水县荆山西汉墓［J］.文物，1985（5）：47-52.
[4] 马玺伦，刘一俊，孔繁刚.山东沂水县西水旺庄汉墓［J］.考古，1990（9）：863-864.
[5] 山东省文物考古研究所，沂水县博物馆.山东沂水县龙泉站西汉墓［J］.考古，1999（8）：47-52.
[6] 泰安地区文物局.泰安县大汶口发现一座汉画像石墓［J］.文物，1982（6）：44-50.
[7] 泰安市文物管理局.山东泰安县旧县村汉画像石墓［J］.考古，1988（4）：307-313.
[8] 山东省文物管理处.山东省文物管理处清理了东平县芦泉屯的汉墓五座［J］.文物参考资料，1955（12）：160-161.
[9] 山东省博物馆.山东东平王陵山汉墓清理简报［J］.考古，1966（4）：189-192.

型明器的汉墓主要有枣庄南常汉画像石墓[1]、枣庄小山西汉画像石墓[2]、枣庄渴口汉墓[3]、滕州柴胡店汉墓[4]、滕州官桥车站村汉墓[5]、滕州东小宫汉墓[6]、滕州封山墓地[7]等。济宁出土模型明器的汉墓主要有济宁东汉墓[8]、济宁师专西汉墓群[9]、济宁肖王庄一号汉墓[10]、济宁潘庙汉墓M19[11]、泗水南陈东汉画像石墓[12]、微山独山汉墓[13]、微山夏镇王庄汉墓[14]、微山墓前村汉墓[15]、微山岛汉代墓葬[16]、嘉祥长直集墓地[17]等。菏泽出土模型明器的汉墓主要有梁山城关镇东汉纪年墓[18]。豫东商丘地区出土模型明器的汉墓集中于永城地区，主要有永城太丘一号汉画像石墓2座[19]、酂城汉画像石墓4座[20]等。刘尊志先生对徐州汉墓分期及随葬品有翔实的研究[21]。本节对徐州汉墓的模型明器资料的整理基于其研究分析之上。

曹魏西晋时期出土模型明器的墓葬主要有山东东阿曹植墓[22]、临沂苍山东高尧

[1] 枣庄市文物管理站.山东枣庄南常汉画像石墓[J].考古与文物，1986（1）：41-45.
[2] 枣庄市文物管理委员会办公室，枣庄市博物馆.山东枣庄小山西汉画像石墓[J].文物，1997（12）：34-43.
[3] 枣庄市博物馆.枣庄渴口汉墓[J].考古学集刊（14），2004：80-160.
[4] 山东省博物馆.山东滕县柴胡店汉墓[J].考古，1963（8）：423-431.
[5] 山东省文物考古研究所鲁中南考古队，滕州市博物馆.山东滕州市官桥车站村汉墓[J].考古，1999（4）：22-30.
[6] 山东省文物考古研究所，滕州市博物馆.山东滕州市东小宫周代、两汉墓地[J].考古，2000（10）：66-80；山东省文物考古研究所.鲁中南汉墓[M].北京：文物出版社，2009.
[7] 山东省文物考古研究所.鲁中南汉墓[M].北京：文物出版社，2009：15-97.
[8] 济宁市博物馆.山东济宁发现一座东汉墓[J].考古，1994（2）：127-134.
[9] 济宁市博物馆.山东济宁师专西汉墓群清理简报[J].文物，1992（9）：22-36.
[10] 济宁市文物管理局.山东济宁市肖王庄一号汉墓[J].考古学集刊（12），1999：41-57.
[11] 国家文物局考古领队培训班.山东济宁郊区潘庙汉代墓地[J].文物，1991（12）：48-65.
[12] 泗水县文物管理所.山东泗水南陈东汉画像石墓[J].考古，1995（5）：390-395.
[13] 微山县文物管理所.山东微山县发现汉、宋墓葬[J].考古，1995（8）：691-697.
[14] 微山县文化馆.山东微山县发现四座东汉墓[J].考古，1990（10）：894-897.
[15] 微山县文物管理所.山东微山县墓前村西汉墓[J].考古，1995（11）：997-1002.
[16] 微山县文物管理所.山东微山县微山岛汉代墓葬[J].考古，2009（10）：21-48；微山县文物管理所.山东微山县汉画像石墓的清理[J].考古，1998（3）：8-32.
[17] 山东省文物考古研究所.鲁中南汉墓[M].北京：文物出版社，2009：409-586.
[18] 菏泽地区博物馆，梁山县文化馆.山东梁山东汉纪年墓[J].考古，1988（11）：975-982.
[19] 李俊山.永城太丘一号汉画像石墓[J].中原文物，1990（1）：13-22；永城县文物管理委员会，商丘博物馆.永城太丘二号汉画像石墓[J].中原文物，1990（1）：23-27.
[20] 河南省文物考古研究所，永城市文物旅游管理局.永城黄土山与酂城汉墓[M].郑州：大象出版社，2010.
[21] 刘尊志.徐州汉墓与汉代社会研究[M].北京：科学出版社，2011.
[22] 刘玉新.山东省东阿县曹植墓的发掘[J].华夏考古，1999（1）：7-17.

西晋墓[1]、滕州西晋元康九年墓[2]、邹城西晋刘宝墓[3]等。苏北地区以徐州出土模型明器汉墓最多。

1. 组合与分期

我们根据徐州鲁南区墓葬出土模型明器的器类及模型明器的型式演变，并结合墓葬共出的其他陶器组合，铜镜和铜钱等具有断代的器物，墓葬形制变化及本地区出有模型明器的纪年墓葬等，将这一区域的模型明器组合分为八组，共八期。（见表4.10）

第一组：模型明器主要有仓、灶、井、猪圈、磨、家畜俑组合。仓有AbⅠ式、GaⅡ式和HaⅠ式，灶有BcⅠ式、BcⅢ式、CaⅠ式，井有AaⅠ式、AbⅠ式、AcⅠ式，猪圈有AcⅠ式，磨有AⅠ式、CⅠ式、D型。家畜俑仅见于临沂银雀山汉墓M4出土陶狗1。伴出陶器主要为鼎、盒、壶、罐组合。铜镜类型有蟠螭纹镜。墓葬形制为竖穴土（岩）坑墓、石椁墓等。伴出铜钱为半两钱，不见五铢钱。时代大致相当于西汉早期。

第二组：模型明器主要有仓、灶、井、猪圈组合。仓有AbⅠ式、GaⅢ式，灶有CaⅡ式，井有AaⅠ式、AcⅡ式、AdⅢ式，猪圈有AaⅠ式、AcⅠ式、BbⅡ式。共存陶器主要为鼎、盒、壶、钫、罐、盘组合。铜镜类型有草叶纹镜。随葬钱币为西汉五铢。墓葬形制为竖穴土（岩）坑墓、石椁墓、砖椁墓等。时代为西汉中期。

第三组：模型明器主要有仓、灶、井、猪圈、磨组合。仓有AbⅠ式、GaⅢ式，灶有CaⅢ式，井有AaⅠ式、AcⅡ式、AcⅠ式、AdⅢ式，猪圈有AaⅠ式、AcⅠ式，磨有BbⅠ式、Bc型。共存陶器主要为鼎、盒、壶、钫、罐等。铜镜类型有日光连弧纹镜、变形四螭纹镜等。随葬钱币为西汉五铢。墓葬形制为竖穴土（岩）坑墓、石椁墓、砖椁墓。时代为西汉晚期。

第四组：模型明器主要有仓、灶、井、猪圈、磨、家禽畜俑组合。仓有AbⅠ式、AbⅡ式、GaⅢ式、HaⅤ式，灶有BcⅢ式、CaⅢ式，井有AcⅠ式、AcⅡ式、AdⅢ式，猪圈有AaⅡ式、AcⅠ式，磨有BbⅠ式。家畜俑有猪。共存陶器主要为鼎、盒、壶、罐等。铜镜类型有昭明镜、四乳四螭纹镜等。随葬钱币为新莽钱、五铢钱。墓葬形制为竖穴土（岩）坑墓、石椁墓、石室墓。时代为新莽至东汉初期。

第五组：模型明器主要有仓、灶、井、猪圈、磨、家禽畜俑组合。仓有HaⅠ式，

---

[1] 临沂地区文物管理委员会，苍山县文物管理所. 山东苍山县晋墓［J］. 考古，1989（8）：714-718.
[2] 滕州市文化局，滕州市博物馆. 山东滕州市西晋元康九年墓［J］. 考古，1999（12）：38-44.
[3] 山东邹城市文物局. 山东邹城西晋刘宝墓［J］. 文物，2005（1）：4-26.

表4.10：徐州鲁南区汉晋出土主要模型明器演变表

类型 期别	仓													
	A		B		C	D	E	F			G		H	
	a	b						a	b	c	a	b	a	b
西汉早期		 Ⅰ									 Ⅱ		 Ⅰ	
西汉中期		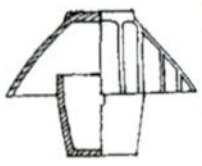 Ⅰ									 Ⅲ			
西汉晚期														
新莽至东汉初期		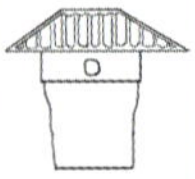 Ⅱ									 Ⅲ		 Ⅴ	
东汉早期													 Ⅰ	
东汉中期								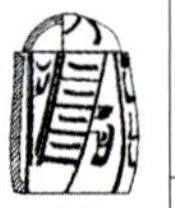 Ⅲ			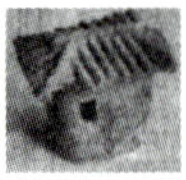 Ⅲ			
东汉晚期至曹魏时期		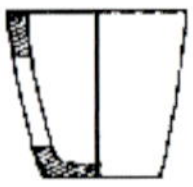 Ⅰ						 Ⅳ						 Ⅱ
西晋时期		 Ⅲ						 Ⅳ						

仓　AbⅠ山东枣庄小山画像石M2：9；AbⅠ微山汉画像石墓M7：8；AbⅡ微山汉画像石墓M7：7；AbⅠ微山夏镇王庄汉墓M1：6；AbⅢ临沂苍山晋墓出土；FaⅢ枣庄渴口汉墓M86：12；FaⅣ枣庄渴口汉墓M10：26；FaⅣ临沂苍山晋墓出土；GaⅡ微山岛汉墓M11：11；GaⅢ微山县墓前村M2：7；GaⅢ微山汉画像石墓M9：12；GaⅢ微山夏镇王庄汉墓M2：6；HaⅠ徐州九里山汉墓M1：11；HaⅤ滕州官桥汉墓M10盗：6；HaⅠ泗水南陈汉墓出土；HbⅡ东平王陵山汉墓出土。

表4.10（续表）

类型 期别	灶										
	A				B			C		D	E
	a	b	c	d	a	b	c	a	b		
西汉早期							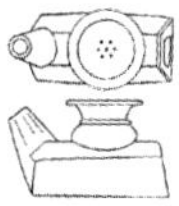 Ⅰ 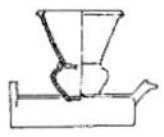 Ⅲ	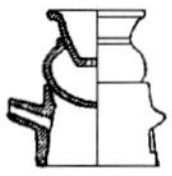 Ⅰ			
西汉中期								 Ⅱ			
西汉晚期								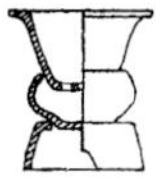 Ⅲ			
新莽至东汉初期							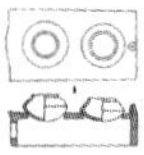 Ⅲ	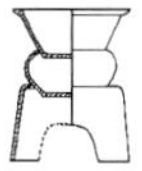 Ⅲ			
东汉早期						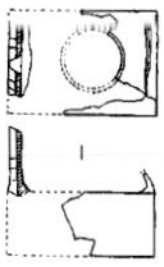 Ⅱ					
东汉中期							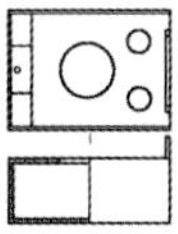 Ⅲ				
东汉晚期至曹魏时期			 Ⅱ			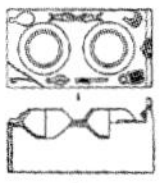 Ⅰ					
西晋时期							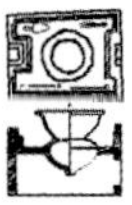 Ⅳ				

灶　AcⅡ山东滕县柴胡店汉墓M24：2；BbⅡ滕县柴胡店汉墓M23：3；BbⅠ商丘鄌城汉墓M2：28；BcⅠ临沂银雀山汉墓M3：18；BcⅢ微山岛M58：7；BcⅢ济宁普育小学汉墓出土；BcⅢ邹城刘宝晋墓；BcⅣ临沂苍山晋墓出土；CaⅠ临沂银雀山M4：30；CaⅡ沂水西水旺庄汉墓M2出土；CaⅢ微山岛乡汉画像石墓M8：3；CaⅢ微山岛M20G2：2。

表4.10（续表）

类型 期别	灶 F	灶 G	灶 H	井 A a	井 A b	井 A c	井 A d	井 A e	井 B a	井 B b
西汉早期				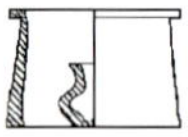 Ⅰ	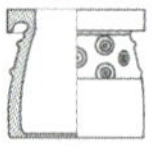 Ⅰ	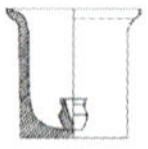 Ⅰ				
西汉中期				 Ⅰ		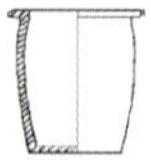 Ⅱ	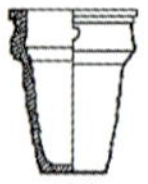 Ⅲ			
西汉晚期										
新莽至东汉初期						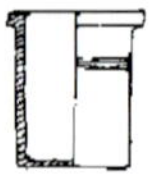 Ⅰ  Ⅱ	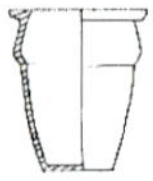 Ⅲ 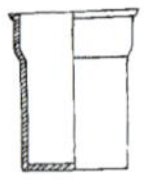 Ⅲ			
东汉早期		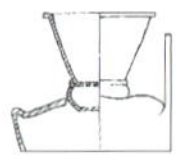 Ⅰ								
东汉中期		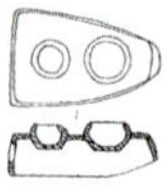 Ⅱ								
东汉晚期至曹魏时期		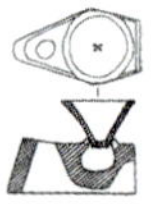 Ⅲ			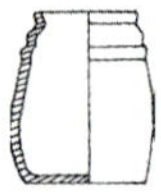 Ⅱ	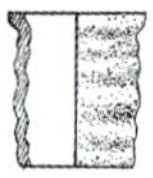 Ⅰ				
西晋时期		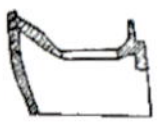 Ⅳ		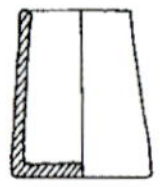 Ⅴ		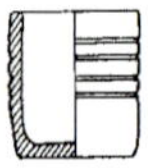 Ⅳ				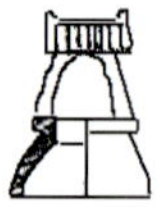 Ⅳ

灶　GⅠ微山岛M31：2；GⅡ枣庄渴口汉墓M43：7；GⅢ枣庄渴口汉墓M67：9；GⅣ临沂苍山晋墓出土。
井　AaⅠ临沂银雀山汉墓M4：27；AaⅠ微山县墓前村M2：9；AaⅤ临沂苍山晋墓出土；AbⅠ江苏徐州米山M2：2；AbⅡ枣庄渴口汉墓M113：15；AcⅠ微山岛独山汉墓M4：8；AcⅡ微山岛汉画像石墓M9：9；AcⅠ枣庄小山汉墓M2：13；AcⅡ微山岛M20G2：1；AcⅠ微山县夏镇王庄M2：7；AcⅣ临沂苍山晋墓出土；AdⅢ微山墓前村汉墓M3：6；AdⅢ微山岛M20G4：4；AdⅢ微山岛汉画像石M7：5；BbⅣ临沂苍山晋墓出土。

表4.10（续表）

期别＼类型	井				猪圈					
	B				A				B	
	c	d	e	f	a	b	c	d	a	b
西汉早期							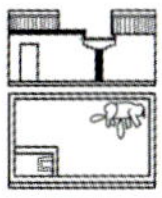 I			
西汉中期					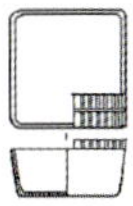 I		 I			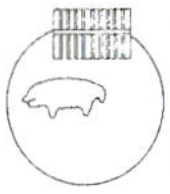 II
西汉晚期							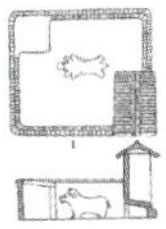 I			
新莽至东汉初期					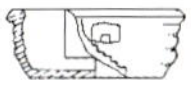 II					
东汉早期				 I						 I
东汉中期										
东汉晚期至曹魏时期	 Ⅳ			 I  II	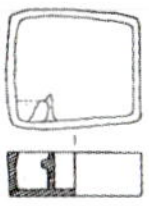 I		 Ⅲ	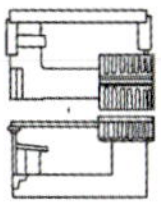 I	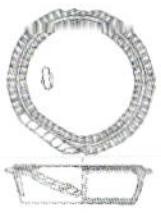 I 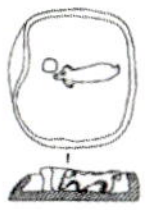 II	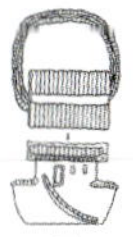 I 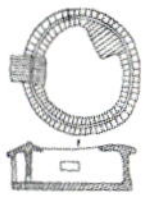 II
西晋时期					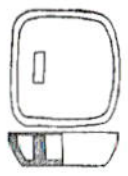 I		 Ⅲ		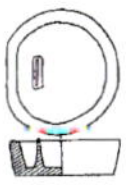 II	

井　BcⅣ滕县柴胡店汉墓M41：4；BfⅠ商丘永城太丘一号画像石墓出土；BfⅠ济宁普育小学汉墓出土；BfⅡ永城酇城汉墓M3：10。猪圈　AaⅠ微山县墓前村汉墓M2：11；AaⅡ微山岛M33G2：12；AaⅠ枣庄渴口汉墓M18：15；AaⅠ临沂苍山晋墓出土；AcⅠ徐州九里山M1：12；AcⅠ滕州东小宫汉墓M331：24；AcⅠ济宁嘉祥长直集M35：2；AcⅢ滕州柴胡汉墓M28：2；AcⅢ邹城刘宝晋墓M1：85；AdⅠ济宁肖王庄M1：37；BaⅠ商丘永城太丘二号画像石墓出土；BaⅡ枣庄渴口汉墓M82：7；BaⅡ临沂苍山晋墓出土；BbⅡ微山岛M36：7；BbⅠ商丘永城太丘一号画像石墓出土；BbⅠ枣庄渴口汉墓M103：5；BbⅡ枣庄渴口汉墓M50：16。

表4.10（续表）

类型 期别	磨						碓			平房		楼		
	A	B			C	D	A	B	C	A	B	A		
		a	b	c								a	b	c
西汉早期	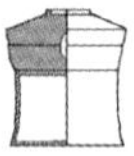 Ⅰ				 Ⅰ	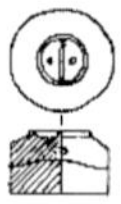								
西汉中期														
西汉晚期			 Ⅰ	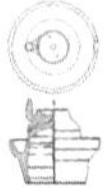										
新莽至东汉初期			 Ⅰ											
东汉早期				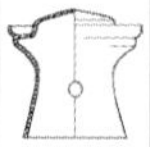										
东汉中期												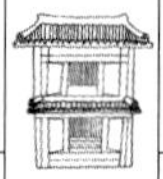 Ⅰ		
东汉晚期至曹魏时期		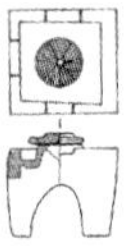 Ⅰ										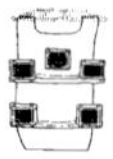 Ⅰ  Ⅱ		
西晋时期						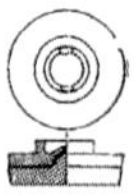				 Ⅲ				

磨　AⅠ式临沂银雀山西汉墓M4：28；BaⅠ河南永城酂城汉墓M4：23；BbⅠ微山岛汉画像石M9：7；BbⅠ微山岛汉画像石M9：8；Bc滕州封山墓地M36：12；Bc山东微山岛M55：5；Bc藤县柴胡店汉墓M24：4；CⅠ徐州东甸子汉墓M1N：1；D型微山岛M12：10；D型临沂苍山晋墓出土。碓　A型临沂苍山晋墓出土；B型邹城刘宝晋墓M1：63。平房　AⅢ邹城刘宝晋墓M1：141。楼　AaⅠ枣庄渴口汉墓M103：10；AaⅠ滕县柴胡店汉墓M28：1；AaⅡ商丘酂城汉墓M2：34。

灶有BbⅡ式、CaⅢ式、GⅠ式，井有AdⅢ式、BfⅠ式，猪圈有BbⅠ式，磨有Bc型。出有陶楼。共存陶器主要为壶、罐等。铜镜类型主要有四乳四螭纹镜。随葬钱币为东汉五铢钱。墓葬形制为竖穴土（岩）坑墓、石室墓、砖室墓。时代为东汉早期。

第六组：模型明器主要有仓、灶、井、猪圈、磨、楼、家禽畜俑组合。仓有FaⅢ式、FaⅣ式、GaⅢ式、HaⅠ式，灶有BbⅡ式、BcⅢ式、GⅡ式、GⅢ式，井有AbⅡ式、AcⅠ式，猪圈有AaⅠ式、AcⅢ式、AdⅠ式、BaⅠ式、BaⅡ式、BbⅠ式、BbⅡ式，磨有Bc型，楼有AaⅠ式。共存陶器主要为鼎、壶、罐等。铜镜类型主要有长宜子孙镜和柿蒂镜。随葬钱币为东汉五铢钱。墓葬形制为竖穴土（岩）坑墓、石室墓、砖室墓。时代为东汉中期。

第七组：模型明器主要有仓、灶、井、猪圈、磨、楼、家禽畜俑组合。仓有AbⅠ式、FaⅢ式、FaⅣ式、GaⅢ式、HbⅡ式，灶有AcⅡ式、BbⅠ式、BcⅢ式、GⅡ式、GⅢ式，井有AbⅡ式、AcⅠ式、BcⅣ式、BfⅠ式、BfⅡ式，猪圈有AaⅠ式、AcⅢ式、AdⅠ式、BaⅠ式、BaⅡ式、BbⅠ式、BbⅡ式，磨有BaⅠ式、Bc型，楼有AaⅠ式、AaⅡ式。共存陶器主要为壶、罐、盆。随葬钱币为五铢钱。墓葬形制为斜坡墓道砖室墓和石室墓。时代为东汉晚期至曹魏时期。

第八组：模型明器主要有仓、灶、井、猪圈、磨、碓、平房、家禽畜俑组合。仓有AbⅢ式、FaⅣ式，灶有BcⅣ式、GⅣ式，井有AaⅤ式、AcⅣ式、BbⅣ式，猪圈有AaⅠ式、AcⅢ式、BaⅡ式，磨有D型，碓有A、B型，平房有AⅢ型。共存陶器主要为罐、壶、盆、盘、耳杯、碗等。铜镜类型主要有四乳纹镜。随葬钱币为五铢钱。墓葬形制为斜坡墓道砖室墓和石室墓，有的带有侧室。时代为西晋时期。

2. 区域特征及分析

徐州鲁南区为黄河中下游地区墓葬中使用模型明器最早的地区之一。模型明器的区域特征表现为：

一是西汉早期就已出现仓、灶、井、磨、猪圈等模型明器，模型明器组合较全。除关中区外，徐州鲁南区模型明器的使用时代较黄河中下游其他分区要早。从组合来看，已包括粮食贮存和加工、炊厨、家畜圈三大类，尤其粮食加工工具磨的出现远远早于其他分区。

二是模型明器组合使用比较稳定。

徐州鲁南区模型明器三大类的组合形式自西汉早期一直持续至西晋时期都基本没有太大的变化。而房屋类模型明器出现较晚，数量不多。居住建筑模型出土器类仅有平房与陶楼两种。平房见于西晋时期。陶楼数量较少，且形制简单，主要为二层建筑。从型式看，徐州鲁南区主要流行的仓、灶、井、猪圈均有鲜明的地方特点，与以洛阳、关中为中心的京畿地区同类模型明器不同，如Ab型、Ga型仓，Ca型、G型灶，Ac型、Ad型井，AcⅠ式猪圈。另外，此区粮食加工工具碓出现很晚，主要见于西晋时期。

三是使用模型明器方面还存在自身的地域差异。

徐州地区西汉早期偏晚阶段就已普遍使用仓、灶、井、圈、磨等模型明器，在组合上与鲁南区相同，但模型明器出土数量远多于鲁南区。模型明器仓、灶、井等有自身明显的发展序列。鲁南区临沂、枣庄、济宁微山地区汉墓出土模型明器相对较多。如枣庄渴口发掘中小型汉墓104座，其中出土模型明器的墓葬有50座[1]。但鲁南区菏泽和济宁地区的曲阜、嘉祥、泗水等地小型汉墓则很少使用模型明器。如曲阜花山发掘西汉早期至东汉中晚期汉墓96座，曲阜柴峪墓地发掘西汉早期至东汉中晚期汉墓243座，兖州徐家营发掘西汉晚期至东汉晚期汉墓322座，均未见出有模型明器；嘉祥长直集墓地发掘西汉早期至东汉早期墓316座，仅有2座出有模型明器[2]。另外，同为枣庄地区，滕州出土模型明器的中小型汉墓所占比重也很小。如滕州东郑庄172座汉墓和顾庙82座汉墓均未见出有模型明器； 滕州封山墓地，出有模型明器的仅3座；滕州东小宫汉墓312座，仅2座出有模型明器[3]。（见表4.11）

徐州鲁南区大部分地区为《汉书·地理志》所载鲁地、宋地。鲁地地狭民众，桑麻业发达。俗“俭啬爱财，趋商贾，好訾毁，多巧伪，丧祭之礼文备实寡，然其好学犹愈于它俗”。宋地“其民犹有先王遗风，重厚多君子。好稼穑，恶衣食，以致畜藏”。而山阳郡“民好为奸盗”。西汉早期墓葬出土模型明器主要集中在江苏徐州和山东临沂、枣庄、济宁等，以徐州尤为集中。受徐州影响，邻近的鲁南枣庄、微山地区模型明器出土时间及组合与徐州几乎同步。鲁南其他地区因距离徐州较远或受本地地理环境、丧葬习俗等的影响，模型明器较少使用，这也是鲁南区模型明器地域分布不均衡的主要原因。当然，使用模型明器的地域差异也与当地社会风俗、文化传统或者人口迁徙等有密切关系。

---

［1］ 枣庄市博物馆.枣庄渴口汉墓［J］.考古学集刊（14），2004：80-160.
［2］ 山东省文物考古研究所.鲁中南汉墓［M］.北京：文物出版社，2009.
［3］ 山东省文物考古研究所.鲁中南汉墓［M］.北京：文物出版社，2009.

表4.11：鲁南区部分中小型汉墓群模型明器出土情况表

<table>
<tr><th rowspan="2">出土
地点</th><th>西汉早期</th><th>西汉中期</th><th>西汉晚期</th><th>新莽至东汉初</th><th>东汉早期</th><th>东汉中期</th><th rowspan="2"></th></tr>
<tr><th>明器墓数／墓葬总数</th><th>明器墓数／墓葬总数</th><th>明器墓数／墓葬总数</th><th>明器墓数／墓葬总数</th><th>明器墓数／墓葬总数</th><th>明器墓数／墓葬总数</th></tr>
<tr><td>滕州官桥车站</td><td>0／1</td><td></td><td>1／14</td><td></td><td>0／2</td><td></td><td></td></tr>
<tr><td>滕州东小宫</td><td></td><td>1／16</td><td>0／28</td><td>1／38</td><td>0／54</td><td>0／32</td><td></td></tr>
<tr><td>滕州柴胡店</td><td></td><td></td><td></td><td></td><td colspan="3">9／66</td></tr>
<tr><td>滕州东郑庄</td><td>0／39</td><td>0／40</td><td>0／10</td><td></td><td></td><td></td><td></td></tr>
<tr><td>滕州顾庙</td><td></td><td>0／1</td><td>0／18</td><td>0／20</td><td colspan="3">0／14</td></tr>
<tr><td>滕州封山</td><td>0／13</td><td>0／6</td><td>2／17</td><td colspan="2">0／16</td><td colspan="2">1／17</td></tr>
<tr><td>枣庄漷口</td><td></td><td></td><td>14／33</td><td>1／8</td><td colspan="3">35／62</td></tr>
<tr><td>济宁师专</td><td></td><td colspan="3">1／25</td><td></td><td></td><td></td></tr>
<tr><td>济宁潘庙</td><td></td><td colspan="2">1／45</td><td></td><td></td><td></td><td></td></tr>
<tr><td>曲阜花山</td><td>0／20</td><td>0／10</td><td>0／43</td><td>0／9</td><td colspan="3">0／14</td></tr>
<tr><td>曲阜柴峪</td><td>0／8</td><td>0／21</td><td>0／26</td><td>0／7</td><td></td><td colspan="2">0／35</td></tr>
<tr><td>兖州徐家营</td><td>0／31</td><td>0／34</td><td>0／149</td><td>0／10</td><td colspan="3">0／14</td></tr>
<tr><td>嘉祥长直集</td><td>0／13</td><td>0／71</td><td>0／36</td><td>2／22</td><td>0／14</td><td></td><td></td></tr>
</table>

（注：表内的墓葬数据资料皆采自山东省文物考古研究所：《鲁中南汉墓》，北京：文物出版社，2009年）

徐州西汉早期墓葬文化表现出楚与秦文化特性。如徐州地区西汉早期墓葬随葬陶礼器组合为鼎、盒、壶、钫、茧形壶等，茧形壶见于秦墓，除关中及个别地区外，其他地区汉墓少见[1]。鲁南区陶礼器组合为鼎、盒、壶、盘，但茧形壶少见。徐州地区战国时期没有出现模型明器，但随着秦国对楚的征服及秦王朝政体、文化的大一统政策，有可能传入楚地。考虑到这些地区西汉早期墓葬表现出的秦文化因素，我们可以暂将这两类模型明器的出现归入秦文化的影响。徐州陶井模型西汉初期（高帝至高后时期）就已出现[2]。粮食加工工具陶磨也以徐州出现最早。猪圈出现在西汉早期偏晚阶段。而仓、灶、井、磨、猪圈模型明器组合以此地区最早出现。

［1］ 刘尊志．徐州汉墓与汉代社会研究［M］．北京：科学出版社，2011：105.
［2］ 刘尊志．徐州汉墓与汉代社会研究［M］．北京：科学出版社，2011：105.

第十一节 晋中北区

此区主要包括山西太岳山以北、汾河中上游地区，主要包括今吕梁、太原、晋中、阳泉、大同、朔州、忻州等地。战国时期韩、赵、魏三家分晋后，这里主要为赵国属地。秦时设雁门郡、代郡、太原郡等。两汉时期此区属于并州刺史部长城以南辖内，主要包括雁门郡、代郡、定襄郡、太原郡等。三国时期，基本属曹魏地，为并州、冀州所辖，其北部为乌桓、鲜卑等部族占据。西晋时期，北部为鲜卑所据，南为西晋雁门郡、太原郡、西河国和太原国等。

根据目前发表的考古资料，晋中北区仅见于两汉墓葬出土模型明器，魏晋时期则未见有模型明器出土。此区出土模型明器的汉墓主要集中于平朔、太原、忻州、吕梁等地区。平朔地区主要有朔县汉墓[1]、朔县西汉木椁墓[2]。平鲁上面高村汉墓[3]、山阴新广武汉墓[4]等。太原地区主要有太原西南郊汉墓[5]、太原尖草坪汉墓[6]等。忻州地区主要有忻州田村汉墓[7]、原平北贾铺东汉墓[8]等。吕梁地区有柳林杨家坪汉墓[9]、孝义张家庄汉墓[10]、离石汉墓[11]等。此外还有大同广灵北关汉墓[12]、阳泉马家坪汉墓[13]等。

---

[1] 平朔考古队.山西朔县秦汉墓发掘简报[J].文物，1987(6)：1-52.

[2] 山西省平朔考古队.山西省朔县西汉木椁墓发掘简报[J].考古，1988(5)：432-441.

[3] 支配勇.山西平鲁上面高村西汉木椁墓[J].文物，1989(1)：59-63.

[4] 山西省考古研究所，山西大学文博学院.山阴新广武汉墓发掘报告[C]//三晋考古(第三辑).太原：山西人民出版社，2006：286-296.

[5] 山西省文物管理委员会.太原西南郊清理的汉至元代墓葬[J].考古，1963(5)：264-269.

[6] 山西省博物馆.太原市尖草坪汉墓[J].考古，1986(6)：527-549.

[7] 忻州市文物管理处.忻州市田村东汉墓发掘简报[C]//三晋考古(第三辑).太原：山西人民出版社，2006：250-256.

[8] 山西省考古研究所，忻州市文物管理处，原平市博物馆.原平北贾铺东汉墓葬发掘简报[C]//三晋考古(第三辑).太原：山西人民出版社，2006：262-285.

[9] 山西省考古研究所，吕梁地区文物管理局，榆林县文物管理所.柳林杨家坪华晋焦煤公司宿舍区墓葬发掘报告[C]//三晋考古(第三辑).太原：山西人民出版社，2006：297-312.

[10] 山西省文物管理委员会，山西省考古研究所.山西孝义张家庄汉墓发掘记[J].考古，1960(7)：40-52.

[11] 山西省考古研究所.山西离石再次发现东汉画像石墓[J].文物，1996(4)：13-28.

[12] 大同市考古研究所.山西广灵北关汉墓发掘简报[J].文物，2001(7)：4-18.

[13] 阳泉市文物管理局.阳泉市马家坪东汉墓葬群发掘简报[C]//三晋考古(第三辑).太原：山西人民出版社，2006：239-249.

1. 组合与分期

我们根据晋中北区墓葬出土模型明器的器类及模型明器的型式演变，并结合墓葬共出的其他陶器组合，铜镜和铜钱等具有断代的器物、墓葬形制变化等，特别是参考山西朔县秦汉墓分期[1]，将这一区域的模型明器组合分为四组，共四期。（见表4.12）

第一组：模型明器主要为灶，有AaⅠ式、Ad型、FaⅠ式和Fb型。伴出陶器主要以壶、罐为主，少数伴出有鼎、盒及甗。伴出钱币为武帝至昭帝时期的五铢钱，铜镜主要为四乳四螭镜、草叶纹镜和星云纹镜。墓葬形制主要为洞室墓、竖穴土坑墓和少量偏洞室墓。时代为西汉中期。

第二组： 模型明器主要有灶，有Ad型、Cb型。伴出陶器主要为鼎、盒、壶、罐、甗，小型墓葬中则不见鼎、盒及甗。伴出的钱币为西汉五铢，铜镜主要为四乳四螭镜、星云纹镜、昭明镜、日光镜及重圈铭文镜。墓葬形制主要为竖井墓道、单斜坡墓道洞室墓，竖穴土坑墓和少量偏洞室墓。时代为西汉晚期。

第三组：模型明器主要有灶、井。灶有Cb型、DaⅠ式，井有BcⅠ式、Be型。伴出陶器主要为鼎、盒、壶、罐、甗。伴出的钱币有剪轮五铢及新莽钱，铜镜主要为四乳四螭镜、星云纹镜、昭明镜、日光镜等。墓葬形制主要为洞室墓、竖穴土坑墓、砖室墓等。时代为西汉末期到东汉初期。

第四组：模型明器主要有仓、灶、井、猪圈、平房、楼和家禽畜俑组合。仓有Fb型，灶有BaⅢ式、BcⅠ式、BcⅢ式、DaⅡ式，井有AaⅢ式、AcⅠ式、BaⅡ式、Bb型、BcⅢ式、BfⅠ式，猪圈有AaⅡ式、AcⅣ式，平房有AaⅢ式，楼有AaⅠ式、AcⅠ式，家禽畜俑有猪、狗、鸡等。共存陶器主要以壶、罐、案、钵、盒、盘及碗、杯为主。随葬钱币为东汉五铢。墓葬形制主要为砖室墓。时代为东汉中晚期。

2. 区域特征及分析

晋中北区比较重要的墓地为朔州汉墓群，多中小型汉墓，共发现秦汉墓2000多座。朔州秦汉时期为雁门郡马邑县，为北方军事重镇。与其他分区相比，晋中北区两汉墓葬中出土模型明器器类与数量较少，主要以灶、井为主。西汉中期灶出现，西汉末至东汉初井出现。此区东汉中晚期墓葬中，仓、猪圈、平房、楼等模型明器及家禽

[1] 平朔考古队. 山西朔县秦汉墓发掘简报［J］. 文物，1987（6）：1-52.

表4.12：晋中北区汉晋出土主要模型明器演变表

类型/期别	仓 A	仓 B	仓 C	仓 D	仓 E	仓 F a	仓 F b	灶 A a	灶 A b	灶 A c	灶 A d	灶 B a	灶 B b	灶 B c	灶 C a	灶 C b	灶 D a	灶 D b	灶 E	灶 F a	灶 F b	井 A a
西汉中期								 Ⅰ			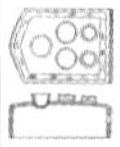									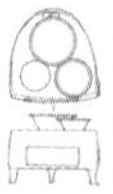 Ⅰ		
西汉晚期																						
西汉末期到东汉初期																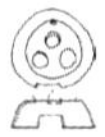	 Ⅰ					
东汉中晚期												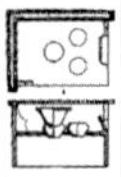 Ⅲ 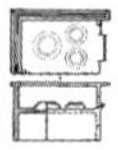 Ⅲ		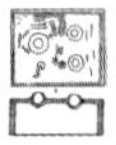 Ⅰ 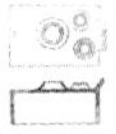 Ⅲ			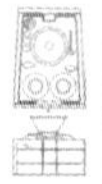 Ⅱ  Ⅱ					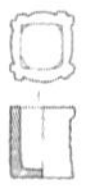 Ⅲ  Ⅲ

仓　Fb大同广灵北关M95：35。灶　AaⅠ襄汾中陈汉墓M1：4；Ad襄汾中陈汉墓M2：1；Ad朔县汉墓GM165：3；BaⅢ广灵北关汉墓M95：8；BaⅢ朔县汉墓GM210：2；BcⅠ忻州原平北贾铺M16：4；BcⅢ朔县汉墓GM233：17；Cb平鲁上面高村汉墓；Cb广灵北关汉墓M56：1；DaⅠ朔县汉墓GM225：1；DaⅡ阳泉马家坪M5：4；DaⅡ忻州田村M92：19；FaⅠ榆林柳林杨家坪汉墓M95LYM1：7；Fb朔州平朔煤矿4M138：15。井　AaⅢ原平北贾铺井M15：8；AaⅢ忻州田村M92：21。

表4.12（续表）

类型 / 期别	井								猪圈				平房		楼		
	A		B						A				A		A		
	b	c	a	b	c	d	e	f	a	b	c	d	a	b	a	b	c
西汉中期																	
西汉晚期																	
西汉末期到东汉初期					 Ⅰ												
东汉中晚期		 Ⅰ	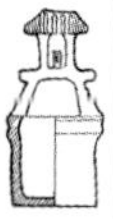 Ⅱ	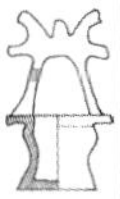	 Ⅲ  Ⅲ			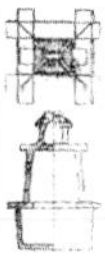 Ⅰ	 Ⅱ		 Ⅳ		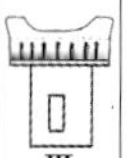 Ⅲ		 Ⅰ		 Ⅰ

井　AcⅠ太原西南郊汉墓M7出土；BaⅡ忻州原平北贾铺井M17：12；Bb忻州原平北贾铺M1：14；BcⅠ广灵北关M52：17；BcⅢ阳泉马家坪汉墓M7：12；BcⅢ山阴新广武M2：8；Be朔县汉墓GM159：1；BfⅠ朔县汉墓3M74：1。猪圈　AaⅡ广灵北关汉墓M95：28；AcⅣ广灵北关汉墓M96：7。平房　AaⅢ广灵北关汉墓M6：1。楼　AaⅠ广灵北关汉墓M49：28；AcⅠ广灵北关汉墓M96：6。

畜俑才出现，而且有的数量较少，形制也有所不同。如其他分区汉墓中出现较早且数量较多的陶仓模型仅在东汉中晚期大同广灵北关汉墓中有所发现，形制接近罐形，与关中、洛阳等分区出土的圆筒腹形仓截然不同。而其他类模型明器如猪圈、房、楼等亦发现极少，仅有几例主要出土于东汉中晚期的大同广灵北关汉墓中，其模型明器组合明显接近于洛阳等区，而这种组合在晋中北其他地方汉墓则很少见到。

《汉书·地理志》将其地归属燕地，风俗归属赵地。称其因“迫近胡寇，民俗懻忮，好气为奸，不事农商”“定襄、云中、五原，本戎狄也，颇有赵、齐、卫、楚之徙。其民鄙朴，少礼文，好射猎。雁门亦同俗。”地区风俗接近北方游牧民族。此地区陶仓、磨、碓、猪圈等与农业相关的模型明器不流行可能与当地不好农稼习俗有关。

第十二节 陕北区

陕北区包括陕西省的榆林市和延安市。战国时榆林为秦国上郡地。秦时为上郡。西汉时为上郡、西河郡。三国时期，上郡、西河郡为匈奴占据，未设置郡县。两汉时期陕北区为北方边疆地区，汉武帝时期北击匈奴胜利，使疆域版图扩大。后虽至东汉疆域有所收缩，但陕北区的行政归属基本变化不大。史料记载，两汉时期政府多次组织较大规模的移民迁徙此地，移民多来自中原地区。此区还居住有匈奴及其他少数民族人。目前此区发现不少汉代移民墓葬，既包括中原地区汉族移民墓，又有南迁汉地的匈奴墓葬，墓葬文化成分复杂[1]。

陕北区汉墓公布资料较少，模型明器仅见于两汉墓葬出土。主要有延安地区安塞县王家湾汉墓[2]、黄龙县梁家山砖厂汉墓[3]、甘泉蟞盖峁汉墓[4]、黄陵上畛子汉墓[5]等。

［1］杜林渊. 汉代北部边疆地区移民墓葬所反映的历史问题［J］. 考古与文物，2011（1）：69-72；杜林渊. 南匈奴墓葬初步研究［J］. 考古，2007（4）：74-83.
［2］杨宏明，谢妮娅. 陕西安塞县王家湾发现汉墓［J］. 考古，1995（11）：1047-1048.
［3］齐鸿浩. 陕西黄龙县梁家山砖厂汉墓［J］. 考古，1989（3）：278.
［4］陕西省考古研究所，延安市文物管理委员会，甘泉县文物管理所. 西延铁路甘泉段汉唐墓清理简报［J］. 考古与文物，1995（3）：21-32.
［5］杨元生，赵怡元. 黄陵上畛子汉墓清理简报［J］. 考古与文物，1983（1）：12-14.

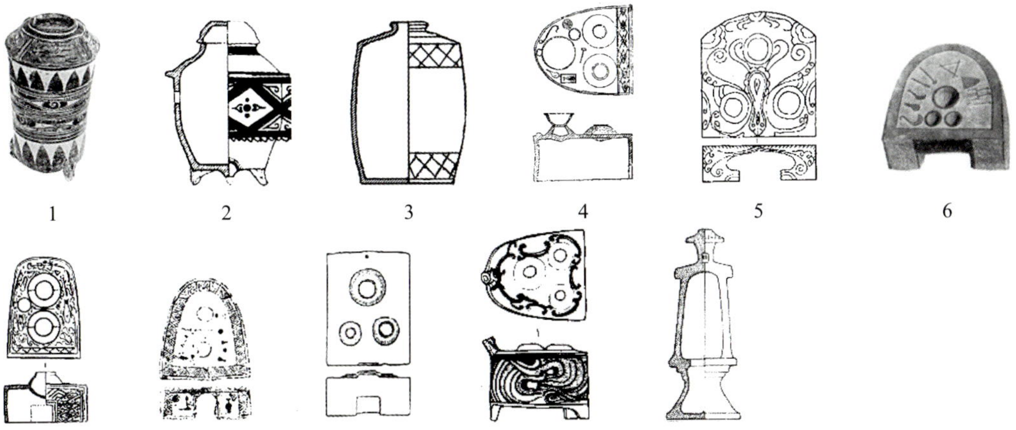

图4.1 陕北区主要模型明器型式图

1. CaⅠ仓靖边张家坬汉墓M3：10；2. DaⅤ仓甘泉鳖盖峁汉墓M2：5；3. DbⅠ仓靖边张家坬汉墓M3：9；4. AaⅠ灶黄龙梁家山砖厂汉墓出土；5. AaⅠ灶安塞王家湾汉墓出土；6. AaⅠ灶绥德四十里铺画像石墓出土；7. AbⅠ灶靖边张家坬汉墓M3：4；8. AbⅠ灶黄陵上畛子汉墓出土；9. BcⅢ灶绥德杨孟元汉画像石墓出土；10. FaⅠ灶甘泉鳖盖峁汉墓M2：1；11. BcⅣ井神木大保当98M1：29

榆林地区有靖边县张家坬汉墓[1]、靖边老坟梁汉墓[2]。定边郝滩东汉壁画墓[3]、绥德延家岔东汉画像石墓[4]、绥德杨孟元汉画像石墓[5]、绥德四十里铺画像石墓[6]、神木店塔西汉墓、神木大保当汉墓[7]、神木柳巷村汉画像石墓[8]、米脂官庄东汉画像石墓[9]等。

---

[1] 陕西省考古研究所，榆林市文物考古研究所.陕西靖边县张家坬西汉墓发掘简报［J］.考古与文物，2006（4）：3-9.

[2] 榆林市文物研究所，靖边县文物管理办公室.陕西靖边老坟梁汉墓发掘简报［J］.文物，2009（10）：51-69；陕西省考古研究院，榆林市文物研究所，靖边县文物管理办公室.陕西靖边东汉壁画墓［J］.文物，2009（2）：32-43.

[3] 陕西省考古研究所，榆林市文物管理委员会.陕西定边县郝滩发现东汉壁画墓［J］.考古与文物，2004（5）：20-21.

[4] 戴应新，李忠煊.陕西绥德县延家岔东汉画像石墓［J］.考古，1983（3）：233-237.

[5] 绥德县博物馆.陕西绥德汉画像石墓［J］.文物，1983（5）：28-32.

[6] 榆林地区文物管理委员会，绥德县博物馆.陕西绥德县四十里铺画像石墓调查简报［J］.考古与文物，2002（3）：19-26.

[7] 陕西省考古研究所，榆林市文物管理委员会办公室.神木大保当——汉代城址与墓葬考古报告［M］.北京：科学出版社，2001.

[8] 吴兰，邦福，康兰英.陕西神木柳巷村汉画像石墓［J］.中原文物，1986（1）：14-16.

[9] 吴兰，学勇.陕西米脂县官庄东汉画像石墓［J］.考古，1987（11）：997-1001.

1. 区域特征

根据目前公布的考古资料可知，与其他分区相比，陕北区两汉墓葬中出土模型明器器类与数量较少，有仓、灶、井及鸡、鸭等家禽畜俑等，主要以灶、仓为主。（图4.1）而其他类模型明器如猪圈、房、楼等则不见出土。陕北区模型明器西汉中期出现。与邻近的关中区相比，陕北区出土的陶质模型明器多施繁缛的彩绘，与关中区表现出较大差别。陕北区两汉墓葬中出土的陶仓模型仅见CaⅠ式、DaⅤ式、DbⅠ式，见于西汉中期靖边张家坬汉墓M3和甘泉鳖盖峁汉墓M2。CaⅠ式仓多见于关中、豫北地区，肩部饰有瓦楞。DbⅠ式仓卷沿，小口，束颈，折肩，筒形壁微向外鼓，平底。在陕北榆林地区靖边、横山、子洲县汉墓中都有出现。河南新乡、南阳出有同式陶仓，器型较陕北瘦长，敛口，略有不同。靖边张家坬汉墓M3出土DbⅠ式陶仓共10件。均在泥质灰陶上通体髹一层黑灰漆，然后在漆上用红、白、蓝、绿、粉等颜色彩绘，以红彩为主。图案纹样有茱萸云纹和卷枝花草纹。横山黑石克村同式仓上分别墨书有“麻”“盐”“白米”“糜米”“□横粟”等字样[1]。陕北区两汉墓葬中出土的灶有A、B、G型，以A、B型出土较多。西汉中期出现AbⅠ和FaⅠ式灶，分别见于靖边张家坬汉墓M3和甘泉鳖盖峁汉墓M2中。陶灶皆饰彩绘，AbⅠ式通体红色彩绘，灶面模印凸棱及菱形几何纹，其余部分模印鱼、饼等食物模型及勺、叉等炊具。灶门外饰菱形回纹、波折纹，灶面周边及两釜处饰云气、卷云纹。FaⅠ式灶，三足，周身饰橘红、白色云纹图案[2]。这种彩绘陶灶另见于新莽时期黄龙梁家山砖厂汉墓。邻近关中区出现A型灶时间比较早，但灶面不见装饰彩绘。另外关中区西汉晚期才出现灶面模印食物及炊具图案，陕北区则早于关中区。东汉时期陕北一些画像石墓中出现A型石灶模型，灶面多模印炊具图案。如绥德县延家岔东汉画像石墓[3]、绥德县四十里铺画像石墓[4]等。陶、石灶每墓多出1件。陕北区两汉墓葬中还出有BcⅣ式井及鸡、鸭等家禽畜俑[5]。

---

［1］陕西省考古研究所，榆林市文物考古研究所. 陕西靖边县张家坬西汉墓发掘简报［J］. 考古与文物，2006（4）：3-9.

［2］陕西省考古研究所，榆林市文物考古研究所. 陕西靖边县张家坬西汉墓发掘简报［J］. 考古与文物，2006（4）：3-9.

［3］戴应新，李忠煊. 陕西绥德县延家岔东汉画像石墓［J］. 考古，1983（3）：233-237.

［4］榆林地区文物管理委员会，绥德县博物馆. 陕西绥德县四十里铺画像石墓调查简报［J］. 考古与文物，2002（3）：19-26.

［5］陕西省考古研究所，榆林市文物管理委员会办公室. 神木大保当——汉代城址与墓葬考古报告［M］. 北京：科学出版社，2001.

此外陕北分区内尚有一部分为南匈奴等其他少数民族墓葬，典型有神木大保当汉墓、绥德黄家塔东汉画像石墓群[1]等。神木大保当汉墓群共26座汉墓，时代为东汉中晚期，杜林渊先生根据葬俗及随葬器物组合判断大保当96SDM4-5、96SDM9、96SDM10、96SDM17、98SDM2为内附南匈奴墓葬。绥德黄家塔东汉画像石墓群中9座墓葬可能为内附匈奴族或至少与匈奴有关。这几座墓葬形制基本汉化，以带斜坡墓道的砖室墓为主，有的砖室墓内有画像石。墓葬盛行多人合葬，葬式多为仰身直肢。随葬器物组合与汉式墓葬不同。如随葬陶器以典型的匈奴陶罐为主，并随葬富有民族特色的铜器、铁器、玉石器、骨器及大量的装饰品[2]。但随葬陶器中则不见有仓、灶、井等模型明器组合。

2. 区域特征分析

陕北区北部大部分属于林沄先生提出的“中国北方长城地带”，为古代中原农业居民与北方游牧人互相接触的地带，也是农牧经济区的交错地带[3]。两汉时期这里是汉代移民屯戍之地，除了有来自中原地区的汉民，还有不少内附及投降的少数民族如匈奴、羌等也居于此地。形成“农牧并举，胡汉相杂”的特点。这些中原地区的移民保留有原先的生活方式与传统习俗，并在墓葬中皆有反映。如墓葬头向与葬式葬法上与中原地区的丧葬习俗基本一致，墓葬形制及随葬品组合变化上也近相同[4]。西汉中期以后这些分区一些墓葬中先后出现并使用模型明器仓、灶等，模型明器型式多样，但无明显的自身演变轨迹。部分模型明器与邻近分区同类模型明器也不完全相同，如陕北靖边张家坬汉墓出土DbⅠ式仓在关中地区很少见到。这种文化现象的出现可能与西汉中期大量中原移民定居此地有密切联系。

第十三节 小 结

模型明器的使用作为丧葬文化习俗的组成部分，深受地域历史、经济、文化传统等多种因素的综合影响。基于对黄河中下游地区墓葬分布及模型明器类型和组合分

[1] 戴应新，魏遂志. 陕西绥德黄家塔东汉画像石墓群发掘简报［J］. 考古与文物，1988（5、6）：12-18.
[2] 杜林渊. 南匈奴墓葬初步研究［J］. 考古，2007（4）：74-83.
[3] 林沄. 中国北方长城地带游牧文化带的形成过程［J］. 燕京学报（14），2003：95-146.
[4] 杜林渊. 汉代北部边疆地区移民墓葬反映的历史问题［J］. 考古与文物，2011（1）：69-72.

析，我们将此地区划分为关中、洛阳、郑州、南阳、豫北、冀中南、三门峡、晋南、鲁北、徐州鲁南、晋中北、陕北等12个分区。各分区在不同分期内模型明器类型和组合并不完全一致，反映了不同分区模型明器使用的不同发展轨迹和区域特征。

东周时期黄河中下游地区主要为三晋两周、齐、鲁、赵和秦地，文化传统有相近一面，但也有明显的地域特征。《史记·货殖列传》和《汉书·地理志》中均对西汉时期此区的经济、文化、历史、风俗进行了讨论，并划分不同文化区。周振鹤先生依《史记》和《汉书》将黄河中下游地区划分为秦地（关中）、魏地（又分河内和河东两个亚区）、周地、韩地（又分郑、颍川和南阳三亚区）、陈地、赵地（又分为赵和中山及太原和上党二亚区）、燕地、齐地、鲁地、宋地、卫地11个风俗文化区[1]。我们将黄河中下游地区的模型明器各分区与之比对，可以看出两种划分区域有一定重合，但也有相异之处，反映了此地区两汉时期文化的复杂面貌。《汉书·地理志》记载黄河中下游中不少地区多以嫁娶送死侈靡为俗。如秦地、太原、上党、卫地等。汉安帝曾感叹道："嫁娶送终，纷华奢丽……京师尚若斯，何以示四远？"[2]有学者指出西汉奢侈之风集中在西起渭水流域，东至鲁南沿海中轴线上，与这些地区的经济繁荣和上层社会风尚影响等相关[3]。因之，文化、传统、经济、习俗等对区域文化的形成产生很强的影响。

各分区在模型明器使用的地域性特点表现在出现时间的早晚、器类与组合的选择、组合变化的快慢、普及程度等方面。

使用出现时间：西汉早期关中和徐州鲁南分区已经使用模型明器。关中地区仓、灶等型式演变迅速，徐州鲁南区则已经使用仓、灶、井、磨等模型明器组合，圈在西汉早期偏晚阶段也加入其中。二分区在模型明器的使用方面存在地域性。其他分区多在西汉中期以后才陆续开始使用模型明器。

使用普及程度：总体看关中、洛阳、豫北、冀中南、三门峡、南阳等分区中小型墓葬使用模型明器较多。如洛阳区烧沟汉墓东汉中晚期出有模型明器的墓葬占墓葬总数比例为81%[4]；西安地区东汉中晚期出有模型明器的墓葬占墓葬总数比例为85%[5]。

---

［1］ 周振鹤. 中国历史文化区域研究［M］. 上海：复旦大学出版社，1997：114-122.
［2］ ［宋］范晔. 后汉书·孝安帝纪［M］. 北京：中华书局，2006：228.
［3］ 陈国生. 试论地理环境在西汉崇奢尚巫风俗形成中的作用［J］. 中国历史地理论丛，1993（2）：46-50.
［4］ 洛阳区考古发掘队. 洛阳烧沟汉墓［M］. 北京：科学出版社，1959.
［5］ 西安市文物保护考古所. 西安东汉墓［M］. 北京：文物出版社，2009：1044-1076.

三门峡区刘家渠汉墓东汉晚期出有模型明器的墓葬占墓葬总数比例为96%[1]。而陕北、晋南、鲁北等区使用模型明器较少。而在同一分区中模型明器的出土率也不完全相同。如徐州鲁南区中，徐州及邻近地区模型明器出土率较高，而鲁南菏泽和济宁地区的曲阜、嘉祥、泗水等地中小型汉墓几乎不见模型明器出土[2]。晋南属三晋地区，却到西汉晚期才出现少量陶灶，东汉中晚期出土模型明器墓葬数量增加，但模型明器组合明显受邻近的三门峡区影响。

模型明器器类组合：各分区在不同时期发展演变中模型明器的器类组合不完全相同。如西汉中晚期关中区中小型汉墓以仓、灶为主；洛阳区以仓、灶、井组合为主；徐州鲁南区为仓、灶、井、磨、圈组合等。至东汉中晚期各分区间的文化互动，模型明器器类增多，但各分区仍旧保持一定的地域性。如关中区模型明器器类组合主要为仓、灶、井和家禽畜俑组合，洛阳区为仓、灶、井、猪圈、磨、臼和家禽畜俑组合，郑州区为仓、灶、井、猪圈和家禽畜俑组合，南阳区为灶、井、猪圈、磨、楼和家禽畜俑组合，豫北区为仓、灶、井、猪圈、楼和家禽畜俑组合，三门峡为仓、灶、井、猪圈、羊圈、磨、臼、碓房、楼组合，冀中南区为仓、灶、井、猪圈、磨、碓、楼和家禽畜俑组合，晋南区为仓、灶、井、猪圈、羊圈、磨、碓房和家禽畜俑组合，鲁北区为仓、灶、井、猪圈、磨组合，鲁南区为仓、灶、井、圈、磨组合等。

模型明器组合变化速度：各分区模型明器组合发展变化速度并不相同。如关中区西汉初期出现仓、灶两类器物，这种仓、灶器类组合在西汉中期以后就趋于固定，只有各自型式加以变化，直至东汉才在其他分区的影响下出现井，器类增加；徐州鲁南区在西汉早期已经出现仓、灶、井、磨、圈等器类，直至东汉早期以后才出现陶楼器类；而豫北、郑州、三门峡、冀中南等分区各阶段模型明器器类组合发展变化则较快。

另一方面，在各分区区域文化特征分析时可以看到模型明器的器类、组合在各分期均存在着交流与影响。这种频繁的文化互动，使各分区汉至西晋模型明器的器形与组合逐渐趋于统一，这种趋同特点越至晚期表现得愈加明显，地域因素逐渐减弱。

[1] 黄河水库考古工作队.河南陕县刘家渠汉墓[J].考古学报，1965（1）：107-167.
[2] 山东省文物考古研究所.鲁中南汉墓[M].北京：文物出版社，2009.

第五章　模型明器总体发展阶段性

由于地域政治、经济、文化、社会心理、风俗传统等差异，汉至西晋时期黄河中下游地区的模型明器呈现出较多的地域性特征。同时受到其他分区尤其是政治中心区域墓葬文化及社会文化等影响，模型明器的形制特点及内涵等在整体上又逐渐趋于统一。结合分区内模型明器的型式、组合及分期等分析，汉至西晋时期黄河中下游地区的模型明器组合发展还有较强的阶段性差异，表现出一定的共性和规律性特点。从先秦模型明器最初出现在秦地，到两汉时期模型明器使用逐渐扩展到各分区，这一过程是对秦地文化因素的接受与认同的过程，并逐渐形成符合自身历史时期的文化特征。这一发展过程首先是建立在对地域文化认同的基础上，并由地域文化认同逐渐形成共同文化特征。本章基于各分区不同分期模型明器的器类组合，利用文化因素分析法，通过不同阶段，考察汉至西晋时期黄河中下游各分区模型明器的文化互动与嬗变，进而归纳出模型明器发展的总体阶段特征并分析成因。

第一节　西汉早期

这一阶段为黄河中下游地区模型明器使用的初步发展阶段。

1. 发展概述

西汉早期黄河中下游地区出现模型明器的分区仅有关中、徐州鲁南、南阳与豫北区。

关中区

模型明器：主要为仓、灶组合。此外在西安西北国棉五厂M95中出土猪圈AcⅠ式1件。个别墓出现猪、鸡、牛等家禽畜俑，如西安交M120、交M124[1]、扶风纸白汉墓M2和M10[2]等。

仓有AaⅠ式、BaⅠ式、CaⅠ式、Ga型、Gb型和灶AaⅠ式、AbⅠ式、BaⅠ式、BcⅠ式。中小型墓中每墓陶仓出土数量不多。B型仓上多彩绘几何图案。陶灶每墓基本出土1件，如西安龙首原西汉早期墓31座中皆出有陶灶1件。陶灶多为素面。

［1］ 西安市文物保护考古所，郑州大学考古专业. 长安汉墓［M］. 西安：陕西人民出版社，2004：939.
［2］ 陕西省考古研究院. 陕西扶风纸白西汉墓发掘简报［J］. 文物，2010（10）：43-51.

关中区延续秦地墓葬使用仓、灶模型明器，是对秦文化的继承。但较之秦代，关中区两汉模型明器的使用又有一定的发展。具体表现为：

一是仓、灶的型式明显增多。如西汉早期仓的型式迅速增加，除沿用秦墓中Aa型仓外，开始大量出现并流行BaⅠ式、CaⅠ式、G型仓。G型仓多出土于中型的墓葬中。与战国和秦墓出土的A型陶灶模型相比，西汉早期此区陶灶已有AaⅠ式、AbⅠ式、BaⅠ式和BcⅠ式。AaⅠ式、AbⅠ式灶在战国时就已出现，B型长方形灶至汉代才出现，为汉代文化的新特征。

二是西汉早期模型明器仓、灶使用在中小型墓葬中普及程度高于秦墓。除了中小型墓外，一些大墓也使用模型明器。如阳陵外藏坑内出现灶、井。

徐州鲁南区

模型明器组合为仓、灶、井、磨、猪圈等。

仓有AbⅠ式、GaⅡ式和Ha型，灶有BcⅠ式、BcⅢ式、CaⅠ式，井有AaⅠ式、AcⅠ式，磨有AⅠ式、D型，猪圈AcⅠ式。

从全国范围看，西汉早期模型明器仓、灶、井等出现于苏鲁豫皖交界区[1]，以徐州出现得最早，最为典型和最完备。仓以Ab型、Ga型为主，每墓多出1至2件。Ha型较少，每墓多出1件。模型明器组合为仓、灶、井、磨、猪圈等，已包括黄河中下游地区常见四类中的粮食贮存及加工类、炊厨类和家畜圈三类。仓、灶、井、磨相对出现较早，猪圈出现略晚。另外徐州鲁南区模型明器使用并不均衡。徐州出土模型明器较多，而周边地区相对较少。

南阳区

模型明器：个别墓葬使用陶灶AbⅠ式、陶狗俑。也出现有仓，但形制不清[2]。从灶的型式看，可能与南阳区受关中地区秦文化影响有关。南阳邻近湖北云梦，西汉惠帝至文帝时期也出有Ab型灶[3]。A型灶最早见于东周关中秦地，为Aa型灶，灶面3个火眼。而同期关中已出现Ab型灶，明显为秦关中灶的演变。

豫北区

模型明器：个别墓葬出现使用仓Fa型。Fa型仓的出现要晚于关中与徐州鲁南区，

---

［1］ 胡亚毅.汉代模型明器研究［D］.北京：北京大学考古文博学院，2005.

［2］ 淅川县文物管理委员会.淅川县程凹西汉墓发掘简报［J］.中原文物.1987（1）：17-19.

［3］ 梁云.论秦汉时代的陶灶［J］.考古与文物.1999（1）：48-54.

相当于西汉早期偏晚阶段。豫北区在墓葬形制上受关中影响大，当是受关中影响出现。但仓储模型类型又有自身的地域特点。

2. 发展特点及成因

西汉早期为黄河中下游地区模型明器使用的初步发展阶段。此阶段模型明器的组合及使用尚未普及，仍是以各自地域文化占主导，并形成了关中区和徐州鲁南区两组不同的模型明器器类组合。关中为西汉的政治中心所在，此区模型明器组合主要为仓、灶，应是直接承袭秦文化。但这一阶段原先出现于秦文化中的Aa型仓出土数量较少，而西汉新出现的Ba型、Ca型、G型仓出土数量较多。可以说西汉初期关中除承继秦文化，自身形成这一时期的地域文化特征。徐州为西汉楚国国都彭城之地，西汉早期与中央皇权联系紧密。徐州地区西汉早期墓葬文化表现出楚与秦文化特征，模型明器应该来自秦、楚文化的综合影响。模型明器在秦文化仓、灶基础上又新出现井、猪圈、磨器类。我们注意到：徐州鲁南区模型明器组合中仓、灶的形式与关中区同期存在较大差异。这种差异反映了各自地域文化特征。但二地区又有许多相同之处：如器类均使用仓、灶；在器类形式上两分区皆有仓Ga型和灶Bc型；器类组合上猪圈出现数量均较少，皆为Ac型；另外景帝阳陵外藏坑出的Aa型井也见于徐州鲁南区。这一阶段已经在地域性中间出现黄河中下游地区的共性文化特征。在初步发展阶段，关中区作为模型明器的发源地和政治文化中心开始向黄河中下游其他分区影响。南阳与豫北区的个别墓葬也开始使用模型明器仓或灶。从模型明器类型看，应是受关中区的影响较大。可以说西汉早期模型明器除对秦文化的继承之外，更多的是创新。

俞伟超先生指出西汉早期汉政治制度承继秦制，思想以黄老思想为主流，社会习俗主要为六国文化的复活[1]。仓、灶的使用为承继秦文化，新出现井、猪圈、磨器类则又掺杂秦、楚文化的综合影响。原三晋两周文化、齐鲁文化等分区在西汉早期墓葬中又重新使用各自列国文化随葬品组合，应为这些分区没有较早出现仓、灶等模型明器的原因。

另外统治者的丧葬观念也对模型明器的发展产生影响。如汉文帝主张薄葬，提出“治霸陵，皆瓦器，不得以金银铜锡为饰”[2]，以瓦器作为陵墓主要随葬品类。《汉书・景帝纪》有“孝文……恭俭，孝景遵业”的评价，阳陵外藏坑大量随葬陶家

[1] 俞伟超. 考古学中的汉文化问题. 古史的考古学探索［M］. 北京：文物出版社，2002：180、190.
[2] ［汉］班固. 汉书・文帝纪［M］. 北京：中华书局，2006:134.

禽畜俑、人俑和日用器皿等[1]，正是以瓦器作为帝陵外藏随葬品类制度的贯彻。以陶明器为随葬品主流在汉初逐渐固定下来，在一定程度上促进模型明器在墓葬中的推广使用。

第二节　西汉中期至东汉初期

这一阶段为黄河中下游地区模型明器使用的持续发展和确立阶段。

1. 发展概述

模型明器的使用地域包括关中、洛阳、南阳、郑州、豫北、三门峡、冀中南、鲁北、徐州鲁南、晋中北、陕北、晋南等分区，迅速扩展到整个黄河中下游地区。

关中区

模型明器：主要为仓、灶组合。家畜俑有鸡、猪、羊、鸭俑。

仓有BaⅠ式、BbⅠ式、CaⅡ式、CaⅢ式、I型；灶有Aa型、AbⅡ式、AcⅠ式、BcⅠ式、FaⅡ式、Fb型组合。

西汉中期仓以Ca型为主，型式较西汉早期减少并固定，出土时多以5件为1组。如西安西汉中期至新莽时期63座汉墓随葬陶仓，共计279件。其中同墓随葬5件共有48座，考虑到大多墓葬经盗扰，所以实际以5件为1组者数量应更多[2]。

灶以Aa型、Ab型为主；Bc型见于西汉中晚期；新莽后至东汉初期不见；F型数量较少。陶灶每墓以随葬1件者居多。长安汉墓中139座西汉中期至新莽时期的墓葬中随葬灶者61座计67件，出土1件者共56座。西安东汉墓录入的98座新莽至曹魏时期墓葬中随葬灶的墓葬65座计71件，出土1件者共59座。西汉中期灶面多为素面，晚期灶面上多模印有炊具、食物等图案。

关中区总体看模型明器器类组合变化不大。比较西汉早期，这一时期仍为仓、灶模型组合为主，但仓、灶型式明显减少，有固定化趋势。模型明器主要组合有仓Ba型、Bb型、Ca型，灶Aa型、Ab型、Bc型。另外在新莽时期至东汉初个别墓出现使用陶宅院Ab型。

[1] 汉阳陵考古陈列馆. 汉阳陵考古陈列馆[M]. 北京：文物出版社，2004；王学理. 汉景帝与阳陵[M]. 西安：三秦出版社，2003.

[2] 西安市文物保护考古所，郑州大学考古专业. 长安汉墓[M]. 西安：陕西人民出版社，2004.

徐州鲁南区

模型明器：主要有仓、灶、井、磨、猪圈组合。

仓有AbⅠ式、GaⅢ式、HaⅤ式，灶CaⅡ式、CaⅢ式、BcⅢ式，井有AaⅠ式、AcⅡ式、AdⅢ式，猪圈有AaⅠ式、AaⅡ式、AcⅠ式、BbⅡ式，磨有BbⅠ式。陶仓每墓多出1至2件。陶灶、井、猪圈、磨每墓多出1件。

与第一阶段比较，模型明器主要有仓、灶、井、磨、猪圈等，仓有Ab型、Ga型、Ha型，灶有Ca型、Bc型，井有Aa型、Ac型、Ad型，猪圈有Aa型、Ac型、Bb型，磨有Bb型。模型明器器类组合没有太大变化。陶井、猪圈型式增加。

洛阳区

模型明器：主要有仓、灶、井和猪圈组合。

仓有BaⅡ式、BbⅠ式、DbⅢ式，灶有BcⅡ式、Hb型，井有AcⅢ式、AdⅣ式、AdⅤ式、BaⅠ式，猪圈有AcⅢ式；仓有BaⅡ式、BbⅡ式，灶有BcⅡ式，井有AdⅣ式、AdⅤ式，猪圈有AcⅢ式，磨有BbⅡ式、D型。

西汉中期开始出现模型明器仓、灶组合。仓Db型与邻近豫北区同期出现Db型仓相同，仓折肩平底无足，与同期关中区出土Bb型无足陶仓形制不同。西汉晚期以后流行Ba型、Bb型仓，与西安区陶仓模型相近。灶Ba型、Bc型明显受到西汉早期关中地区影响；个别墓出现Fc型。但关中区马蹄形A型灶则不见于洛阳区。此外关中灶西汉时期多为釜灶连体；洛阳区多为釜灶分体。

西汉晚期模型明器主要组合为仓、灶、井，个别墓出现猪圈。仓的型式增加，有Ba型、Bb型、Db型，明显受关中区文化因素影响。灶以Bc型为主。西安地区灶面装饰多为模印，而洛阳区陶灶的纹饰以模印、刻画为主。带足灶仅见Fb型，陶质。洛阳区的陶灶以灰陶质地最多。西汉晚期以后灶面多模印有鱼、肉、刀、耳杯等食品和厨房炊具。陶灶基本为1墓1件。个别墓出现Hb型灶房模型，为本区地域文化因素。黄河中下游地区灶房建筑模型除豫北武陟地区出土带有橱柜的Ha型灶房外，其他分区汉墓中很少见到。此期陶井模型出现，但型式变化很快，井有Ac型、Ad型、Ba型，以Ad型为主，从器形看是受南阳区和徐州鲁南区文化因素影响出现；B型井为本区地域文化因素。猪圈AcⅢ式，出现较少。

新莽至东汉初模型明器为仓、灶、井、猪圈组合，新出现磨、臼。磨Bb型、D型受徐州鲁南文化因素影响。臼A型、B型为本区地域文化因素。D型磨以石质最多，陶质较少。臼多为石质，出现于新莽时期至东汉晚期。

总体看，洛阳区至西汉中期开始使用模型明器。模型明器器类组合变化快，顺序多为：仓、灶（西汉中期）—仓、灶、井（西汉晚期）—仓、灶、井、猪圈、磨、臼（新莽—东汉初）。总体来看，洛阳区模型明器组合受徐州鲁南区文化因素影响，即仓、灶、井、猪圈、磨，但模型明器器类型式却受关中、徐州鲁南、南阳、豫北等分区文化因素综合影响。其中仓、灶等类型受关中和豫北区文化因素影响。A型陶井主要受南阳区和徐州鲁南区文化因素影响，陶井型式变化最为迅速。带陶井架的B型井模型在西汉晚期最早在洛阳区出现。洛阳区西汉晚期以后器类出现本区地域文化因素，如B型井和臼、Hb型灶房，模型明器组合方面也形成本区地域文化特点。洛阳区此阶段模型明器组合为仓Ba型、Bb型，灶Bc型，井Ad型，猪圈Ac型，磨Bb型、D型和臼A型、B型。

郑州区

模型明器：仓、灶组合，个别有院落。

仓有BaⅡ式、BbⅢ式、DbⅣ式、HaⅣ式、HaⅤ式、FaⅠ式，灶有BaⅡ式、BbⅠ式，院落有Ab型、C型。

郑州区至西汉中期开始使用模型明器。主要为仓、灶组合，型式单一。西汉中期仓Ba型和灶Ba型明显受关中区影响。仓Ba型圆肩圆筒腹，口上覆盖，器形较洛阳区矮胖。仓有灰陶、红陶质地，红陶多外施黄釉。个别墓出有院落模型Ab型为本区地域文化因素，为各分区出土院落模型最早的地区。Bb型灶为本地域文化因素。灶尾竖有较高的挡火墙，挡火墙上模印有烟囱，此外挡火墙上还装饰有树木、鱼等。灶多为1至2火眼，台面上多饰有几何图案。

西汉晚期仓和灶型式增加。仓又出现Db型、Fa型、Ha型。Db型仓受豫北区与洛阳区影响；Fa型仓受豫北区影响；Ha型仓见于西汉早期徐州出土，应是受徐州鲁南区影响。郑州区西汉中晚期中小型墓葬随葬陶仓数量多为5或10件组合，最多随葬有十几件，如荥阳赵家庄汉墓M3[1]。灶仍以Bb型为主，又增加Ba型，受关中区影响。Ba型灶灶尾及灶身一侧有挡火墙，墙上覆瓦。西安西汉早期出现有Ba型灶，灶尾及灶身一侧皆有挡火墙，但挡火墙较矮，上无瓦垄覆盖。院落出土较少，以Ab型和C型为主。

总体看，郑州区从西汉中期开始使用模型明器，以仓、灶组合为主，从西汉晚期

［1］汪旭，马黔彬，赵同生，等．荥阳赵家庄汉代墓群发掘报告［J］．郑州文物考古与研究．北京：科学出版社，2003：833-857.

至东汉初期仓、灶型式增加，除主要受关中区文化因素影响外，还受豫北、洛阳以及徐州鲁南区不同分区文化因素影响。同时也形成自身地域文化特征，如院落模型为本区地域文化因素。模型明器组合为仓Ba型、Bb型、Dd型和灶Ba型、Bb型。

南阳区

模型明器：仓、灶、井、磨、猪圈、碓以及家禽畜俑。

仓有BaⅡ式、BaⅢ式、BbⅠ式、DaⅠ式、DaⅣ式、DbⅠ式、DbⅡ式，灶有AbⅡ式、AcⅡ式、BbⅡ式、BcⅠ式，井有AaⅠ式、AaⅡ式、AbⅠ式、AbⅡ式、AcⅡ式、AdⅠ式、AdⅡ式，猪圈有Ab型、AcⅡ式、AcⅣ式、AdⅠ式，磨有BaⅠ式，碓有A型。

与西汉早期比较，南阳区西汉中期模型明器有仓、灶、井、磨、圈、碓房以及家禽畜俑等，模型明器器类组合迅速增加。

仓Ba型受关中区影响，Bb型、Da型、Db型为本区地域文化因素，与湖北襄樊文化因素接近。关中陶仓肩部多做瓦楞屋顶出檐的装饰。而南阳区主要流行的陶仓除早期少数仓肩部略有出檐痕迹外，大多数仓斜肩或圆肩，肩部不见屋檐瓦楞类装饰。仓盖多为博山炉式盖，盖上多做出山林、狩猎、动物、树木等纹样，与关中区钵形仓盖迥异。仓腹多以弦纹或布纹装饰。足为三兽足。西汉中晚期中小型墓葬随葬陶仓数量多为3～5件为1组。如新野樊集37座汉画像石墓有26座出土模型明器，其中出土5件者7座、出土4件者4座，出土3件者5座[1]。灶比西汉早期型式增加，除Ab型外，Ac型、Bc型受关中文化因素影响，Bb型为本区地域文化因素，灶身长方体，灶面前后有2～3火眼，灶面上鲜有图案装饰。火门上方拱形或方形挡火墙上多刻画有树木、双阙、房屋、人物等图案。陶灶基本上为每墓出土1件。陶井以A型为主，型式较多，具有强烈的地域文化因素。猪圈Ac型受徐州鲁南区文化因素影响，Ab型、Ad型为本区地域文化因素。磨Ba型、碓房Aa型为本区地域文化因素。

西汉晚期又出现G型灶、Bb型磨、A型碓。G型灶出土数量不多，应是受江汉和吴越地区文化因素影响[2]。Bb型磨、A型碓房为本区地域文化因素。陶磨在西汉中期就已出现，出土数量较多，以Ba型、Bb型为主，磨扇置于方形或圆形承盘内，盘底有足或有底座承托。AaⅠ式碓房出现在西汉中晚期，造型简单，仅四周围墙，未有

[1] 河南省南阳地区文物研究所．新野樊集汉画像砖墓［J］．考古学报，1990（4）：475-508.
[2] 朱津．汉墓出土陶灶类型学研究［D］．郑州：郑州大学历史学院，2010.

棚顶及屋顶。西汉晚期为A型碓房所替代。

新莽时期至东汉初仓、灶、井、猪圈的型式比西汉晚期减少。仓为Ba型、Da型，灶为Bb型、Bc型，井为Ab型、Ad型，猪圈为Ad型。磨、碓房型式组合则不变，磨为Ba型、Bb型，碓房为A型。另外西汉中期出现狗、鸡、鸭、鹅、猪、牛、马等家禽家畜俑，以陶狗出土最常见。

总体看，南阳区模型明器组合在西汉中期至西汉晚期发展迅速。模型明器组合接近徐州鲁南区，但增加了碓房。南阳区仓、灶的型式受关中区文化因素影响，但本区地域文化因素也非常突出，仓、灶、井、猪圈、磨、碓房均有强烈的地域文化因素特色。将南阳区的模型明器组合与邻近江汉地区襄樊出土模型明器比较，会发现两地仓、灶、井部分器类型式相同，两地文化因素比较接近。但磨、碓房、猪圈等又是南阳地区地域文化因素。西汉晚期至东汉初期南阳模型明器逐渐形成仓、灶、井、磨、猪圈、碓房以及家禽畜俑固定的器类组合，远远超过同期黄河中下游地区其他分区和江汉地区。出土各类模型明器型式逐渐固定，南阳自身地域文化因素较强。模型明器主要组合为仓Ba型、Da型，灶Bb型、Bc型，井Ab型、Ad型，猪圈Ac型、Ad型，磨Ba型，碓房A型。

豫北区

模型明器：仓、灶、井、猪圈和家禽畜俑。

仓有BaⅡ式、BbⅢ式、BbⅣ式、DbⅠ式、FaⅠ式、FaⅣ式、GaⅡ式，灶有BcⅢ式，井有Ae型、BdⅠ式，猪圈有AcⅡ式和鸡、狗、猪等家禽畜俑。

豫北区西汉中期出现模型明器。西汉中期模型明器主要组合为仓和灶。个别墓中出现井Ae型。仓有Ba型、Bb型、Ga型、Db型、Fa型，以Fa型、Bb型为主。Ba型、Bb型、Ga型受关中区文化因素影响；Db型、Fa型为本区地域文化因素。灶Bc型受关中区文化因素影响。

西汉晚期模型明器主要组合为仓、灶、井、猪圈和家禽畜俑。仓类型减少，以Bb型、Fa型为主。灶为Bc型。井为Bd型。受洛阳区文化因素影响，出现猪圈Ac型和家禽畜俑。

总体来看，豫北区模型明器从仓、灶组合到仓、灶、井、猪圈和家禽畜俑组合发展。仓发展很快，型式多样。西汉中期模型明器仓、灶型式和组合均受关中区文化因素影响较大，但仓Db型、Fa型又为本区地域文化因素。西汉晚期模型明器器类增加，井、猪圈出现。

冀中南区

模型明器：仓、灶、井组合。

仓有BaⅡ式，灶有AaⅡ式、Ad型、BaⅢ式、Db型、GⅠ式，井有AaⅡ式、BaⅡ式、BcⅠ式。

西汉中期模型明器仅有灶G型，出土数量少，不见关中及其他分区，暂定为本地地域文化因素。

西汉晚期至东汉初期模型明器为仓、灶、井组合。仓数量较少，有Ba型，受关中区文化因素影响。灶Aa型、Ba型受关中区文化因素影响；Ad型出土较少，多见于北方陕北、晋北、冀西北地区出土，可归为本区地域文化因素；Db型为本区地域文化因素。井Aa型受徐州鲁南和南阳区文化因素影响；Ba型、Bc型受洛阳区文化因素影响。

总体看，冀中南区模型明器从灶向仓、灶、井组合发展。仓、灶型式受关中区和邻近豫北区文化因素影响；井受徐州鲁南、南阳区和洛阳区文化因素影响。灶Ad型、Db型为本区地域文化因素。

三门峡区

模型明器：仓、灶、井、臼、碓。

仓有CaⅡ式、CaⅢ式、CbⅠ式、DbⅠ式、DaⅡ式、DaⅢ式，灶有AaⅢ式、AbⅢ式，井有BbⅠ式，臼有A型，碓有AⅡ式。

西汉中期或稍后模型明器仅有仓Db型，出土数量少，见于陕县东周汉墓中，5件1组。筒腹形，腹部中部略鼓。盖为圆锥形，顶塑一小鸟，盖身布满小孔。此式仓未见于西安地区，但同期邻近豫北区、南阳区却可见到。唯豫北区出土陶仓多覆有碗形盖，南阳区出土陶仓多为博山形仓盖。

西汉晚期以仓、灶组合为主。仓有Ca型、Cb型、Da型，Ca型受关中区文化因素影响，Da型受南阳区文化因素影响；Cb型为本区地域文化因素。C型仓多以灰陶为主，1墓多为5件组合，少者1件，最多出有10件。灶Aa型、Ab型受关中区文化因素影响，每墓一般出土1件。

西汉末期至东汉初期模型明器以仓、灶组合为主，仓、灶类型不变。新增井Bb型、臼A型、碓A型。井Bb型、臼受洛阳区文化影响，碓受南阳区文化因素影响。

总体看，三门峡区模型明器组合从仓向仓、灶组合发展。模型明器受来自关中、南阳、洛阳、豫北等文化因素影响，并形成自身地域文化因素。

鲁北区

模型明器：仓、灶、井组合。

仓有AbⅠ式、HaⅠ式，灶有BcⅢ式、CaⅡ式，井有AcⅠ式。

西汉中期模型明器仅为灶Ca型，受邻近徐州鲁南区文化因素影响。

西汉晚期以后模型明器组合为仓Ab型、Ha型，灶Bc型、Ca型，井Ac型，皆受徐州鲁南区文化因素影响。Ha型仓每墓多为1件，常见为灰陶质地，上饰有彩绘；A型仓墓葬组合为4件，灰陶质地，上饰有彩绘。灶BcⅢ式、CaⅡ式有红陶、灰陶、釉陶质地，每墓多为1件。但鲁北区模型明器没有形成徐州鲁南区器类组合，不见猪圈、磨等类，反而接近豫北、洛阳、郑州、冀中南区组合。

晋中北区

模型明器：灶、井。

灶有AaⅠ式、FaⅠ式、Fd型、Ad型；井有BcⅠ式、Be型。

西汉中期模型明器为灶，有Aa型、Ad型、Fa型和Fd型，Aa型受关中区文化因素影响，Ad型、Fa型和Fd型带有明显的北方地区文化因素。Ad型灶面多有5个以上火眼，火眼上多置釜、盆。

西汉晚期模型明器灶型式减少，只有Ad型、Fb型。西汉末期到东汉初期模型明器主要有灶、井。灶有Cb型、Da型，井有Bc型、Bc型，受洛阳区文化因素影响。

总体看，晋中北区模型明器组合为灶、井。其中灶除了受关中区文化因素影响外，其他型式多为本地地域文化因素。

晋南区

模型明器：仓、灶和井。

仓有CaⅢ式，灶有AaⅠ式、AaⅡ式，井有Ae型。

西汉晚期出现灶。灶Aa型受关中文化因素影响。西汉末期至东汉初期模型明器主要为仓、灶和井。灶新出现Ad型，受北方文化因素影响，灶尾突出，灶面近于楔形，有5个火眼，与晋北朔县出土的灶尾呈圆形的多眼灶不尽相同。井为Ae型，每墓出土1件。晋南地区出土的陶仓模型数量较少，个别墓葬出现仓Ca型，受关中地区的影响。

总体看，晋南模型明器出土数量少，模型明器以灶和井组合为主。

陕北区

模型明器：仓、灶。

西汉中晚期出现仓Ca型、灶Aa型，受关中文化因素影响。灶Fa型为本地地域文化因素。

2. 发展特点及成因

这一阶段黄河中下游地区各分区全部开始使用模型明器。各分区间尽管模型明器器类组合及发展不平衡，但相互间存在着频繁的文化交流，加速各分区模型明器的发展。以关中、徐州鲁南区为中心，对其他分区模型明器类型和组合产生较大影响。

关中区以仓、灶组合为主，仓、灶型式较西汉早期减少，器型趋向固定。至西汉晚期中小型墓增加家禽畜俑。徐州鲁南区则模型明器器类组合基本不变，仅陶井、猪圈型式略有增加。这一时期，关中和徐州鲁南区自身模型明器组合趋向固定化。

其他分区在西汉中晚期陆续使用模型明器。西汉中期洛阳区、郑州区、三门峡区、豫北区、冀中南区、晋中北区、鲁北区、陕北区模型明器组合为仓、灶或仅有灶；晋南区至西汉晚期才使用灶。鲁北区模型明器器类型式明显受徐州鲁南区影响，但模型明器器类组合为仓、灶、井，接近洛阳、郑州、冀中南等分区。其他各分区模型明器组合和型式明显受以长安为中心的关中区和邻近分区的文化因素影响。南阳区模型明器组合发展最快，组合接近徐州鲁南区，为仓、灶、磨、井、猪圈，并增加了碓，模型明器组合完备；但模型明器器类型式受关中和江汉地区文化因素影响，在模型明器类型和组合上较早地形成本区地域文化因素。西汉晚期以后至东汉初期各分区模型明器组合继续发展，以仓、灶和仓、灶、井组合为主。模型明器类型受关中、徐州鲁南及邻近文化区影响，各分区与周边文化交流频繁，在吸纳其他分区文化因素后并形成自身地域文化因素，同时此地区的共同文化特征愈加突出。

这一阶段以南阳区和洛阳区模型明器发展最为突出。南阳区西汉中期模型明器器类组合趋向固定，为仓、灶、磨、井、猪圈、碓。洛阳区西汉晚期模型明器也形成仓、灶、井、猪圈、磨、臼等组合。

综合以上分析，第二阶段黄河中下游模型明器发展的共性特点有二：

一是各分区模型明器组合逐渐形成地域文化特征。

除关中、徐州鲁南区在西汉早期已经形成自身模型明器器类组合的地域文化特征外，其他分区也逐渐在同关中、徐州鲁南和周边分区文化互动中逐渐形成自身地域文化特征。这表现在多数分区的模型明器类型与组合趋向固定和分区内模型明器中器类类型出现自身地域的文化特征。

二是在各分区模型明器组合基础上形成核心区的共同文化特征。

在各分区模型明器器类组合上多为仓、灶、井三类，猪圈、磨使用逐渐扩展。如关中区为仓、灶组合；徐州鲁南区为仓、灶、井、磨、猪圈组合；南阳区为仓、灶、磨、井、猪圈、碓组合；洛阳区为仓、灶、井、磨、猪圈、臼组合；郑州区为仓、灶组合，个别有院落模型；豫北区为仓、灶、井、猪圈和家禽畜俑组合；冀中南区为仓、灶、井组合；三门峡区为仓、灶、井、臼、碓组合；鲁北区为仓、灶、井组合；陕北区为仓、灶组合。仅晋中北区和晋南区为灶、井组合，很少见出有仓。这一阶段多数分区墓葬中随葬陶仓数量和型式较多。陶仓见于关中、洛阳、郑州、豫北、南阳、三门峡等中小型墓葬出土。西汉中晚期两京地区及周边地区中小型汉墓中多随葬5件、10件陶仓的组合，许多中型墓出土陶仓模型数量达到几十件。对仓储模型的重视成为这一时期模型明器组合的特点。

这一阶段模型明器发展特点成因有以下几方面。

西汉武帝时期，中央集权专制政体稳固，中央加强对地方控制，政令通达，加速地区间的文化传播，使文化面貌从西汉中晚期后共性特征愈加明显。两汉以自然经济占主导，精耕农业必然逐渐专业化，并因交换而产生市场交易[1]。另一方面，两汉政府虽抑制工商业，但由于市场需求，商业仍很发达。汉代城市已有很大发展，居民所需日用品及奢侈品需通过商业转运贸易得到满足，商业城市兴起[2]。“汉兴，海内为一，开关梁，驰山泽之禁，是以富商大贾周流天下，交易之物莫不通，得其所欲”[3]。西汉黄河中下游地区除长安外，洛阳、邯郸、临淄、宛为全国商业城市。另有温、轵、陈、陶、睢阳、荥阳、阳翟、郧、杨、平阳等，大都因居水陆交通道路沿线或枢纽之处而成为地方性商业中心。这些商业城市又多数为国都或州郡治所，成为中央和地方政治、经济、文化中心。从各分区模型明器型式演变和组合发展上，我们也可以看到这些政治、经济、商业中心之间以及和汉帝国其他地区存在频繁的文化交流。关中作为全国的政治文化中心，使用模型明器的随葬习俗随着中央对地方控制的加强和文化交流频繁，逐渐出现在周边分区中。反映在模型明器上则西汉中晚期周边分区中仓、灶器类型式多受长安影响。

人口迁移也使模型明器使用地域逐渐扩展。除各地域间人口的自然流动外，政府

[1] 许倬云.传统中国社会经济史的若干特性（代序）[C]//求古编，北京：新星出版社，2006：6.
[2] 林剑鸣，余华清，等.秦汉社会文明[M].西安：西北大学出版社，1985：145.
[3] 司马迁.史记·货殖列传[M].北京：中华书局，1976：3261.

为充实边塞和解决内地人多地狭、流民等问题，有计划地组织迁徙内地人口至边郡地区，改变了当地习俗。武帝时期对匈奴战役的胜利使疆域版图北逾阴山。政府多次迁徙内地人口至北部边疆地区。其中仅汉武帝时期就有元朔二年（前127年）、元狩四年（前119年）、元鼎六年（前111年）等较大规模的几次，从中原地区北迁的移民人数多达百万以上。此外汉武帝又在上郡、朔方、西河、河西开田官，斥塞卒六十万戍田[1]。据居延汉简记载可知一部分戍卒在此定居，并置有田宅。这些内地移民保留有原先的生活方式与传统习俗，并在这些地区墓葬中皆有反映。如墓葬头向与葬式葬法上与中原地区的丧葬习俗基本一致，墓葬形制及随葬品组合变化上也近乎相同[2]。因此西汉中晚期晋陕北部边郡地区模型明器的出现主要是与人口迁徙有关。

西汉中期以后儒学成为主流思想。儒家积极参与丧葬礼俗的制定与矫正，强化社会等级秩序，抑制骄奢僭越现象，整顿世俗，使儒家丧葬思想迅速渗透到墓葬文化中。先秦儒家明器制作思想的提倡使两汉社会中下阶层墓葬中随葬品的器类逐渐以“貌而不用”、有形而无实、非实用性的明器为随葬品大宗。“事死如事生”的丧葬思想和“鬼犹求食”“多藏食物以歆精魂”的丧葬观念使中小型墓中大量与饮食和基本生活相关的模型明器如仓、灶、井、磨、猪圈等器类开始流行。

第三节　东汉早期至东汉晚期

这一阶段各分区模型明器组合发展到完备阶段。在第二阶段发展的基础上，因各区域间文化互动影响，各分区模型明器型式组合发展趋向一致。

1. 发展概述

关中区

模型明器：仓、灶、井和家禽畜俑。

仓有CaⅢ式、CaⅣ式、CbⅠ式、CbⅢ式、Hb型，灶有AbⅡ式、AcⅠ式、AcⅡ式，井有BaⅠ式、BaⅡ式、BbⅡ式、BcⅠ式、BfⅠ式。个别墓葬出有猪圈BbⅡ式，羊圈BⅡ式，臼A型，碓房Bc型和楼Aa型、Ab型、Cb型。

东汉早期为仓、灶、井和家禽畜俑组合。仓除继续沿用Ca型外，新出现Cb型。

[1] 葛剑雄.中国移民史（第二卷）[M].福州：福建人民出版社，1997：149-153.
[2] 杜林渊.汉代北部边疆地区移民墓葬反映的历史问题[J].考古与文物，2011（1）：69-72.

灶继续沿用Ab型，新出现Ac型。井为Ba型，受洛阳区文化因素影响。

东汉中期，仓为Ca型、Cb型，与东汉早期相同。灶主要为Ac型。井的型式增加了Bb型、Bf型。个别墓葬出有臼A型，受洛阳区文化因素影响。出土家禽畜俑墓葬数目增多，器类有猪俑、狗俑、鸡俑。

东汉晚期模型明器为仓Cb型、Hb型，以Cb型为主。仓Hb型数量较少，见于豫北、郑州、三门峡区，应是受周边分区文化因素的影响。灶以Ac型、Bc型为主。Ca型数量少，最早见于徐州鲁南区。个别墓葬出土的猪圈Bb型，羊圈B型，碓房Bc型，臼A型和楼Aa型、Ab型、Cb型与邻近三门峡区出土的模型明器形制相近。

总体看，与第二阶段相比，关中区模型明器组合开始发展为仓、灶、井和家禽畜俑组合。B型陶井的出现与使用受洛阳区文化因素影响。东汉晚期出现的猪圈、羊圈、碓房、臼和楼等则与邻近三门峡区模型明器组合相近。模型明器主要类型为仓Ca型、Cb型，灶Ac型、Bc型，井Bb型、Bc型、Bf型和家禽畜俑组合。

洛阳区

模型明器：仓、灶、井、猪圈、磨、臼和家禽畜俑，个别墓出现碓房、风扇车、楼、院落等。

仓有BaⅣ式、BaⅤ式、BbⅣ式、HbⅡ式、GbⅡ式，灶BcⅡ式、BcⅢ式，井AdⅥ式、AbⅠ式、Ae型、BaⅡ式、BcⅤ式、BfⅠ式，猪圈AcⅢ式、AdⅡ式和BbⅡ式，磨BbⅠ式、D型，风扇车B型和臼A型、B型，碓房Bc型，楼AbⅠ式，院落Bb型。

东汉早期模型明器主要组合与第二阶段相同，鸡、狗等家禽畜俑开始出现。模型明器组合为仓Ba型、Bb型，灶Bc型，井Ad型，猪圈Ac型、Ad型，磨D型和臼A型、B型。猪圈增加了Ad型。

东汉中期模型明器主要组合不变，仓以Bb型为主，出现少量Hb型仓，受豫北、郑州周边分区文化因素影响。灶Bc型固定。井受周边区文化因素影响，型式增加，有Ab型、Ad型、Ae型、Ba型、Bc型、Bf型。猪圈以Ac型、Ad型为主；增加了Bb型，最早见于徐州鲁南区，同期周边分区郑州、豫北、冀中南、三门峡、南阳区皆有出土。磨和臼型式基本不变。个别墓出土碓房Bc型、楼AbⅠ式、院落Bb型，应是受豫北、郑州、三门峡周边分区文化因素影响。

东汉晚期模型明器有仓Ba型、Gb型，灶Bc型，井Bc型、Bf型，猪圈Ac型、Ad型和Bb型，磨Bb型、D型，臼和家禽畜俑。

总体看，与周边文化互动中，洛阳区模型明器组合主要沿用第二阶段，为仓、灶、井、猪圈、磨、臼，增加了家禽畜俑。仓、灶、磨、臼类型变化不大，陶井模型类型在东汉中期增加，至东汉晚期减少，以B型为主。猪圈模型类型增加。受周边分区文化因素影响，出现碓房Bc型，楼AbⅠ式，院落Bb型。模型明器主要类型为仓Ba型，灶Bc型，井Bc型、Bf型，猪圈Ac型、Ad型和Bb型，磨D型，臼A型、B型和家禽畜俑组合。

三门峡区

模型明器：仓、灶、井、猪圈、羊圈、磨、臼、碓房、楼、宅院和家禽畜俑。

仓有BbⅣ式、CaⅢ式、CbⅢ式、DaⅤ式、DaⅥ式、FaⅤ式、HaⅦ式、HbⅠ式、HbⅢ式，灶AbⅢ式、BcⅠ式、BcⅢ式，井BaⅡ式、BbⅠ式、BbⅢ式、BcⅠ式、BcⅤ式，猪圈AcⅡ式、AcⅢ式、BaⅡ式、BbⅠ式、BbⅡ式，羊圈AⅠ式，AⅢ式、BⅠ式、BⅡ式，磨BaⅡ式、CⅠ式和D型，臼A型，碓房Ba型、Bb型、Bc型，楼AbⅠ式、AbⅡ式、AcⅠ式、Ca型和Cb型，宅院Aa型。

模型明器组合为仓、灶、井、猪圈、羊圈、臼、碓房、楼，比第二阶段类型组合增加，新出现猪圈、羊圈、碓房、楼。

东汉前期仓Ca型、Da型、Hb型，灶Ab型、Bc型，井Ba型数量少，猪圈Ac型，羊圈A型，臼A型，碓房Ba型、Bb型，楼Cb型。碓房以及猪圈和羊圈组合的出现为本区地域文化。臼应受洛阳区文化因素影响。

东汉后期模型明器主要组合又增加磨。模型明器中仓、猪圈、羊圈、楼等类型增加，如仓有Bb型、Cb型、Db型、Fa型、Ha型、Hb型，猪圈Ac型、Ba型、Bb型和羊圈A型、B型，井Bb型、Bc型，楼有Ab型、Ac型、Ca型和Cb型，灶类型不变。新出现的磨有Ba型、C型和D型，碓房Bc型、Bd型，个别墓出现猪羊合圈，狗圈和宅院Aa型。

总体看，与周边文化互动中，三门峡模型明器组合为仓、灶、井、猪圈、羊圈、磨、臼、碓房、楼，比第二阶段类型组合显著增加，为仓Ca型、Cb型、Db型、Hb型，灶Ab型、Bc型，井Bb型、Bc型，猪圈Ac型、Ba型、Bb型，羊圈A型、B型，碓房Bc、Bd型，磨Ba型、C型和D型，楼Ab型、Ac型、Ca型和Cb型。此区中仓、楼、碓房、家畜圈、粮食加工工具类型繁多，为本区地域文化特色。

郑州区

模型明器：仓、灶、井、猪圈、磨、碓、碓房、平房和家禽畜俑。

仓有BaⅡ式、BbⅢ式、HaⅣ式、HbⅡ式、HbⅣ式，灶BbⅠ式、BcⅢ式，井AcⅠ式、AdⅡ式、BbⅠ式、BcⅠ式和BfⅠ式，猪圈AcⅢ式、AdⅡ式、BaⅠ式、Bb

型，磨D型，碓房AaⅠ式，碓AⅡ式和平房Ⅰ式。

东汉早期模型明器主要为仓、灶、井组合，比第二阶段组合增加井，但数量不多。陶院落模型不见。仓主要为Ba型、Bb型，延续第二阶段型式。灶Bb型，增加Bc型，为黄河中下游东汉时期陶灶的最为流行型式。井Ac型，与南阳区型式相近，应是受南阳区文化因素影响。

东汉中晚期模型明器类型和组合增加，为仓、灶、井、猪圈、磨、碓和家禽畜俑组合，个别墓出有碓房和平房。仓以Bb型、Ha型、Hb型为主，Ha型、Hb型多见于中型墓葬中，东汉晚期陶仓数量减少。灶型式未变。井型式增加，有AdⅡ式、BcⅠ式和BfⅠ式，应是受周边分区文化因素影响。猪圈有AcⅢ式、AdⅡ式、BaⅠ式、Bb型。碓东汉晚期出现，为A型。磨D型，碓房Aa型和平房Ⅰ式均仅见于个别汉墓中，应是受豫北、冀中南、南阳与三门峡区文化因素影响。

总体看，与周边文化互动中，郑州区模型明器组合比第二阶段增加，以仓、灶、井、猪圈和家禽畜俑组合为主。受周边分区文化影响，出现有磨、碓、碓房和平房等，数量较少。模型明器常见类型为仓Bb型、Ha型、Hb型，灶Bb型、Bc型，井Bb型，猪圈Ac型、Ad型、Ba型、Bb型。

南阳区

模型明器：仓、灶、井、猪圈、磨、碓、楼和家禽畜俑。

仓有BaⅢ式、BaⅣ式、DaⅣ式、HaⅣ式、HbⅢ式，灶BbⅡ式、BcⅢ式，井AbⅡ式、AdⅢ式、BfⅠ式，猪圈AdⅠ式，磨BaⅠ式、BaⅢ式、BbⅠ式，碓AⅠ式，楼Aa型、AbⅠ式、Ac型、Cb型。

东汉早期模型明器组合为仓、灶、井、猪圈、磨、碓和家禽畜俑，少量墓出有楼。灶、猪圈、磨、碓型式变化不大。仓以Ba型、Da型为主，又出现Ha型、Hb型，为这一时期汉文化主要流行型式。灶Bb型、Bc型。井型式数量减少，有Bf型，受洛阳区及周边分区文化因素影响。楼为Aa型。

东汉中期模型明器组合为仓、灶、井、猪圈、磨、碓、楼和家禽畜俑。灶、井、猪圈、磨、碓类型固定不变。仓仅为Ba型，楼为Aa型、AbⅠ式。

东汉晚期与前期相比，陶仓、碓已经很少见到，模型明器为灶、井、猪圈、磨、楼和家禽畜俑。猪圈类型增多，有Ac型、Ad型、Bb型，楼有Ab型、Ac型、Cb型。

总体看，南阳区模型明器组合从仓、灶、井、磨、猪圈、碓、楼和家禽畜俑减少到灶、井、猪圈、磨、楼和家禽畜俑。东汉晚期仓、碓已经很少见到。模型明器类型主要有仓Ba型、Da型、Ha型、Hb型，灶Bb型、Bc型，井Bf型，猪圈为Ac型、Ad型、Ba型，磨Ba型，碓A型，楼有Ab型、Ac型、Cb型。

豫北区

模型明器：仓、灶、井、猪圈、磨、楼、碓房、平房和家禽畜俑。

仓有BbⅢ式、BbⅣ式、FaⅤ式、HbⅠ式、HbⅡ式，灶BcⅢ式，井AaⅡ式、BaⅠ式、BbⅠ式、BcⅠ式、BcⅢ式、BcⅣ式、BdⅠ式、Be型、BfⅠ式，猪圈AcⅡ式、AcⅣ式、AdⅡ式、Ac型、BaⅡ式、BbⅡ式，碓AⅢ式，碓房AaⅡ式，风扇车A和B型，楼BⅠ式。

东汉早期模型明器组合为仓、灶、井、猪圈、楼和家禽畜俑。较之第二阶段模型明器类型增加了楼。个别墓出有碓、风扇车。仓有Bb型、Fa型，灶Bc型，井B型，猪圈Ac型、Ad型，碓A型，楼B型。

东汉中期模型明器主要组合增加了磨，为仓、灶、井、猪圈、磨、楼、碓房和家禽畜俑。仓出现Hb型。灶Bc型不变。井以B型为主，出现井Aa型。猪圈类型增加，有Ac型、Ad型、Ba型、Bb型。磨Ba型、Bb型，受南阳区文化因素影响。碓房Aa型，楼B型。个别墓出土平房B型。

东汉晚期模型明器主要组合为仓、灶、井、猪圈、磨、楼。仓类型减少，仅见Hb型。灶、井、猪圈、楼类型未有变化，磨D型，臼B型。

总体看，与周边文化互动中，豫北区模型明器主要组合为仓、灶、井、猪圈、磨、楼和家禽畜俑。模型明器器类和组合较第二阶段明显增加。模型明器类型主要有仓Bb型、Ha型、Hb型，灶Bc型，井B型，猪圈Ac型、Ad型、Bb型，磨Ba型、Bb型，楼B型。粮食加工工具模型如磨、碓、碓房、风扇车等和建筑模型楼在本地区较多出现，为本区地域文化特征。

冀中南区

模型明器：仓、灶、井、猪圈、磨、碓、平房、楼和家禽畜俑。

仓有HaⅠ式、HaⅢ式、HbⅠ式、AbⅠ式、AbⅢ式、EaⅡ式、HbⅠ式，灶有AaⅠ式、DaⅡ式、BaⅢ式、BcⅢ式、CaⅢ式、Cb型、DaⅠ式、Db型、GⅠ式，井有AaⅣ式、AdⅡ式、BcⅠ式、BcⅣ式、BfⅠ式、BaⅡ式，猪圈AcⅡ式、AcⅣ式、BaⅡ式、BbⅡ式、AdⅡ式、AdⅢ式，磨有BbⅠ式、BbⅡ式、D型，碓有AⅢ式、C型，楼有AaⅠ式、AaⅡ式、AbⅠ式、BⅠ式、AcⅢ式，平房有Ⅰ式，院落Ab型。

东汉早期模型明器组合为仓、灶、井、猪圈、磨、碓，较之第二阶段多猪圈、磨、碓。仓仅有Ha型。陶仓每墓多为1～2件。受本区传统习俗影响，灶出土数量和类型较多，有Aa型、Ba型、Bc型、Ca型、Cb型、Da型、Db型、G型，型式繁多，为本区地域文化特色。陶井有Aa型、Ba型、Bc型、Bd型，以Bc型为主。新出现猪圈有Ac型、Ad型、Bb型，磨有Bb型和D型，碓有C型。个别中型墓葬中出有陶厕和楼Aa型、Ab型。

东汉中晚期模型明器组合为仓、灶、井、猪圈、磨、碓、楼和家禽畜俑。东汉中期模型明器组合与东汉早期相近，陶楼数量增多，个别墓中出现碓房Ab型。仓有Ha型、Hb型；灶类型迅速减少，仅有Aa型、Da型；井类型较多，与前期相近；猪圈有Ac型、Bb型，类型减少；磨、碓类型与前期相近；楼有Aa型、Ab型、B型。东汉晚期个别墓出有平房Ⅰ式，院落Ab型；仓类型增加有Ab型、Ea型；灶类型为Bc型、Ca型、Cb型、Db型，比前期有所恢复；井为Bc型，类型减少；猪圈、磨、碓类型变化不大；楼有Aa型、Ab型、Ac型。

总体看，与周边文化互动中，冀中南区模型明器组合比第二阶段增加，以仓、灶、井、猪圈、磨、碓、楼和家禽畜俑组合为主，为仓Ha型、Hb型，灶Bc型、Ca型、Da型、Db型，井Bc型，猪圈有Ac型、Ad型、Bb型，磨有Bb型、D型，碓有C型，楼有Aa型、Ab型、Ac型。此区出现碓房、平房、院落、楼等建筑模型，与豫北区相近。

晋南区

模型明器：仓、灶、井、猪圈、羊圈、磨、臼、楼、碓房和家禽畜俑。

仓有HbⅠ式、HbⅡ式，灶AaⅠ式、BcⅢ式，井BbⅡ式、BcⅠ式、BcⅢ式、Be型、Bf型，猪圈有BaⅡ式、BbⅡ式，羊圈有BⅠ式、BⅡ式，磨有BbⅡ式，碓房有Ab型，臼有A型，楼有Cb型。

总体看，晋南区模型明器组合主要为仓、灶、井、猪圈、羊圈、磨、碓房和家禽畜俑，比第二阶段明显增多。模型明器的类型、组合受周边地区尤其是三门峡区文化因素影响较大。主要类型有仓Hb型，灶Aa型、Bc型，井Bb型、Bc型、Be型、Bf型，猪圈为Ba型、Bb型，羊圈为B型，磨为Bb型，碓房Ab型，臼A型，楼Cb型。

徐州鲁南区

模型明器：仓、灶、井、猪圈、磨、楼、家禽畜俑。

仓有HaⅠ式、HbⅡ式、FaⅢ式、FaⅣ式、GaⅢ式、AbⅠ式，灶有AcⅡ式、BbⅠ式、BbⅢ式、BcⅢ式、CaⅢ式、GⅠ式、GⅢ式，井有AbⅡ式、AcⅠ式、AdⅢ式、BcⅣ式、BfⅠ式，猪圈有AaⅠ式、AaⅡ式、AcⅢ式、AdⅠ式、BaⅡ式、BbⅠ式、BbⅡ式，磨有BaⅠ式、Bc型，楼有AaⅠ式、AaⅡ式。

东汉早期模型明器主要有仓、灶、井、猪圈、磨、家禽畜俑组合，与第二阶段模型明器组合接近。仓有Ha型，灶有Bb型、Ca型、G型，井有Ad型，猪圈有Aa型，磨有Bc型，少数墓出有陶楼Aa型。灶Bb型、G型为本区新出现类型。G型灶广泛见于江汉和吴越地区，邻近南阳区也曾出现，数量少；Bb型灶最早见于郑州区和南阳区。

东汉中晚期模型明器组合虽然未有太大变化，但模型明器中仓、灶、猪圈、井型式普遍增多。仓以Ga型、Ha型为主，又增加了Fa型、Hb型。灶以Bb型、Bc型、G型为主，Bc型为本区地域文化因素。井有Ab型、Ac型、Bc型、Bf型，以Ab型、Ac型为主。猪圈至东汉晚期类型明显增多，有Aa型、Ac型、Ad型、Ba型、Bb型，为本区地域文化特色。

总体看，徐州鲁南区模型明器组合沿用第二阶段，为仓、灶、井、猪圈、磨、家禽畜俑组合，个别墓出现楼。但东汉中晚期以后，受到周边分区的文化因素影响，仓、灶、井、猪圈型式明显增多。模型明器类型主要为仓Ga型、Ha型、Fa型、Ab型，灶Bb型、Bc型、Ca型、G型，井Ab型、Ac型，猪圈Aa型、Ac型、Ad型、Ba型、Bb型，磨Ba型、Bc型，楼Aa型。

鲁北区

模型明器：仓、灶、井、猪圈、磨、碓、风扇车、平房、楼。

仓有HaⅠ式，灶有AcⅡ式、BcⅢ式、CaⅡ式，井有AcⅠ式、BaⅠ式、BdⅠ式、BcⅠ式、BcⅡ式，猪圈有AcⅠ式、AdⅡ式、BbⅠ式，磨有CⅡ式、D型，碓有AⅡ式、C型，风扇车有B型，平房有AⅠ式、B型，楼有AcⅠ式、D型。

东汉早期模型明器组合为仓、灶、井、猪圈、磨，模型明器组合与第二阶段相近，但少数墓出现平房、楼、碓、风扇车。仓有Ha型，灶有Bc型、Ca型，井有Ac型、Bc型，猪圈有Ad型，磨有D型。新出现碓A型，风扇车B型，平房A型、B型，楼Ac型、D型。

东汉中晚期模型明器组合不变，少数墓有碓、平房、厕。碓应是受南阳区文化因素和汉主体文化的影响。

总体看，鲁北区模型明器型式组合主要为仓、灶、井、猪圈、磨，与第二阶段组合相同。模型明器类型：仓有Ha型，灶有Ac型、Bc型，井有Ac型、Bc型，猪圈有Ac型、Bb型，磨有C型。与周边文化互动中，出现平房、楼、碓、风扇车等模型明器。

晋中北区和陕北区

晋中北区受周边地域文化和汉主体文化因素的影响，模型明器组合主要为灶、井、猪圈和家禽畜俑，比第二阶段增加猪圈和家禽畜俑。少数墓出现楼Aa型、Ac

型、平房A型和仓Fb型。此外受本地传统文化影响，灶、井类型和数量较多。模型明器类型组合主要有灶Ba型、Bc型、Da型，井Aa型、Ba型、Bb型、Bc型、Bf型，猪圈Ac型、Aa型。陕北区模型明器出土数量较少，以仓、灶、井为主。

2. 发展特点及成因

东汉早期至晚期为黄河中下游地区模型明器组合发展的完备阶段。各分区间尽管模型明器组合及发展仍存在有不平衡，但相互间的文化交流，加速了各分区模型明器的发展，模型明器的器类和组合逐渐趋向一致，共同文化特征鲜明。

模型明器发展的共性特点有三：

一是各分区模型明器组合基本包括粮食贮存及加工类、炊厨类、家畜圈和家禽畜俑及房屋建筑类等四类，器类较第二阶段显著增加。表现在：

粮食加工工具器类增加，有磨、碓、臼、碓房、箕及风扇车等。尤以豫北区、三门峡区、冀中南区等汉墓中出磨、碓、臼、风扇车等各类粮食加工工具和碓房最为普遍。家畜圈器类增多和家禽畜俑普及。三门峡区、晋南区家畜圈以猪圈和羊圈组合最为常见。其他分区主要为猪圈，型式增多。陶井使用范围继续扩大。东汉早期各分区中小型墓葬中均出现陶井。陶井型式增多。房屋类建筑明器使用量增加。房屋类模型明器最早出现在郑州区，西汉晚期出有陶院落模型。东汉早期的豫北区、三门峡区、南阳区、冀中南区、鲁北区也开始出现平房、楼、宅院等房屋类模型明器和阙、墙等建筑附件。各分区中小型汉墓中陶仓出土数量减少，明显少于第二阶段。如关中区中小型汉墓中每墓出土陶仓数量多为1件；洛阳区东汉早期以后中小型汉墓每墓出土陶仓数量多为4、5、7件；南阳区、郑州区、三门峡区东汉早期以后中小型汉墓每墓出土陶仓数量多为1-2件。

二是各分区中小型墓葬中模型明器出土率增高，以两京及周围分区尤为突出。

本书所指的出土率是以单个墓葬为单位，以各分区典型墓地出土模型明器的墓葬数量与墓地中的同期墓葬数量相比得出。如洛阳烧沟汉墓东汉中晚期墓葬约有26座，出有模型明器的墓葬数量为21座，出土率为81%[1]；关中西安地区东汉中晚期墓葬约有158座，出有模型明器的墓葬数量为135座，出土率为85%[2]。三门峡刘家渠汉

[1] 洛阳区考古发掘队. 洛阳烧沟汉墓［M］. 北京：科学出版社，1959.
[2] 西安市文物保护考古所. 西安东汉墓［M］. 北京：文物出版社，2009：1044-1076.

墓东汉晚期墓葬数为25座，出有模型明器的墓葬数量为24座，出土率为96%[1]。可以看出上述分区模型明器的出土率很高。

三是中小型墓葬中模型明器占随葬品数量的比例增高。不少分区墓葬中模型明器成为主要随葬品类。如三门峡刘家渠东汉中晚期墓葬中普遍以模型明器随葬，模型明器的器类有仓、灶、井、猪圈、羊圈、楼、碓房等。

建立在长期的政治、经济、文化的大一统背景下，各分区相互间的文化交流，使核心区模型明器的共性文化特征鲜明，并成为这一阶段墓葬随葬品的主体文化特征。结合此阶段发展特征，与第二阶段比较，可知模型明器器类组合发展在整体上有较大转变，这与其背后历史时期的社会变迁和丧葬制度的转变相同步，是受经济、政治、社会、思想信仰等方面的综合影响。俞伟超先生曾指出东汉中晚期考古学汉文化的几个突出变化与大土地所有制膨胀、地方豪强势力壮大、宗族制度、天人感应思想和神仙信仰等相关[2]。这些因素也影响了模型明器的发展演变。

作为丧葬使用的人工制品，两汉之间模型明器的自身发展与社会价值观和丧葬观念的转换密切相关，突出的转变表现在以下两个方面：

一是表征身份和财富的器类增加。西汉模型明器组合为仓、灶、井，部分分区有圈、磨，这些器类主要与饮食和生活相关。东汉以后模型明器中反映权贵豪强的第宅建筑如院落、楼、房等器类逐渐增多。除了住宅外，还出现大量象征家庭财富的家禽畜俑和水田、陂池等田产模型。随葬品主要用来标示墓主的社会身份、权力和财富。西汉中期随着商品经济和大土地私有制的发展，经济财产日益成为实际决定身份地位的重要因素[3]。东汉政权来自于豪族的支持。豪族垄断政治上的特权，并进而获取经济利益，以置产业获利为目的，权力与财富进一步紧密结合。世俗突出表现为尚官禄、崇财富的特点。住宅、田产、牲畜、奴婢等均为家庭财产的重要组成部分。这一时期的随葬品也是以代表财富和权力的人所享用的日用生活品、住宅建筑、田产、车马等为主的随葬品组合。特别是社会中下层，由于等级限制无法逾制使用车服、礼器、印绶等象征社会身份的随葬品，则在随葬品中侧重使用田宅、家禽畜俑等显示个人财富和身份的模型明器类。

---

[1] 黄河水库考古工作队.河南陕县刘家渠汉墓［J］.考古学报，1965（1）：107-167.
[2] 俞伟超.秦汉考古学文化的历史特征［C］//古史的考古学探索.北京：文物出版社，2002：180-190.
[3] 李天石.中国中古良贱身份制度研究［M］.南京：南京师范大学出版社，2004：69-80.

二是模型明器出现大量神仙题材。神仙信仰的世俗化是模型明器发展转变的又一因素。汉代神仙信仰的世俗化表现在成仙方术的多样化与操作简单化，社会各阶层普遍信仰从早期追求生命永恒向后期享受富贵逍遥的神仙生活转变。西汉晚期以后西王母及昆仑仙境成为墓葬中汉画像砖石与壁画中大量出现的神仙题材；此外在汉代器物上出现大量与成仙相关的纹饰如羽人、神人和神仙铭文等。这在东汉以后出土的模型明器上也多有反映。模型明器除保持原有的真实形态外，器表通常模印或彩绘有四神、云气及祥禽瑞兽、羽人等图案。这些装饰使模型明器所呈现的民居建筑、器具等与现世加以区分，构成死后世界中为死者所营建的理想家宅。以陶楼模型为例，《史记·孝武本纪》记载“仙人好楼居”的思想促使汉代高台楼阁等建筑迅速发展[1]，西汉皇家园林中的昆明池、太液池及周围楼阁建筑模仿天界、仙境，以满足帝王求仙的私欲。墓葬中西汉晚期陶楼层数多为三四层，到东汉中晚期陶楼层数逐渐增高，常见五至七层，器形高大。陶楼多彩绘、模塑有神人、云气、龙、虎、凤鸟、力士擎柱等图像题材，皆是神仙信仰在模型明器中的反映。

第四节　东汉末期至西晋早期

这一阶段为模型明器组合及使用的衰落阶段。

1. 发展概述

黄河中下游地区东汉末期至西晋早期的墓葬数量发现较少，主要集中在关中、洛阳、冀中南、豫北和徐州鲁南区。

关中区模型明器主要有仓Cb型，灶Bc型、Ca型和家禽畜俑。

洛阳区主要有仓Bb型，灶Bc型，猪圈Ac型和家禽畜俑。

徐州鲁南区模型明器主要有灶、井、猪圈等模型明器组合，但器类明显减少，制作粗糙。灶有Bc型、Ac型，磨D型。

豫北区模型明器主要有灶Ba型、Bc型，井Bf型，猪圈Ac型组合。

冀中南区模型明器有灶Bc型，楼Ac型。

[1] 这一观点为陈明达、刘敦桢等多位学者所提及。如刘敦桢. 大壮室笔记［C］//刘敦桢文集（一）. 北京：中国建筑工业出版社，1982.

2. 发展特点及成因

此阶段模型明器的组合及使用特点突出表现为模型明器的器类急剧减少，模型明器组合不再完备。常见器类有仓、灶、井、猪圈等。东汉时期模型明器的器型仍在使用，但碓、臼、碓房等粮食加工工具及建筑类多数消失。一些中型墓中模型明器出土器类与数量相对要多一些，仍包括了最常见的仓、灶、猪圈、家禽畜俑等，但与第三阶段相比模型明器组合不再完整，小型墓很少出土模型明器。从出土模型明器看，仓、灶、猪圈等模型明器型式基本继承东汉晚期，只是器形普遍缩小，不再重视器表装饰。而东汉时期流行于黄河中下游地区的高大陶楼模型已经很少见到。

曹魏时期为三国鼎立时期，所辖疆域主要局限于北方地区。相对于两汉的稳定，曹魏至西晋初期更多的是分裂与战争。从两汉至西晋初期社会经济发展来看，两汉国家统一，垦田增加，整个社会经济处于迅速发展阶段。黄河中下游地区一直为两汉的政治、经济、文化中心区，人口数量众多，农业、商业、手工业等长期处于全国领先地位。东汉末期至西晋时期此地区迭遭战乱，农业生产遭到破坏，土地荒芜，人口流移逃散。曹魏时期全境人口仅为东汉同区的六分之一[1]。曹魏推行的屯田制和小农经济的发展虽然对恢复经济起到了一定作用，但终魏之世，黄河中下游地区的社会经济始终未恢复到汉时水平。战乱与经济凋敝使东汉盛行的厚葬之风已没有滋生繁衍的土壤。

针对东汉和帝以后社会浮侈离本，潜奢过上的世俗风气，魏晋时期统治者多主张薄葬。曹操临死前曾遗令曰："天下尚未安定，未得遵古也。葬毕，皆除服……敛以时服，无藏金玉珍宝。"《晋书·礼志中》亦记载："而魏武以礼送终之制，袭称之数，繁而无益，俗又过之，豫自制送终衣服四箧，题识其上，春秋冬夏，日有不讳，随时以敛。金珥珠玉铜铁之物，一不得送。"安阳西高穴曹操高陵中出土的陶明器包括陶灶、井等模型明器，皆没有两汉明器流行的装饰花纹图案，与曹植在《武帝诔》中提到"明器无饰""陶素是嘉"的记载相吻合。魏文帝、魏明帝及皇亲贵戚、各级官吏等也多遵从薄葬的丧葬观念。薄葬在曹魏政权时开始制度化、法令化[2]。西晋宣帝司马懿"预作终制，于首阳山为土藏，不坟不树；作顾命三篇，敛以时服，不设明器"。晋景帝、晋武帝皆遵照。"以宣皇顾命终制，山陵不设明器，以贻后则。

[1] 唐长孺. 魏晋南北朝隋唐史三论［M］. 武汉：武汉大学出版社，1996：25-28.
[2] 韩国河. 秦汉魏晋丧葬制度的研究［M］. 西安：陕西人民出版社，1999：111.

景帝奉遵遗制。逮文明皇后崩，武皇帝亦承前制，无所施设，惟脯糒之奠，瓦器而已。”[1]《晋书·礼志中》言：“汉礼明器甚多，自是皆省矣。”

与东汉相比，这时期无论从墓葬形制结构还是随葬品都有简化的趋向，当为曹魏西晋初期以薄葬为名义而进行的丧葬制度变革的反映。明器简化的趋势使模型明器中大量反映权力、财富等以及追求死后舒适生活和成仙愿望的器类逐渐消失，仅保留有与生活相关的基本器类如灶、井、圈、磨等。但曹魏时期陶器组合基本沿用东汉时期鼎、壶、钵、奁盒、案、碗、耳杯、灶、井以及家禽畜俑等常见组合，器物制作较为粗糙。新出现的器物有多子盒、空柱盘、四系罐、双系罐、男女仆俑、帷帐等[2]。

第五节 西晋中晚期

这一阶段为模型明器组合使用的恢复时期。

1. 发展概述

黄河中下游地区西晋中晚期的墓葬主要集中在关中、洛阳、郑州、南阳、豫北、徐州鲁南、冀中南、晋南区等。

关中区的模型明器组合为仓、灶、井、磨、房及家禽畜俑，有灶Bc型、Ca型、Da型，井有Ba型、Bb型、Be型，磨D型和房A型。

晋南区为灶、井、磨、碓、房和家禽畜俑，有灶Bc型，井Bb型，磨D型，碓A型，房A型。

洛阳区模型明器组合为仓、灶、井、猪圈、碓、房和家禽畜俑，有仓Db型、Ha型，灶Bc型，井有Bb型，猪圈有Ac型，碓有A型，平房有A型。

郑州区模型明器为灶、井、磨、碓和家禽畜俑，有灶Bc型，井Bb型，磨D型，碓C型。

豫北区模型明器有灶Bc型，井Ba型，磨D型，碓B型，平房A型和家禽畜俑。

冀中南区模型明器组合为灶、井、猪圈、磨、碓、房，有灶Bc型、Da型，井Bb型，猪圈Ac型，磨D型，碓A型，平房A型。

南阳区模型明器组合为仓、灶、井、猪圈、磨、家禽畜俑，有仓Bd型，灶Bb

[1] [唐]房玄龄，等，撰.晋书·江逌传[M].北京：中华书局，2012：2173.
[2] 韩国河，朱津.三国时期墓葬特征述论[J].中原文物，2010（6）：53-61.

型、Bc型，井Bb型，猪圈Ac型，磨D型。

徐州鲁南区的模型明器组合为仓、灶、井、猪圈、磨、碓、平房、家禽畜俑，有仓Ab型，灶Bc型，井有Aa型、Ac型、Bb型，猪圈Aa型、Ac型、Bb型，磨D型，碓A型、B型，平房A型。

可以看到西晋中晚期，模型明器的使用又有所恢复，主要有仓、灶、井、磨、碓等器类。

2. 发展特点及成因

这一时期模型明器的组合及使用特点表现为三方面。

一是模型明器的器类数量较第四阶段有所恢复。器类主要有仓、灶、井、猪圈、碓、房和家禽畜俑等，但器类与数量已经远比不上东汉早期至晚期的模型明器。

二是模型明器组合及使用相对固定，模型明器进一步明器化、器形缩小，制作粗糙。形成这一时期模型明器的文化特征。

各分区模型明器器类及组合表现出较多的一致性。从各分区出土的模型明器来看，这一时期主要流行有灶Bc型，井Bb型，猪圈Ac型，碓A型，平房A型，以洛阳区最为代表。黄河中下游地区各分区模型明器类型表现出较强的一致性。流行于东汉时期器形较大的陶楼、陶院落等房屋建筑模型已消失不见。模型明器的器形缩小，以灰陶为主，多为素面，但灶面尚模印有食物、厨具等图案。两汉时期流行于模型明器上的彩绘图案很少见到；东汉中晚期流行的绿釉或黄褐釉陶质地的模型明器也较少见。这一时期长江以南地区个别墓葬出现青瓷质地的模型明器，但在黄河中下游地区尚未见到。

三是仓储和粮食加工、炊厨、家畜圈类模型明器在随葬品中所占数量比例缩小，在明器类中已经不是主流。这一时期形成以牛车模型、男女侍俑、武士俑、空柱盘、盘口壶、鸡首壶、虎子、牛形镇墓兽为主的新的随葬品组合[1]。

洛阳因是西晋政治、文化、经济中心，西晋中晚期各分区模型明器组合形成以洛阳为中心的模型明器器类组合，成为这一阶段模型明器的共性特征。模型明器简化至满足饮食和基本生活的器类，承袭了曹魏至西晋早期的器类组合，但在类型上又有所创新。这一文化特征转变与整个丧葬制度的转变相关，为“晋制”的确立阶段。俞伟

[1] 李梅田. 中原魏晋北朝墓葬文化的阶段性[J]. 华夏考古，2004（1）：50-54.

超[1]、韩国河[2]、吴桂兵[3]等先生皆对“晋制”的形成及原因加以探讨。俞伟超先生认为晋制的形成与财产占有制度、社会等级制度以及思想信仰发生改变相关。韩国河先生认为魏晋丧葬礼制总体承袭两汉时期的特征，但较两汉时期社会等级性、礼法性更加强化，社会士庶等级观念的加强、门阀大族势力膨胀、以礼入法及宗教等影响是晋制形成的几个原因。

西晋门阀士族制度的确立进一步强化了社会等级，社会身份已经不再将经济财产视为衡量身份的标准，门第及家世成为社会身份地位的标准。与之相对应，强化社会身份等级观念渗透至社会日常生活中，不仅强化婚姻门第观念，具体到车服器物之类亦符合身份等级。明器方面，新兴以牛车模型明器和其他明器，如男女侍俑、武士俑、镇墓兽在内的随葬品组合而成。牛车的使用与汉末清流士风相关，魏晋时期进入车驾制度，成为魏晋时期士族等级身份象征[4]。此外随葬器皿中壶、唾壶、碗、洗、砚等器类均反映出当时士族及贵族阶层生活。魏晋时期墓葬中象征个人财富的模型明器器类消失，而彰显士族等级门第的器类增多，在随葬品组合上一套新的制度已然形成。

第六节　小　结

模型明器源起于秦地，虽经东周和秦代，但其流行地域始终是以关中为中心，影响范围很小。西汉初期模型明器在汉文化中心区出现了关中、徐州鲁南区两个中心。从目前考古发掘来看，这两个中心也是整个汉帝国出现和使用模型明器最早的两个区域[5]。西汉早期以后黄河中下游地区模型明器发展过程是延续的，受政治、经济、社会、信仰等多重因素的影响，又会集中表现出阶段性特征。总体上看两汉魏晋时期

[1] 俞伟超.中国魏晋墓制并非日本古坟之源［M］古史的考古学探索.北京：文物出版社，2002.

[2] 韩国河.秦汉魏晋丧葬制度研究［M］.西安：陕西人民出版社，1999；韩国河.魏晋时期丧葬礼制的承传与创新［J］.文史哲，1999（1）：31-36.

[3] 吴桂兵.晋代墓葬制度与两晋变迁［J］.东南文化，2009（3）：58-63.

[4] 刘增贵.汉隋之间的车驾制度［J］.历史语言研究所集刊（63本，第二分），1993：371-453.

[5] 在长江中游江汉地区、西南成都、广州等西汉早期墓葬中也出现少量模型明器仓、灶，但使用时间和数量均没有关中、徐州早。见赵化成，高崇文，等.秦汉考古［M］.北京：文物出版社，2006：116；胡亚毅.汉代模型明器研究［D］.北京：北京大学考古文博学院，2005.

黄河中下游地区模型明器发展经历了从确立、发展、繁荣至衰落的几个阶段过程。

西汉早期为模型明器使用的初步发展阶段，形成关中与徐州鲁南区两个中心。关中直接承袭秦文化，模型明器组合为仓、灶；徐州鲁南受到来自秦、楚文化的综合影响，模型明器组合为仓、灶、井、磨、猪圈等。两组模型明器组合虽有不同，但同时使用仓、灶器类，反映了黄河中下游地区模型明器使用的文化共性。受其影响南阳与豫北区也开始出现仓、灶。西汉早期为汉文化形成时期，政治制度上承袭秦制，社会习俗为六国文化的复活。仓、灶的使用为承继秦文化，新出现井、猪圈、磨器类则又掺杂秦、楚文化的综合影响。原三晋两周文化、齐鲁文化等分区在西汉早期墓葬中又重新使用各自列国文化随葬品组合，应为这些分区没有较早出现仓、灶等模型明器的原因。

西汉中期至东汉初期为模型明器使用的持续发展和确立阶段。黄河中下游地区以仓、灶、井为主的模型明器组合逐渐扩展至各分区。关中和徐州鲁南区自身模型明器组合趋向固定化，并对其他分区模型明器的器类组合产生较大影响。分区间频繁的文化互动加速各分区模型明器的发展，模型明器类型与组合趋向固定，形成自身地域文化特征，同时形成这一阶段模型明器使用的共性文化特征。西汉中期中央集权专制政体稳固，中央加强对地方控制，政令通达，使政治中心文化得以迅速传播。核心区经济发展、交通便利、商业贸易繁荣及人口迁移等加速地区间的文化互动，思想上儒家积极参与对丧葬礼俗的制定与规范等，使模型明器的文化面貌从西汉中晚期后共性特征愈加明显。

东汉早期至晚期为模型明器组合发展的完备阶段。各分区模型明器器类和组合逐渐趋于一致，粮食贮存及加工类、炊厨类、家畜圈和家禽畜俑及房屋建筑类等模型明器组合趋于完备，器类显著增加；各分区间模型明器组合与使用的不均衡性逐渐减弱；中小型墓葬中模型明器出土率增高，以两京及周围分区尤为突出。各分区间的共性特征突出，成为这一阶段墓葬随葬品的主体文化特征。在模型明器组合上表征身份、财富以及反映神仙信仰的器类增多。这与商品经济和大土地私有制的发展，经济财产成为决定身份地位的重要因素有关。家庭财产中住宅、田产、牲畜、奴婢等开始大量作为随葬品出现，用于显示个人财富和身份地位。两汉社会上流行的神仙信仰也影响了墓葬文化，并进而影响模型明器的制作与使用。

曹魏至西晋早期模型明器的器类与数量明显减少，模型明器器类多是沿用东汉时期，组合不再完整，器类不重视装饰。东汉末年此地区迭遭战乱，经济凋敝，人口减少，使厚葬之风及随葬种类繁多的明器已经不再可行。此外曹魏西晋早期统治者主张薄葬，整顿东汉后期社会盛行厚葬奢侈及僭越的世俗风气，维护社会等级秩序，墓葬随葬品出现简化趋向。

西晋中晚期模型明器的器类数量较之曹魏至西晋早期有所恢复，但仍少于东汉。模型明器组合在器类和型式上趋于固定，主要有仓、灶、井、猪圈、碓、房和家禽畜俑等，模型明器器形缩小、制作粗糙。西晋门阀士族制度的确立进一步强化社会等级，门第及家世成为衡量社会身份地位的标准。与之相对应，明器方面，象征个人财富的模型明器器类消失，而模型明器中彰显士族等级门第的器类，牛车模型与其他明器如男女侍俑、武士俑以及反映士族及贵族阶层生活用器壶、唾壶、碗、洗、砚等器类增多。

综上，模型明器总体阶段的发展特点受不同历史时期的经济、政治、社会、思想信仰等方面的综合影响，与汉至西晋丧葬制度的发展相符合，同时作为人工制品，其发展演变又有自身特点。

第六章 模型明器社会阶层使用特点

与墓主生前社会阶层身份相对应，黄河中下游地区汉至西晋时期墓葬呈现出相应的等级性特点，表现在墓葬形制、规模、棺椁品类、丧葬品组合等诸多方面，并由此形成等级区分。东周时期陶仓、灶模型明器就已出现在秦墓中，但仓的使用范围较小，仅限于一定阶层使用[1]。进入西汉以后，模型明器在墓葬中开始普及，使用社会阶层逐渐扩展。诸侯王、侯二等享有食邑。文献记载表明帝陵和诸侯王墓等特权阶层与社会中下层的丧葬制度存在有严格的等级划分。两汉至魏晋帝陵尚未正式发掘。这里我们仅将黄河中下游地区已正式发掘公布的两汉帝陵外藏坑、诸侯王和列侯墓葬，魏晋贵族墓和代表社会中下层的中小型墓葬[2]出土的模型明器进行对比，初步分析这一地区不同社会阶层使用模型明器的特点。

第一节 西汉社会阶层使用特点及成因

1. 西汉景帝阳陵外藏坑出土模型明器

西汉诸帝陵中，目前已探明景帝阳陵封土以外外藏坑86座，部分已被发掘。从已发掘的外藏坑看，出土的模型明器有陶灶、井和家禽畜俑等。陶家禽畜俑出土较多，器类有猪、狗、鸡、羊、牛等，见于13、14、15、20、21号外藏坑等，以13号坑出土数量庞大[3]。另外18号外藏坑内出土陶灶1件；17号外藏坑内出土陶井1件[4]。17号外藏坑内出土陶井为Aa型，此型陶井还见于同期徐州汉墓出土，但在西安同时期中小型墓中却很难见到。而这一时期西安中小型墓中流行的Ba型、Ca型陶仓则没有出现。另外西汉帝陵中武帝茂陵[5]、宣帝杜陵[6]部分外藏坑中发现有动物骨架和武士俑等，尚未见到陶仓、灶、井及家禽畜俑等模型明器出土。

---

[1] 张颖岚. 秦墓出土陶仓模型及相关问题研究［J］. 秦文化论丛（第七辑）. 西北大学出版社，1999：363-378；滕铭予. 秦文化：从封国到帝国的考古学观察［M］. 北京：学苑出版社，2002.

[2] 中小型墓墓主所对应的社会阶层主要为一般官吏和平民.

[3] 陕西省考古研究院. 汉阳陵帝陵东侧11-21号外藏坑发掘简报［J］. 考古与文物，2008（3）：3-32.

[4] 陕西省考古研究所汉陵考古队. 汉景帝阳陵南区从葬坑发掘第一号简报［J］. 文物，1992（4）：1-13.

[5] 王学理，吴镇锋. 西安任家坡汉陵从葬坑的发掘［J］. 考古，1976（2）：129.

[6] 咸阳市文物考古研究所. 西汉昭帝平陵钻探调查简报［J］. 考古与文物，2007（5）：3-5.

2. 西汉诸侯王（后）墓出土模型明器

黄河中下游地区正式见诸报告的西汉诸侯王（后）墓主要有河北满城中山王刘胜及其夫人窦绾墓[1]、河北定县八角廊中山怀王刘修墓[2]、河北定县三盘山中山王墓[3]、河北石家庄小沿村汉初赵王张耳墓[4]、河北获鹿高庄常山王及王后墓[5]、河北沧州献县 36 号河间国王刘辟疆墓[6]，河南商丘永城市芒砀山西汉梁王及王后墓葬[7]、山东曲阜九龙山鲁王墓地[8]、山东济南章丘危山济南王墓[9]、山东长清双乳山济北王墓[10]、山东章丘市枣园镇洛庄吕王墓[11]、山东巨野红土山汉墓[12]、山东淄博市临淄区大武乡窝托村齐王墓[13]、山东潍坊昌乐县东圈村南菑川王墓[14]、山东青州市香山汉墓[15]、江苏徐州狮子山汉墓[16]、江苏徐州北洞山汉墓[17]、江苏徐州龟山二号汉墓[18]、江苏徐州东洞山三号汉墓[19]等。（见表 6.1）

［1］中国社会科学院考古研究所，河北省博物馆，等. 满城汉墓发掘报告［M］. 北京：文物出版社，1980.
［2］河北省文物研究所. 河北定县40号汉墓发掘简报［J］. 文物，1981（8）：1-10.
［3］河北省文物管理处. 河北出土文物选集［M］. 北京：文物出版社，1980；文物编辑委员会. 文物考古工作三十年［M］. 北京：文物出版社，1979.
［4］石家庄市图书馆文物考古小组. 河北石家庄市北郊西汉墓发掘简报［J］. 考古，1980（1）：52-55.
［5］河北省文物研究所，鹿泉市文物保管所. 高庄汉墓［M］. 北京：科学出版社，2006.
［6］河北省文物研究所. 献县第36号汉墓发掘报告［C］//河北省考古文集. 北京：东方出版社，1998：24-260.
［7］河南省商丘市文物管理委员会，河南省文物考古研究所，河南省永城市文物管理委员会. 芒砀山西汉梁王墓地［M］. 北京：文物出版社，2001；河南省文物考古研究所. 永城西汉梁国王陵与寝园［M］. 郑州：中州古籍出版社，1996；河南省文物考古研究所，永城市文物旅游管理局. 永城黄土山与酂城汉墓［M］. 郑州：大象出版社，2010；永城市博物馆. 河南永城僖山二号汉墓清理简报［J］. 文物，2011（2）：20-25.
［8］山东省博物馆. 曲阜九龙山汉墓发掘简报［J］. 文物，1972（5）：39-44.
［9］王守功，崔圣宽. 章丘市危山汉代陪葬坑［G］. 中国考古学年鉴，北京：文物出版社，2003：217-218；王守功，崔大庸. 危山汉墓布局及墓主人身份推定［N］. 中国文物报，2003-11-28（1）.
［10］山东大学考古系，山东省文物局，长清县文化局. 山东长清县双乳山一号汉墓发掘简报［J］. 考古，1997（3）：1-9.
［11］济南市考古研究所，山东大学考古系，山东省文物考古研究所，等. 山东章丘市洛庄汉墓陪葬坑的清理［J］. 考古，2004（8）：3-16.
［12］山东省菏泽地区汉墓发掘小组. 巨野红土山西汉墓［J］. 考古学报，1983（4）：471-500.
［13］山东省淄博市博物馆. 西汉齐王墓随葬器物坑［J］. 考古学报，1985（2）：223-266.
［14］潍坊市博物馆，昌乐县文物管理所. 山东昌乐县东圈汉墓［J］. 考古，1993（6）：525-533.
［15］刘华国. 山东青州香山汉墓陪葬坑出土大批精美文物［N］. 中国文物报，2006-9-13（2）.
［16］狮子山楚王陵考古发掘队. 徐州狮子山楚王陵发掘简报［J］. 文物，1998（8）：4-47.
［17］徐州博物馆，南京大学历史系考古专业. 徐州北洞山西汉楚王墓［M］. 北京：文物出版社，2003.
［18］南京博物院，铜山县文化馆. 铜山龟山二号西汉崖洞墓［J］. 考古学报，1985（1）：119-132；徐州博物馆. 江苏铜山龟山二号西汉崖洞墓材料的再补充［J］. 考古，1997（2）：36-46.
［19］孟强. 徐州东洞山三号汉墓的发掘及对东洞山汉墓的再认识［J］. 东南文化，2003（7）：28-31.

表6.1 黄河中下游西汉诸侯王（后）墓模型明器出土情况

分区	出土地点	墓主身份	时 代	模型明器出土	其他随葬器物	是否盗扰
冀中南区	石家庄小沿村西汉墓	赵王张耳	西汉早期	无	陶罐、壶。铜鼎、带钩、镜、乐器等	盗扰
冀中南区	河北鹿泉获鹿高庄汉墓 M1	常山王刘舜	西汉中期	木船 1	陶器 499 件，有壶 57、钫 8、釜 15、罐 23、缸 31、盆 66、甑 9、盘 80、盒 33、卮 14、匜 20、樽 8、耳杯 95、鼎 9 等。铜器 46 件，有鼎、钫、壶、锺、甑、瓿、匜、釜、盆、鉴、炉、臼、灯、勺、削等。铁器、玉石器、银器、漆器、木器、车马等	盗扰
冀中南区	河北满城汉墓 M1	中山靖王刘胜	西汉中期	无	陶器 549 件，有鼎 21、盒 30、壶 78、钫 11、瓶 3、罐 28、缸 16、瓮 2、盘 79、匜 20、甑 6、盆 58、钵 20、釜 6、樽 8、卮 25、耳杯 111、灯 27 等。铜器 419 件，有壶、锺、鼎、钫、甗、釜、灯及车马仪仗等。铁器 419 件，有兵器、工具等。玉石器 84 件。漆器等	无
冀中南区	河北满城汉墓 M2	中山靖王后	西汉中期	无	陶器 426 件，有壶 67、小壶 14、钫 10、罐 20、缸 17、盆 72、盒 23、匜 14、鼎 12、钵 20、甑 4、釜 3、耳杯 100、卮 18、灯 17 等。铜器 188 件，有壶 3、铜 2、鼎 3、钫 2、甗 3、釜 5、钵 1、盆 10、匜、灯 5、镜 3 等。铁器 107 件	无
冀中南区	定县八角廊汉墓	中山怀王刘修墓	西汉中期（前 56 年）	无	陶器 300 多件，有鼎、豆、罐、壶、盘、匜、盆、甗、耳杯等。铜器、玉石器等	盗扰

续表

分区	出土地点	墓主身份	时 代	模型明器出土	其他随葬器物	是否盗扰
冀中南区	河北沧州献县汉墓 M36	河间国王刘辟疆	西汉早期	无	陶壶	
鲁北区	山东淄博窝托村齐王墓陪葬坑	齐哀王刘襄	西汉早期	无	5个陪葬坑出土陶器79件，有鼎、壶、钫、盆、盘、匜、瓮、釜、甑、钵等；铜器有鼎、壶、钫、盆等；漆器；铜车马器；铁工具；银器；铅器等	无
鲁北区	山东章丘洛庄汉墓陪葬坑	齐王吕台	西汉早期	陶鸡及鸟	祭祀坑22座，陪葬坑14座。有车马器、陶罐、俑、乐器、兵器等	盗扰
鲁北区	山东长清双乳山一号汉墓	济北王刘宽	西汉中期	无	铜器100件，有鼎9、壶8、钫4、灯2等。陶罐、铁器、玉器、漆器、车马器。牛、羊、鸡、鱼等家禽畜骨	无
鲁北区	山东昌乐东圈汉墓	菑川王	西汉	无	陶器有罐、碗。玉石器、铜车马器等	盗扰
鲁北区	山东青州香山汉墓陪葬坑	菑川王	西汉	陶牛、羊、猪、鸡等家禽畜俑	人俑等	盗扰
徐州鲁南区	江苏徐州狮子山汉墓	楚王	西汉早期	无	陶器有瓮、盆、甑、钫、壶、罐，陶俑，玉石器、兵器、金器、铜钱等	盗扰
徐州鲁南区	江苏徐州北洞山汉墓	楚王刘礼	西汉早期	无	陶器有瓮、甑、釜、缸、盆、钵、奁；陶俑；铜器有鼎、编钟、器物饰、兵器等；铁工具；金银玉石器；铅锡器；漆木器；钱币等	盗扰
徐州鲁南区	江苏徐州龟山二号汉墓	楚王刘注	西汉早期	无	陶鼎、壶、璧、盆等；陶俑	盗扰
徐州鲁南区	江苏徐州东洞山汉墓	楚王刘延寿	西汉中期	无	陶器	盗扰
徐州鲁南区	山东曲阜九龙山汉墓4座	鲁王	西汉	陶灶	陶器有鼎、盒、壶、罐、盘、匜、耳杯等；铜器；玉石器等	盗扰

续表

分区	出土地点	墓主身份	时 代	模型明器出土	其他随葬器物	是否盗扰
徐州鲁南区	巨野红土山西汉墓	昌邑哀王	西汉中期	无	铜器526件，有鼎、锺、缶、钫、罐、釜、豆、盘、洗、兵器及车马器等。铁器405件，有兵器、灯等。陶器29件，有鼎、壶、瓿、罐、耳杯、鱼等。玉器43件。漆器及其他	无
徐州鲁南区	河南商丘永城柿园汉墓	梁共王刘买	西汉早期	无	铜车马器、兵器，陶俑、陶罐等	盗扰
徐州鲁南区	河南商丘永城夫子山一号墓	梁平王刘襄	西汉中期	无	铜车马器、陶俑、金器等	盗扰
徐州鲁南区	河南商丘永城黄土山二号墓	梁王后	西汉中期	无	陶器54件，有壶、钫、三足罐、熏炉等。铜器700多件，有盘、壶、盆、鼎、罐、盒、釜、钫、灯及车马器等。玉石器172件。漆木器、金银器等	盗扰
徐州鲁南区	河南商丘永城窑山一号墓	梁王刘嘉	西汉晚期	无	玉衣片、玉石器、铜钫、铜剑等	盗扰
徐州鲁南区	河南商丘永城窑山二号墓	梁王刘嘉王后	西汉晚期	陶仓1（残）	陶器有壶、盆、勺等；玉石器；铜器等	盗扰
徐州鲁南区	河南商丘永城僖山二号墓	梁王后	西汉晚期	无	玉衣片及玉石器	盗扰

黄河中下游地区西汉诸侯王（后）墓出土随葬品数量众多，品种齐全。器物质地以铜、陶、铁、玉石、漆木器、金银器者居多。陶器类主要包括仿铜礼器、饮食器、日用器皿、乐器、俑等，器物主要有鼎、盒、壶、钫、瓶、罐、瓮、盘、匜、甑、盆、钵、釜、樽、卮、耳杯、灯等。铜器包括礼器、车马器、兵器、乐器、饮食器等，器物主要有鼎、壶、盘、盆、罐、盒、釜、钫、灯等，多数为实用器，少量为明器或其他类器物。根据图表可以看出，已知的黄河中下游地区的西汉27座诸侯王及王后墓中，仅山东曲阜九龙山鲁王墓出土有陶灶1件，西汉中期河北获鹿高庄常山王及王后墓出土木船1件，西汉晚期河南商丘永城窑山二号墓梁王王后墓出土陶仓1件。在山东章丘洛庄和青州香山汉墓陪葬坑出现有陶家禽畜俑，以香山汉墓陪葬坑内出土的数量较多，有陶牛、羊、猪、鸡俑等。

3. 西汉列侯墓出土模型明器

黄河中下游地区可以确认为西汉列侯（夫人）级别墓葬者有陕西咸阳杨家湾4，5号墓[1]，陕西新安砖厂汉初积炭墓[2]，河北邢台南曲侯刘迁墓[3]，山东济南腊山汉墓[4]，江苏徐州簸箕山3号墓[5]等[6]。（见表6.2）

表6.2 黄河中下游西汉列侯（夫人）墓模型明器出土情况

分区	出土地点	墓主身份	时 代	模型明器出土	其他随葬器物	是否盗扰
冀中南区	河北邢台南郊汉墓	南曲侯刘迁	西汉中期	无	铜器有鼎、壶、熏炉、洗、镜、羊形镇等；铁器有灯、剑；玉器和玉衣片等	盗扰
关中区	陕西咸阳杨家湾4、5号墓	周勃或周亚夫夫妇	西汉早期	陶G型仓	4号墓陪葬器物坑18个，有粮食、车马、陶器、兵马俑坑等。5号墓出有铜器、铁器、玉器和钱币等	盗扰
关中区	陕西新安砖厂“利成”汉墓	列侯，“利成”	西汉早期	陶马、牛8、羊15、猪2、鸡1、鸽2等家禽畜俑	铜、铁、陶、漆木器、石器和钱币等。骑马俑、男女俑等	盗扰
徐州鲁南区	江苏徐州簸箕山3号墓	宛朐侯刘埶	西汉早期	无	陶器有鼎、盒、壶、钫、罐、盆、瓮、熏炉、锥壶、编磬等；铜器有镜、灯、弩机、饰件等；金银器等。陪葬坑内有男女俑	盗扰
徐州鲁南区	济南腊山汉墓	列侯夫人	西汉早期	无	陶器46，壶、鼎、罐、瓮、盆、钵等；铜器；钱币；铁器；印章等	盗扰

［1］陕西省文物管理委员会博物馆，咸阳市博物馆杨家湾汉墓发掘小组．咸阳杨家湾汉墓发掘简报［J］．文物，1977（10）．10–21.

［2］郑洪春．陕西新安砖厂汉初积炭墓发掘报告［J］．考古与文物，1990（4）：31–57.

［3］河北省文物管理处．河北邢台南郊西汉墓［J］．考古，1980（5）：403–405.

［4］济南市考古研究所．济南市腊山汉墓发掘简报［J］．考古，2004（8）：17–25.

［5］徐州博物馆．徐州西汉宛朐侯刘埶墓［J］．文物，1997（2）：4–25.

［6］另刘振东先生列举黄河中下游地区西汉列侯尚有河北隆尧汉墓和山东阳谷吴楼一号墓。见中国社会科学院考古研究所．中国考古学·秦汉卷［M］．北京：中国社会科学出版社，2010：365–368。又山东滕州染山西汉中期汉画像石墓墓主推测为郁郎侯刘骄．滕州市汉画像石馆．山东滕州市染山西汉画像石墓［J］．考古，2012（1）：34–53.

黄河中下游地区列侯墓葬主要集中在关中区和徐州鲁南区，墓葬形制多为竖穴土石坑木椁墓。列侯墓虽然也出有大量随葬品，但与诸侯王墓相比，铜器、漆器、玉器等随葬品数量少于诸侯王墓。关中咸阳杨家湾出有模型明器陶仓、新安砖厂“利成”汉墓出有陶家禽畜俑；山东阳谷吴楼一号墓出有陶仓3、灶1、井1和少量陶猪、狗、羊、猴、鹅、鸭等陶动物俑[1]。而一些列侯墓内也未见使用模型明器。

4. 与西汉中小型墓比较

上述西汉诸侯王（后）、列侯墓葬所涉及黄河中下游地区的分区主要有冀中南区、鲁北区、徐州鲁南区和关中区。我们将诸侯王（后）、列侯墓与相应分区中小型墓葬模型明器出土情况做比较。

冀中南区诸侯王（后）墓6座、列侯墓1座。除河北获鹿高庄常山王墓出土1件木船外，其他诸侯王、列侯墓葬未见模型明器。冀中南区中小型墓中，西汉中期开始出现灶，西汉晚期至东汉初，灶、井较多出现，西汉晚期仓虽亦出现，但并不普遍，因此形成以灶、井为主的模型明器组合。中小型墓与分区内诸侯王墓相比较，使用模型明器时间较早，且在西汉晚期已形成灶、井组合。

鲁北区诸侯王墓4座，仅在西汉早期章丘洛庄汉墓陪葬坑K4出土有陶鸡和鸟。鲁北区中小型墓葬在西汉晚期始出现模型明器，出土数量很少，组合为仓、灶、井等。中小型墓与分区内诸侯王墓相比较，模型明器使用时间较晚，但器类较多，并形成相应的仓、灶、井模型明器组合。

徐州鲁南区诸侯王（后）墓15座，但仅山东曲阜九龙山鲁王墓出有陶灶，河南商丘永城窑山二号墓梁王后墓出土陶仓1件。列侯墓可以明确有2座，未见出有模型明器[2]。鲁南区中小型汉墓中，自西汉早期，临沂、济宁、微山等地区就已出现有仓、灶、井、磨、猪圈的组合，而且这种模型明器组合一直保持，并在西汉晚期至新莽出现有家禽畜俑。中小型墓与分区内诸侯王、列侯墓相比较，出土模型明器数量大，器类齐全和组合固定。这一特征是这一分区中诸侯王、列侯墓所不见的，体现出相应的差别和不同。

关中区可以明确的列侯墓2座，使用有陶仓、家禽畜俑。中小型墓在西汉初期已经出现了陶仓、灶，西汉时期流行以仓、灶为主的模型明器组合，仓、灶型式变化较

[1] 聊城市文物管理委员会. 山东阳谷县吴楼一号汉墓的发掘［J］. 考古，1999（11）：35-45，墓葬形制较大，推测为西汉某代阳平侯，未列入表中.

[2] 另外两座推测为列侯墓的阳谷吴楼一号墓和滕山汉画像石墓出土有陶仓、灶、井及动物俑。

快。杨家湾G型仓见于西汉早期关中地区的中型墓葬中。此外杨家湾4号墓3号陪葬坑内同时随葬大量阳陵外藏坑出土的储粮方缸，内装有谷子、黄米、小麦、荞麦、豆、油菜子等粮食和经济作物[1]。

总体看，在景帝阳陵外藏坑内虽已使用模型明器陶灶、井与大量陶家禽畜俑，但西汉诸侯王墓在灶、井、仓等模型明器使用上并不普遍，陪葬坑有陶家禽畜俑与阳陵相同。部分列侯墓使用仓、家禽畜俑等模型明器。同期中小型汉墓已经使用了模型明器，体现了这一时期社会阶层使用模型明器的差异。

5. 西汉社会阶层使用特点成因

帝陵为最高等级的墓葬，有其特殊性。景帝阳陵的外藏坑并没有全部发掘，有学者通过对DK11—21外藏坑出土器物考察，认为这些外藏坑是象征服务于皇帝的官署机构卫尉、宗正、少府三卿及其下属机构。出有大量陶家禽畜俑的13号坑为太官府食品库；其他出有陶家禽畜俑的14、15、21号坑则分别象征太官下属机构、导官、东织室等官署机构；出有陶灶的18号坑内出有“永巷厨印”，应为永巷官署下设机构；出有陶井的17号坑为少府下属宦者机构。帝陵周围86座外藏坑可能为象征其所辖的九卿官署机构[2]。不同性质外藏坑内配置的陶家禽畜俑的象征意义也不相同，与灶、井模型明器一样均是服务于各自官署机构。

西汉诸侯王墓的规格要低于帝陵，其陪葬坑的级别也要低于帝陵。因此景帝阳陵虽随葬大量陶家禽畜俑，但在西汉诸侯王墓内使用陶家禽畜俑并不普遍，在山东章丘洛庄吕王墓K4出土少量陶鸡和鸟禽俑；山东青州香山汉墓陪葬坑出现有陶牛、羊、猪、鸡等，数量较多。另外景帝阳陵14号外藏坑出土完整动物骨架有牛、狗、绵羊、山羊、猪、鹿、鸡、兔及大型鸟类等[3]。霸陵西侧外藏坑出土有猪、狗、羊、马、鸡、鹅等动物骨骼器类[4]。在洛庄吕王墓K14出有猪、羊、狗、兔等100余具完整骨架，陪葬坑车马坑K4有殉狗2[5]；北京大葆台1号墓随葬

[1] 陕西省文物管理委员会博物馆. 咸阳市博物馆杨家湾汉墓发掘小组. 咸阳杨家湾汉墓发掘简报［J］. 文物，1977（10）：10–21.

[2] 焦南峰，马永嬴. 汉阳陵帝陵DK11–21从葬坑性质推定［C］//汉长安城考古与汉文化. 北京：科学出版社，2008.

[3] 陕西省考古研究院. 汉阳陵帝陵东侧11–21号外藏坑发掘简报［J］. 考古与文物，2008（3）：3–32.

[4] 王学理，吴镇锋. 西安任家坡汉陵从葬坑的发掘［J］. 考古，1976（2）：129.

[5] 济南市考古研究所，山东大学考古系，山东省文物考古研究所，等. 山东章丘市洛庄汉墓陪葬坑的清理［J］. 考古，2004（8）：3–16.

天鹅、鸿雁、豹、牛、马、羊、猫等[1]。可以说在西汉帝陵和诸侯王墓中同时使用陶家禽畜俑和真的家禽畜两种动物陪葬形式。据《汉书·成帝纪》载："有司言：'乘舆车、牛马禽兽皆非礼，不宜以葬。'奏可。"这种随葬禽畜兽的习俗至成帝被正式废除。

西汉诸侯王和王后墓内虽然使用陶仓明器陪葬的现象极为少见，但多数诸侯王陪葬有大量谷物，制同阳陵。景帝阳陵15号坑内有大量的粮食遗迹[2]；诸侯王墓中山东章丘洛庄吕王墓陪葬坑K3藏有大量谷物[3]；山东曲阜九龙山汉墓M3东耳室内有大量的谷壳等。

西汉诸侯王墓的随葬品主要是以陶、铜质地的礼器、饮食器、乐器、车马器等随葬，此外大量实用或明器性质的日用器皿也随葬其中，用以表明社会身份等级地位。黄河中下游西汉诸侯王墓多凿山为藏，如河北满城汉墓、永城保安山梁孝王墓、山东鲁王墓等为横穴崖洞墓。墓室为仿生活的宅邸建筑。如徐州北洞山楚王墓耳室做出了灶、井、厕间等；河北满城一号汉墓北耳室中堆有陶器、石磨和推磨的牲畜，象征储藏食物的仓房和磨坊[4]。另有穿土为圹的诸侯王墓葬，如河北八角廊中山怀王刘修墓、河北定县三盘山中山王墓等，设有车库、炊厨库[5]。我们推测西汉诸侯王墓由于社会等级身份和财富决定其墓葬中可以建造有独立的灶、井、厕间和仓储等空间，墓葬中填埋大量粮食、肉食、酒等各种食品，是"厚资多藏，器用如生人"[6]的直接反映。

列侯在墓葬形制和随葬品上低于诸侯王墓，体现出等级差别。部分列侯墓虽出有陶仓，但数量较少，墓葬内主要填埋大量粮食及食品，与帝陵和诸侯王墓做法相近。陶家畜俑虽有出土，但数量和制作上远远少于阳陵外藏坑和诸侯王墓，器类更接近一般中小型汉墓。

---

[1] 北京市古墓发掘办公室. 大葆台西汉木椁墓发掘简报［J］. 文物，1977（6）：23-29；大葆台汉墓发掘组，中国社会科学院考古研究所. 北京大葆台汉墓［M］. 北京：文物出版社，1989.

[2] 汉阳陵考古陈列馆. 汉阳陵考古陈列馆［M］. 北京：文物出版社，2004：18.

[3] 济南市考古研究所，山东大学考古系，山东省文物考古研究所，等. 山东章丘市洛庄汉墓陪葬坑的清理［J］. 考古，2004（8）：3-16.

[4] 中国社会科学院考古研究所，河北省博物馆等. 满城汉墓发掘报告［M］. 北京：文物出版社，1980：24.

[5] 俞伟超. 汉代诸侯王与列侯墓葬的形制分析——兼论"周制""汉制"与"晋制"的三阶段性［C］// 先秦两汉考古学论集. 北京：文物出版社，1985：117-124.

[6] 王利器，校注. 盐铁论校注［M］. 北京：中华书局，1992：353.

中小型墓葬墓主身份主要为一般官吏和平民阶层。由于社会身份地位的限定，在墓葬形制上无法使用诸侯王墓的级别规格。然而在事死如事生的丧葬观念影响下，则模仿诸侯王、列侯等墓葬，使用仓、灶、井等模型明器来表明墓葬中的车马厩和仓厨空间。事实上西汉中小型墓葬中最早出现的仓、灶、井、厕、磨等模型明器都可以在西汉诸侯王墓室建构中找到依据。如帝陵与诸侯王墓出土大量的粮食及食品，中小型墓葬中则随葬有大量的陶仓；诸侯王崖洞墓中炊厨、厕所空间“如生”地再现，中小型墓则出现灶、井、猪圈、磨等模型明器；西汉帝陵与诸侯王墓使用陶家禽畜俑和真的家禽畜两种动物陪葬形式，部分列侯墓葬中使用陶家禽畜俑，中小型墓也出现了陶家禽畜俑。这反映了西汉时期人们所形成的共同丧葬观念。

第二节 东汉社会阶层使用特点及成因

1. 东汉诸侯王（后）墓出土模型明器

东汉诸帝陵尚未发掘，还不能做相关比较。目前，黄河中下游地区正式发掘的东汉诸侯王和王后墓主要有河南淮阳北关陈顷王刘崇墓[1]、山东淄博金岭镇齐炀王刘石墓[2]、山东济宁肖王庄汉墓[3]、山东济宁普育小学汉墓[4]、河北定州北庄中山简王刘焉墓[5]、河北定县北陵头中山穆王刘畅及其夫人合葬墓[6]、河北邯郸市张庄桥村北M1、M2赵王墓[7]等。此外，河南安阳西高穴2号墓（曹操高陵）的埋葬时间为东汉末年，亦归入此期[8]。（见表6.3）

东汉时期诸侯王及王后墓中的随葬器物质地以铜、陶、铁、玉石、漆木器、金银器者居多。陶器类主要包括仿铜礼器、饮食器、日用器皿、乐器、俑等，主要有壶、罐、瓿、鼎、盒、樽、勺、盘、碗、魁、案、耳杯等。铜器包括礼器、车马器、兵器、乐器、饮食器等，主要有鼎、壶、盘、盆、罐、盒、釜、钫、灯等，多数为实

[1] 周口地区文物工作队，淮阳县博物馆.河南淮阳北关一号汉墓发掘简报[J].文物，1991（4）：34-46.
[2] 山东省文物考古研究所.山东临淄金岭镇一号东汉墓[J].考古学报，1999（1）：97-121.
[3] 济宁市文物管理局.山东济宁市肖王庄一号汉墓[J].考古学集刊（12），1999：41-57.
[4] 济宁市博物馆.山东济宁发现一座东汉墓[J].考古，1994（2）：127-129.
[5] 河北省文化局文物工作队.河北定县北庄汉墓发掘报告[J].考古学报，1964（2）：127-194.
[6] 定县博物馆.河北定县43号汉墓发掘简报[J].文物，1973（11）：8-20.
[7] 马小青.张庄桥古墓小考[J].邯郸职业技术学院学报，2006（1）：5-9.
[8] 河南省文物考古研究所，安阳县文化局.河南安阳市西高穴曹操高陵[J].考古，2010（8）：35-45.

表6.3　黄河中下游东汉诸侯王（后）墓模型明器出土情况

分区	出土地点	墓主身份	时代	模型明器出土	其他随葬器物	是否盗扰
冀中南区	河北定县北庄	中山简王刘焉及王后	东汉早期	陶HbⅠ式仓1、BfⅠ式井1、BcⅢ灶1、楼1	陶器200余件。有壶、罐、瓿、鼎、盒、尊、勺、盘、碗、魁、案、耳杯等	盗扰
冀中南区	河北邯郸张庄桥M1、M2	赵王	东汉中晚期	陶灶	铜器、铁器、玉石器、骨角器、陶器等	盗扰
冀中南区	河北定县北陵头	中山穆王刘畅及王后（174年）	东汉晚期	陶井、灶、圈、楼，狗、猪和鸡等家禽畜俑	铜车马器、金银器、玉石器等	盗扰
郑州区	河南淮阳北关一号汉墓	陈顷王刘崇	东汉中期	石GaⅣ式仓1、井1、鸡1、猪2	石器、铜车马器、玉衣片等	盗扰
鲁北区	山东临淄金岭镇	齐炀王刘石	东汉早期	陶HbⅡ式仓1、BcⅢ式灶1、D型楼2、AⅠ式和B型平房2、井2、AdⅡ式猪圈1、B型风扇车1	陶器有鼎9、樽6、壶12、罐1、甑1、瓮3、魁1、盒4、案2、耳杯1、镇墓兽1等。石器、铜器、铁器、玉石器等。	盗扰
徐州鲁南区	江苏徐州土山汉墓	彭城王	东汉中晚期	猪圈、灶、井	陶器、玉石器、铜器、铁器等	盗扰
徐州鲁南区	山东济宁北郊肖王庄	任城王刘尚	东汉早期	陶灶2、猪圈2、鸡1、狗1及楼残片	陶器有壶6、罐3、樽2、盘10、碗6、耳杯6、魁2、勺2、钵1、盆4、案6、锺3等；银缕玉衣片等	盗扰
徐州鲁南区	山东济宁普育小学	某任城王配偶	东汉晚期	陶BcⅢ式灶1、BfⅠ式井1、AdⅡ式猪圈1、鸡3、狗1等	陶器有鼎1、壶6、罐4、盘2、案4、盆1、樽2、灯3等。铜车马器、带钩等。玉石器等	盗扰
豫北区	河南安阳西高穴2号墓	魏武帝曹操	东汉末期	陶BaⅢ式灶1、BcⅢ式灶1，BfⅡ式井1，AcⅡ式猪圈1	陶瓷器有陶耳杯、盘、案、壶、三足鼎、甑、罐、托盘、盆、熏炉、樽、匕、砚、俑以及釉陶罐、青瓷罐等。铜器有车马器、带钩、铺首、环、钗、带扣、印符等。铁器、石器、骨器、玉器、漆木器等	盗扰

用器，少量为明器。而这一时期诸侯王及王后墓全部使用模型明器，器类有仓、灶、井、圈厕、粮食加工工具、家禽畜、房与楼类。

除上述讨论的东汉诸侯王（后）墓以外，目前全国其他地区见诸报告的东汉诸侯王墓还有江苏邗江甘泉二号广陵王墓[1]。甘泉二号广陵王墓出有模型明器灶、猪圈、屋；徐州土山汉墓也出有陶井、家禽畜俑等，但二墓器物形制均描述不详。

东汉列侯墓可以确认的数目较少，黄河中下游地区仅有河南洛阳白马寺东汉晚期汉墓，多次被盗，残存模型明器有陶猪圈和陶鸭、鸡、狗、猪等家禽畜俑[2]。另外江苏徐州拉犁山1号墓、江苏睢宁刘楼汉墓、山东东平王陵山汉墓等出有玉衣片，墓主身份不能确定[3]。由于列侯墓可确认墓葬数量太少，故不再讨论。

2. 与东汉中小型墓比较

黄河中下游地区东汉诸侯王（后）墓集中在冀中南、鲁南、鲁北、郑州和豫北区。我们将诸侯王墓与相应分区中小型墓葬模型明器出土情况做比较。

冀中南区诸侯王墓3座。东汉早期就有仓、灶、井、楼等模型明器，晚期又出现圈厕、房、风扇车等。冀中南区中小型东汉墓出土模型明器为仓、灶、井、猪圈、磨、碓、楼和家禽畜俑组合，个别墓中出现碓房。

鲁南区东汉诸侯王墓2座。东汉早期有陶仓、灶、井、猪圈、平房、楼及鸡、狗家禽畜俑。东汉晚期有陶灶、井、猪圈及家禽畜俑。鲁南区东汉早期中小型汉墓中出土模型明器主要有陶仓、灶、井、猪圈、磨、家禽畜俑组合。与诸侯王墓出土模型明器比较，则不见房、楼等建筑模型明器。东汉中晚期中小型墓开始增添陶楼模型。陶楼的出现明显晚于诸侯王墓。在模型明器的制作上，诸侯王墓质量明显优于中小型墓。

鲁北区已发掘东汉早期诸侯王墓1座，出土模型明器有仓、灶、井、圈厕、风扇车、房、楼等。鲁北区东汉中小型墓中模型明器有仓、灶、井、猪圈、厕、碓、房等，但组合器类不是很全。出有大量模型明器的墓葬主要集中在级别较高的中型墓葬中，小型墓出土模型明器器类较少。

郑州区东汉中期诸侯王墓1座，出有石仓、井、陶鸡、猪等家禽畜俑。郑州区中小型墓葬中东汉早期模型明器为仓、灶和井组合。东汉中晚期模型明器器类增多，出

[1] 南京博物院.江苏邗江甘泉二号汉墓[J].文物，1981（11）：1-11.
[2] 中国社会科学院考古研究所洛阳汉魏故城队.汉魏洛阳城西东汉墓园遗址[J].考古学报，1993（3）：351-380.
[3] 中国社会科学院考古研究所.中国考古学·秦汉卷[M].北京：中国社会科学出版社，2010：377-378.

现猪圈、磨、碓房、碓、家禽畜俑等。与中小型墓出土的模型明器相比，陈王墓中出土的模型明器器类虽比不上中小型墓，但模型明器皆为石质，器形高大。尤其二层石仓模型高1.2米，仓身雕刻柱子、楼梯、人物、狗、羊、牛、马等，制作精美。

豫北区东汉末期诸侯王墓1座，出有灶、井、圈厕等模型明器。豫北区，新莽至东汉早期中小型墓葬模型明器主要有仓、灶、井、猪圈、碓、风扇车、楼和家禽畜俑，以仓、灶、井、猪圈组合最为常见。东汉中期模型明器仓、灶、井、猪圈、磨、风扇车、碓房、平房、楼、家禽畜俑。东汉晚期模型明器主要组合为仓、灶、井、猪圈、磨、臼、碓、楼和家禽畜俑。安阳西高穴曹操高陵因破坏严重，随葬器物组合不完整。但从残存的模型明器看，出有灶为2件，同分区中小型汉墓每墓多随葬1件。

总体看东汉时期黄河中下游地区诸侯王墓全部使用模型明器，模型明器在随葬品中所占数量比重加大，在器类与型式上趋于固定一致，形成Hb型仓、Bc型灶、Bf型井、A型猪圈、家禽畜俑和陶楼等建筑组合。中小型墓使用模型明器普遍，模型明器的器类和型式要多于诸侯王墓。比较而言，中小型汉墓出土的模型明器类型不仅仅局限于诸侯王墓中的几类模型明器的器形，除了仓、灶、井、圈、家禽畜俑、房、楼等外，还有院落等建筑模型明器和磨、碓、臼、碓房等粮食加工工具。

3. 东汉社会阶层使用特点成因

东汉帝陵虽未正式发掘，但从《后汉书·礼仪志下》记载的东汉皇帝大丧礼使用的明器中有“瓦灶二”，表明东汉帝陵中使用陶灶已经成为制度。与西汉诸侯王墓出土随葬品相比，东汉诸侯王墓虽仍然侧重于礼器、车马器等表明身份的器物随葬，但所占比重下降，日用品器类数量明显增多，特别是模型明器器类组合出现与使用固定，表明诸侯王墓在模型明器使用上形成一套符合身份地位的固定组合。东汉时期也是中小型墓葬中模型明器发展的繁荣时期，各分区模型明器的器类增加，组合更加完备。一些分区墓葬中模型明器占随葬品数量比例很高，成为随葬品的主流。

在共同的丧葬观念与文化背景下，东汉模型明器已经在平民以上的社会阶层墓葬中广泛使用。但由于社会阶层等级差异，诸侯王墓主要仅限于仓、灶、井、猪圈、家禽畜俑和陶楼等器类组合，墓葬因素中标示社会身份地位仍主要是墓葬形制和随葬品中铜车马器、礼器和漆器等。中小型墓由于社会身份等级的限定，无法僭越使用高规格的随葬品。在丧葬观念的影响下，大量表现个人财富的模型明器器类如各类家禽畜圈和家禽畜俑、田产、作坊、住宅建筑等开始使用。器类中多模仿贵族阶层，如许多建筑模型中大量模仿贵族第宅的建筑出现，反映生者希冀死者在死后世界中可以继续享受富贵生活。

第三节　曹魏西晋社会阶层使用特点及成因

黄河中下游地区曹魏至西晋贵族墓葬主要集中于河南洛阳区，鲁南仅1座。目前已确定的曹魏诸侯王、列侯等级规格较高的墓葬数量很少，仅有洛阳朱仓大冢ZM44曹休墓[1]、洛阳曹魏正始八年墓[2]、山东东阿曹植墓[3]等。西晋武帝峻阳陵和文帝崇阳陵两处帝陵，仅对陵园遗址进行了钻探和发掘[4]。此外，洛阳邙山西晋帝陵区域内分布有数量众多的、具有陪葬性质的贵族墓葬，部分已发掘，主要有洛阳偃师首阳山镇四方砖厂西晋墓M1、M2，六和饲料厂西晋墓M4、M5[5]，枕头山西晋墓地M4、M5[6]等[7]。（见表6.4）

曹魏诸侯王及列侯级别的墓葬仅3座，出有模型明器的有2座。由于墓葬遭盗扰严重，墓中残存的随葬品器类同东汉诸侯王墓相比区别不明显，其中陶器器类基本沿用东汉特征。器物制作上不再注重装饰，略显粗糙。曹魏诸侯王及列侯级别贵族墓葬中出土的模型明器主要有陶灶、井、磨、碓、圈厕以及家禽畜俑等，不见陶仓、楼，但增加陶磨。正始八年墓为前、后室及带耳室的砖墓。随葬的灶、井、猪圈、磨、碓等模型明器主要与陶俑置于左耳室中。洛阳东汉末至曹魏时期中小型墓模型明器主要组合为仓、灶、猪圈和鸡俑，模型明器器类锐减。而一些土洞和竖穴小型墓随葬品仅有两件陶罐和数枚铜钱，不见模型明器。比较而言，曹魏诸侯王及列侯级别出土的模型明器器类与数量多于中小型墓，而且一些等级较高的墓葬中也存在不使用模型明器的情况。

西晋时期贵族墓葬中出土的模型明器有仓、灶、井、猪圈、碓、磨、房和家畜俑等。模型明器器类比曹魏时期增加陶仓、房。模型明器器类与曹魏时期相比有所恢复，但器形较小，制作粗糙。一些墓葬也存在不使用模型明器的情况。

---

[1] 洛阳市第二文物工作队.洛阳孟津大汉冢曹魏贵族墓[J].文物，2011（9）：32-48.
[2] 洛阳市文物工作队.洛阳曹魏正始八年墓发掘报告[J].考古，1989（4）：314-318.
[3] 刘玉新.山东省东阿县曹植墓的发掘[J].华夏考古，1999（1）：7-17.
[4] 中国社会科学院考古研究所洛阳汉魏故城工作队.西晋帝陵勘察记[J].考古，1984（12）：1096-1107.
[5] 洛阳市第二文物工作队，偃师市文物局.河南偃师市首阳山西晋帝陵陪葬墓[J].考古，2010，（2）：47-62.
[6] 中国社会科学院考古研究所洛阳汉魏故城工作队.西晋帝陵勘察记[J].考古，1984（12）：1096-1107.
[7] 黄河中下游尚未发现西晋时期可以明确为诸侯王侯身份的墓葬。这里我们将贵族墓葬限定于西晋帝陵陵区内的陪葬墓，并根据墓葬形制的等级区别，选出代表性的墓葬与洛阳区一般中小型墓比较。

表6.4 黄河中下游地区曹魏西晋中型墓模型明器出土情况

分区	出土地点	墓主身份	时代	出土模型明器	其他随葬器物	是否盗扰
洛阳区	河南洛阳朱仓 连霍 ZM44	壮侯曹休	曹魏太和二年（228年）	无	陶器有四系罐、碗、盘、樽、耳杯。铜器有印、带钩、铺首、泡钉。铁器有镜、刀削等	盗扰
徐州鲁南区	山东东阿县曹植墓	陈王曹植	曹魏太和六年（232年）	陶灶3，有BcⅣ式、AcⅡ式；井2、D型磨1、鸡2、鸭2、鹅2、狗2	陶器有罐、盆、盘、案、碗、耳杯、灯、瓶、钟、瓢、勺、壶等。玉石器、铁器等	盗扰
洛阳区	河南洛阳涧西16工区曹魏正始八年墓		曹魏正始八年（247年）墓	陶BcⅣ式灶1、BbⅣ式井1、AcⅢ式猪圈式1、D型磨1、AⅣ式碓1、鸡1、狗1	陶器有罐、樽、盆、盘、案、碗、耳杯、灯、俑等。铜器、铁器、玉石器等	盗扰
洛阳区	河南洛阳偃师四方砖厂西晋墓M1		西晋	不详	陶钵、盘。铜器有刀、铺首、泡钉等。骨器、石制品等	盗扰
洛阳区	河南洛阳偃师四方砖厂西晋墓M2		西晋	不详	陶片、铜刀	盗扰
洛阳区	河南洛阳偃师六和饲料厂西晋墓M4		西晋	无	陶器8件，有碗、盘、壶、罐、瓮。铜器7件，有削、叉形饰、铺首等。玉石器	盗扰
洛阳区	河南洛阳偃师六和饲料厂西晋墓M5		西晋	陶AcⅢ式猪圈1、HaⅥ式仓1、BcⅣ灶1、BbⅣ式井1、AⅣ式碓1、D型磨1、鸭1、鸡2、狗1、牛车1	陶器，有耳杯、碗、盘、罐、壶、樽、勺、案、多子盒等	盗扰
洛阳区	河南洛阳偃师枕头山西晋墓地M4		西晋	无	陶盘、碗、石板、铜扣等	盗扰
洛阳区	河南洛阳偃师枕头山西晋墓地M5		西晋	无	陶盘、碗、罐、铜扣、铜铺首、铁钩形器等	盗扰

洛阳区西晋墓葬发表集中者为1953—1959年在洛阳城北、城西和涧西发掘的中小型晋墓54座。除了几座较大的中型墓如M1、M8等墓道长达37米以上，墓道做出台阶；一般中型墓随葬品主要有生活器皿和灶、井、磨、碓等模型明器，小型墓仅有陶罐、碗等生活器皿。此地区出土较为集中的一般中小型墓地还有巩义芝田晋墓[1]。芝田出土26座晋墓，时间为西晋中晚期。其中仅88HGZM65、88HGZM64、88HGZM31为长方形斜坡墓道带有台阶，台阶最多3阶，墓道长约13米、16米和18米不等。随葬品以牛车、侍俑、武士俑及罐、盘、碗、耳杯等生活器皿为主，出土的模型明器有井和猪、狗等家畜俑；其余23座晋墓则主要随葬生活器皿等，出有灶、井、房及家畜俑等模型明器的墓葬仅有1座。整体看西晋时期贵族墓比一般中小型墓中出土的模型明器器类要稍多，器型基本一致，主要以Bc型灶、Bb型井、A型碓、D型磨和家禽畜俑组合为主。小型墓出土模型明器数量很少。洛阳墓曹魏后期至西晋模型明器主要组合为仓、灶、井、猪圈、碓、房和家禽畜俑。一些中型墓葬中存在未使用模型明器的情况。

总之，曹魏西晋时期模型明器虽然仍在使用，但是器类和数量要少于东汉时期。随葬模型明器的习俗仍在保留，但这一时期墓葬中以模型明器中的牛车和男女侍俑、武士俑以及日用生活器皿等新的随葬品组合出现并逐渐成为主流。模型明器在各等级墓葬中所占随葬品比例均有下降，相对来说由于传统习俗的影响，中型墓葬中仍较多出现模型明器组合，小型墓葬出土较少。社会上新的丧葬观念已经形成。

第四节　小　结

“昔先王之制，自天子、公、侯、卿、大夫、士至于皂隶、抱关、击柝者，其爵禄、奉养、宫室、车服、棺椁、祭祀、死生之制各有差品，小不得僭大，贱不得逾贵。”[2] 汉晋时期社会阶层身份等级的维护，主要通过礼制与礼俗表现出来。儒家强调礼的本质就是建立严格等级差别，具体以君臣、父子、夫妇三纲和仁义礼智信五常为准则，确立社会等级秩序[3]。

两汉为维护皇权，在思想上独崇儒术，强化社会尊卑等级秩序。中央加强对地

[1] 郑州市文物考古研究所. 巩义芝田晋唐墓葬［M］. 北京：科学出版社，2003.
[2] ［汉］班固. 汉书·货殖传［M］. 北京：中华书局，2006：3679.
[3] 金春峰. 汉代思想史（增补第三版）［M］. 北京：中国社会科学出版社，2006：159-165.

方势力限制，可从两汉诸侯王权力长消窥出。西汉早期诸侯国封地广阔，拥有任命官吏、治民、铸钱、控制资源等权力。景帝、武帝时期对诸侯王权力严加限制，西汉中后期诸侯王封地缩小，不治民，仅得衣食租税而已，无法与中央政府抗衡。东汉诸侯王封地更小，多为一郡，以户口、钱谷为准。东汉以后豪族势力上升，长期垄断政治特权，并进而成为世家大族。曹魏之初实行九品官人法，确立世族政治特权。至西晋司马氏本为世族出身，有意识强调尊卑贵贱等级观念，因而西晋社会等级出现了明显强化趋势，形成了“上品无寒门，下品无势族”[1]的局面。

社会身份等级观念渗透至社会日常生活中，具体到婚丧、车服、器物、田宅之类亦需符合身份等级。西汉平帝时，王莽“奏车服制度，吏民养生、送终、嫁娶、奴婢、田宅、器械之品”[2]。东汉明帝永平年间定舆服、嫁娶秩品制度。“永平初，诏书下车服制度，中宫皇太子亲服重缯厚练，浣已复御，率下以俭化起机。诸侯王以下至于士庶，嫁娶被服，各有秩品。”[3]《后汉书·礼仪志》记载明帝时更定诸侯王丧礼，规定诸侯王葬具规格低于帝王，等级性进一步强化。桓帝时重申永平故事，纠正社会僭越现象。西晋武帝泰始四年在《违制篇》规定：“唯服物车器有贵贱之差，令不僭越以乱尊卑耳。”[4]泰始八年《己巳诏书》亦规定诸士族卒百工以上，“所服乘皆不得违制”[5]。社会阶层等级差异的强调一直为汉晋时期所贯彻。

凶礼为礼制的重要内容之一。“礼者，谨于治生死者也。生，人之始也，死，人之终也，终始俱善，人道毕矣。”[6]汉晋时期从言死、称谓、谥法、饭含、殓衣到封土、墓阙、墓志、列石、植树、祭祀和祠堂建筑等都有较为严格的等级规定。作为随葬品，模型明器的使用也因社会阶层身份等级差异存在着不同的发展特点。

通过对黄河中下游地区两汉至西晋时期社会阶层使用模型明器的对比分析，我们可以初步得出结论：

西汉时期由于帝陵的特殊性，阳陵外藏坑模仿皇帝下属九卿官署机构，其内出有灶、井和数目众多的家禽畜俑模型明器，则象征归属不同的官署机构使用。诸侯王墓规

[1] ［唐］房玄龄，等. 晋书·刘毅传［M］. 北京：中华书局，2012：1274.
[2] ［汉］班固. 汉书·平帝纪［M］. 北京：中华书局，2006：355.
[3] ［晋］司马彪. 后汉书·舆服志［M］. 北京：中华书局，2006：3678.
[4] ［唐］房玄龄，等. 晋书·李重传［M］. 北京：中华书局，2012：1310.
[5] ［唐］房玄龄，等. 晋书·李重传［M］. 北京：中华书局，2012：1310.
[6] ［清］王先谦. 荀子集解［M］. 北京：中华书局，1988：358.

格级别低于帝陵，不可能使用如此众多的陪葬坑。根据目前考古发现来看，西汉诸侯王墓很少使用仓、灶、井类模型明器，相反这一时期中小型墓葬中仓、灶、井模型明器已经出现并迅速流行。但在诸侯王墓陪葬坑内存在陶家禽畜俑和真的家禽畜并存的陪葬形式；西汉晚期中小型墓开始使用流行陶家禽畜俑，但数量很少。这一发展不同步性的形成与西汉诸侯王特权身份和财富相关。诸侯王墓葬中建造有独立的灶、井、厕间和仓储等空间，填埋大量粮食、肉食、酒等各种食品，“器用如生人”，不太需要使用仓、灶、井、圈厕类模型明器。中小型墓葬由于社会身份地位的限定，在墓葬形制上无法使用诸侯王墓的级别规格。在事死如事生的丧葬观念影响下，则模仿诸侯王、列侯等墓葬结构配置，使用仓、灶、井等模型明器来表明墓葬中的车马库和仓厨空间。

文献记载东汉帝陵使用瓦灶。诸侯王墓中全部使用模型明器，形成仓、灶、井、猪圈、家禽畜俑和陶楼建筑等器类组合。模型明器在随葬品中所占数量比重加大，但随葬品仍以礼器、车马器和生活器皿较多。中小型墓中模型明器的器类增加，组合更趋完备，一些墓葬中模型明器占随葬品器类中绝大多数，形成了以模型明器组合为主的汉代随葬品特色。由于社会身份地位等级差异，诸侯王与社会中下层之间在器类组合上有所不同。中下层更侧重使用标示身份和财富的模型明器器类。总体看东汉以后模型明器已经在平民以上社会各阶层墓葬中广泛使用，并逐渐形成汉代随葬品主要文化特征，做为社会习俗加以固定。

另外在两汉尚发现有钳徒墓。如汉阳陵附近的钳徒墓，无棺具和随葬品[1]。汉魏洛阳城南郊出土东汉钳徒墓地516座，竖穴土坑墓，埋藏较浅。出土墓志砖及少量陶罐、陶猪、陶纺轮、网坠等[2]。此类墓葬几乎不见模型明器和其他随葬品使用。

曹魏时期贵族墓葬中模型明器的器类明显少于东汉诸侯王墓，很少见到陶仓和楼模型，但在随葬品组合上仍主要沿用东汉时期。而同期中小型墓葬中模型明器器类与数量锐减。西晋时期模型明器器类比曹魏时期有所恢复，组合趋于完整，但模型明器制作粗糙。整体看西晋时期贵族墓由于习俗的影响，仍沿用仓、灶、井、圈、碓等模型明器，模型明器器类要多于曹魏。同期中小型墓葬中模型明器器类较少。但西晋时期模型明器在随葬品中所占比例明显下降，彰显门第等级的以牛车模型、男女侍俑、武士俑、牛形镇墓兽和日用器皿为主的新丧葬品组合形成。

[1] 秦中行.汉阳陵附近钳徒墓的发现［J］.文物，1972（7）：51-53.
[2] 中国社会科学院考古研究所.汉魏洛阳故城南郊东汉钳徒墓地［M］.北京：文物出版社，2007.

第七章 相关社会问题研究

两汉魏晋时期始终遵循的是“事死如事生”的丧葬思想。《白虎通义·崩薨》指出：“丧葬之礼，缘生以事死，生时无，死亦不敢造。”[1]遵循这一丧葬思想，两汉时期反映日常生活的用器和明器占随葬品的绝大部分。正如《盐铁论·散不足》所称：“今厚资多藏，器用如生人。”黄河中下游地区出土的模型明器以反映农业方面的仓储、粮食加工和家禽畜圈、俑等器类和反映民居建筑的建筑明器类比较集中，故本书从模型明器所反映的汉代农业和民居建筑两个角度，探讨汉代社会相关问题。

第一节 汉代农业

黄河中下游地区一直是以农业经济为主，为我国农业传统文化地区。这一地区的地貌主要为黄土高原和黄河冲积扇平原，土质疏松，易于垦殖，适于原始农耕和发展农业生产。此区光照充足，热量资源丰富，受季风的影响，往往带来大量的降水，雨热同期，利于农业生产。战国两汉时期随着铁制农具的推广与使用，农业经济区域逐渐扩大。战国时期《禹贡》曾记载黄河流域农牧业区域的划分，但界限并不严格。《史记·货殖列传》提到的山东、山西、江南、龙门碣石以北四个经济区划分，大致反映的是战国至西汉初期的经济情况。这一时期全国农牧经济区的分界线东起今山西省河津县黄河两侧的龙门山，斜向东北行至渤海岸边的碣石山。此线以北主要为游牧或半农半牧经济区，以南主要为农耕经济区。参照此分界线，黄河中下游地区绝大部分属于农耕区域，以种植业为主。仅有北部边郡部分地区属于游牧或半农半牧经济区。（图7.1）

但这条农牧经济区分界线并非固定不变。终汉晋时期，随着政府对北部边境控制的强弱，这条分界线也不断发生变化。西汉中期汉武帝北击匈奴胜利后，内地从事农耕的汉民大量北迁，在当地开垦农田，兴修水利等，这条北部农牧界线因之逐渐北移，北抵阴山，东沿长城[2]。《汉书·食货志》记载汉武帝时“乃徙贫民于关以

[1] 陈立，撰，吴则虞，点校.白虎通疏证［M］.北京：中华书局，1994：556.
[2] 邹逸麟.中国历史地理概述［M］.图一〇，福州：福建人民出版社，1993：161.

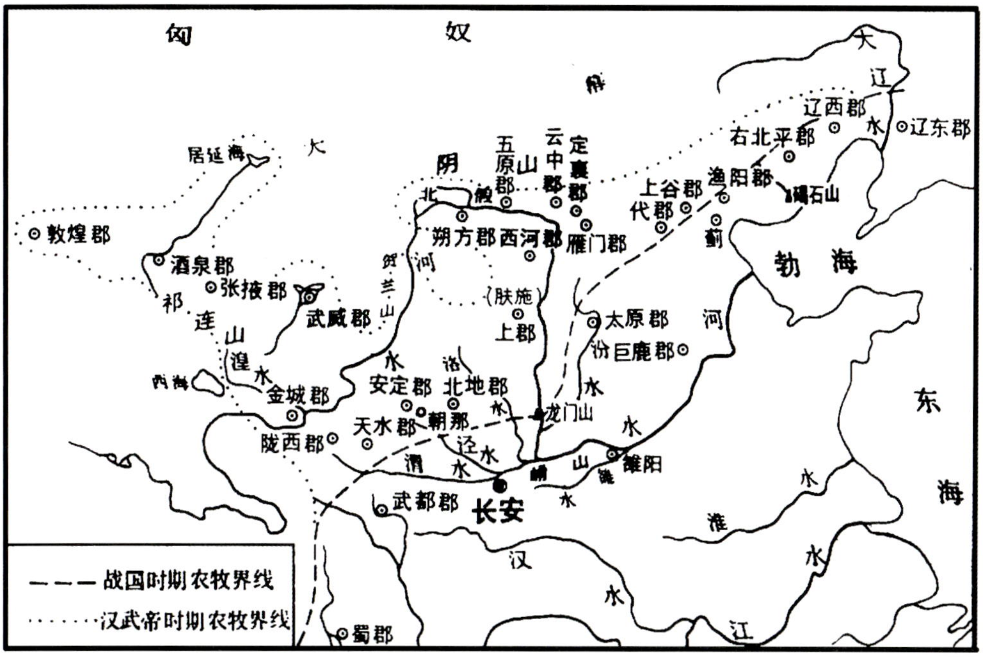

图7.1　战国秦汉时期北部农牧界线示意图

（采自邹逸麟. 中国历史地理概述［M］. 图一〇，福州：福建人民出版社，1993：161）

西，及充朔方以南新秦中，七十余万口，衣食皆仰给予县官”。“初置张掖、酒泉郡，而上郡、朔方、西河、河西开官田，斥塞卒六十万人戍田之。”故北部边郡如上郡、北地原以“畜牧为天下饶”，至两汉之际则以“饶谷”“多畜”并称。东汉初年因匈奴南侵，汉政府一度放弃了河套至晋北沿边诸郡，迁民于内地。公元80年南匈奴归附，汉政府遂又恢复沿边八郡的控制。南匈奴大批内迁后，主要居于北部西河、北地、朔方、五原、云中、定襄、雁门、代郡一带。此外这里还有羌、胡、乌桓、鲜卑等北方游牧民族定居。这些内迁的游牧民族大部分还保留从事原先的畜牧业传统，因此沿边八郡等新垦地已经为半农半牧区。东汉末年政府无暇顾及北方边郡，最终放弃朔方、五原、云中、定襄、西河、上郡、北地七郡和安定、代郡、雁门郡北部部分，大量汉民内迁，这里遂成为羌胡等北方少数民族居所。三国西晋时期北方游牧民族大量进入黄河流域内。如南匈奴散居于汾水流域。《晋书·江充传》记载，西晋太康年间匈奴有十余万人入居雍州，关中地区“狄戎居半”。这些北方游牧民族除一部分汉化从事农耕垦田外，大部分还保留原来的部落组织，从事畜牧业。因此这一时期农牧区分界线逐渐南缩。黄河中下游北部边郡地区已经是半农半牧，甚至是畜牧业略占优势[1]。

汉至西晋时期政府一直推行重农抑商的国家政策，以农业为“天下之本”，并多次制定政策扶持农业经济。两汉时期随着社会生产力的发展，铁质农具和牛耕的广泛使用以及水利设施的兴建，农业也出现了前所未有的大发展。受自然地理环境和传统影响，黄河中下游地区农业主要以种植业为主。这一地区的农业非常重视粮食的生产，为汉至西晋时期全国粮食的主要产区。随着人口急剧增多，耕地面积逐渐减少，再加上水患蝗灾等自然因素影响，此区农业生产表现出很强的精耕细作的特点，注重提高粮食的亩产量。围绕农业，这一地区非常重视水利设施的兴建。政府除治理水患外，还维修整饬各地旧有水利工程。如西汉武帝时在关中郑国渠增开六辅渠辅助农田灌溉，东汉安帝时整修三辅、河内、河东、上党、赵国、太原等地区旧渠，疏通水道，灌溉农田。两汉时期政府利用天然湖泊和自然地势修建大小型陂塘，灌溉农田。仅河南郡、南阳郡、汝南郡等兴修的大型农田水利就有鸿隙陂、六门堰和钳卢陂等几十处水门堤堰。此地区重视推广使用铁质农具和牛耕等以提高生产力。两汉时期冶铁基本官营，铁矿的开采、冶炼、锻造全部由官府控制，产品归官府所有，由官府设置官吏负责销售。目前考古发现黄河中下游地区两汉时期冶铁遗址有几十处，以河南巩义铁生沟、郑州古荥镇、南阳瓦官庄等遗址较为著名。冶铁遗址出土铁器中犁、铲、铧、锛、镢等农具占有很大一部分。郑州古荥、南阳冶铁遗址出土有铁耧足、耧足范，说明当时已用耧播，可以使开沟、播种等工序一次完成，播种均匀，深浅一致。南阳出土的西汉V形铁口犁铧上口加宽，两侧犁叶加长，铧锋角度变小，加强了破土力。这些先进的铁质农具使这一地区农业能够深耕细作，提高了劳动力和生产效率。此外政府注重推广以精耕细作为特点的农田种植法。如武帝时赵过在关中推行的代田法与《氾胜之书》提到的区田法，二者侧重精耕细作，着眼于提高农作物产量和抗旱能力。

目前汉代农业考古研究取得了很大的成绩，不少学者对汉代农作物、农业工具、仓储和量器、田地形态、灌溉和施肥、家畜饲养、农业生产图像等皆有探讨[2]。汉墓模型明器中出土大量的粮仓、粮食加工工具和建筑模型以及家禽畜圈和家禽畜俑，

[1] 邹逸麟. 中国历史地理概述［M］. 图一〇，福州：福建人民出版社，1993：163-164.

[2] 见刘兴林先生对汉代农业考古研究的综述。刘兴林. 汉代农业的考古发现和研究［J］. 兰州大学学报（社科版），2005（2）：11-19.

从多方面反映了两汉时期黄河中下游地区农业。本章仅拟对模型明器中所反映的粮食贮存及加工、家禽畜饲养等方面加以讨论，并结合文献对这一地区的农业生产方式进行初步探析。

（一）粮食贮存

粮食的贮存一直是中国历代王朝所关注的问题。《汉书·高帝纪》记载刘邦初都长安，萧何治宫室、建国家衙署，“治未央宫，立太仓”，以解决皇室贵族的日常饮食与俸禄问题。西汉初贾谊上书文帝时指出：“夫积贮者天下之大命也”，“蓄积足而人乐其所矣，可以为富安天下”。陶仓是模型明器中最早出现的类型，始于春秋晚期关中秦地。早期的陶仓形制单一，仓身主要呈圆盆形腹，上覆瓦顶，反映了秦地粮仓基本建筑形制[1]。至两汉时期，黄河中下游各分区墓葬中普遍随葬粮仓模型明器，器型变化复杂多样，反映出汉代粮仓建设的多样性。此外汉墓中还出土了不少器类的粮食加工工具和建筑模型，在此一并讨论。相对而言曹魏西晋时期墓葬中已经很少出现粮仓模型，粮食加工工具模型器类也骤减。这些模型明器型式单一，皆见于汉墓中。故这里我们结合古代文献及考古发现，仅对汉代粮仓建筑形制、贮存及加工进行初步探讨。

1. 仓储建筑形制

先秦两汉时储存粮食的设施有不同的名称。《释名·释宫室》：“仓，藏也，藏谷物也。”先秦时期《诗经》《国语》《左传》《管子》等文献中已有“廪”“仓”“囷”“京”“庾”“鹿”“窌”“帑”“窦”“窖”等十余种之多[2]。汉代根据《释名》《说文》等记载，由于储存粮食器类、建筑形制及规模等不同，贮藏粮食设施也有“窌”“窖”“囤”“篅”“囷”“仓”“廪”“京”等之分[3]。粮食的存放可以分为地上与地下建筑两类。大体上“仓”“廪”“京”“庾”“鹿（努）”“囷”应为地面建筑，“窦”“窖”“窌”等为地下建筑[4]。但实际上这些粮食贮存设施往往名称混乱而复杂。墓葬中圆形仓储模型就有自名“囷”“囤”“篅”等不同称谓，如西安东郊汉墓出

---

［1］韩伟. 秦国的贮粮设施浅议·陕西考古学会第一届年会论文集［J］. 考古与文物丛刊（第3号），1983：76；张颖岚. 秦墓出土陶仓模型及相关问题研究［J］. 秦文化论丛（第七辑），西北大学出版社，1999：363-378.

［2］呼林贵. 古代仓名考［J］. 农业考古，1985（1）：344-345.

［3］禚振西，杜葆仁. 论秦汉时代的仓［J］. 考古与文物，1982（6）：84-93.

［4］呼林贵. 古代仓名考［J］. 农业考古，1985（1）：344-345；孙机. 汉代物质资料文化图说（增订本）［M］. 上海：上海古籍出版社，2008：242-245.

土的陶仓书有“囷”字；江苏甘泉乡姚湾村东汉墓出土的陶仓自名为“屯（囤）”。这一现象除了时代更迭、地域方言差别外，还与国家粮仓和家庭仓储等级不同、粮仓储物器类不同有密切关联。

（1）地下仓储设施

先秦两汉时期地下仓储建筑主要有“窦”“窌”“窖”[1]。并按照形制可分为圆形和方形两类。

目前考古发现新石器时期黄河中下游地区主要是以地下窖穴储粮。至商周时期除使用仓廪外，普遍使用的仍为地下窖穴储粮，如安阳殷墟B区[2]、西安张家坡西周遗址[3]、河北磁县下潘汪西周遗址[4]等皆出有储粮窖穴。这种地下储粮至隋唐仍在大量使用。两汉地下储粮建筑设施以洛阳汉河南县城出土最为集中，有洛阳西郊汉代居住遗址发现的仓窖13座[5]、西郊613宿舍区发现的仓窖20余座、汉河南县城南发现的地下仓窖80余座[6]。辽阳三道壕西汉村落住宅基址中用于仓储的仍为地下土窖。则两汉时期，无论是政府或个体家庭，使用地下仓窖储存粮食仍是非常普遍。

窦为椭圆形或圆形地下储粮窖穴。《礼记・月令》记有“仲秋之月……穿窦窖”。郑玄注：“入地随（椭）曰窦。”

洛阳西郊汉代居址和613宿舍区发现的仓窖全为直壁筒形，辽阳三道壕西汉村落遗址内出土储藏用的土窖主要为直壁筒形[7]。河南县城南墙外的仓窖全为口大底小呈喇叭形。这类圆形或椭圆形的地下储粮建筑或为文献所提到的“窦”。西汉时期仓窖为土壁，东汉时期仓窖除土壁外又有砖壁。仓窖有直壁筒状和口大底小两种。洛阳汉河南县城出土的仓窖口与底比例为3∶2，符合《考工记・匠人》记载的“囷窌仓城，逆墙六分”建筑技术。这种仓窖结构可防止窖壁塌落，并能减少粮食对窖底的压力，增加仓窖的储粮量[8]。类似的圆形地下仓窖也见于墓葬中出土的一些仓储模

[1] 呼林贵.古代仓名考[J].农业考古，1985（1）：344-345；孙机.汉代物质资料文化图说（增订本）[M].上海：上海古籍出版社，2008：242-245.
[2] 郭宝钧.B区发掘记之二[C]//安阳发掘报告（第四册）.1933：597-608.
[3] 中国科学院考古研究所.沣西发掘报告[M].北京：文物出版社，1963.
[4] 河北省文物管理处.磁县下潘汪遗址发掘报告[J].考古，1975（1）：73-117.
[5] 郭宝钧.洛阳西郊汉代居住遗迹[J].考古通讯，1956（1）：18-27.
[6] 余扶危，叶万松.我国古代地下储粮之研究（中）[J].农业考古，1983（1）：263-269.
[7] 东北博物馆.辽阳三道壕西汉村落遗址[J].考古学报，1957（1）：119-126.
[8] 余扶危，叶万松.我国古代地下储粮之研究（中）[J].农业考古，1983（1）：263-269.

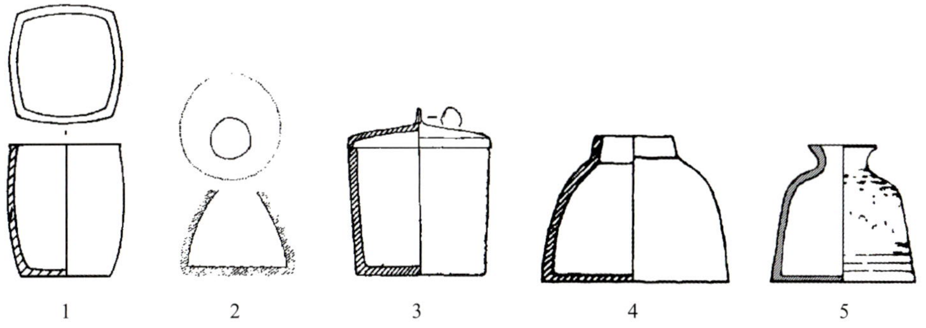

图7.2　汉代地下仓储

1. 河北怀安乔子沟汉墓M1出土AbⅠ式陶仓；2. 西安半坡H115；3. 济南平阴新屯汉墓M1出土AbⅠ式仓；4. 山西广灵北关M95：35 Fb型陶仓；5. 山西广灵北关M96：15 Fb型陶仓

型，多为筒状腹，有直壁和口大底小斜壁两类，仓身上部未有进粮口，下部接近底部未留通风散气孔，仓底多不见带有三足或四足支撑。如河北怀安乔子沟汉墓M1出土的AbⅠ式陶仓[1]、山东济南平阴新屯汉画像石墓出土的AbⅠ式陶仓[2]等，敞口，有盖或无盖，圆形平底。

此外两汉时期可能还存在口小底大圆形或椭圆形袋状的地下仓窖。如山西广灵北关汉墓M95、M96出土的Fb型陶仓模型大底、小口，形似口袋状[3]。这种袋状仓窖从新石器至商周皆有出土，如庙底沟龙山文化、陕西西安半坡遗址[4]、陕西西安张家坡西周遗址[5]、河北磁县下潘汪西周遗址[6]、辽宁赤峰药王庙夏家店和宁城南山根遗址[7]等。（图7.2）两汉以后这种形制的地下仓窖还见于宋元时期使用，如洛阳西工区发掘的宋代私人仓窖就为口小底大袋状形[8]。元代王祯《农书》中指出："今人下掘，或傍穿出土，转于他处，内实以粟……即谓窦也。盖小口而大腹。窦，

［1］怀安县文保所．怀安县乔子沟汉墓清理简报［J］．文物春秋，1997（3）：88-89.

［2］济南市文化局文物处，平阴县博物馆筹建处．山东平阴新屯汉画像石墓［J］．考古，1988（11）：961-974.

［3］大同市考古研究所．山西广灵北关汉墓发掘简报［J］．文物，2001（7）：4-18.

［4］西安半坡博物馆．西安半坡［M］．北京：文物出版社，1982.

［5］余扶危，叶万松．我国古代地下储粮之研究（中）［J］．农业考古，1983（1）：263-269.

［6］河北省文物管理处．磁县下潘汪遗址发掘报告［J］．考古学报，1975（1）：73-116.

［7］中国科学院考古研究所内蒙古工作队．赤峰药王庙、夏家店遗址试掘报告［J］．考古学报，1974（1）：111-144；中国科学院考古研究所内蒙古工作队．宁城南山根遗址发掘报告［J］．考古学报，1975（1）：117-140.

［8］余扶危，叶万松．我国古代地下储粮之研究（下）［J］．农业考古，1983（2）：213-227.

小孔穴也。故名窦。”从考古和文献中可以看出，这种袋状的仓窖窖口较口大底小者更易于密封，适宜于储粮不多的家庭使用。

有关窖、窌的记载，可以参见《说文·穴部》：“窌，窖也。窖，地藏也。”《吕氏春秋·仲秋纪》高诱注：“穿窌所以盛谷也。”《礼记·月令》记有“仲秋之月……穿窦窖”。郑玄注：“入地随（椭）曰窦，方曰窖。”由此可知“窌”“窖”音近而意相同，均为方形或长方形储粮窖穴。平面长方形仓窖见于洛阳西郊汉代居址和西郊613宿舍区内，数量较少，如洛阳西郊320号仓窖四壁垂直，用砖平卧表砌[1]。洛阳汉河南县城出土的地下仓窖容积较大，80余座仓窖一般口径10米，深10米，底径7米，可容纳数十万斤粮食。这批仓窖应该属于中央或地方政府直接管理的官仓。

考古发掘洛阳河南县城仓窖有几处属于半地下式。如洛阳西郊汉代居址中320方仓[2]和613宿舍区发现的仓窖，窖底入地浅。如320方仓距地表深1.4米，北门两侧有高出地表的双柱，则推测仓窖地面上应有一部分建筑。半地下圆形仓窖多在坑壁近地表处向外挖一豁口作为进粮口。有的圆窖底部中心置有一石柱础，推测窖顶可能为伞状[3]。陕西华阴西汉京师仓二至四号仓房平面皆长方形，也为半地下建筑，但入地更浅。如三号仓房室内地面比门道地面仅低出0.54米[4]。

这一时期地下仓窖储存粮食盛行的原因主要有以下几点：一是构筑地下储粮窖穴所需的修筑技术相对简单。相对于在地面上搭建土木结构的仓廪建筑，地下仓窖只需选择在高亢干燥的地区深挖土窖，再在土窖内四壁及底部做好防潮、防鼠虫，加固密封就可以完成。二是使用地下仓窖可以满足大容量粮食的贮存。如河南县城南的大型仓窖可容纳数十万斤粮食。特别是中央和地方政府管理的官仓由于粮食贮存数量大，多采用地下窖藏的形式。三是地下仓窖的防潮措施和密封效果好，可以较长时间地保存粮食。

（2）地上仓储建筑

从汉墓出土的陶仓模型以及汉画像砖石、壁画所描绘的粮仓来看，属于地上仓储建筑占有很大部分。文献中两汉时期地面储粮建筑主要有“仓”“廪”“京”“庾”

---

［1］ 郭宝钧.洛阳西郊汉代居住遗迹［J］.考古通讯，1956（1）：18-27.
［2］ 郭宝钧.洛阳西郊汉代居住遗迹［J］.考古通讯，1956（1）：18-27.
［3］ 郭宝钧.洛阳西郊汉代居住遗迹［J］.考古通讯，1956（1）：18-27.
［4］ 陕西省考古研究所.西汉京师仓［M］.北京：文物出版社，1990.

“囷”“篅”等，称谓较多。孙机[1]、禚振西、杜葆仁[2]、呼林贵[3]等先生对这些仓储建筑的定名及建筑形制都有精辟的见解。依仓储建筑平面形状划分，主要可分为圆形和方形两类。

孙机先生曾以圆形仓储设施为例，对其形制、名称加以解释。他认为两汉时期地面圆形仓储建筑主要有“囷”“篅”几种。在地面搭木编竹囤粮的器具为“篅”，以土壁建成圆形的粮仓则名“囷”[4]。圆形地上仓储建筑在黄河中下游地区汉墓中所占比重最大。

方形仓储建筑在文献中主要见有“京”“廪”“仓”“庾”等几类。

有关“京”的记载，《说文・囗部》称“方谓之京”。元代王祯在《农书・农器图谱》提到“京，仓之方者”，形制高大，为干栏式建筑。故有学者认为“京”是南方干栏式仓储建筑总称[5]。也有学者认为平面为圆形的大型囷名为“京”[6]。《农书・农器图谱》所附京的建筑形制在汉墓仓储模型中可以见到。如陕西潼关吊桥汉代杨氏墓群M6出土HbⅠ式陶仓[7]、山西侯马乔村汉墓M7229出土的HbⅠ式陶仓等[8]。（图7.3）

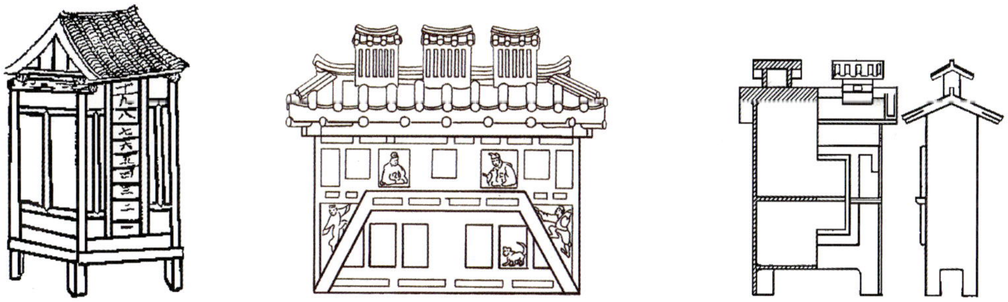

1　　　　2　　　　3

图7.3　汉代粮仓

1. 王祯《农书》所绘元代京；2. 河南淮阳北关汉墓M1出土HaⅣ式石仓；3. 河北定县北庄汉墓出土HbⅠ式陶仓

[1] 孙机. 汉代物质资料文化图说（增订本）[M]. 上海：上海古籍出版社，2008：242-245.
[2] 禚振西，杜葆仁. 论秦汉时期的仓[J]. 考古与文物，1982（6）：84-93.
[3] 呼林贵. 古代仓名考[J]. 农业考古，1985（1）：344-345.
[4] 孙机. 汉代物质资料文化图说（增订本）[M]. 上海：上海古籍出版社，2008：242-245.
[5] 呼林贵. 古代仓名考[J]. 农业考古，1985（1）：344-345.
[6] 孙机. 汉代物质资料文化图说（增订本）[M]. 上海：上海古籍出版社，2008：242-245.
[7] 陕西省文物管理委员会. 潼关吊桥汉代杨氏墓群发掘简记[J]. 文物，1961（1）：56-66.
[8] 山西省考古研究所. 侯马乔村墓地（1959—1996）[M]. 北京：科学出版社，2004：902.

有关“廪”的记载，《周礼·廪人》郑玄注有“藏米曰廪”。廪与仓形制接近，唯廪用于贮藏已舂的米，而仓用于贮藏未舂的谷。这样仓廪的区别在于贮藏粮食的精细不同，在建筑形制方面，廪一般比仓要小，屋顶上多装有气窗[1]。如河南淮阳北关汉墓M1出土HaⅣ式石仓[2]、河北定县北庄汉墓出土HbⅠ式陶仓[3]、山东临淄金岭镇汉墓出土的HbⅡ陶仓[4]等。

庾有水槽仓[5]、仓无屋者几种解释。孙机先生认为仓与庾两名可通用，两者在建筑形制上没有很大区别[6]。

有关“仓”的记载，《说文·仓部》：“仓，谷藏也。”《释名·释宫室》：“仓，藏也，藏谷物也。”狭义的仓专指建筑平面为长方形（或方形）的地上粮食存储建筑。考古发掘的汉代地上粮仓建筑遗址主要见于陕西华阴西汉京师仓，修建于西汉中期武帝时期，废止于东汉初年，为大型的官府粮仓建筑。一号仓为地上一层木构建筑，平面长方形，东西长62.5米，南北宽26.6米，总面积达1662.5平方米。根据《考工记》所记载墙高与屋高的比例计算，檐墙高则9米以上，各室的共用墙体应当更高，室内可有上万立方米的空间，仓容量很大。仓房坐西向东，中有两道隔墙将仓分为中室、南室和北室三部分。仓设有三门。室内地面夯筑，内设有架空地板，屋顶覆瓦，室外设有披檐[7]。（图7.4）另外在内蒙古和林格尔汉墓壁画上还绘有护乌桓校尉幕府谷仓和繁阳县仓，都为政府所建的地上仓储建筑。仓建于台基上，重檐屋顶[8]。

图7.4 陕西华阴西汉京师仓一号仓复原图

汉代粮仓除有单层的土木结构仓储

[1] 孙机.汉代物质资料文化图说（增订本）［M］.上海：上海古籍出版社，2008：242-245.
[2] 周口地区文物工作队，淮阳县博物馆.河南淮阳北关一号汉墓发掘简报［J］.文物，1991（4）：34-46.
[3] 河北省文化局文物工作队.河北定县北庄汉墓发掘报告［J］.考古学报，1964（2）：127-159.
[4] 山东省文物考古研究所.山东临淄金岭镇一号东汉墓［J］.考古学报，1999（1）：97-121.
[5] 呼林贵.古代仓名考［J］.农业考古，1985（1）：344-345；张锴生.汉代粮仓初探［J］.中原文物，1984（2）：93-101.
[6] 孙机.汉代物质资料文化图说（增订本）［M］.上海：上海古籍出版社，2008：245.
[7] 陕西省考古研究所.西汉京师仓［M］.北京：文物出版社，1990.
[8] 内蒙古自治区博物馆文物工作队.和林格尔汉墓壁画［M］.北京：文物出版社，1978：14.

建筑外，还有多层仓楼建筑形式。陕西华阴京师仓遗址五、六号仓建筑根据柱洞排列、房屋基础及墙基等遗迹推测为二层土木混合结构建筑。仓室内地面为夯筑，用火烘烤后土质坚硬。二层建筑上架有廊道[1]。这种二层陶仓楼形象还见于汉墓出土的仓储模型、画像砖石及壁画上。如河南淮阳北关汉墓M1出土HaⅣ式石仓，仓分上下两层，每层似乎都有廊道，有楼梯直达二层，二层有仓门。屋顶并列有三个气窗，便于通风[2]。二层仓楼形象还见于河南新密打虎亭汉墓壁画上的仓楼[3]、山东沂南汉墓画像石中的仓楼[4]等。此外在郑州南关西汉墓中出土的灰陶院落中也有二层的仓楼建筑。仓楼下有高台基，一层外有楼梯直接通向二层[5]。南阳中原电梯厂14号墓出土二层灰陶仓楼，仓楼上下层都有紧闭的仓门，二层外伸平坐方便人们进出装运粮食[6]。除了二层仓楼外，仓储模型中还见有多层陶仓楼，如郑州荥阳魏河村出土有三层以上的仓楼。陶仓一二层带有廊道，一层无门，楼后有楼梯直达二层。一层廊道内置有磨、碓等粮食加工工具。二层设有多个仓门[7]。

2. 储粮技术

两汉时期由于农业生产水平的提高，粮食储备也相应增加，粮仓建筑也相应发展起来。从汉墓出土的仓储模型来看，无论地下或地上仓储建筑均非常注重防潮、防鼠雀、通风和修缮等问题。

汉代地下仓窖建筑一般侧重窖底部及内壁的防潮处理。洛阳河南县城发现的地下仓窖底部多经过修整平齐。东汉时期一些地下仓窖内壁砌砖。陕西华阴二号半地下仓房室内地面经夯打平整，火烤烘干。四壁用草泥抹平[8]。有学者指出战国至南北朝时期地下储粮仓窖多在窖底生土涂抹有矿石粉末成分的涂层，涂层上往往垫有“青膏泥”，泥层上铺设木板或草，上面又铺撒谷糠。窖壁多砌木板，上涂谷糠，起到隔水

[1] 陕西省考古研究所. 西汉京师仓［M］. 北京：文物出版社，1990.
[2] 周口地区文物工作队，淮阳县博物馆. 河南淮阳北关一号汉墓发掘简报［J］. 文物，1991（4）：34-46.
[3] 河南省文物研究所. 密县打虎亭汉墓［M］. 北京：文物出版社，1993.
[4] 南京博物院，山东省文物管理处编. 沂南古画像石墓发掘报告［M］. 北京：文化部文物管理局，1956：20.
[5] 河南省文物局文物工作队. 郑州南关159号汉墓的发掘［J］. 文物，1960（8、9）：19-24.
[6] 张晓军. 南阳汉代陶塑［M］. 郑州：中州古籍出版社，2004：83.
[7] 张松林. 荥阳魏河村汉代七层陶楼的发现和研究［J］. 中原文物，1987（4）：45-47.
[8] 陕西省考古研究所. 西汉京师仓［M］. 北京：文物出版社，1990：81.

图7.5　江西万年县盘岭村谷仓

防潮作用[1]。

汉代地上仓储建筑形制众多，但都在建筑设计上充分考虑粮食储存的重要性。从出土的仓储模型明器看，这些仓储有建在夯土台上，也有底架支柱类似南方的干栏式建筑，其目的是抬高仓身，既可防水浸，又可防止粮食“得地气则烂败”。京师仓一号仓室内铺有架空地板，有利于通风。汉代一般家庭使用的地上仓储内底是否同地下仓窖窖底处理方式一样也采用铺木板或草、谷糠等已不可知。但在今天江西万年县盘岭村村民使用的地上谷仓内底部依旧铺设木板，并垫有稻秆、草木灰或者糠秕等以防潮湿。谷仓底一般由四块青石支撑，使仓身完全脱离地面有30多厘米，可防潮、散湿热。（图7.5）

仓储模型中仓壁底部多开有小通气孔便于入藏的粮食散热通风。仓的墙壁主要采用夯土墙、竹木墙等。夯土墙一般较厚，特别是官府建仓，墙体较厚，如华阴京师仓五、六号仓墙体厚度超过1米，这样做可避风雨并隔热、防潮。这种夯土墙的仓广泛见于黄河中下游地区汉墓出土的仓储建筑中。竹木墙则造价低廉，便于修整，多被家庭使用。江西万年县盘岭村谷仓鼓腹体，青瓦，出檐，屋顶斜坡顶和两坡顶。仓壁用竹篾编织网状骨架，越往底部编织越紧密，根据储藏物而在竹墙内外壁上涂抹石灰、纸筋灰和黄泥等[2]。

仓储模型中的仓门多开在墙壁的上方。特别是一些二层仓楼，一层建筑多不见仓门、窗等，进粮口多开在二层，有楼梯可直达二层。这样可以保证仓室的密封性，可挡风雨以隔热、防潮、防鼠患。华阴京师仓一号仓仓门与山东沂南画像石中的仓房均使用板门，一号仓在板门内可能还有一道插板门[3]。另外一类近似“京”仓的仓口较大，多开在前壁正中。如陕西潼关吊桥M6出土仓，正面有长方形门。门框侧有一道凹槽，槽内装黑色板五块，由下向上渐窄，可以拆卸。板外面两对角线中间，刻线一道，标明板

[1] 余扶危，叶万松. 我国古代地下储粮之研究（中）[J]. 农业考古，1983（1）：263-269.
[2] 王团华. 汉代谷仓的活化石[J]. 南方文物，2005（4）：58.
[3] 陕西省考古研究所. 西汉京师仓[M]. 北京：文物出版社，1990：81.

的安置次序。最上一板中间有圆锥形柄，便于取卸。说明此仓使用的是“相思板”插板式门横闸仓口。粮食外取时，将插板从上至下依次抽掉。现在一些农村家庭中还使用这种仓门设计。如江西万年县盘岭村使用的谷仓口为正方形，门框两侧各有一道凹槽，槽内装有条板六块，可以装卸，条板从上依次用墨书写汉字数字来标明条板的安装次序。最上一条板中间有圆锥形柄，右边凹槽上部较深，便于带柄条板装卸[1]。

仓顶形式较多。黄河中下游地区仓储模型以瓦顶居多，仓顶多出檐较长，可保护墙体。洛阳河南县城地下仓窖窖底正中立有石础，结合出土仓储模型，则很可能为覆伞状的仓窖顶。一些仓楼建筑模型中多出现有前廊等附属设施，既可以防晒挡雨，又可以晾晒翻转粮食以及进行简单的粮食加工，如磨、舂米等。而长江以南汉墓中仓顶多为草泥顶，工艺简便。另外有的仓房屋顶上设有一个或几个气窗，便于通风。气窗上往往装有网状或直棂窗格，可防止鼠雀啄食粮食。关于这种有气窗的仓，孙机先生解释为储存精米的“廩”。

粮仓的日常维护和修缮也是关注的问题。《四民月令》记有：“九月……涂囷仓，修窦窖。”[2]则是强调家庭在粮食收获前应提前修整粮仓以备粮食储存。

3. 粮仓建筑多样性成因

与先秦关中地区墓葬出土的陶仓相比，黄河中下游地区两汉墓葬中陶仓模型类型复杂多样，往往同墓中出有粮仓模型多件，有的粮仓模型建筑形制完全相同，有的粮仓模型建筑形制明显则不同。这种多样化的粮仓建筑除受当地建仓传统习俗影响外，与所藏粮食的品种与精细、使用阶层不同等也有直接关系。

汉晋时期黄河中下游地区农作物品种增多，各分区种植的农作物侧重不同。《周礼・职方氏》记载先秦时期黄河中下游地区的主要粮食作物及其分布的大概情况：豫州与并州有黍、稷、菽、麦、稻；雍州与冀州有黍、稷；青州有稻、麦；兖州有黍、稷、稻、麦等。《汉书・食货志》记有“种谷必杂五种，以备灾害”。五谷说法不一，主要包括黍、稷、菽、麦、豆等，为两汉西晋时期主要农作物器类。西安地区西汉中期至东汉中期墓葬出土的陶仓内发现的粮食遗存就有粟、黍、大麦、小麦、稻谷、大豆、小豆、大麻、薏米等，其中出土粟的比例明显高于其他几类农作物，结合《汉书・食货志》中董仲舒提到关中俗不好种麦，则粟一直为关中地区主要种植的粮

[1] 王团华. 汉代谷仓的活化石［J］. 南方文物，2005（4）：58.
[2] 石声汉，校注. 四民月令校注［M］. 北京：中华书局，1965：65.

食作物[1]。洛阳汉墓中陶仓器壁上书写农作物的名称主要有粟、麦、稻、大豆、小豆、大麦、小麦、糜、糵、禾等[2]。将这些粮食作物归类，可以看出黄河中下游地区是以种植五谷粮食作物为主。与先秦时期相比，汉代经过长期的选种与培育，黄河中下游地区的农作物品种日益丰富。以粟为例，西安汉墓中同墓出土粟的谷壳形态特征明显不同，可知至迟汉代粟已培育出不同品种[3]。《四民月令》中种植的麦类分大麦、小麦、堪麦、春麦；豆类分大豆、小豆、碑豆、胡豆。此外还有粳稻、粟、黍等粮食作物[4]。不同的粮食，收获期、保存条件和储存期限均有不同。《新唐书·食货志》就有“粟藏九年，米藏五年”的说法。从陶仓上书写的粮食作物名称看，基本上是不同的粮食分别置于不同仓储明器中。西汉时期西安、洛阳汉墓出土的陶仓模型往往一墓出土有5-10件，当是存储不同的粮食品种。

汉墓陶仓上除书写粮食作物名称外，还有“稻种”“黍种”“粟种”等，当是粮食的种子。长沙马王堆一号汉墓随葬器物簿内就提到有麻种、葵种等农作物和瓜菜种子[5]。广西贵县罗泊湾汉墓出土的木牍《从器志》中也记有“仓种及米厨物五十八囊”[6]；椁室内出有稻、粟、大麻等农作物种子，黄瓜、香瓜、葫芦等瓜菜种子，李、橄榄、橘等水果种子等[7]。可知粮食种子也是汉墓仓储中的主要品种。从西安、洛阳出土陶仓上的文字看，粮食种子与粮食作物严格分开，各自立仓。《氾胜之书·收种篇》提到这一时期粮食种子的收藏方法：

牵马令就谷堆食数口，以马践过为种。无虸蚄，厌虸蚄虫也。种伤温郁热则生虫也。取麦种，候熟可获，择穗大强者，斩束立场中之高燥处，曝使极燥。无令有白鱼，有辄扬治之。取干艾杂藏之，麦一石，艾一把，藏以瓦器竹器，顺时种之，则收常倍。取禾种，择高大者，斩一节下，把悬高燥处，苗则不败。欲知岁所宜，以布囊盛粟等诸物种平量之，埋阴地。冬至后五十日，发取量之，息最多者，岁所宜也。[8]

---

[1] 西安市文物考古研究所.西安东汉墓［J］.北京：文物出版社，2009：1077-1088.
[2] 中国科学院考古研究所.洛阳烧沟汉墓［M］.北京：科学出版社，1959：156-159；中国科学院考古研究所洛阳发掘队.洛阳西郊汉墓发掘报告［J］.考古学报，1963（2）：1-58.
[3] 西安市文物考古研究所.西安东汉墓［J］.北京：文物出版社，2009：1077-1088.
[4] 石声汉校注.四民月令校注［M］.北京：中华书局，1965.
[5] 湖南省博物馆，中国科学院考古研究所.长沙马王堆一号汉墓［M］.北京：文物出版社，1973.
[6] 广西壮族自治区博物馆.广西贵县罗泊湾汉墓［M］.北京：文物出版社，1988：83.
[7] 广西壮族自治区博物馆.广西贵县罗泊湾汉墓［M］.北京：文物出版社，1988：87.
[8] 万国鼎，辑释.氾胜之书辑释［M］.北京：中华书局，1957：35-41.

指出挑选出的粮食种子需经干燥曝晒，收存时填以蒿艾，以防生虫。各类粮食作物的种子多是经过精心挑选，彼此要分别储藏，以防“芜杂之患”。《四民月令》中也提到挑选粮食种子的方法为：

冬至日，平粮五谷各一升，小罂盛，埋垣北墙阴下。冬至后五十日，发取，量之。息最多者，岁所宜也。[1]

另外一些陶仓外壁书有“稻米”“黍米”“白米”“粱米”等，可能是指经过脱糠秕略粗加工的粮食。这类脱糠秕粗加工的粮食要求有较高的贮存条件。《文选·籍田赋》李注引《月令章句》：“谷仓曰仓，米藏曰廪”。可知经过舂碓之米是储存在不同的仓储建筑中。孙机等学者认为廪是指屋顶带有气窗的仓储建筑，就是因为米的储存条件要高于一般未去糠秕的粮食作物。

综上可知，汉墓中仓储模型除贮藏各种粮食外，还藏有粮食种子、去糠秕略粗加工的粮食等。不同的贮藏要求造成仓储建筑形制的不同。根据考古资料，东汉时期黄河中下游地区中小型墓葬中多见H型仓模型。此型仓平面呈长方形，直壁，底部有足或无足。东汉前期每墓多出1件H型仓模型。东汉后期在河南三门峡、陕西韩城和潼关、冀中南、晋南地区汉墓中每墓多出2件，并多为HbⅠ式和HbⅡ式仓组合。HbⅠ式仓建筑形制为仓口居中较大，仓内多置隔板，类似王祯《农书》中的“京”。HbⅡ式仓建筑则仓身中部不见大仓口，而是正壁塑有平坐栏杆，下设楼梯通至平坐。平坐之上正壁上方开有进粮口。HbⅠ式和HbⅡ式仓房应该是东汉时期黄河中下游地区比较流行的仓房建筑形式。两式仓房建筑可能由于贮存的粮食品种或精细不同，考虑到各自的储存条件，故建有不同形制的粮仓建筑分别保存。这两式不同的仓储建筑组合还见于三门峡区及洛阳区出土的院落模型。如河南三门峡南交口东汉时期汉墓M17出土的陶粮食加工和贮藏院落模型，为简单的四合院建筑形式。院内置有两座仓房，一座仓房底部带六足，前壁未开仓口，有楼梯上至平坐；一座仓房无足，平底，前壁底部开有长方形仓门，前壁上部有一通气窗[2]。河南洛阳张茅汉墓出土绿釉陶宅院，也有不同形制的仓房建筑组合[3]。

此外不同阶层使用的粮仓建筑也明显不同。官府的地上粮仓建筑平面多为长方形，气势宏伟，仓储量大。如咸阳京师仓的建筑可能存在多层建筑。和林格尔壁画墓

[1] 石声汉，校注. 四民月令校注［M］. 北京：中华书局，1965：72-73.
[2] 河南省文物考古研究所. 河南三门峡南交口汉墓（M17）发掘简报［J］. 文物，2009（3）：4-18.
[3] 河南博物院. 河南出土汉代建筑明器［M］. 郑州：大象出版社，2002：47.

所绘的繁阳县仓和护乌桓校尉幕府仓也是大型土木混合建筑。这些皆为官府仓。沂南画像石墓画像石上的粮仓建筑也十分宏伟，反映的是权贵豪右的粮仓建筑形制。一般小农家庭使用的仓储建筑形制小，多为竹木墙或夯土墙壁，以平面圆形居多。一些汉墓中出土的罐、壶等器物上书有粮食作物，内装有粮食，粮食容量要小很多。西汉关中秦地一些中型墓如杨家湾四号墓陪葬坑中出土G型方仓体形高大。与之对应，一般中小型墓葬则多见B型、C型圆腹筒形仓，则随葬不同形制的粮仓也往往展现了墓主生前（或向往）的身份阶层。

（二）家禽畜饲养

以农牧分界线划分，黄河中下游地区基本归属于分界线以南的农业区，主要以种植业为主，相应发展畜牧业。北部边郡位于分界线以北，境内地势平坦，土地肥沃，有大面积草场，水源也较丰富。故此地既从事种植业农业生产，同时又利用自然环境发展畜牧业，形成以农牧并举的经济为主。

考古发现表明最早在新石器时期黄河中下游地区和内蒙古、甘肃等北方地区人类已驯化并饲养狗、猪、牛、羊，但时间要晚于作物栽培数千年[1]。先秦时期黄河中下游地区就以畜养马、牛、羊、鸡、犬、猪六畜为主。《周礼·职方氏》《汉书·地理志》中记有豫州、兖州适宜畜养马、牛、羊、猪、犬、鸡，青州有鸡、犬，雍州有牛、马，并州有马、牛、羊、猪、犬等[2]。但从自然条件看农业区的畜牧业还有很大局限性。黄河中下游地区土地开发早，人口密集，空闲土地少，基本都为农田，无法为畜牧提供大面积的牧场，因此这一地区小农家庭主要对家禽畜设舍圈养。“内郡人众，水泉荐草，不能相赡，地势温湿，不易牛马。”[3]汉墓中出土的大量家畜圈，有猪圈、羊圈、牛圈、鸡舍、猪鸡合圈等，与北方牧区以游牧为主有很大区别。在牲畜种类上，北方牧区主要以牛、羊、马、驼等草食家畜为主，而农耕区则以食粮较多的猪为主，也有牛羊等草食家畜，但多以圈养方式进行饲养。

黄河中下游地区汉墓中常见家禽畜俑主要为猪、羊、鸡、狗、牛、马等六畜。农业区内成群的陶牛、马俑等主要出现在大中型墓葬中。如汉景帝阳陵东侧和南区外藏坑出土大量的陶牛、猪、狗、鸡、羊俑。另外阳陵九号陪葬墓一号外藏坑也出土陶

[1] 袁靖.中国新石器时代家畜起源的几个问题［J］.农业考古，2011（3）：26-28.
[2] 程民生.河南经济简史［M］.北京：中国社会科学出版社，2005：35.
[3] 王利器，校注.盐铁论校注［M］.北京：中华书局，1992：190.

马50匹、牛50头、羊98只及少量的陶猪、狗、鸡等家禽畜俑[1]。中小型墓葬中出土陶牛、马俑的墓葬数量较少，每墓多为1件陶牛、陶马俑。汉晋时期马、牛主要用于役使。马多用于军事、运输，牛多用于农耕、运输。西汉由于对匈奴作战大量需求战马和牛耕的推广普及，畜养役马、牛为政府所支持。汉代政府主要畜养马匹，并设有专门机构进行管理。西汉长安附近有“天子六厩”，每厩内有近万匹马。中央设太仆“掌舆马”，并下设丞、令等职官负责饲养和管理马匹。各郡国也有主管畜牧的马官、马丞等官吏，形成了从中央到地方一套完备的马政系统[2]。汉政府为保护役畜，时常颁布诏令严禁屠杀马、牛。民间也有大量畜养马、牛、羊等用以殖财。《史记·货殖列传》中提到：“陆地牧马二百蹄，牛蹄角千，千足羊，泽中千足彘……此其人皆与千户侯等。”可见畜养大批家畜可获利丰厚。文献中也提到汉代有专门靠饲养贩卖牛、马、羊等家畜发家者。而富贵之家也多畜养牛、羊等家畜。《汉书·董仲舒传》提到：“身宠而载高位，家温而食厚禄。……是故众其奴婢，多其牛羊，广其田宅，博其产业，畜其积委。”对一般小农家庭而言，普通小农家庭很少养马，牛仅是作为役畜用于耕田。《晋书·食货志》提到：“匹马、匹牛，居则以耕，出则以战，非如猪羊类也。”西晋时期墓葬中大量出现仪仗出行交通工具陶牛车模型，则是强调牛作为日常生活中的畜力用途。

陶猪、鸡、狗、羊俑等普遍见于汉墓中。大型墓中陶猪、羊俑多单独出现，数量众多。一般中小型汉墓中猪、羊多置于圈舍中。陶狗俑出土较多。汉代狗主要用做肉食、祭祀牲肉、田猎、护宅，故汉代的犬可分为田犬、食犬和守犬[3]。洛阳烧沟23座汉墓中出土26件，每墓大多出土1件。黄河中下游地区以南阳汉墓出土陶狗俑最为普遍，从西汉中期至东汉晚期汉墓中几乎每墓出土1件。陶鸡为墓葬中常见家禽俑，多为雌雄一对，亦有母子鸡的形象。洛阳烧沟23座汉墓中出土陶鸡47件，以每墓出土2件居多，个别墓出有1件或3件。鸡在汉代主要作为肉食；以鸡为吉祥之物，亦用于祭祀。

黄河中下游地区汉墓中出土的家畜圈模型器类较多，根据圈养的家畜器类，分有猪圈、羊圈、牛圈、狗舍、猪鸡合圈等，以猪圈模型出土最多。猪圈模型从西汉早期

[1] 汉阳陵考古陈列馆.汉阳陵考古陈列馆［M］.北京：文物出版社，2004.
[2] 高敏.秦汉史探讨［M］.郑州：中州古籍出版社，1998：106-109.
[3] 杨天宇.礼记译注［M］.上海：上海古籍出版社，2004：446.

就有出现。猪圈平面或为方形或近似圆形，圈内常置一二头猪俑，或为母子猪俑。猪圈常与厕所相连。《汉书·燕剌王刘旦传》：“厕中豖群出。”师古曰：“厕，养豖溷也。”《说文》：“圂，猪厕也。从囗，象豖在囗中也。”龚良先生认为汉代文献中提到的“圂”，实际是指这种猪圈厕所合二为一的建筑形式[1]。这种猪圈厕所明器在墓葬中应该也是同时兼具饲养猪和排秽功用。龚良先生考察了汉代出土的陶猪圈，指出汉代猪圈与厕所连为一体，反映了这一建筑形式与农业积肥、施肥技术有关[2]。春秋战国时期已有“粪田”的记载。《韩非子·解老》云：“积力于田畴，必且粪溉。”汉代施肥成为重要的农事活动。如崔寔在《四民月令》就提到正月“粪田畴”[3]。睡虎地秦简《日书》甲种《直（置）室门》章也提到何时适宜施肥：“庚辰、壬辰、癸未，不可燔粪（二六正参）”[4]。广东佛山大松岗M14出土的陶水田模型中水田内有堆积的两个圆形肥堆[5]。此时已经出现了种肥、基肥和追肥的施肥技术[6]。结合汉墓出土的带厕猪圈模型和考古发现设有积粪池的厕所遗址，可知汉代人们已经利用人畜粪便作农田肥料。羊圈模型出土并不普遍，主要见于河南三门峡、晋南地区汉墓中，关中潼关汉墓也有少量羊圈出土。羊圈圈墙以栅栏或矮的土墙围成，圈内多设有羊棚。三门峡区出土的羊圈内多塑有羊倌和群羊。与猪圈模型比较，羊圈出现较晚，至东汉时期才出现在上述区域的墓葬中。羊圈出土数量也较少。上述区域出有羊圈的汉墓多同时伴有猪圈出土，每墓多为羊圈与猪圈各1件。此外还见有猪羊合圈模型，主要集中于三门峡刘家渠汉墓，圈为方形或圆形，中间多有隔墙将圈分开畜养猪和羊。羊圈侧多开门。羊在汉代为主要肉食之一，此外还常作为牺牲祀祭神灵。文献中多处记载黄河中下游地区家庭畜养羊比较普遍。如西汉武帝时期卜式以养羊起家。中小型墓葬中随葬羊俑和羊圈仅限于几个分区，说明以羊与羊圈随葬的习俗并不普遍。

处于半农半牧区的北方边郡陕北区、晋北区在东汉中期以后墓葬中才出土有陶鸡、鸭、猪、狗等家禽畜俑和猪圈，数量极少。但这一地区墓葬多见有杀牲随葬动物，与北方游牧民族杀牲殉葬习俗近同。如陕西神木大保当26座汉墓中有11座出土动

[1] 龚良．“圂”考释——兼论汉代的积肥与施肥［J］．中国农史，1995（1）：90-95.
[2] 龚良．“圂”考释——兼论汉代的积肥与施肥［J］．中国农史，1995（1）：90-95.
[3] 石声汉，校注．四民月令校注［M］．北京：中华书局，1965：13.
[4] 睡虎地秦墓竹简整理小组编．睡虎地秦墓竹简［M］．北京：文物出版社，1990.
[5] 广东省文物管理委员会．广东佛山市郊澜石东汉墓发掘报告［J］．考古，1964（5）：448-457.
[6] 龚良．“圂”考释——兼论汉代的积肥与施肥［J］．中国农史，1995（1）：90-94.

物骨骼。这种随葬动物的墓葬比例与邻近草原游牧民族文化特点相同。出土动物骨骼18件，种类有狗獾7、狗4、羊4、马1、牛1、兔1[1]，未发现农业区常见的猪的骨骼，但也与游牧区新疆和静察吾乎沟口墓地[2]、青海上孙家寨[3]、内蒙古毛庆沟墓[4]、内蒙古中南部汉代墓葬[5]出土以马、牛、羊为主的动物骨骼有明显区别。大部分动物骨骼位于墓道与墓室之间或墓室入口处，这反映了这一地区民族文化的复杂性及地域丧葬习俗。

（三）农业生产方式

先秦时期随着井田制破坏，土地私有化出现，生产工具进步和适应耕战和赋税的小家庭出现，使小家庭成为社会的基本生产单位。汉代小家庭为单位的小农生产方式比重占有绝对优势。此外由于土地买卖使私有土地制度发展，拥有大量私有土地的权贵豪右采用租佃或田庄制的农业生产方式。这两种农业生产方式也反映在模型明器中。

1.以小家庭为单位的农业生产方式

汉代的家庭以夫妻为主的小家庭最为常见。《汉书·食货志上》有“农夫五口之家”之说，许倬云先生指出汉代正常的家庭平均四五口一户[6]。与小家庭相适应者是以家庭单位进行生产的小农经济生产模式[7]。

小农经济生产理论在战国时期就已成型。《孟子·梁惠王上》提到先秦时期的小家庭生产：“五亩之宅，树之以桑，五十者可以衣帛矣。鸡豚狗彘之畜，无失其时，七十者可以食肉矣。百亩之田，勿夺其时，数口之家，可以无饥矣。谨庠序之教，申之以孝悌之义，颁白者不负戴于道路矣。”《汉书·食货志上》对家庭生产也描述为：“种谷必杂五种，以备灾害。田中不得有树，用妨五谷。力耕数耘，收获如寇盗之至。还庐树桑，菜茹有畦，瓜瓠果蓏殖于疆易。鸡豚狗彘，毋失其时，女修蚕织，则五十可以衣帛，七十可以食肉。”

李根蟠先生对小农经济的定义为：“农业领域内与简陋的手工工具相联系的、

---

［1］陕西省考古研究所，榆林市文物管理委员会办公室. 神木大保当——汉代城址与墓葬考古报告［M］. 北京：科学出版社，2001：160-161.

［2］安家媛，袁靖. 新疆和静县察吾乎沟口一、三号墓动物骨骼研究报告［J］. 考古，1998（7）：63-68.

［3］青海省文物考古研究所. 上孙家寨汉晋墓［M］. 北京：文物出版社，1993：216.

［4］内蒙古文物工作队. 毛庆沟墓地［C］. 鄂尔多斯式青铜器. 北京：文物出版社，1986：238.

［5］魏坚. 内蒙古中南部汉代墓葬［M］. 北京：中国大百科全书出版社，1998.

［6］许倬云. 汉代家庭的大小［C］. 求古篇，北京：新星出版社. 2006：400.

［7］许倬云. 汉代农业·中国农业经济的起源及其特性［M］. 南宁：广西师范大学出版社，2005.

以直接生产者的小私有制为基础的、以个体家庭为单位进行的、以劳动的孤立性为特征的小生产。或者说，小农经济是农业中以个体家庭为基础的小生产和小私有的统一。”[1]汉代小农经济生产结构和经营内容则包括了以谷物种植为主，桑麻纺织、园圃果蔬栽培和家禽畜饲养等副业作为家庭经济生产和衣食的补充。考古所见的河南内黄三杨庄汉代庭院四周种植桑树、榆树，围绕庭院为农田。院内存放从事农业生产的铁犁铧、䦆、镰、刀、削等铁质工具和石磨、磙、臼等粮食加工工具。符合文献中描绘的“五亩之宅”“百亩之田”“还庐树桑”及“果蔬禽畜具备”的家庭农业生产。

中小型墓出土的与农业相关的模型明器组合反映的是汉代以家庭为单位的小农经济活动。从模型明器器类看，黄河中下游地区关中、洛阳、豫北、郑州等区出土的粮仓模型每墓多为5-10件组合，仓腹多书写五谷名称，反映了家庭生产以种植多种农作物为主。磨、碓、臼等粮食加工工具反映的是家庭进行粮食加工并提供家庭日常饮食消费。家禽畜种类及数量一般不多。《孟子·尽心下》记有“五母鸡，二母彘，无失其时，老者足以食肉矣”。对农业区小农家庭来说，肉食的主要来源是鸡和猪。《盐铁论·散不足》云：“夫一豕之肉，得中年之收，十五斗粟，当丁男半月之食。”山东临沂银雀山汉墓所出竹简中《守法》《守令》等亦有“上家畜一豕，一狗，鸡一雄，一雌。诸以令畜者，皆藏其本，斋其息，得用之”[2]。饲养猪、羊、鸡、鹅等家禽畜主要用来提供小农家庭的肉食消费和作为家庭收入的补充。汉代政府及各级官员也极力主张小农家庭饲养家禽畜。《汉书·黄霸传》记载黄霸为颍州太守时鼓励当地饲养鸡、猪；《汉书·龚遂传》记载龚遂任渤海太守时令每家养二头母猪、五只鸡；《齐民要术·序》也提到东汉僮种做不其县令时，令每家养一头猪、四只鸡。中小型墓葬出土的陶家禽畜种类和数量符合汉代家庭以家禽畜饲养等为副业，作为家庭殖财和食物补充的记载。

2.大土地所有制下的农业生产方式

西汉政府以农为本，对工商业经营者多打压抑制，促使以工商殖财的富贾将大量的资金转向购买土地作为财富，“与时俯仰，获其赢利，以末致财，用本守之”[3]。汉代允许土地买卖，“富者有赀可以买田，贵者有力可以占田”[4]，使土地兼并现

[1] 李根蟠.中国小农经济的起源及其早期形态[J].中国经济史研究，1998(1)：69-86.
[2] 银雀山汉墓竹简整理小组.银雀山竹书《守法》《守令》等十三篇[J].文物，1985(4)：29-36.
[3] 司马迁.史记·货殖列传[M].北京：中华书局，1975：3281.
[4] [元]马端临.文献通考[M].北京：中华书局，1986.

象严重。参与占有大土地者主要有官僚权贵、地方豪强、富商等。如萧何强买民田宅数千万；田蚡"治宅甲诸第，田园极膏腴"；王立"占垦草田数百顷"；张禹"内殖货财，家以田为业。及富贵，多买田至四百顷，皆泾、渭灌溉，极膏肤上贾"[1]。《晋书·江统传》称："秦汉以来，凡俗转薄，公侯之尊，莫不殖园圃之田，而收市井之利，渐冉相放，莫以为耻。"

豪强权贵将大量私有土地以租佃的形式贷予贫民耕种并收取相应的地租。而贫民则"亡立锥之地"，"或耕豪民之田，见税什五"。颜师古注："言下户贫人自无田而耕垦豪富家田，十分之中以五输本田主也。"[2]《汉书·王莽传》："而豪民侵陵，分田劫假……父子夫妇终年耕耘，所得不足以自存。"颜师古注："分田，谓贫者无田，而取豪人田耕种，共分其所收也；假，亦谓贫人赁富人田也。劫者，富人劫夺其税，侵欺之也。"

西汉后期大土地占有情况愈演愈烈，一些豪右以田庄形式经营土地[3]。《后汉书·樊宏传》中记载西汉末年湖阳樊重"世善农稼，好货殖……其营理产业，物无所弃，课役童隶，各得其宜，故能上下戮力，财利岁倍，至乃开广田土三百余顷。其所起庐舍，皆有重堂高阁，陂渠灌注。又池鱼牧畜，有求必给。"《水经注·比水注》也记樊重："广起庐舍，高楼连阁，陂池灌注，竹木成林，六畜放牧，鱼赢梨果，檀漆桑麻，闭门成市。兵弩器械，赀至百万。其兴工造作，为无穷之功，巧不可言，富拟封君。"东汉政权是在豪强地主的支持下建立起来的，故终东汉世，大土地的农业生产经营几乎是不受限制地发展起来。《四民月令》中记载地主田庄内种植有多种农作物、经济作物、蔬菜、药用植物和林木等，畜养马牛等家畜，从事酿酒、作酱、养蚕、缫丝、制絮、纺织、染色、做鞋、打造兵器、制作农具等生产活动。西汉中期王褒《僮约》中也提到田庄内生产活动包括种菜，编牛皮，编苇作簟，织麻织布，设网捕鸟

[1]　[汉]班固.汉书　张禹传[M].北京：中华书局，2006：3349.

[2]　[汉]班固.汉书·食货志[M].北京：中华书局，2006：1137.

[3]　对于汉代是否存在庄园经济结构，学者有不同意见。白文固先生认为东汉社会普遍存在的是地主经济和小农经济两种经济形式下的自然经济结构。见白文固.东汉庄园经济说质疑[J].青海师范大学学报，1984(3)：82-88。李卿、杨际平先生认为汉魏晋南北朝时期庄园只是一般封建大地产，不是基本的、独立的生产和经营单位，也没有独特的生产与经营方式。见李卿，杨际平.汉魏晋南北朝的家族、宗族与所谓的"庄园制"关系辨析[J].中国社会经济史研究，2003(4)：21-26。高敏先生认为汉魏田庄是地主阶级经营土地的一种组织形式。西欧中世纪庄园制是一种土地所有制形态。见高敏.中国经济通史(魏晋南北朝经济卷)[M].北京：经济日报出版社，1998：68.

和鱼，射野鸭，登山射鹿，入水捕龟，放养鱼、雁、鸭，放猪，种姜种芋，养马养牛，种瓜茄葱等[1]。在内蒙古和林格尔东汉墓壁画上展现了汉代田庄生产景象，包括农耕、采桑、放牧、渔猎、舂碓、酿造等[2]。

图7.6 河北武邑青冢汉墓出土践碓俑

西汉晚期以后特别是东汉时期，模型明器的器类迅速增加，这种大土地占有下的农业经济活动也多有反映。这表现在：

一是墓葬中大量的以房屋或院落表现形式的仓房、碓房等生产建筑模型逐渐增多。

二是模型明器中出现大量从事农业生产和家庭劳动的劳作人俑和人物形象。如三门峡出土的陶羊舍圈多塑有牧羊的羊倌形象，豫北区仓房模型外有负粮入仓的人俑。陶仓上绘有交租的人物图像[3]。碓房中从事舂米、践碓、磨面的劳作俑。（图7.6）陶灶火门旁模印有烧火人的形象。（图7.7）陶井沿旁立有汲水的人俑。

三是粮食加工工具器类的增加。东汉中晚期后墓葬中往往是磨、碓、臼、碓房、风扇车等多种粮食加工工具配套组合使用。

四是家禽畜圈和家禽畜俑的种类增多及普及。家畜圈除猪圈外，还见有羊圈、猪羊合圈、狗圈等。家禽畜俑种类增加，有猪、狗、羊、牛、鸡、鸭、鹅、鸽等。

另外在广东、四川、陕南汉中等地区常见水田、陂池模型。黄河中下游地区仅见三门峡区出有少量圆形或方形的陂池水塘，池内塑有鱼、龟、青蛙、鸭等[4]。这些池塘多与陶楼模型伴出，更倾向于水池作为苑囿的娱乐性质。

（四）小　结

黄河中下游地区在汉晋时期主要为以种植业为主的传统农业区。农业生产表现出很强的精耕细作的特点。汉代政府以农业为“天下之本”，兴修水利，积极推广耕种技术，并多次制定政策扶持，农业也出现了前所未有的发展。

西汉仓储制度较之先秦更加完善，各地均建有官府粮仓，用于储备粮食。民间也对粮食的仓储十分重视，文献中多见提及家庭粮食储存技术。结合文献和考古遗

[1] 官德祥.从王褒《僮约》探析汉代中叶四川田庄商品经济［J］.中国农史，2010（4）：35-47.
[2] 内蒙古自治区文物考古研究所.和林格尔汉墓壁画［M］.北京：文物出版社，2007.
[3] 赵世纲.密县汉墓陶仓楼上所绘的地主收租图［J］.文物，1966（3）：6-7.
[4] 黄河水库考古工作队.河南陕县刘家渠汉墓［J］.考古学报，1965（1）：135.

图7.7　陕西白鹿原汉墓五M35：6陶灶火门

迹，汉代粮仓模型主要分地下和地上两类，粮仓形制多样化。粮仓的建设充分考虑到了粮食品种、数量及精细的不同所需的储存技术条件，满足了不同社会阶层的存储需求。

政府以农业为本，农业成为政府及家庭主要经济支柱。适应汉代小家庭社会结构，主要生产方式为小农经济。这种经济生产方式以谷物种植为主，桑麻纺织、园圃果蔬栽培和家禽畜饲养等副业作为家庭经济生产和衣食的补充。墓葬随葬大量粮仓模型和磨、碓、臼、风扇车、箕等多种粮食加工工具正是“农本”生活的反映。

黄河中下游地区农耕区内小农家庭主要以圈养家禽畜为主，作为家庭经济的副业。中小型墓葬中多见猪、狗、鸡、羊等家禽畜俑和猪圈、羊圈等。陶牛、马俑数量较少，主要是以牛、马为役畜。陕晋北部边郡地区为半农半牧经济区，畜牧饲养多以游牧为主。汉代因移民屯田垦殖，一些中小型汉墓出现家禽畜俑和圈舍，而一些墓葬多见野生和家养动物殉葬，习俗近似北方游牧民族，反映了这一地区民族的复杂性。经济生产方式不同形成此区模型明器使用的地域特色。

两汉时期家庭为社会的基本生产单位，适应于小家庭生产的小农经济占主要地位。从中小型墓葬出土的与农业相关的模型明器器类组合看，家庭生产以种植五谷粮食作物为主，收获后进行粮食加工，并提供家庭日常饮食消费。西汉中期以后随着土地兼并问题日益严重，豪强地主经济迅速发展，大土地占有制下的租佃与田庄生产逐渐增多。西汉晚期以后特别是东汉时期墓葬中模型明器组合中粮食加工工具器类多样化，碓房、仓房等建筑模型流行，家禽畜圈及家禽畜种类增多以及从事农业生产和家庭劳动的劳作人俑和人物形象等大量出现，反映了这一时期大土地占有制下的农业生产方式。

第二节　汉代民居建筑

两汉时期为我国木构建筑技术大发展时期。《急就篇》卷三提到有“室宅庐舍楼殿堂”，为汉代几种常见的建筑形式和称谓。室，《急就篇》颜师古注：“止谓一室耳。”又《说文·宀部》：“古者宫室贵贱同称，秦汉以来，惟王者所居称宫焉。”《说文·宀部》桂馥引义证引徐锴曰：“古者为堂，自半以前虚之，谓之堂，半以后实之，为室。”宅，《急就篇》颜师古注：“总言院宇之中也。”《尔雅·释言》：“宅，居也。”《周礼·地官·载师》：“以宅田士田贾田。”郑玄注：“民宅曰宅。”又《论衡·四讳篇》：“宅，人所居处。”庐，颜师古注：“庐，别室也，一曰田野之室也。”庐还指寄居之处。《说文·广部》：“庐，寄也。秋冬去，春夏居。”段玉裁注：“引申凡寄居之处皆曰庐。”此外庐又指宅居之处。《说文·囗部》段玉裁注：“庐者，二亩半，一家之居也。”舍，《说文·亼部》：“舍，市居曰舍。”又《急就篇》颜师古注：“舍，谓人于其中舍息也。”楼，《尔雅·释宫》：“四方而高曰台，狭而修曲曰楼。”《说文·木部》：“楼，重屋也。”颜师古注：“楼，谓重屋离楼然也。”殿，《急就篇》颜师古注：“谓室之崇丽有殿鄂者也。”堂，《急就篇》颜师古注：“凡正室之有基者则谓之堂。”宅、庐、舍几种建筑称谓在文献中又常可引申，互相替代使用。除去这些建筑外，两汉魏晋文献中尚见有“堂”“台”“榭”“廊”“庑”“阁”“精舍”等不同建筑名称，反映了汉代建筑的多样性和复杂性。

黄河中下游地区两汉墓葬出土大量的模型明器如仓、碓房、灶、灶房、井、圈厕、楼、屋、院落、阙等，均可归属于建筑类，体现出汉代民居的基本建筑组成。但模型明器是为丧葬服务的，它们所反映的汉代建筑与建筑理念迎合于墓室结构与人们对死后宅第的需求。墓葬中刻意模仿豪宅建筑的模型明器广泛出现在不同阶层的墓葬中，并不能完全真实代表死者生前的社会身份地位。事实上它们所模拟的是汉代人普遍希望死者所享受的舒适生活，既是对现实建筑的模仿，又带有许多理想与夸张色彩。因此，我们在解释建筑模型明器上，更需借助古代文献、考古遗迹与汉画像砖石和壁画中的建筑图像，以期对建筑模型明器所反映的汉代民居建筑的真实性与理想化之间有较为准确的判断。目前学者多从建筑技术角度探讨模型明器和汉代建筑，并成果颇丰[1]。本章主要结合古代文献与考古发现的居民建筑遗址、墓室结构、汉画像砖石及壁画中的建筑图像，探讨这一地区模型明器所反映的汉代民居建筑特点。

（一）以爵位等级差次授田宅

汉代承袭秦制，实行以爵位等级授予田宅。“名田宅”一词最早见于商鞅变法。

［1］刘敦桢. 中国古代建筑史（第二版）［M］. 北京：中国建筑工业出版社，2003；陈明达. 中国古代木结构建筑技术（战国—北宋）［M］. 北京：文物出版社，1987；刘叙杰. 中国古代建筑史（第一卷）［M］. 北京：中国建筑工业出版社，2003.

《史记·商君列传》："明尊卑爵秩等级，各以差次名田宅，臣妾衣服以家次。"秦代按照军功爵位等级差次授田宅。《汉书·高帝纪》记载西汉初期为稳定社会秩序，迅速恢复社会生产，高祖刘邦颁布诏书："民前或相聚保山泽，不书名数，今天下已定，令各归其县，复故爵田宅。"对于士兵则"皆罢归家""以有功劳行田宅"，承认秦代故爵田宅的合法性并继承和推行秦代的二十等爵制。

汉代法律规定有成年立户之人享有受田宅的权利。西汉初年张家山汉简《二年律令·户律》简318指出："未受田宅者，乡部以其为户先后次次编之，久为右。久等，以爵先后。有籍县官田宅，上其廷，令辄以次行之。"对于已经立户之人，如果占有的田宅数量不足，可以依法占足。张家山汉简《二年律令·户律》中记载汉代名田宅制度：

关内侯九十五顷，大庶长九十顷，驷车庶长八十八顷，大上造八十六顷，少上造八十四顷，右更八十二顷，中更八十顷，左更七十八顷，右庶长七十六顷，左庶长七十四顷，五大夫廿五顷，公乘廿顷，公大夫九顷，官大夫七顷，大夫五顷，不更四顷，簪褭三顷，上造二顷，公士一顷半顷，公卒、士五（伍）、庶人各一顷，司寇、隐官各五十亩。不幸死者，令其后先择田，乃行其余。它子男欲为户，以为其口田予之。其已前为户而毋田宅，田宅不盈，得以盈。宅不比，不得。

宅之大方卅步。彻侯受百五宅，关内侯九十五宅，大庶长九十宅，驷车庶长八十八宅，大上造八十六宅，少上造八十四宅，右更八十二宅，中更八十宅，左更七十八宅，右庶长七十六宅，左庶长七十四宅，五大夫廿五宅，公乘廿宅，公大夫九宅，官大夫七宅，大夫五宅，不更四宅，簪褭三宅，上造二宅，公士一宅半宅，公卒、士五（伍）、庶人一宅，司寇、隐官半宅。欲为户者，许之。[1]

从简文可知汉代每级爵位拥有的田、宅数量的对应关系。如关内侯授田95顷（每顷为100亩），其宅地面积为95宅（约5亩一宅）；大庶长授田90顷，宅地面积90宅；以此类推[2]。曾犯罪的司寇、隐官占有半宅，没有爵位的公卒、士五（伍）、庶人占有1宅。各爵位等级间差距非常大。从中可知汉代每级爵位拥有的田、宅数量的对应关系。

住宅作为一项重要的家庭财产得到法律的承认并编入簿籍。汉代田宅、奴婢、畜

[1] 张家山二四七号汉墓竹简整理小组. 张家山汉墓竹简（二四七号墓）（释文修订本）[M]. 北京：文物出版社，2006：52.

[2] 张履鹏，孙陶生，等. 中国农田制度变迁与展望[M]. 北京：中国农业出版社，2009：64-65.

产等项财产均有估价。居延汉简中记有宅的价格在资产中占有很大比重。如《居延汉简释文合校》24·1B载隧长徐宗爵级为公乘，家资有1.3万[1]，其中田、宅价格占全部家产的2/3。

三墭长居延西道里公乘徐宗年五十

妻妻	宅一区直三千	妻	妻一人
子男一人	田五十亩直五千	男子一人	子男二人
男同产二人	用牛二直五千		子女二人
女同产二人			男同产二人
			女同产二人

四川出土东汉时期析分家产的《郑子真宅舍残碑》上亦记载了宅、楼等居住建筑的价格：

（上缺）所居宅舍一区，直（值）百万。故郑子真地中起舍一区，作钱（缺）。故郑子真舍中起舍一区，七万。故潘盖楼舍并二区，十一（缺）。故吕子近楼一区，五万。故象楼舍一区，二万五千。（缺）扶母舍一区，万一二千。（缺）凤楼一区，三万。（缺）车舍一区，万。（缺）奉楼一区，二万。（缺）子信舍一区，万。

此外《郑子真宅舍残碑》中还记载有奴婢、财物、田地等[2]。可见住宅建筑与田地、奴婢、财物等均被视为主要家产。《汉书》与《后汉书》中也多次记载皇帝赐予官员除钱帛外，还包括田、宅等财产。如《汉书·苏武传》载："（苏）武以始元六年春至京师。……拜为典属国，秩中二千石，赐钱二百万，公田二顷，宅一区。"《二年律令·户律》中"宅园户籍"便是将居民拥有的住宅以财产的形式予以承认并登入簿籍管理[3]。

汉代除实行按爵位授予住宅地外，同时法律又允许所受住宅地可以转让和买卖。《二年律令·户律》："受田宅，予人若卖宅，不得更受。"又规定："欲益买宅，不比其宅者，毋许。为吏及宦皇帝，得买舍室。"规定一般只允许购买的住宅与原住宅毗邻，但宦吏及皇帝则不受此规定限制。买卖田宅成功后，官府会及时予以重新登记。《二年律令·户律》："代户、贸卖田宅，乡部、田啬夫、吏留弗为定籍，盈一

[1] 谢桂华，李均明，朱国炤.居延汉简释文合校[M].北京：文物出版社，1987：34-35.
[2] 张勋燎，刘磐石.四川郫县东汉残碑的性质和年代[J].文物，1980（4）：72-73.
[3] 袁延胜.三杨庄聚落遗址与汉代户籍问题[J].中原文物，2012（3）：59-64.

日，罚金各二两。”[1]律条将特权贵族排除限田宅法律监管之外并允许住宅地转让和买卖，势必会造成无法真正按爵位得到相应的住宅。

西汉中期以后，土地买卖与兼并趋势愈发严重，出现了“田宅亡限”的情况。《汉书·哀帝纪》载成帝绥和二年（前7年）诏书指出：“诸侯王、列侯、公主、吏二千石及豪富民多畜奴婢，田宅亡限，与民争利，百姓失职，重困不足。”除了官吏权贵广占田宅外，受农本思想的影响，一些以工商起家致富的豪富大贾也广买田宅，“以末致财，用本守之”。东汉初年，“田宅逾制”的情况仍然存在。《后汉书·刘隆列传》记载：“河南帝城，多近臣，南阳帝乡，多近亲，田宅逾制，不可为准。”《后汉书·仲长统列传》有“豪人之室，连栋数百”之语。但这一时期对住宅建筑的规格及使用上有所限定。《后汉书·皇甫嵩列传》记载东汉末年皇甫嵩讨伐张角，“路由邺，见中常侍赵忠舍宅逾制，乃奏没入之”。

（二）考古发现的汉代民居建筑遗迹

目前考古发现较完整的汉代民居建筑遗址主要集中在河南洛阳汉河南县城内的两汉居住建筑遗址与河南内黄三杨庄西汉村落遗址等。

汉河南县城中区以西汉时期遗迹为主，东区则以东汉时期为主。中区发现西汉早期房基2座（编号1101与105）[2]。两座房基建筑平面皆为正方形，半地下建筑。其中房1101，南北向，四面为夯土墙，房基长、宽各10.3米，夯土墙厚0.8-1.2米。东、西、南三面各有一门，门前皆有小路。但东门在建筑废弃前已堵塞不用。室内贴近西壁有高出地面6米×2.5米的土炕1，中部偏南有石柱础1，东北角有砖砌灶址1。房址内出土遗物有陶瓮、陶盆、铁锛等日用器皿及工具，大量的瓦当及筒板瓦，半两钱、刻有“河南”的陶片与印有“河亭”的陶片、“雒阳丞印”封泥等。此房屋建筑当是利用夯土墙与一根木柱支撑屋顶重量，屋顶铺瓦。房105，东西向，四面为夯土墙，房基长宽11米×11米，东南角向东开一小门道斜坡向上到达当时地面。室内四壁光平，墙根用泥土涂成圆角。房基内外未见使用小砖[3]。东区发现西汉房基1处，

---

［1］张家山二四七号汉墓竹简整理小组. 张家山汉墓竹简（二四七号墓）（释文修订本）［M］. 北京：文物出版社，2006：53.

［2］郭宝钧. 洛阳西郊汉代居住遗迹［J］. 考古通讯，1956（1）：18-27；河南省考古研究所洛阳发掘队. 一九五四年秋季洛阳西郊发掘简报［J］. 考古通讯，1955（5）：25-33.

［3］郭宝钧. 洛阳西郊汉代居住遗迹［J］. 考古通讯，1956（1）：18-27.

东汉房基3处，此外还有粮仓9、古井1、水道1、石子路2等。房基建于当时地面之上有1座，其余3座建于当时地面下1.2-1.3米处。保存较完整的3座房基中，2座（编号314、317）为二间，1座（编号312）为单间。房基规模均不很大，房间进深为3.5-4米，面阔3.5米左右，面积为10-15平方米。房312号为西汉时期遗迹，南北向，平面长方形，半地下建筑。东西长3.45米，南北长6.6米。四壁共有柱槽6处，柱槽剖面为矩形。其中东壁柱槽底部有一平铺砖，可能用于承垫壁柱。房基内堆积大量砖瓦、陶片、铁斧、锯、小刀、铜钱等。房314为东汉时期遗迹，东西向，分南北两间，半地下修建。四壁用小砖叠砌。南间平面长方形，东西长3.9米，南北长5.2米。东西二壁中间偏北各有壁柱1。北间平面正方形，长、宽各3.55米。门设在北间东壁中间。北间地面高出南间0.35米，形成二层台。北间底部堆积有很厚的灰绿色土，推测其为贮粮的仓房。房317为东汉时期遗迹，单间，建于地面上。平面长方形。房基东西长8.2米，南北长6米。四壁残存14处砖柱及几处残段的夯土墙。房基址西1.5米处有砖砌房仓基址一座，平面长方形，半地下，南北长4.2米，东西长3.58米。北壁中间开门。房基底部堆积大量的灰绿色土，并掺有黄色粉末。房基内出土有陶片、砖瓦、铁器、石磨和臼等[1]。

河南内黄三杨庄西汉村落遗址已发现西汉时期的宅院多处。就已发表的资料看，宅院均坐北朝南，为封闭式前后二进院，四周围墙，宅院间距25米至500米不等，相互间为农田相隔。第二处宅院遗址总面积近2000平方米。平面近长方形。一进院由院大门、西门房、东厢房组成。西门房可能为堆放农具物品之用。东厢房为厨房。二进院由院门、西厢房、正房三间组成。宅院门前有水井，有便道通向水井。水井西侧有编织遗存。遗址内及院大门外、水塘内清理出石臼、石磨、石碾，陶水槽、碗等陶器，铁犁、釜、刀等铁器等。院后西北角为厕所。厕所有瓦顶[2]。第三处宅院遗存面积为900平方米，亦为前后二进院，平面长方形。一进院由院大门、南厢房组成。南厢房为厨房或兼作他用。二进院由院门、后门、正房二间组成。宅院门前有水井1，用砖砌法等同于第二处宅院的水井。宅院后有厕所[3]。

---

［1］黄展岳. 一九五五年春洛阳汉河南县城东区发掘报告［J］. 考古学报，1956（4）：18-26.

［2］河南省文物考古研究所. 河南内黄三杨庄汉代聚落遗址第二处庭院发掘简报［J］. 华夏考古，2010（3）：19-31.

［3］刘海旺. 首次发现的汉代农业闾里遗址——中国河南内黄三杨庄汉代聚落遗址初识［M］//陈星灿，米盖拉，主编. 考古发掘与历史复原. 北京：中华书局，2006：64-78.

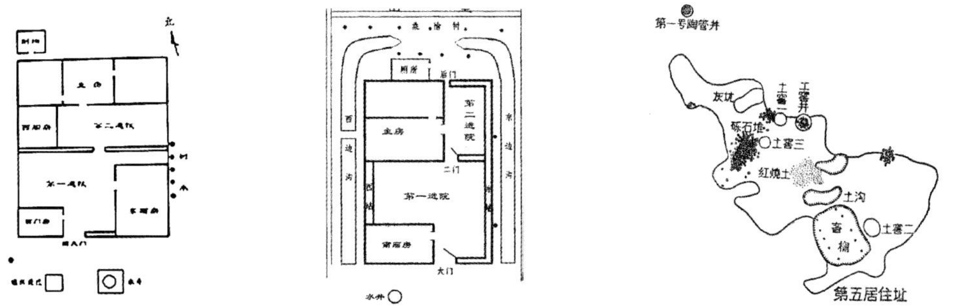

1　　2　　3

图7.8　汉代村落遗址中的民居建筑

1-2. 河南内黄三杨庄西汉村落遗址庭院遗存平面布局示意图；3. 辽阳三道壕西汉村落遗址第五居住址

辽宁辽阳三道壕西汉村落遗址虽然不在我们讨论的地域范围内，但其居住布局方面与河南内黄三杨庄西汉村落遗址有许多相似之处。三道壕发现西汉时期村落居住基址6处，各住宅均西开门，距离在15米至30多米之间，排列无序。居住址包括房屋、灶、土窖、水井、厕所、畜圈、灰坑等。以第五居住址为例，东西长30米、南北宽18米。房屋为地上建筑，黄土为基，房基上堆积有大量瓦片、陶片与砾石。房屋内东端有灶台。房址外东侧有畜圈、厕所，西侧有灰坑、土窖及井等[1]。（图7.8）

洛阳汉河南县城发现的两汉居住建筑均属城内普通居民住所。房基附近有用于灌溉的水井及水道，存放谷物的仓储建筑内置有石磨、石杵等谷物加工工具，铁刀、铁锯、铁斧、铁锤、陶纺轮等手工工具和印有“河市”的陶器片。这些居住迹象表明这些城里普通居民主要从事农业和手工业生产[2]。从建筑技术看，汉河南县城内西汉时期的房屋主要为半地下式，室内地面略低于当时地面。墙壁为夯土墙或原生土墙。东汉时期除沿袭西汉半地下式修建外，房屋也有完全在地上修建的。墙壁使用砖砌或砖与夯土混用。屋顶大多覆瓦。河南内黄三杨庄宅院建筑时代为西汉晚期至新莽时期。宅院后面栽有成排的桑树、榆树，院侧有水沟，四周为农田环绕，学者指出其为汉代村落居民的居住建筑[3]。辽阳三道壕村落居住址中间和附近分布有砖窑址7座，

[1] 东北博物馆. 辽阳三道壕西汉村落遗址［J］. 考古学报，1957（1）：119-126.

[2] 郭宝钧. 一九五四年春洛阳西郊发掘报告［J］. 考古学报，1956（2）：1-31.

[3] 有学者认为这种田内筑宅的格局是建于黄河滩地上的临时建筑，有别于永久聚落内的院落间的布局。程有为. 内黄三杨庄水灾遗址与西汉黄河水患［J］. 中州学刊，2008（4）：172-176；孙家洲先生认为内黄三杨庄宅院为黄河滩地中的垦殖型农居。孙家洲. 从内黄三杨庄聚落遗址看汉代农村民居形式的多样性［J］. 中国人民大学学报，2011（1）：2-8.

窑址数量与房址数量几乎对等，推测该地应是一处从事农业兼烧制砖瓦的聚居地[1]。另有学者根据房址内出土兵器与农具共存，以及印有“军厨”戳记的陶片等，认为该处可能为汉代辽东郡一处屯戍据点[2]。内黄三杨庄民居建筑均为二进庭院建筑布局，墙基砌砖，墙体为夯土或土坯筑成。主房屋顶覆瓦。辽阳三道壕居住建筑均为地上建筑，夯土墙，屋顶覆瓦。与内黄三杨庄和辽阳三道壕村落比较，汉河南县城城内民居建筑仅为一或二间，尚使用半地下式建筑，其居住的空间规模远远小于内黄三杨庄庭院建筑与辽阳三道壕村落民居建筑。

（三）模型明器反映的汉代民居建筑

黄河中下游汉墓中出土的完整宅院模型并不很多，但如果将墓葬出土的大量个体建筑模型明器，如表现仓储的陶仓、粮食加工的碓房、炊厨的灶与井、圈厕、房、楼、阙及墙等模型结合起来观察，有助于我们对汉代民居建筑有所了解。

结合考古居住遗址和文献记录，完整的宅院模型明器应该包括人们生活的基本建筑设施，如居室、灶、仓储、井、圈厕等。宅为民居之处。《论衡·四讳》：“宅，人所居处。”《尔雅·释言》：“宅，居也。”结合汉画像石、壁画出现的宅院形象，我们可以看到汉代的宅院布局复杂且多样。但仅就黄河中下游出土的模型明器而言，完整的宅院建筑模型不是很多。

如三门峡刘家渠汉墓M8出土的Aa型小型四合院建筑模型，院前后两座平房，以院墙连接形成口字形四合院，院内右墙搭有一面坡顶棚，应为厨房。前后平房为悬山顶，正面开门。后房前后隔为两间，为堂、室[3]。河南郑州南关汉墓M159出土Ab型宅院同为一进式院落，包括门房、居室、仓房、厨房、圈厕等主要组成建筑[4]。宅院建筑复杂者还见有多进和多路的四合院建筑模型。陕西勉县老道寺汉墓M1出土B型陶宅院，由主院和附院二路四合院组成。主院平面近于方形，由门房、右厢房、仓楼、主屋组成。主屋为四层楼房建筑。右厢房为三层楼房。左院墙处有门从主院通向附院。附院面积较小，由猪圈、鸡圈和杂物房组成[5]。河南淮阳于庄汉墓M1出土C

---

［1］东北博物馆.辽阳三道壕西汉村落遗址［J］.考古学报，1957（1）：119-126.

［2］中国社会科学院考古研究所.新中国的考古发现和研究［M］.北京：方志出版社，2007：399.

［3］黄河水库考古工作队.河南陕县刘家渠汉墓［J］.考古学报，1965（1）：107-167；孙机.汉代物质资料文化图说（增订本）［M］.上海：上海古籍出版社，2008：210.

［4］河南省文物局文物工作队.郑州南关159号汉墓的发掘［J］.文物，1960（8/9）：19-24.

［5］郭清华.陕西勉县老道寺汉墓［J］.考古，1985（5）：429-449.

型宅院建筑由前、中、后三进院组成，建筑形制复杂。整个院落模型由居住生活的正院和田圃两部分组成。正院分为前院、中庭、后院[1]。

除了少量功能完整齐全的宅院建筑外，黄河中下游汉墓中东汉以后出现了大量的房屋建筑，有的自成院落，多为一进四合院式，少数为多进。如三门峡刘家渠汉墓中出土的一进院落内主要建筑为仓房，院内置有粮食加工工具，应是作为粮食存储与加工的院落建筑。陕西扶风官务汉墓出土的陶院落模型，是由一座二层楼房、三间平房围成的院落，应是主要作为日常起居的院落建筑[2]。有的院落内仅有一座多层楼阁建筑，如河南洛宁东汉墓M4出土的带有院落的五层陶楼建筑[3]。这些院落虽表现出封闭的院落结构，但院落的各建筑功能并不能完全满足人们居住生活的基本需要。这些独立的建筑模型出现在墓中，配合墓室结构，模拟住宅的部分建筑单元。

将这些独立的院落按其基本功能分类，结合完整的宅院建筑及出土的其他灶、井、圈厕、仓等建筑明器，我们可以看到这些模型明器重点模拟民居建筑的几个部分：

1. 门与阙

门 《释名·释宫室》："门，扪也。为人所扪幕也，障卫也。"门主要起防护及出入作用。在多个单元建筑组成的建筑群中，门明确了建筑空间序列的入口和起点，为内外空间单元的分割点。《说文·门部》："门，闻也。从二户。象形。"

汉代建筑模型所表现的宅院大门多做成两扇，以一扇门户形象出现者少见。门周围雕刻凸起的门框及装饰图案，门口下部设门槛和凸起的止扉石。门有漆红色、黄色，门上多装饰有铺首衔环，以示尊贵。《韩诗外传》卷八记载天子赐诸侯九锡："诸侯之有德，天子锡之。一锡车马，再锡衣服……六锡朱户。"赐宅第漆朱门为表其身份尊贵。这一赐朱门的礼遇还见于《汉书·王莽传》："于是莽稽首再拜，受绿韨衮冕衣裳……九命青玉珪二，朱户纳陛。"《晋书·忠义列传》也载有："麴与游，牛羊不数头，东开朱门，北望青楼。"故朱门多指代豪门贵族。黄门见文献记载"黄阁"，亦作"黄閤"。卫宏《汉旧仪》：丞相"听事阁曰黄阁，不敢洞开朱门，以别于人主，故以黄涂之，谓之黄阁"。西汉和东汉的三公阁涂黄色。郡府的听事之

[1] 周口地区文化局文物科，淮阳太昊陵文物保管所. 淮阳于庄汉墓发掘简报［J］. 中原文物，1983（1）：1-3.
[2] 周原博物馆. 陕西扶风县官务汉墓清理发掘简报［J］. 考古与文物，2001（5）：22-23.
[3] 洛阳地区文化局文物工作队. 河南洛宁东汉墓清理简报［J］. 文物，1987（1）：37-42.

所，也用黄色涂之，称“黄堂”。《后汉书·郭丹列传》：“敕以丹事编署黄堂，以为后法。”注：“黄堂，大守之厅事。”这种官署使用黄色一直延续六朝。《陈书·萧摩诃传》：“旧制三公黄阁听事置鸱尾，后主特赐摩诃开黄阁。”通过文献与模型明器对照可知汉代权贵宅第大门涂黄色、红色，为权力身份的象征。如豫北区焦作白庄汉墓M121出土的B型五层陶楼院门就为两扇朱门，上饰铺首衔环。白庄汉墓M121出土的B型四层陶楼院门涂为黄色，上饰彩绘铺首衔环[1]。铺首衔环多见于宫门及官宦宅门前所饰，汉代有“仓琅根”称谓。《汉书·五行志》“木门仓琅根”之说，班固解释：“谓宫门铜鍰，言将尊贵也。”颜师古释：“铜色青，故曰仓琅。铺首衔环，故谓之根。”这种门饰铺首衔环还多见于汉代墓葬墓门上。

宅院大门除了扇门形式外，有的设有门屋建筑，文献称之为“庑”。《汉书·窦婴传》：“所赐金，陈廊庑下。”师古注曰：“庑，门屋也。”门屋建筑多为主人留客所居之处。《后汉书·梁鸿列传》：“依大家皋通伯，居庑下。”宅院模型明器中及汉画像砖石上的门屋建筑多覆有两面坡的悬山顶。

除宅院大门外，多进院落之间又有门户相通。这些建筑单元的门有单扇和双扇两种形式，称谓也有不同。《公羊传·宣公六年》记载赵盾家宅的布局：“勇士入其大门，则无人大门焉者；入其闺，则无人闺焉者；上其堂，则无人焉。俯而窥其户，方食鱼飧。”这一时期厅堂多无门。据此可知两周时期贵族宅院内门户的分布至少有大门—闺门—户门三重。户指房室之门。多为一扇门。《说文》：“户，护也。半门曰

1

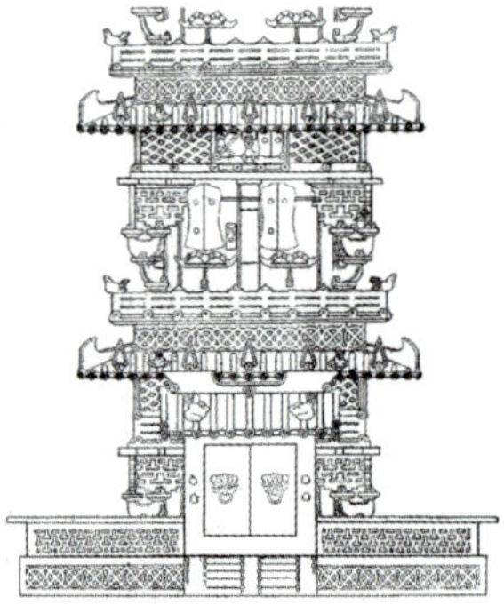

2

图7.9 汉代建筑明器中的门

1. 陕西扶风官务汉墓院落门楼；2. 河北阜城桑庄汉墓门楼（楼体后部）

[1] 焦作市文物工作队. 河南焦作白庄汉墓M121、M122发掘简报 [J]. 中原文物，2010（6）：10-27.

户，象形。”《释名·释宫室》：“户，护也。所以谨护闭塞也。”汉代前堂之后有阁门，又称中阁，后堂之后亦有后阁门，为宅院后门[1]。汉代楼房建筑流行，出现有二层门屋建筑，如陕西扶风汉墓出土的陶院落门为二层楼房，一层正中为大门，无门扇，人可穿门进入庭院。二层前后壁对开有长方形洞窗。楼顶上覆歇山顶，檐下挑斗拱支撑[2]。这类门楼建筑无门扇闭合，可能是位于宅院内，为连接不同庭院的出入之地。另外河北阜城桑庄汉墓出土的陶楼建于二层基座上。基座前居中耸立大门两扇，有门框，门框正面装饰构件已残。门面饰有铺首衔环。门背面两侧各有一圆形门栓插孔。悬山顶，瓦上相向饰二鸟。大门与台基四周低矮的护栏相连，完全失去了障卫功能，而仅仅起装饰、标识身份等级的作用[3]。（图7.9）

阙　在豫北、南阳、三门峡分区汉墓出土的宅院、带有院落的楼模型前多见有阙建筑。阙又称“门阙”或“象魏”。《释名·释宫室》：“阙，阙也，在门两旁，中央阙然为道。”阙为围墙缺口两侧的建筑，在门之两旁，中间有道路可供进出。《说文解字》则解释说：“阙，门观也。”汉代阙的类型主要有城阙、宫阙、宅第阙、祠庙阙、墓阙等多类。阙用于表明等级身份。《水经注·穀水》引《白虎通》：“门必有阙者何？阙者，所以装饰门，别尊卑也。”完整的用阙制度在西汉时期逐渐形成[4]，对宫室、城门、墓、祠庙前用阙等都有规定：一般官僚可用一对单阙；诸侯、二千石以上者使用一对二出阙；皇帝则用一对三出阙，由一主阙与二子阙构成[5]。西汉贵族宅院门前也建有阙，以示地位身份。

学者对画像砖石、壁画、墓室内及墓地阙的建筑形象多有探讨[6]，对于模型明器的门阙形制关注甚少。从黄河中下游地区出土的模型明器看，阙的建筑形象有以下两种：

一是阙出现在宅院门两侧，高于宅门。阙的另一侧与宅院的院墙连在一起。这种阙门位置常见于模型明器中。根据有无子阙，阙又有单阙和二出阙两种。河南焦作白庄汉墓出土的带院落B型陶楼，院落位于陶楼之前，三面围墙。前墙正中开一长方形

[1] 刘敦桢.大壮室笔记［C］//刘敦桢文集（一）.北京：中国建筑工业出版社，1982：134.
[2] 周原博物馆.陕西扶风县官务汉墓清理发掘简报［J］.考古与文物，2001（5）：22-23.
[3] 河北省文物研究所.河北阜城桑庄东汉墓发掘报告［J］.文物，1990（1）：19-30.
[4] 另有学者认为汉代阙的使用已普及，庶民皆可使用。唐长寿.汉代墓葬门阙考［J］.中原文物，1991（3）：67-74；韩建华.汉代宅第阙的类型及相关问题［J］.四川文物，2008（4）：83-89.
[5] 孙机.汉代物质资料文化图说（增订本）［M］.上海：上海古籍出版社，2008：210.
[6] 韩建华.汉代宅第阙的类型及相关问题［J］.四川文物，2008（4）：83-89.

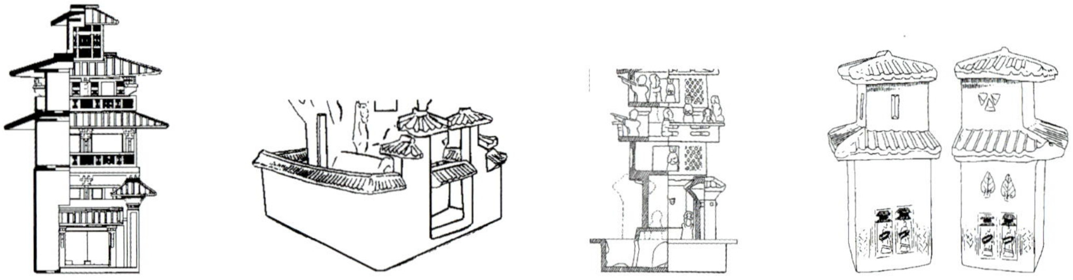
1　　　　2　　　　3　　　　4

图7.10　汉模型明器中的阙

1. 河南焦作白庄6号东汉墓出土陶楼；2. 河南灵宝出土陶楼院门（局部）；3. 河南三门峡刘家渠汉墓M3出土陶楼；4. 河南西华石羊城出土陶阙

大门。门上墙壁各置一挑梁，上置斗拱，承托悬山顶。大门两侧上部上置双阙，阙体做成叠涩倒方锥形，阙上置四阿顶，为单阙[1]。河南灵宝出土的绿釉陶楼院落门前为二出阙。母阙阙身平面方形，上置四阿顶。子阙位于母阙一侧，上覆瓦顶[2]。

二是独立的双阙。阙与院门分离，多置于主体建筑之前。如河南三门峡刘家渠汉墓M3出土绿釉陶楼[3]，楼前竖立一对单阙。另外一些汉墓中出土有单独的陶阙明器。如河南西华石羊城出土汉灰陶阙，阙由阙身、阙楼和阙顶组成[4]。（图7.10）

在门两侧或门阙上多绘有或刻有拥彗、捧盾而立的小吏或奴婢形象，当是模仿小吏奴仆迎接墓主的场面。如河南西华石羊城出土汉灰陶阙阙体底部墙壁各刻有两名捧盾而立的门吏。淮阳于庄汉墓宅院门前两侧墙壁彩绘有拱手侍立的人物形象。

2. 堂

堂　作为宅院建筑的主体处于重要地位。《说文・土部》："堂，殿也。从土，尚声。"《急就篇》卷三颜师古注："凡正室之有基者则谓之堂。"堂为汉代家庭中接客、议事和举行婚丧嫁娶等重要仪式之地，地位尊崇。先秦时期堂的规模大小依主人身份地位区分。《礼记・礼器》中有庙堂高度的规定："天子之堂九尺，诸侯七尺，大夫五尺，士三尺，天子、诸侯台门：此以高为贵也。"《仪礼》记载的周代"士"的堂无门户，前有东、西楹两根柱子。堂两边有东西序。序将堂内空间划分，隔成与堂进深等同的东西厢。堂后有墙，把堂与其后的室、房等隔开。室、房通过户

[1]　索全星. 河南焦作白庄6号东汉墓［J］. 考古，1995（5）：396-402.
[2]　河南省博物馆. 灵宝张湾汉墓［J］. 文物，1975（11）：75-93.
[3]　黄河水库考古工作队. 河南陕县刘家渠汉墓［J］. 考古学报，1965（1）：107-167.
[4]　河南博物院. 河南出土汉代建筑明器［M］. 郑州：大象出版社. 2003：187.

门与堂相通。汉代文献所载权贵豪右宅院的堂的形制与周制近同。列侯公卿的宅第常有前、后堂[1]。一些权贵宅第内则堂前有东、西阶，宾升自西阶。《汉书·盖宽饶传》：“宽饶……乃往，从西阶上，东乡特坐。”堂两侧有东西厢。《汉书·杨敞传》有“敞夫人遽从东厢谓敞”。堂后有室，见《后汉书·马融列传》记载。室有门窗。《汉书·龚胜传》：“胜称病笃，为床室中户西南牖下。”师古注：“牖，窗也。于户之西室之南牖下也。”汉代平民住宅格局主要为“一堂二内”。《汉书·晁错传》曰：“家有一堂二内门户之闭，置器物焉。”平民住宅规模小，主体建筑堂的两侧无东西厢，堂内有二室。

模型明器中单独反映堂类的建筑并不多。建筑平面多呈一字形，面阔一间或双开间，带有台基，有阶祚可登台入堂。房屋进深小于或等同台座宽度。屋顶前檐下有中柱（或称“臬柱”[2]）承托。山东临淄金岭镇1号墓出土的A型陶屋为单层建筑，房屋坐落在台基上，台基正面两侧有东、西阶直通堂上。堂三面围墙，正面敞开，屋顶前檐下正中立有一中柱，庑殿顶[3]。这种堂的建筑形制还见于汉画像石中，如山东沂南汉墓中画像石上的二进宅院内的堂屋。堂室位于宅院后排建筑正中，堂前有台阶，房无门，前檐有一臬柱承托[4]。山东肥城孝堂山墓祠石室亦为前檐中部有一臬柱承托[5]。

随着楼阁建筑的逐渐兴起，宅院组合建筑中堂屋也出现楼阁建筑形制者。河南淮阳于庄汉墓中庭主休建筑为二层楼阁建筑[6]。汉画像石中也多出现二层楼阁建筑的堂。如流行鲁南区、南阳区的“祠主受祭图”，或又称“楼阁拜谒图”“楼阁人物图”，此图多出现在墓上石祠堂后壁正中位置或石祠后壁龛室的后壁，如山东嘉祥焦城村出土祠堂后壁画像[7]、山东嘉祥五老洼出土第三画像石[8]等。画面以二层楼阁建筑为活动中心，一层多为男祠主侧身坐于楼中接受子孙拜见，二层为男祠主的妻妾。信立祥先生认为这是反映墓主夫妻接受子孙拜祭的画面。图中的二层楼阁是墓地

[1] 刘敦桢.大壮室笔记［C］//刘敦桢文集（一）.北京：中国建筑工业出版社，1982：132.
[2] 张良皋.双开间建筑·东向坐礼仪与符号化圭臬［J］.江汉考古，1995（1）：79-92.
[3] 山东省文物考古研究所.山东临淄金岭镇一号东汉墓［J］.考古学报，1999（1）：97-121.
[4] 南京博物院，山东省文物管理处.沂南古画像石墓发掘报告［M］.北京：文化部文物管理局，1956.
[5] 罗哲文.孝堂山郭氏墓石祠［J］.文物，1961（4/5）：44-45.
[6] 周口地区文化局文物科，淮阳太昊陵文物保管所.淮阳于庄汉墓发掘简报［J］.中原文物，1983（1）：1-3.
[7] 山东省博物馆，等.山东汉画像石选集［M］.济南：齐鲁书社，1982：图349.
[8] 嘉祥文管所.嘉祥五老洼发现一批汉画像石［J］.文物，1982（5）：71-74.

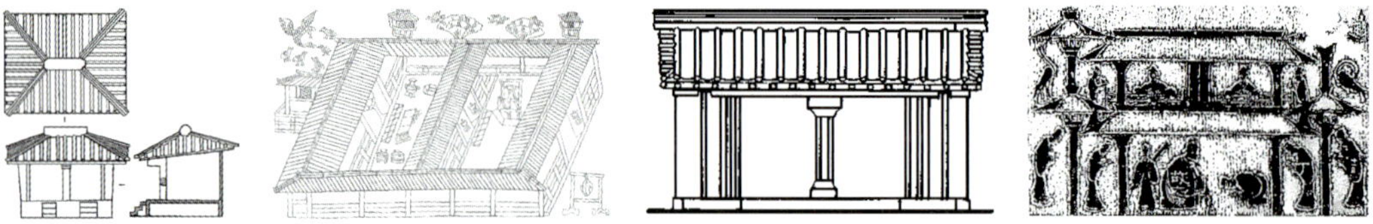

1 2 3 4

图7.11 模型明器与画像石上的堂建筑

1. 山东临淄金陵馆1号墓出土陶屋；2. 山东沂南汉墓画像石二进宅院图；3. 山东肥城孝堂山石祠；4. 山东嘉祥五老洼出土第三画像石祠主受祭图

祠堂一类的祭祀性建筑[1]。蒋英炬先生则认为双层楼阁不是墓地祠堂，而是表现住宅或府邸中居住的厅堂楼阁[2]。无论是表示墓上祠堂建筑还是映射现实府邸建筑，这类二层楼阁建筑均具有现实建筑中堂的议事、接待等功能性质。（图7.11）

3. 炊厨之地——灶与井

灶、井与人们的日常生活关系最为密切，故古文献常见“井灶”并称。《论衡·祭意》有“井灶人所饮食”之说，将井、灶共同归入与日常饮食相关的设施。《汉书·五行志》有“井水溢，灭灶烟”的童谣，强调井、灶二者的联系。《晋书·天文志中》有“井主酒食”之说。在黄河中下游地区出土的庖厨图汉画像石上常见灶、井同时出现。如山东微山汉画像石墓[3]和山东诸城前凉台汉墓[4]画像石中灶的旁边往往置有水井，表现的是厨事活动中的各环节：井边洗涤食物为烹饪作准备，灶则烹饪食物。两汉至西晋时期，灶和井模型明器广泛出现在各地中小型汉晋墓中。

灶　灶关乎人们的日常饮食，故古人对灶非常重视。《说文》云：“灶，炊也。”《释名·释宫室》说：“灶，造也，创造食物也。”灶为汉代人们进行炊厨的主要厨房设施。秦汉以后，绝大多数炊具必须与灶相结合才能进行烹饪活动，灶也因此成为烹饪食物的中心。在汉墓中灶模型常象征着烹饪之所。

两汉时期灶模型普遍流行于南北方。黄河中下游地区汉至西晋时期墓葬中出土的

[1] 信立祥. 汉代画像石综合研究［M］. 北京：文物出版社，2000：83-102.

[2] 蒋英炬. 汉代画像“楼阁拜谒图”中的大树方位与诸图像意义［J］. 艺术史研究（6），广州：中山大学出版社，2004：149.

[3] 王思礼，赖非，等. 山东微山县汉代画像石调查报告［J］. 考古，1989（8）：699-709.

[4] 山东省博物馆，等. 山东汉画像石选集［M］. 济南：齐鲁书社，1982：图549.

灶模型从形制上分就有马蹄形、长方形、梯形、圆形、舟形等。灶模型材质有陶、青铜、木等，以陶质最多。黄河中下游地区不同分区流行的灶模型的型式有所区别，但总体上以A型马蹄形灶和B型长方形灶最为流行，东汉中晚期至西晋时期A型马蹄形灶减少，主要流行B型长方形灶。两汉时期的灶模型比先秦时期有所发展，灶上火眼除设单眼外，又出现了双眼、三眼以至多眼等，火眼上多置釜、甑、盆等容器，灶尾竖有烟囱，可同时蒸煮不同食物。灶身也相应加长，更便于聚火抽风。另外G型舟形灶主要见于长江中下游江苏、两湖等地区汉墓中。在黄河中下游地区，除邻近南方地区[1]的南阳区和徐州鲁南区出现外，在黄河中下游地区的中心腹地冀中南区也少量见有G型舟形灶的出现，反映出两汉疆域大一统之下各地区文化交流频繁。

秦汉时期灶房建筑称为“宧”或“厨”。《说文》：“宧，养也，室之东北隅，食所居。”《尔雅·释宫》郝懿行疏：“云‘食所居’者，古人庖厨食阁皆在室之东北隅，以迎养气。”汉代又根据厨房位置及功能等将灶房称作“中厨”“东厨”“爨室”等。一些学者指出汉代厨房多设于住宅东端[2]。不同阶层厨房面积及装饰皆有不同。徐州北洞山和狮子山楚王陵墓中象征厨房的建筑由三间室组成，包括灶房、旁边的井房及堆放柴薪的柴房[3]。贫民居室中则甚至无厨房建筑，如《三国志·魏书·管宁传》注引《魏略》提到：东汉末扈累在洛阳居道侧，以草为帘，其内“施一厨床，食宿其中”。模型明器中灶房建筑多为三面围墙，正面敞开无门窗，屋顶有作一面坡式，又有两面坡的悬山顶[4]，上覆瓦垄。灶房主要设施为灶台。灶台上放置釜、盆、甑、罐等炊具。一些厨房墙壁置有厨架，用于搁置碗、盆等器皿。如洛阳区金谷园车站11号汉墓出土陶灶房[5]、豫北区焦作武陟冯村汉墓M2出土陶灶房[6]。

井　实用的水井出现时间很早，文献中有“黄帝造井”“伯益作井”之说。《易·井》：“井者，物象之名也；古者穿地取水，以瓶引汲，谓之为井。”考古发

[1] 本书这里所指的南方地区是指我国秦岭、淮河一线以南的广大地区。
[2] 彭卫，杨振红. 中国风俗通史·秦汉卷［M］. 上海：上海文艺出版社，2002：49-50.
[3] 徐州博物馆. 徐州北洞山西汉楚王墓［M］. 北京：文物出版社，2003：35；彭卫，杨振红. 中国风俗通史·秦汉卷［M］. 上海：上海文艺出版社，2002：49-50.
[4] 洛阳市文物工作队. 洛阳金谷园车站11号汉墓发掘简报［J］. 文物，1983（4）：15-28. 原简报认为为陶作坊模型。
[5] 洛阳市文物工作队. 洛阳金谷园车站11号汉墓发掘简报［J］. 文物，1983（4）：15-28.
[6] 焦作市文物工作队. 焦作武陟冯村汉墓M2发掘简报［J］. 中原文物，2011（5）：11-14.

现最早的水井主要集中在新石器时代长江和黄河流域的中下游地区[1]。汉代村落遗址如江苏高邮邵家沟遗址[2]、河南遂平小寨遗址[3]、河南内黄三杨庄遗址[4]、辽宁辽阳三道壕西汉遗址[5]中都发现大量的水井，特别是内黄三杨庄每户庭院均有水井，反映了水井在人们日常生活中的重要性。

汉代家庭吃水用的水井是否建在宅院内且离厨房较近之处尚不太确定。汉画像石的庖厨图中，水井多安排在象征厨房的灶附近，便于人们洗涤、加工食物和满足其他生活用水。洛阳金谷园车站11号汉墓出土的陶灶房门外就有水井一口，井上架有滑轮，井旁搁置水槽。大型汉墓如江苏徐州北洞山楚王陵中井室设在灶房隔壁[6]。而在考古遗址出土的汉代村落居住遗址中水井常常在宅院外。如河南内黄三杨庄出土的汉代居住建筑遗址水井凿建在院落外距离大门不远处，沿院落大门至水井的地面有用碎瓦片铺成的便道。水井壁由小砖圈砌，井口周围用小砖铺砌近方形井台。水井周围出有水槽、盆、瓮等陶器和石磨[7]；辽宁辽阳三道壕村落遗址中水井也建在居住建筑遗址附近[8]。

内黄三杨庄居住建筑四周环绕农田。水井设在门外不仅便于人们日常生活汲水饮用，还可能考虑方便灌溉周围农田。《史记·河渠书》记载汉武帝时修龙首渠，"自征引洛水至商颜山下。岸善崩，乃凿井，深者四十余丈。往往为井，井下相通行水，水颓以绝商颜，东至山岭十余里间。井渠之生自此始"。用设有竖井的暗渠通水，为当时先进的水利工程技术。居延汉简127.6也记有："……卅井水五十步，阔二丈五，立泉二尺五，上可治田，度给吏卒□。"可证汉代井水已可用于农田浇灌。河南泌阳和洛阳出土的砖井旁常附有陶管道或砖砌的水道，此类设施可能与灌溉有关。[9]水井除作为人畜日常生活饮用和农业灌溉外，还被用作灭火设施。黄河中下游地区汉墓中出有带"戒火东井"铭文的陶井模型。如洛阳偃师中州大渠汉墓出

[1] 张子明.秦汉以前水井的考古发现与造井技术[J].文博，1996（1）：10-25.
[2] 江苏省文物管理委员会.江苏高邮邵家沟汉代遗址的清理[J].考古，1960（10）：18-23.
[3] 河南省文物研究所.河南遂平县小寨汉代村落遗址水井群[J].考古与文物，1986（5）：41-43.
[4] 河南省文物考古研究所.河南内黄三杨庄汉代聚落遗址第二处庭院发掘简报[J].华夏考古，2010（3）：19-31.
[5] 东北博物馆.辽阳三道壕西汉村落遗址[J].考古学报，1957（1）：119-126.
[6] 徐州博物馆.徐州北洞山西汉楚王墓[M].北京：文物出版社，2003：35.
[7] 河南省文物考古研究所.河南内黄三杨庄汉代聚落遗址第二处庭院发掘简报[J].华夏考古，2010（3）：19-31.
[8] 东北博物馆.辽阳三道壕西汉村落遗址[J].考古学报，1957（1）：119-126.
[9] 转引自孙机.汉代物质资料文化图说（增订本）[M].上海：上海古籍出版社，2008：13.

土灰陶井[1]。（图7.12）秦汉厨房多位于院落东部，故有“东厨”之称。“东井”应是设在与东厨相近之处，以水能灭火，用以防止宅院失火。

图7.12　洛阳偃师中州大渠汉墓出土灰陶井画像

4. 楼阁

楼为两层以上、面阔多为一间或多间的建筑。汉人崇高，以“壮丽以重威”。先秦两汉文献中与楼阁建筑有关的建筑形式有“楼”“阁”“台”“榭”“观”等。目前黄河中下游汉墓中最早见到多层陶楼模型为西汉晚期，东汉以后，特别是东汉中晚期陶楼大量出现。根据前述章节讨论，我们可知黄河中下游地区陶楼模型出土的分布在空间和数量上不均衡。出土陶楼模型的分区中豫北、三门峡、南阳、冀中南、京津和冀北分区出土的陶楼数量较多，而关中、洛阳、晋南、鲁南、晋中北、鲁北区出土较少。陶楼的楼层从二层至七层数目不等。根据陶楼的建筑形制我们将其划分为四型，从陶楼模型类型分布来看，各分区出土陶楼模型有一定的地域特色。

A型楼出土数量较多且分布较广，上述几分区皆有出土。楼的建筑形式变化多样，按照楼底部建筑变化又分为附有院落的楼、建于台座上的楼和单独的楼。楼层为二至五层，屋顶多采用四阿式或两坡式。此型楼还广泛见于长江中下游汉墓中。比较精美的陶楼如河北阜城桑庄汉墓M1出土的陶楼[2]。B型楼集中于豫北区焦作一带，冀南区也有少量出土。楼的建筑特点为一二层为储藏粮食仓房。B型楼一二层仓房与H型仓建筑形制相近，均为一层无门窗，底部有排气孔。外有楼梯直通二层仓口。陶楼三层以上建筑形制则为常见的汉墓出土的楼阁造型。如楼层间伸出腰檐，上置平座，正面多开有窗户强调室内采光与通风，应是具有娱乐、休憩的功能。楼前多带有长方形院落，前墙正中开大门。多数门上部置悬山顶，前墙两角做出对称的双阙[3]。C型楼主要集中在三门峡区、南阳区汉墓中，邻近的晋南区与关中区也有少量出土，应该是受河南三门峡、南阳和陕南的影响。楼阁主要立于方形或圆形水池中，楼底部多用干栏或底座承载楼体。报告中多称此型陶楼建筑为“水榭”或“水阁”。文献中“台榭”往往与“陂池”并举。陂池，池沼或池塘。《书·泰誓上》孔颖达疏：“土高曰台，有木曰榭，泽障曰陂，停

[1] 河南博物院. 河南出土汉代建筑明器［M］. 郑州：大象出版社，2002：100.

[2] 河北省文物研究所. 河北阜城桑庄东汉墓发掘报告［J］. 文物，1990（1）：19-30.

[3] 索全星. 河南焦作白庄6号东汉墓［J］. 考古，1995（5）：396-402.

水曰池。”《韩非子·亡征》有“好宫室台榭陂池”。《左传·哀公元年》载：“今闻（吴王）夫差，次有台榭陂池焉，宿有妃嫱嫔御焉。”D型楼数量最少，仅见于鲁北区临淄金岭镇1号汉墓中[1]。此型楼房建筑近似于文献中的廊庑建筑。《说文新附·广部》：“廊，东西序也。”《汉书·窦婴传》颜师古注曰：“廊，堂下周屋。”庑，《说文·广部》：“堂下周屋也。”《后汉书·顺帝纪》李贤注：“庑，廊屋也。”廊庑是环绕着庭院周围设置的，用来连接在院落中分散的建筑。张衡《西京赋》有“长廊广庑”之句。汉画像砖石上出现了不少庭院建筑中的廊的形制。多为单层。山东沂南汉画像石墓中室南壁的二进宅院建筑中围绕庭院四周的是单层廊庑建筑。

有学者依据出土陶楼建筑模型形制将之分为戏楼、台榭、望楼、仓楼等不同类型[2]。我们根据上述四型陶楼模型建筑特点可知：黄河中下游地区汉墓出土的陶楼除B型楼兼有仓储功能外，总体上强调的是楼阁的娱乐、登高瞭望的功能。如楼阁每层皆做出门、窗，强调空间的通风、采光。楼身多有雕刻花纹图案，重视华丽装饰。楼内往往置有人俑，或吹奏，或歌舞，或博具。

黄河中下游地区随葬仿木构高层陶楼模型的大量出现与东汉高层木构建筑技术迅速发展有关。春秋战国至西汉时期主要流行的是高台建筑。《吕氏春秋》高诱注曰：“积土四方而高曰台。”西汉时期出现井干式高楼。《史记·孝武本纪》记有：“乃立神明台、井干楼，度五十余丈，辇道相属焉。”张衡在《西京赋》中描述为：“井干叠而百层。”井干式结构是木材两端开卯榫，形成木框架后重复交搭木材，层层累叠成壁体。对于西汉长安井干楼木构架安排，学者复原后认为“附楼全部使用井干架，在土心的四面设计井干架”[3]，则这种井干式高层楼阁尚未完全摆脱对夯土台的依托。《盐铁论》称“今富者井干增梁”，表明这种井干建筑也在豪右的私邸中广泛使用。但在黄河中下游出土的陶楼模型中并未见到这种井干搭建的高楼建筑形式。东汉以后，高台建筑逐渐减少，多层木结构楼阁建筑流行。从汉画上楼阁建筑及出土的陶楼模型明器上看，东汉以后楼已摆脱夯土台支撑成为独立的建筑。木构架主要分抬梁、穿斗等，以抬梁最为普遍使用。楼层间的搭接已区分为通柱和叠柱两种形式，并出现叠柱构架所需的平座层。楼的外观常以平座和腰檐划分层数。斗拱被广泛运用到高楼

[1] 山东省文物考古研究所.山东临淄金岭镇一号东汉墓［J］.考古学报，1999（1）：97-121.
[2] 河南博物院.河南出土汉代建筑明器［M］.郑州：大象出版社，2002：199.
[3] 张驭寰.对西汉长安城井干式楼原状的推测［J］.建筑史，2003（19）：98.

建筑中，式样及尺寸多变，尚未形成后世统一的标准和模数。用作传递荷载的斗拱和用于承托出挑屋檐的斗拱单独出现和使用。拱的方向与屋檐平行，座斗不开十字口[1]。

楼阁建筑的盛行也与汉代园林楼阁建筑群的流行密切相连。西汉的上林苑、甘泉苑[2]均占地广阔，保持着“离宫别馆，弥山跨谷”的宏大规模。近年昆明池考古调查的三号建筑遗址是一处东连池岸、三面环水的曲尺形台榭建筑，现存两层夯土台基，据推测此夯土台基应为豫章台旧址[3]。这一时期权贵私邸也纷纷仿效皇室园林风格。如《汉书·元后传》提到王商住宅园中多高楼建筑，土山渐台类似未央宫中白虎殿。《后汉书·梁统列传》所载，东汉大将军梁冀宅第：“殚极土木……堂寝皆有阴阳奥室，连房洞户，柱壁雕镂，加以铜漆，窗牖皆有绮疏青琐，图以云气仙灵。台阁周通，更相临望；飞梁石蹬，陵跨水道。金玉珠玑，异方珍怪，充积藏室。”《水经注·比水条》引《续汉书》：南阳樊氏“起庐舍，高楼连阁”。《后汉书·黄昌列传》彭氏“造起大舍，高楼临道”。《后汉书·宦者列传》外戚中官所造馆舍“凡有万数，楼阁连接，丹青素垩”。《郑子真宅舍残碑》中也多处提到有楼舍、楼等建筑。可知两汉时期楼阁建筑已经普遍应用到权贵豪右的住宅中。

此外粮仓、圈厕也是汉代民居建筑的重要构成部分。在农业章节中已作讨论，这里省略。

（四）小　结

住宅建筑是人们居住托身的处所。汉代实行按爵位等级授予不同面积的住宅地。住宅作为一项重要的家庭财产得到法律承认并编入簿籍。西汉中期以后，“田宅亡限”“田宅逾制”的现象非常普遍，田宅地为豪右权贵所强取豪夺，贫民则为生计所迫出卖田宅。按爵位等级授田宅已经无法严格实行，但对于不同阶层的住宅规模及建筑形制仍有一定限定。

两汉时期私邸住宅建筑因社会阶层或贫富差异呈现不同的特点。《论衡·别通篇》曰：“富人之宅，以一丈之地为内，内中所有柙匮所羸，缣布丝帛也；贫人之宅，亦以一丈为内，内中空虚，徒四壁立，故名曰贫。”汉代文献记载普通民居的基

［1］ 李樱樱．汉代两京出土陶楼建筑研究［D］．北京：北京建筑工程学院，2010：59.

［2］ 《三辅黄图》载：甘泉苑 “缘山谷行，至云阳三百八十一里，西入扶风，凡周回五百四十里。苑中起宫殿台阁百余所，有仙人观、石阙观、封峦观、鹤鹊观”。

［3］ 中国社会科学院考古研究所汉长安城工作队．西安市汉唐昆明池遗址的钻探与试掘简报［J］．考古，2006（10）：53-65.

本建筑形式为“一宇二内”或“一堂二内”，而权贵富人所居已不仅是一堂二内建筑格局，而是“高台层榭，接屋连阁”的建筑群组合的深宅大院[1]。特别是权贵宅邸在建筑形制及装饰上皆有等级定制，以示社会身份地位。考古所见的黄河中下游出土的汉代民居建筑主要有洛阳汉河南县城内普通民居和河南内黄三杨庄宅院建筑。汉河南县城城内民居建筑仅为一或二间，尚使用半地下式建筑，其居室规模远远小于内黄三杨庄庭院建筑。这反映了汉代因贫富及身份的不同而形成的住宅建筑的差异。

模型明器中有大量反映住宅建筑的模型，这些建筑模型主要反映了汉代民居的基本建筑组成部分即仓储、炊厨、圈厕、居室等。与考古发现的汉代民居建筑遗址比较，模型明器所反映的建筑形象呈现出汉代不同阶层的居住建筑特色。墓葬中简单者仅置有仓、灶、井、圈厕，配置出一个基本的家庭居住空间；复杂者模型明器组合则呈现出高堂楼阁、院落重重的宅院建筑群形象。但无论表现哪类建筑组合，均共同反映了汉代民居建筑中重视生产与生活的双重功能，这是与汉代以家庭为社会和经济基本单位的社会结构特点相适应的。家庭是以婚姻和血缘为纽带的基本社会细胞，为同居、共财、合爨的单位[2]。汉代以四五口小家庭为主，包括父母及子女，成男自立门户。相对后世，汉代的家庭规模要小，最多三代同居[3]。家庭成员同居生活并参与经济生产。与小家庭相适应，汉代家庭经济以谷物种植为主，桑麻纺织、园圃果蔬栽培和家禽畜饲养等副业作为生产和衣食的补充。平民家庭中夫妻为家庭经济生产的核心劳动力。一些贵族家庭中主妇及僮仆皆参与经济生产，如张安世“夫人自纺绩，家童七百人，皆有手技作事，内治产业，累织纤微，是以能殖其货”[4]。

西汉晚期以后，特别是东汉中晚期，除了满足人们最基本的生产和生活建筑设施外，表现复杂建筑的模型明器如单独的楼院、院落式圈厕、粮食仓储和加工的院落建筑单元大量出现在中小型墓葬中，显示社会身份等级地位、财富等的门饰、铺首、阙及楼阁等建筑元素增多。这些建筑与文献记载的汉代权贵豪右住宅相近，是汉代追富求贵社会价值观的反映，也与人们的丧葬观念和社会结构变动等相关。

[1] 何宁. 淮南子集释[M]. 北京：中华书局，1998：681.
[2] 徐扬杰. 中国家族制度史[M]. 北京：人民出版社，1992：5.
[3] 瞿同祖. 汉代社会结构[M]. 上海：上海世纪出版集团，2007；许倬云. 汉代家庭的大小[C]//求古编. 北京：新星出版社，2006：384-403.
[4] [汉]班固. 汉书·张安世传[M]. 北京：中华书局，2006：2652.

结 语

两汉至西晋，共历西汉、新莽、东汉、曹魏、西晋五代，在王朝更替的历史背景下，墓葬中模型明器的使用也经历了确立、发展、繁荣、衰落的发展历程，同时也是一个从地域文化因素发展成主体文化特征，并因各历史时期的变动而不断调整自身文化特征的发展过程。模型明器在发展中虽呈现出较多不平衡性特点与地域性特征，但就总体而言，是一个从多样到趋同的发展过程。其发展特征可以概括为以下四方面。

1. 地域性与趋同性

受历史、经济、文化、传统习俗等影响，模型明器在类型组合发展方面的地域性在早期发展阶段表现非常强烈。各分区的模型明器出现与发展存在明显差别，反映出不同地域使用的发展轨迹和区域特征。这表现在各分区模型明器的出现时间、普及程度、器类组合和组合变化速度等方面。

模型明器组合发展虽始终存在着地域性差异，然而建立在长期大一统历史背景下，随着社会的发展及文化的交流与融合，模型明器的使用在文化整体面貌上表现出趋同性特征。西汉中期以后中央集权专制政体稳固，中央加强对地方控制，政令通达，使政治中心文化迅速得以传播。核心区经济发展、交通便利、商业贸易繁荣及人口迁移等加速地区间的文化互动，思想上儒家思想的独尊及对丧葬礼俗的制定与规范等，使模型明器的文化面貌从西汉中晚期后趋同性特征愈加明显。这表现在各分区间的地域文化差异逐渐缩小，共性文化特征逐渐增强，器类组合逐渐趋同，形成模型明器使用各历史时期的文化特征。

2. 阶段性与传承性

黄河中下游地区模型明器组合大致可分为西汉早期、西汉中期至东汉初期、东汉早期至东汉晚期、东汉末至西晋早期、西晋中晚期等五个发展阶段，每个阶段各分区模型明器的发展特征又各具特点。其阶段性的发展深受各历史时期政治、经济、社会、思想信仰及丧葬观念等影响。西汉早期为模型明器初步发展阶段，关中、徐州鲁南地区使用模型明器并开始影响周边一些分区。西汉中期至东汉初期为模型明器的持续发展阶段，模型明器主要形成仓、灶、井组合，猪圈与磨逐渐使用。模型明器器类与饮食和基本生活相关，反映了事死如事生、“鬼犹求食”、“多藏食物以歆精魂”的丧葬观念。东汉时期是模型明器的繁荣发展阶段，模型明器组合发展完备，在随葬品中的比例增大，成为这一阶段墓葬随葬品的主体文化特征。模型明器组合上表征权力、财富以及反映神仙信仰的器类增多，与商品经济和大土地所有制发展，经济财产成为决定身份地位的因素有关。思想信仰方面社会上流行的神仙信仰也影响了墓葬文化，进而影响模型明器的制作与使用。东汉末至西晋早期受经济凋敝、人口减少、薄葬提倡等方面影响，模型明器组合整体衰落，趋于简化。西晋中晚期模型明器器类略加恢复，但反映财富、神仙信仰等器类减少或消失，与西晋门阀制度以门第和家世相适应，彰显士族身份和生活的新器类组合形成，而两汉模型明器中很少出现的牛车模型成为士族等级身份的象征出现于新器类组合中。

从汉至西晋模型明器阶段性发展来看，每一阶段模型明器的发展变化又是承上启下、彼此联系的。西汉中期至东汉初期是在西汉早期模型明器组合的基础上加以继承，并逐渐形成自身地域文化的模型明器类型组合。东汉早期以后模型明器类型组合在承袭前期的基础上逐渐完备，新的模型明器器类出现，模型明器一直处于繁荣发展阶段。东汉末模型明器器类骤然减少，这种发展的低谷持续至西晋早期，但模型明器器类皆是延续东汉，是对东汉模型明器的继承与调整。至西晋中晚期模型明器器类有所恢复，模型明器器类传承东汉，但又继承了不重装饰、器形缩小的曹魏时期风格，是对汉代和曹魏模型明器的选择与取舍，并形成符合自身历史时期的文化特征。可以看出从汉至西晋时期模型明器经历了动态的、持续的发展过程，并不以王朝更迭而中断，显示其文化传承性的特征。

3. 等级性与习俗性

社会等级是对人的身份地位的界定，由法律规定和社会习俗形成，并通过礼制与礼俗表现出来。两汉至西晋时期，社会等级逐渐加强，并对日常生活及器具使用方面加以规范。模型明器的使用因社会等级差异在器类组合上呈现不同发展特点。西汉时期皇帝、诸侯王等特权阶层与社会中下层之间模型明器在器类选择和组合上各有侧重。东汉时期诸侯王墓中全部使用模型明器，器类组合逐渐固定；中小型墓模型明器组合完备，器类不断增多。东汉诸侯王墓比西汉使用模型明器器类增多，但随葬品总体仍以生活器皿、车马器类较多；而在一些中小型墓葬中模型明器则占随葬品总量的多数。中小型墓由于社会身份等级的限定，无法僭越使用高规格的随葬品，而是用大量表现个人财富的模型明器器类如各类家禽畜圈和家禽畜、田产、作坊、住宅建筑等，器类中多模仿贵族阶层。东汉各社会阶层墓葬使用模型明器的丧葬观念已定型，随葬模型明器趋向习俗化。曹魏时期贵族墓葬中模型明器的器类明显少于东汉诸侯王墓；同期中小型墓出土模型明器更少。西晋中晚期模型明器器类有所恢复，但模型明器在各等级墓葬中所占随葬品比例均有下降，相对来说由于社会行为习惯、丧葬观念及财富的影响，中型墓葬中仍较多出现模型明器组合；小型墓葬出土器类数量较少，模型明器使用的习俗性更加明显。可以看出西汉至西晋随葬模型明器因社会等级因素影响从早期社会阶层的选择性使用到后期社会各阶层的全体接受，到逐渐形成为丧葬习俗的发展过程。

4. 多元性到统一性

模型明器仓、灶的出现直接承继东周秦文化，学界已经没有争议。西汉早期，陶仓、灶开始在关中地区汉墓迅速发展，是对秦文化的继承；而同期在徐州鲁南区也形成了仓、灶、井、圈、磨等模型明器组合。两地从全国范围看也是最早使用模型明器的区域。徐州鲁南区在战国时期有楚文化背景，秦统一后又受到秦文化的影响，模型明器器类组合较关中秦文化的模型明器更加完备，是秦与楚文化的产物。西汉中期关中、徐州鲁南区模型明器逐渐向其他分区影响，各分区模型明器的地域文化特征形成正是接受秦、楚文化影响下，结合自身地域文化形成的。可以说从西汉早期直至东汉初期随葬模型明器是在继承和吸收秦文化、楚文化以及三晋两周、燕赵文化、齐鲁文化等多元文化的基础上不断创新、摒弃而定型的。各分区模型明器在文化互动中不断继承、吸纳、创新，模型明器的种类与组合也逐渐固定，统一性特征渐趋明显，并因此形成墓葬中的汉文化特征[1]。

器物是社会文化的反映。模型明器器类主要来自对现实社会生活的模仿。从器类看，含盖了人们的食、住、行等日常生活等方面。黄河中下游地区的模型明器器类以反映农业和民居建筑的器类较为集中。模型明器中反映农业器类的多样化与这一时期重农政策和本地区的农业传统密不可分。从器类组合看，反映了两汉以小家庭为单位和大土地占有制下的两种农业生产方式。建筑模型展现了不同社会阶层的民居建筑，民居建筑突出了生活与生产两种功能，与汉代以家庭为社会和经济基本单位相适应。

模型明器作为丧葬文化产品，其研究不仅限于考古学，还应包括历史学、思想史、民俗学等更为广阔的学术领域。本书研究范围限于黄河中下游地区。在进行文化

[1] 这里所指的汉文化具体内涵见俞伟超. 考古学中的汉文化问题［C］//古史的考古学探索. 北京：文物出版社，2002：180-190.

因素分析时，对此地区模型明器出现的周边文化区相关文化因素如北方长城沿线地带和秦岭—淮河一线以南的南方地区文化因素虽有所涉猎，但还应当对全国其他地区出土模型明器情况进行比较分析，以期对整个汉晋帝国的模型明器使用情况做一整体研究。由于本人文献资料的欠缺和认知能力的局限，对模型明器问题认识比较粗浅，望学界同仁批评指正。

Abstract

Based on the archaeological materials of the model burial objects in the middle and lower reaches of the Yellow River from the Han to the Western Jin Dynasties, the article analyses the representative objects by typology and finds the rule in evolvement of the model burial objects. According to typology of the objects, distribution of tombs and historical geography, the article divides this area into 12 subareas: Guanzhong, Luoyang, Zhengzhou, Nanyang, North of Henan, Middle and South of Hebei, Sanmenxia, South of Shanxi, North of Shandong, Xuzhou and South of Shandong, North of Shanxi, and North of Shanxi. The article also researches the regional culture characteristics of the model burial objects, points out that the existing regional differences on the use of the objects were presented in the time of occurrence, choice for types and assemblage, speed of change of assemblage and degree of popularity etc.

The frequent cultural interaction made the gradual integration of the use of the model burial objects of the different subareas in this period. Meanwhile, geographical factors gradually weakened. In the process of the development and change, the political, unity of thought and culture, and regime alternation made the objects show the characteristics of phase synchronization development. According to the periodization and assemblage of the objects in different subareas, the objects were divided into 5 periods: early Western Han, middle and late Western Han to early Eastern Han, early Eastern Han to late Eastern Han, end of the Eastern Han to early Western Jin, middle and late Western Jin. The article thinks that the development process of the use of the model burial objects showed the process from the regional and cultural factors to the subject and cultural characteristics, and constantly adjust its own cultural characteristics by the various historical periods of economic, political, social and ideological beliefs, and was in accordance with the development of the funeral system of the Han Dynasty to the Western Jin Dynasty. But as artificial products, the evolution of the combination of the model burial objects also had its own characteristics.

In the Western Han Dynasty, the use of model burial objects was bound by classes, the privileged class, such as emperor, vassal kings, etc, and lower middle class had different particular emphasis on choice of type and assemblage, and the model burial objects also had different development speed. In the Eastern Han Dynasty, all of tombs of vassal kings had used the model burial objects. In small and medium tombs the assemblage of the objects was complete and the types of the objects were rising. The burial idea of the use of the model burial objects had got into form in different classes of the Eastern Han Dynasty. In the Cao Wei and Western Jin Dynasties, the use of the model burial objects was declined. Although some model burial objects were still used in tombs in the Cao Wei Dynasty, the types were decreased. Especially in the noble tombs, the assemblage of the objects began to be changed, the sizes of them were decreased, and the percentage of the objects in total burial objects was dropped. The new cultural feature of the assemblage of the objects had gotten into form in the Jin Dynasty.

Although the development process of model burial objects from the Han to Western Jin showed the unbalance and regional feather, it was the development process with cultural convergence and continuity. It presented in from locality to convergence, phased development and inheritance, social class and custom, variety to unify. Based on the common language, region, economic life and psychological quality, the development process of model burial objects was consistent with long-term all-in-one historic ground. The change of model burial objects was closely related to influence in politics, economy, society, faith and burial ideas, etc.

参考文献

一、历史文献

［1］ 司马迁．史记［M］．北京：中华书局，1975.
［2］ 班固．汉书［M］．北京：中华书局，2006.
［3］ 范晔．后汉书［M］．北京：中华书局，2006.
［4］ 陈寿．三国志［M］．北京：中华书局，2008.
［5］ 房玄龄，等，撰．晋书［M］．北京：中华书局，1986.
［6］ 宋祁，欧阳修，等，撰．新唐书［M］．北京：中华书局，2012.
［7］ 石声汉，校注．四民月令校注［M］．北京：中华书局，1965.
［8］ 王充．论衡［M］．上海：上海人民出版社，1974.
［9］ 陈直．三辅黄图校正［M］．西安：陕西人民出版社，1980.
［10］ 应劭，撰，王利器，校注．风俗通义校注［M］．北京：中华书局，1981.
［11］ 史游．急就篇［M］．长沙：岳麓书社，1989.
［12］ 陈立，撰，吴则虞，点校．白虎通疏证［M］．北京：中华书局，1994.
［13］ 郦道元，注，杨守敬，熊会贞，疏，段熙仲，点校，陈桥驿，复校．水经注疏［M］．南京：江苏古籍出版社，2001.
［14］ 杨天宇．周礼译注［M］．上海：上海古籍出版社，2004.
［15］ 杨天宇．仪礼译注［M］．上海：上海古籍出版社，2004.
［16］ 杨天宇．礼记译注［M］．上海：上海古籍出版社，2004.
［17］ 中国社会科学院考古研究所．居延汉简甲乙编［M］．北京：中华书局，1980.
［18］ 睡虎地秦墓竹简整理小组，编．睡虎地秦墓竹简［M］．北京：文物出版社，1990.
［19］ 张家山二四七号汉墓竹简整理小组．张家山汉墓竹简（二四七号墓）释文修订本［M］．北京：文物出版社，2006.

二、考古报告

［1］ 北京历史博物馆，河北省文物管理委员会．望都汉墓壁画［M］．北京：中国古典艺术出版社，1955.
［2］ 南京博物院，山东省文物管理处，编．沂南古画像石墓发掘报告［M］．北京：文化部文物管理局，1956.

[3] 中国科学院考古研究所．辉县发掘报告［M］．北京：科学出版社，1956.
[4] 中国科学院考古研究所．洛阳烧沟汉墓［M］．北京：科学出版社，1959.
[5] 中国科学院考古研究所．洛阳中州路（西工段）［M］．北京：科学出版社，1959.
[6] 中国科学院考古研究所．庙底沟与三里桥［M］．北京：科学出版社，1959.
[7] 河北省文化局文物工作队．望都二号汉墓［M］．北京：文物出版社，1959.
[8] 中国科学院考古研究所．沣西发掘报告［M］．北京：文物出版社，1963.
[9] 中国社会科学院考古研究所．西安半坡［M］．北京：文物出版社，1964.
[10] 湖南省博物馆，中国科学院考古研究所．长沙马王堆一号汉墓［M］．北京：文物出版社，1973.
[11] 内蒙古自治区博物馆文物工作队．和林格尔汉墓壁画［M］．北京：文物出版社，1978.
[12] 文物编辑委员会．文物考古工作三十年［M］．北京：文物出版社，1979.
[13] 中国社会科学院考古研究所．满城汉墓发掘报告［M］．北京：文物出版社，1980.
[14] 河北省文物管理处．河北出土文物选集［M］．北京：文物出版社，1980.
[15] 西安半坡博物馆．西安半坡［M］．北京：文物出版社，1982.
[16] 山东省博物馆，等．山东汉画像石选集［M］．济南：齐鲁书社，1982.
[17] 河北省文物研究所．藁城台西商代遗址［M］．北京：文物出版社，1985.
[18] 广西壮族自治区博物馆．广西贵县罗泊湾汉墓［M］．北京：文物出版社，1988.
[19] 大葆台汉墓发掘组，中国社会科学院考古研究所．北京大葆台汉墓［M］．北京：文物出版社，1989.
[20] 山东省文物考古研究所．海岱考古（第 1 辑）［C］．济南：山东大学出版社，1989.
[21] 陕西省考古研究所．西汉京师仓［M］．北京：文物出版社，1990.
[22] 北京市文物研究所．北京考古四十年［M］．北京：燕山出版社，1990.
[23] 河南省文物研究所．密县打虎亭汉墓［M］．北京：文物出版社，1993.
[24] 青海省文物考古研究所．上孙家寨汉晋墓［M］．北京：文物出版社，1993.
[25] 山东省文物考古研究所．济青高级公路章丘工段考古发掘报告集［C］．济南：齐鲁书社，1993.
[26] 山西省考古研究所．上马墓地［M］．北京：文物出版社，1994.
[27] 中国社会科学院考古研究所．陕县东周秦汉墓［M］．北京：科学出版社，1994.
[28] 山西省考古研究所，太原市文物管理委员会．太原晋国赵卿墓［M］．北京：文物出版社，1996.

［29］河南省文物考古研究所．永城西汉梁国王陵与寝园［M］．郑州：中州古籍出版社，1996.
［30］陕西省考古研究所．陇县店子秦墓［M］．西安：三秦出版社，1998.
［31］内蒙古文物考古研究所．内蒙古中南部汉代墓葬［M］．北京：中国大百科全书出版社，1998.
［32］河北省文物研究所．河北省考古文集［M］．北京：东方出版社，1998.
［33］西安市文物保护考古所．西安龙首原汉墓甲编［M］．西安：西北大学出版社，1999.
［34］河南省文物考古研究所，三门峡市文物工作队．三门峡虢国墓（第一卷）［M］．北京：文物出版社，1999.
［35］北京大学考古学系商周组，山西省考古研究所．天马—曲村（1980–1989）［M］．北京：科学出版社，2000.
［36］山东省文物考古研究所，等．山东省高速公路考古报告集（1997）［C］．北京：科学出版社，2000.
［37］河北省文物研究所．河北省考古文集（二）［M］．北京：北京燕山出版社，2001.
［38］陕西省考古研究所，榆林市文物管理委员会办公室．神木大保当——汉代城址与墓葬考古报告［M］．北京：科学出版社，2001.
［39］陕西省考古研究所．汉阳陵［M］．重庆：重庆出版社，2001.
［40］河南省商丘市文物管理委员会，河南省文物考古研究所，河南省永城市文物管理委员会．芒砀山西汉梁王墓地［M］．北京：文物出版社，2001.
［41］陕西省考古研究所．白鹿原汉墓［M］．西安：三秦出版社，2003.
［42］郑州市文物考古研究所．郑州文物考古与研究［M］．北京：科学出版社，2003.
［43］徐州博物馆．徐州北洞山西汉楚王墓［M］．北京：文物出版社，2003.
［44］郑州市文物考古研究所．巩义芝田晋唐墓葬［M］．北京：科学出版社，2003.
［45］山西省考古研究所．侯马乔村墓地（1959–1996）［M］．北京：科学出版社，2004.
［46］西安市文物保护考古所，郑州大学考古专业．长安汉墓［M］．西安：陕西人民出版社，2004.
［47］汉阳陵考古陈列馆．汉阳陵考古陈列馆［M］．北京：文物出版社，2004.
［48］西安市文物保护考古所．西安南郊秦墓［M］．西安：陕西人民出版社，2004.
［49］咸阳市文物考古研究所．任家咀秦墓［M］．北京：科学出版社，2005.
［50］湖北省文物考古研究所，襄樊市考古队，襄阳区文物管理处．襄阳王坡东周秦汉墓［M］．北京：科学出版社，2005.

[51] 郑州大学历史学院考古系．新乡李大召——仰韶文化至汉代遗址发掘报告［M］．北京：科学出版社，2006.
[52] 山西省考古研究所，山西省考古学会，编．三晋考古（第3辑）［C］．太原：山西人民出版社，2006.
[53] 河北省文物研究所，鹿泉市文物保管所．高庄汉墓［M］．北京：科学出版社，2006.
[54] 三门峡市文物考古研究所．三门峡向阳汉墓［M］．北京：北京燕山出版社，2007.
[55] 内蒙古自治区文物考古研究所．和林格尔汉墓壁画［M］．北京：文物出版社，2007.
[56] 陕西省考古研究院．西安北郊郑王村西汉墓［M］．西安：三秦出版社，2008.
[57] 新乡市文物考古研究所．新乡凤凰山墓地（2003-2004年度考古发掘报告）［M］．呼和浩特：内蒙古人民出版社，2008.
[58] 西安市文物保护考古所．西安东汉墓［M］．北京：文物出版社，2009.
[59] 河南省文物考古研究所．三门峡南交口［M］．北京：科学出版社，2009.
[60] 山东省文物考古研究所．鲁中南汉墓［M］．北京：文物出版社，2009.
[61] 河南省文物考古研究所，永城市文物旅游管理局．永城黄土山与酂城汉墓［M］．郑州：大象出版社，2010.

三、考古简报

[1] 郭宝钧．B区发掘记之二［J］．安阳发掘报告（第四册）［N］．1933：597-608.
[2] 安金槐．郑州二里冈空心砖墓介绍［J］．文物参考资料，1954（6）：57-62.
[3] 王寄生．闻喜西官庄汉代空心砖墓清理简报［J］．考古通讯，1955（4）：46-48.
[4] 山东省文物管理委员会．济南大观园的一个汉墓［J］．考古通讯，1955（4）：48-50.
[5] 考古研究所洛阳发掘队．一九五四年秋季洛阳西郊发掘简报［J］．考古通讯，1955（5）：25-33.
[6] 山东省文物管理委员会．禹城汉墓清理简报［J］．文物参考资料，1955（6）：77-87.
[7] 王思礼．山东章邱县普集镇汉墓清理简报［J］．考古通讯，1955（6）：33-38.
[8] 山东文物管理处．山东省文物管理处清理了东平县芦泉屯的汉墓五座［J］．文物参考资料，1955（12）：160-161.
[9] 中国科学院考古研究所洛阳发掘队．洛阳涧滨古文化遗址及汉墓［J］．考古学报，1956（1）：11-28.
[10] 寇金昌．洛阳市西郊谷水工地发现晋墓一座［J］．文物参考资料，1956（1）：65.
[11] 郭宝钧．洛阳西郊汉代居住遗迹［J］．考古通讯，1956（1）：18-27.

［12］ 郭宝钧．一九五四年春洛阳西郊发掘报告［J］．考古学报，1956（2）：1–31.
［13］ 河南省文化局文物工作二队 16 工区发掘小组．洛阳涧西 16 工区 82 号墓清理记略［J］．文物参考资料，1956（3）：45–46.
［14］ 俞伟超．西安白鹿原墓葬发掘报告［J］．考古学报，1956（3）：33–75.
［15］ 黄展岳．一九五五年春洛阳汉河南县城东区发掘报告［J］．考古学报,1956（4）：18–54.
［16］ 陈嘉祥．河南朱村发现古墓［J］．考古通讯，1956（6）：66–67.
［17］ 唐金裕．西安徐家湾清理一座汉墓［J］．文物参考资料，1956（9）：73–74.
［18］ 河南省文化局文物工作一队．河南郑州晋墓发掘记［J］．考古，1957（1）：37–41.
［19］ 河南省文物局文物工作队第二队．洛阳晋墓的发掘［J］．考古学报，1957（1）：169–186.
［20］ 东北博物馆．辽阳三道壕西汉村落遗址［J］．考古学报，1957（1）：119–126.
［21］ 金学山．西安半坡的战国墓葬［J］．考古学报，1957（3）：63–92.
［22］ 洛阳市第二文物工作队．洛阳涧西 16 工区发掘简报［J］．考古通讯，1957（3）：47–55.
［23］ 黄河水库考古工作队．一九五六年秋河南陕县发掘简报［J］．考古通讯，1957（4）：1–9.
［24］ 雒忠如．西安十里铺东汉墓清理简报［J］．考古通讯，1957（4）：38–42.
［25］ 陈文亮，等．河南延津马岗晋墓的清理［J］．考古通讯，1958（1）：65.
［26］ 刘东亚．郑州南关外东汉墓的发掘［J］．考古，1958（2）：43–45.
［27］ 河南省文化局文物工作队．河南泌阳板桥古墓葬及古井的发掘［J］．考古学报，1958（4）：51–74.
［28］ 陕西省文物管理委员会．西安环城马路汉墓清理简报［J］．考古通讯，1958（7）：17–21.
［29］ 陕西省文物管理委员会．长安县三里村东汉墓葬发掘简报［J］．文物参考资料，1958（7）：62–64.
［30］ 李宗道，赵国壁．洛阳 16 工区曹魏墓清理［J］．考古，1958（7）：51–53.
［31］ 河南省文化局文物工作队．南阳汉代石刻墓［J］．文物参考资料，1958（10）：38–39.
［32］ 阎文儒．广武和古城堡的汉墓［J］．雁北文物勘察团报告，1959：15–22.
［33］ 河南省文化局文物工作队．河南禹县白沙汉墓发掘报告［J］．考古学报，1959（1）：

61-83.
[34] 河北省文物管理委员会．河北磁县讲武城古墓清理简报［J］．考古，1959（1）：24-26.
[35] 河北省文物管理委员会．石家庄市北宋村清理了两座汉墓［J］．文物，1959（1）：53-56.
[36] 河南省文化局文物工作队．河南新安铁门镇西汉墓葬发掘报告［J］．考古学报，1959（2）：57-74.
[37] 齐泰定．河南省新乡市北郊五里岗 54 号墓［J］．文物参考资料，1959（4）：53.
[38] 孟浩．石家庄市桥东单室墓［J］．文物，1959（4）：72.
[39] 河北省文物管理委员会．河北省石家庄市赵陵铺镇古墓清理简报［J］．考古，1959（7）：350-353.
[40] 唐云明，江达煌．河北省邯郸王郎村清理五十二座汉墓［J］．文物，1959（7）：72.
[41] 河北省文化局文物工作队．1958 年邢台地区古遗址古墓葬的发现与清理［J］．文物，1959（9）：66-68.
[42] 山西省文物管理委员会．山西平陆枣园村壁画汉墓［J］．考古，1959（9）：462-468.
[43] 考古研究所洛阳发掘队．洛阳西郊晋墓的发掘［J］．考古，1959（11）：606-607.
[44] 河南省文化局文物工作队．河南荥阳河王水库汉墓［J］．文物，1960（5）：60-68.
[45] 陕西省文物管理委员会．西安东郊韩森寨汉墓清理简报［J］．文物，1960（5）：72-75.
[46] 山西省文物管理委员会，山西省考古研究所．山西孝义张家庄汉墓发掘记［J］．考古，1960（7）：40-52.
[47] 河南省文物局文物工作队．郑州南关 159 号汉墓的发掘［J］．文物，1960（8、9）：19-24.
[48] 江苏省文物管理委员会．江苏高邮邵家沟汉代遗址的清理［J］．考古，1960（10）：18-23.
[49] 陕西省文物管理委员会．潼关吊桥汉代杨氏墓群发掘简记［J］．文物，1961（1）：56-66.
[50] 罗哲文．孝堂山郭氏墓石祠［J］．文物，1961（4、5）：44-45.
[51] 陕西省文物管理委员会．陕西韩城县芝川镇东汉墓［J］．考古，1961（8）：442-443.

[52] 北京市文物工作队．北京平谷县西柏店和唐庄子汉墓发掘简报［J］．考古，1962（5）：240–245.
[53] 中国科学院考古研究所沣西发掘队．陕西长安鄠县调查与试掘简报［J］．考古，1962（6）：305–311.
[54] 河南省文化局文物工作队．河南南阳杨官寺汉画像石墓发掘报告［J］．考古学报，1963（1）：111–139.
[55] 河南省文化局文物工作队．河南鹤壁市汉代冶铁遗址［J］．考古，1963（1）：550–552.
[56] 中国科学院考古研究所洛阳发掘队．洛阳西郊汉墓发掘报告［J］．考古学报，1963（2）：1–58.
[57] 河南省文化局文物工作队．河南巩县石家庄古墓葬发掘简报［J］．考古，1963（2）：71–79.
[58] 山西省文物管理委员会．太原西南郊清理的汉至元代墓葬［J］．考古，1963（5）：264–269.
[59] 山东省博物馆．山东滕县柴胡店汉墓［J］．考古，1963（8）：423–431.
[60] 李奉山．山西芮城石门村发现的汉墓［J］．考古，1963（9）：522.
[61] 河南省文化局文物工作队．洛阳西汉壁画墓发掘报告［J］．考古学报，1964（2）：107–125.
[62] 河北省文化局文物工作队．河北定县北庄汉墓发掘报告［J］．考古学报，1964（2）：127–194.
[63] 安金槐．郑州二里冈的一座汉代小砖墓［J］．考古，1964（4）：176–179.
[64] 广东省文物管理委员会．广东佛山市郊澜石东汉墓发掘报告［J］．考古，1964（5）：448–457.
[65] 贺官保．洛阳老城西北郊 81 号汉墓［J］．考古，1964（8）：403–407.
[66] 河南省文化局文物工作队．河南桐柏万岗汉墓的发掘［J］．考古，1964（8）：385–392.
[67] 河北省文化局文物工作队．定县北庄汉墓出土文物简报［J］．文物，1964（12）：26–32.
[68] 黄河水库考古工作队．河南陕县刘家渠汉墓［J］．考古学报，1965（1）：107–167.
[69] 天津市文化局考古发掘队．河北任邱东关汉墓清理简报［J］．考古，1965（2）：70–72.

[70] 河北省文化局文物工作队．1964—1965年燕下都墓葬发掘报告［J］．考古，1965（11）：548-562.
[71] 山东省博物馆．山东东平王陵山汉墓清理简报［J］．考古，1966（4）：189-192.
[72] 郑州市博物馆．河南郑州市碧沙岗公园东汉墓［J］．考古，1966（5）：248-251.
[73] 山东省博物馆．曲阜九龙山汉墓发掘简报［J］．文物，1972（5）：39-44.
[74] 郑州市博物馆．郑州新通桥汉代画像空心砖墓［J］．文物，1972（10）：41-48.
[75] 河南省博物馆．济源泗涧沟三座汉墓的发掘［J］．文物，1973（2）：46-54.
[76] 余扶危，贺官保．洛阳东关东汉殉人墓［J］．文物，1973（2）：55-62.
[77] 定县博物馆．河北定县43号汉墓发掘简报［J］．文物，1973（11）：8-20.
[78] 中国科学院考古研究所内蒙古工作队．赤峰药王庙、夏家店遗址试掘报告［J］．考古学报，1974（1）：111-144.
[79] 傅永魁．河南巩县叶岭村发现一座西汉墓［J］．考古，1974（2）：127.
[80] 河北省文物管理处．磁县下潘汪遗址发掘报告［J］．考古，1975（1）：73-117.
[81] 中国科学院考古研究所内蒙古工作队．宁城南山根遗址发掘报告［J］．考古学报，1975（1）：117-140.
[82] 西安半坡博物馆，武功县文化馆．陕西武功县发掘新石器时代遗址［J］．考古，1975(2)：97-99.
[83] 洛阳博物馆．洛阳涧西七里河东汉墓发掘简报［J］．考古，1975（2）：116-123.
[84] 宝鸡市博物馆，千阳县文化馆．陕西省千阳县汉墓发掘简报［J］．考古，1975(3)：178-181.
[85] 山东省博物馆，临沂文物组．临沂银雀山四座西汉墓葬［J］．考古，1975（6）：336-351.
[86] 河南省博物馆．灵宝张湾汉墓［J］．文物，1975（11）：75-93.
[87] 河南省博物馆，新乡地区博物馆，温县文化馆．河南省温县汉代烘范窑发掘简报［J］．文物，1976（9）：66.
[88] 洛阳博物馆．洛阳西汉卜千秋壁画墓发掘简报［J］．文物，1977（6）：1-12.
[89] 北京市古墓发掘办公室．大葆台西汉木椁墓发掘简报［J］．文物，1977（6）：23-29.
[90] 陕西省文物管理委员会博物馆，咸阳市博物馆，杨家湾汉墓发掘小组．咸阳杨家湾汉墓发掘简报［J］．文物，1977（10）：10-21.
[91] 郭建邦．孟津送庄汉黄肠石墓［J］．河南文博通讯，1978（4）：30-33.
[92] 陕西省文物管理委员会，大荔县文化馆．朝邑战国墓葬发掘简报［J］．文物资

料丛刊（第 2 辑）：75–91.

［93］河北省文物管理处 . 磁县下七垣遗址发掘报告［J］. 考古学报，1979（2）：185–214.

［94］禚振西 . 陕西户县的两座汉墓［J］. 考古与文物，1980 年创刊号：6–11.

［95］吴镇烽，尚志儒 . 陕西凤翔八旗屯秦国墓葬发掘简报［J］. 文物资料丛刊（第 3 辑），北京：文物出版社，1980：67–85.

［96］石家庄市图书馆文物考古小组 . 河北石家庄市北郊西汉墓发掘简报［J］. 考古，1980（1）：52–55.

［97］南阳地区文物队，南阳博物馆 . 唐河汉郁平大尹冯君孺人画像石墓［J］. 考古学报，1980（2）：239–262.

［98］洛阳博物馆 . 洛阳东汉光和二年王当墓发掘简报［J］. 文物，1980（6）：52–56.

［99］德州地区文物组，宁津县文化局 . 山东宁津县庞家寺汉墓［J］. 文物资料丛刊（第 4 辑），北京：文物出版社，1981：125–128.

［100］南京博物院 . 江苏邳县大墩子遗址第二次发掘［J］. 考古学集刊（第 1 辑），1981：27–81.

［101］王红武 . 宝鸡市金河砖瓦厂汉墓［J］. 文物资料丛刊（第 4 辑），北京：文物出版社，1981：236–237.

［102］吴镇烽，尚志儒 . 陕西凤翔高庄秦墓地发掘简报［J］. 考古与文物，1981（1）：12–38.

［103］安阳地区文物管理委员会，南乐县文化馆 . 南乐宋耿洛一号汉墓发掘简报［J］. 中原文物，1981（2）：4–10.

［104］宝鸡市博物馆 . 宝鸡市铲车厂汉墓——兼谈 M1 出土的行楷体朱书陶瓶［J］. 文物，1981（3）：46–52.

［105］河北省文物研究所 . 河北定县 40 号汉墓发掘简报［J］. 文物，1981（8）：1–10.

［106］南京博物院 . 江苏邗江甘泉二号汉墓［J］. 文物，1981（11）：1–11.

［107］陕西茂陵博物馆，咸阳地区文物管理委员会 . 陕西咸阳茂陵西汉空心砖墓［J］. 文物资料丛刊（第 6 辑），北京：文物出版社，1982：21–24.

［108］南阳市博物馆 . 河南南阳石桥汉画像石墓［J］. 考古与文物，1982（1）：33–39.

［109］南阳市博物馆 . 南阳县赵寨砖瓦厂汉画像石墓［J］. 中原文物，1982（1）：1–4.

［110］南阳市博物馆 . 南阳县王寨汉画像石墓［J］. 中原文物，1982（1）：12–16.

［111］南阳汉画像石编委会 . 唐河县电厂汉画像石墓［J］. 中原文物，1982（1）：5–11.

［112］淅川县文物管理委员会 . 淅川县下寺汉画像砖墓［J］. 中原文物，1982（1）：

24–25.
[113] 咸阳市文物管理委员会，咸阳博物馆．咸阳市空心砖汉墓清理简报 [J]．考古，1982 (3)：225–235.
[114] 天津市文物管理处考古队．武清东汉鲜于璜墓 [J]．考古学报，1982 (3)：351–366.
[115] 洛阳市文物工作队．洛阳西工东汉壁画墓 [J]．中原文物，1982 (3)：15–20.
[116] 天津市文物管理处考古队．武清东汉鲜于璜墓 [J]．考古学报，1982 (3)：351–366.
[117] 南阳地区文物队，唐河县文化馆．河南唐河县石灰窑村画像石墓 [J]．文物，1982(5)：79–84.
[118] 嘉祥文物管理所．嘉祥五老洼发现一批汉画像石 [J]．文物，1982 (5)：71–74.
[119] 泰安地区文物局．泰安县大汶口发现一座汉画像石墓 [J]．文物，1982 (6)：44–50.
[120] 周口地区文化局文物科，淮阳太昊陵文物保管所．淮阳于庄汉墓发掘简报 [J]．中原文物，1983 (1)：1–3.
[121] 洛阳市文物工作队．洛阳西汉墓发掘简报 [J]．考古，1983 (1)：49–52.
[122] 杨元生，赵怡元．黄陵上畛子汉墓清理简报 [J]．考古与文物，1983 (1)：12–14.
[123] 戴应新，李忠煊．陕西绥德县延家岔东汉画像石墓 [J]．考古，1983 (3)：233–237.
[124] 洛阳市文物工作队．洛阳金谷园车站 11 号汉墓发掘简报 [J]．文物，1983 (4)：15–28.
[125] 洛阳市文物工作队．洛阳烧沟西 14 号汉墓发掘简报 [J]．文物，1983 (4)：29–35.
[126] 山东省菏泽地区汉墓发掘小组．巨野红土山西汉墓 [J]．考古学报，1983 (4)：471–500.
[127] 绥德县博物馆．陕西绥德汉画像石墓 [J]．文物，1983 (5)：28–32.
[128] 河北省文物研究所．蠡县汉墓发掘记要 [J]．文物，1983 (6)：45–52.
[129] 浙江省文物管理委员会，浙江省文物考古研究所等．绍兴 306 号战国墓发掘简报 [J]．文物，1984 (1)：10–26.
[130] 陕西省考古研究所．陕西长武上孟村秦国墓葬发掘简报 [J]．考古与文物，1984 (3)：8–17.
[131] 洛阳市文物工作队．洛阳东关夹马营路东汉墓 [J]．中原文物，1984 (3)：43–49.
[132] 洛阳市文物工作队．洛阳唐寺门两座汉墓发掘简报 [J]．中原文物，1984 (3)：34–42.
[133] 南阳地区文物工作队，南阳县文化馆．河南南阳县英庄汉画像石墓 [J]．文物，

1984（3）：25–37.
［134］南阳地区文物工作队，方城县文化馆．河南方城县城关镇汉画像石墓［J］．文物，1984（3）：98–105.
［135］史云征，李振奇．河北柏乡东小京汉墓［J］．考古与文物，1984（4）：23–27.
［136］保定地区文物管理所．河北省徐水县防陵村二号汉墓［J］．文物，1984（4）：45–46.
［137］咸阳市博物馆．咸阳西汉墓清理简报［J］．考古与文物，1984（5）：14–16.
［138］石家庄市文物保管所．石家庄北郊东汉墓［J］．考古，1984（9）：810–812.
［139］中国社会科学院考古研究所洛阳汉魏故城工作队．西晋帝陵勘察记［J］．考古，1984（12）：1096–1107.
［140］宝鸡市博物馆．陕西宝鸡卧龙寺汉墓［J］．文物资料丛刊（第9辑），北京：文物出版社，1985：197–203.
［141］洛阳博物馆．洛阳金谷园新莽时期壁画墓［J］．文物资料丛刊（第9辑），北京：文物出版社，1985：163–173.
［142］中国社会科学院考古研究所．河南偃师杏园村东汉壁画墓［J］．考古，1985（1）：18–22.
［143］郑州市博物馆．郑州市乾元北街空心画像砖墓［J］．中原文物，1985（1）：5–9.
［144］陕西省雍城考古队．凤翔马家庄一号建筑群遗址发掘简报［J］．文物，1985（2）：1–29.
［145］河南省文物研究所，新乡市博物馆，新乡地区文物管理委员会．河南省新乡县丁固城古墓地发掘报告［J］．中原文物，1985（2）：1–10.
［146］山东省淄博市博物馆．西汉齐王墓随葬器物坑［J］．考古学报，1985（2）：223–266.
［147］河南省文物研究所．禹县东十里村东汉画像石墓发掘简报［J］．中原文物，1985（3）：51–54.
［148］南阳地区文物工作队，唐河县文化馆．唐河县针织厂二号汉画像石墓［J］．中原文物，1985（3）：14–20.
［149］南阳地区文物工作队，新野县文化馆．新野县前高庙村汉画像石墓［J］．中原文物，1985（3）：2–7.
［150］南阳市博物馆．南阳市建材试验厂汉画像石墓［J］．中原文物，1985（3）：21–25.
［151］南阳市博物馆．南阳市独山西坡汉画像石墓［J］．中原文物，1985（3）：36–39.

[152] 河南省文物研究所 . 禹县东十里村东汉画像石墓发掘简报 [J]. 中原文物，1985 (3): 51-54.
[153] 郭清华 . 陕西勉县老道寺汉墓 [J]. 考古，1985 (5): 429-449.
[154] 沂水县文物管理站 . 山东沂水县荆山西汉墓 [J]. 文物，1985 (5): 47-52.
[155] 南阳地区文物工作队，唐河县文化馆 . 唐河县湖阳镇汉画像石墓清理简报 [J]. 中原文物，1985 (7): 8-13.
[156] 中国社会科学院考古研究所河南第二工作队 . 河南偃师杏园村的两座魏晋墓[J]. 考古，1985 (8): 721-735.
[157] 阜阳地区博物馆 . 安徽颍上王岗、赵集发现商代文物 [J]. 文物，1985 (10): 36-41.
[158] 李自智，尚志儒 . 陕西凤翔西村战国秦墓发掘简报 [J]. 考古与文物，1986 (1): 8-34.
[159] 枣庄市文物管理站 . 山东枣庄南常汉画像石墓 [J]. 考古与文物，1986 (1): 41-45.
[160] 吴兰，邦福，康兰英 . 陕西神木柳巷村汉画像石墓 [J]. 中原文物，1986 (1): 14-16.
[161] 黄运甫 . 方城党庄汉画像石墓——兼谈南阳汉画像石墓的衰亡问题 [J]. 中原文物，1986 (2): 45-51.
[162] 新乡地区文物管理委员会，辉县百泉文物管理所 . 辉县地方铁路饭店工地汉墓发掘简报 [J]. 中原文物，1986 (2): 41-44.
[163] 河南省文物研究所 . 郑州市向阳肥料社汉代画像砖墓 [J]. 中原文物，1986 (4): 34-38.
[164] 河南省文物研究所 . 河南遂平县小寨汉代村落遗址水井群 [J]. 考古与文物，1986 (5) : 41-43.
[165] 杜保仁，夏振英，呼林贵 . 东汉司徒刘崎及其家属墓的清理 [J]. 考古与文物，1986 (5): 45-56.
[166] 咸阳秦都考古队 . 秦都咸阳汉墓清理简报 [J]. 考古与文物，1986 (6): 28-42.
[167] 山西省博物馆 . 太原市尖草坪汉墓 [J]. 考古，1986 (6): 527-549.
[168] 淄博市博物馆 . 山东淄博张庄东汉画像石墓 [J]. 考古，1986 (8): 717-725.
[169] 洛阳地区文化局文物工作队 . 河南洛宁东汉墓清理简报 [J]. 文物，1987 (1): 37-42.
[170] 张蕴，叶延瑞 . 咸阳塔尔坡汉墓清理简记 [J]. 考古与文物，1987 (1): 10-14.

[171] 王蔚波 . 新郑山水寨汉墓发掘简报 [J]. 中原文物，1987（1）：24–26.
[172] 淅川县文物管理委员会 . 淅川县程凹西汉墓发掘简报 [J]. 中原文物，1987（1）：17–19.
[173] 河南省文物研究所 . 密县后士郭画像石墓发掘报告 [J]. 华夏考古，1987（2）：96–159.
[174] 张松林 . 荥阳魏河村汉代七层陶楼的发现和研究 [J]. 中原文物，1987（4）：45–47.
[175] 崔景贤 . 韩城市东汉墓清理简报 [J]. 文博，1987（4）：27–35.
[176] 新乡市博物馆 . 河南新乡杨岗战国两汉墓发掘简报 [J]. 考古，1987（4）：323–328.
[177] 临汾地区文化局，曲沃县文化馆 . 晋南曲沃苏村汉墓 [J]. 文物，1987（6）：61–69.
[178] 平朔考古队 . 山西朔县秦汉墓发掘简报 [J]. 文物，1987（6）：1–52.
[179] 新乡市博物馆 . 河南新乡市唐庄汉墓 [J]. 考古，1987（11）：1048–1050.
[180] 吴兰，学勇 . 陕西米脂县官庄东汉画像石墓 [J]. 考古，1987（11）：997–1001.
[181] 宝鸡市考古队 . 宝鸡市谭家村四号汉墓 [J]. 考古，1987（12）：1086–1090.
[182] 河北省文物研究所 . 河北望都南柳宿东汉墓[J]. 文物资料丛刊(第 10 辑),北京：文物出版社，1987：104–112.
[183] 驻马店地区文化局，正阳县文化局 . 河南正阳苏庄楚墓发掘报告 [J]. 华夏考古，1988（2）：21–41.
[184] 赵家有，李天影 . 山西芮城出土风扇车模型 [J]. 农业考古，1988（2）：169.
[185] 朱晓芳 . 山西长治市故县村出土一批西晋器物 [J]. 考古，1988（2）：184–185.
[186] 王蔚波 . 新郑县东城路古墓群发掘报告 [J]. 中原文物，1988（3）：13–21.
[187] 泰安市文物管理局 . 山东泰安县旧县村汉画像石墓 [J]. 考古，1988（4）：307–313.
[188] 山西省平朔考古队 . 山西省朔县西汉木椁墓发掘简报 [J]. 考古，1988（5）：432–441.
[189] 戴应新，魏遂志 . 陕西绥德黄家塔东汉画像石墓群发掘简报 [J]. 考古与文物，1988（5、6）：12–18.
[190] 商洛地区文物管理委员会 . 陕西商县西涧发现汉墓 [J]. 考古，1988（6）：574–575.
[191] 济南市文化局文物处，平阴县博物馆筹建处 . 山东平阴新屯汉画像石墓 [J].

考古，1988（11）：961-974.
［192］菏泽地区博物馆，梁山县文化馆．山东梁山东汉纪年墓［J］．考古，1988（11）：975-982.
［193］河北省文物研究所．安平东汉壁画墓发掘简报［J］．文物春秋，1989 年创刊号：70-77.
［194］陕西省考古研究所宝鸡工作站，宝鸡市考古工作队．陕西眉县常兴汉墓发掘报告［J］．文博，1989（1）：3-32.
［195］林泊，李德仁．临潼发现汉初平元年墓［J］．文博，1989（1）：37-41.
［196］支配勇．山西平鲁上面高村西汉木椁墓［J］．文物，1989（1）：59-63.
［197］王育龙．西安昆仑厂东汉墓清理记［J］．考古与文物，1989（2）：43-48.
［198］西北大学历史系考古专业 1977 级实习队．陕西华县梓里村汉墓清理记［J］．文博，1989（2）：13-21.
［199］河南省文物研究所，焦作市博物馆．焦作白庄 41 号汉墓发掘简报［J］．华夏考古，1989（2）：69-76.
［200］陕西省考古研究所．陕西韩城芝川镇东汉墓发掘简报［J］．考古与文物，1989（3）：45-50.
［201］齐鸿浩．陕西黄龙县梁家山砖厂汉墓［J］．考古，1989（3）：278.
［202］张家口地区博物馆．河北涿鹿矾山五堡东汉墓清理简报［J］．文物春秋，1989（4）：24-35.
［203］洛阳市文物工作队．洛阳曹魏正始八年墓发掘报告［J］．考古，1989（4）：314-318.
［204］河南省文物研究所．郑州市南仓西街两座汉墓的发掘［J］．华夏考古，1989（4）：78-93.
［205］洛阳市文物工作队．洛阳曹魏正始八年墓发掘报告［J］．考古，1989（4）：314-318.
［206］陕西省考古所秦陵工作站，临潼县文物管理委员会．陕西临潼刘庄战国墓地调查清理简报［J］．考古与文物，1989（5）：9-13.
［207］陕西省考古所配合基建考古队．陕西长安县 206 基建工地汉、晋墓清理简报［J］．考古与文物，1989（5）：38-47.
［208］王世杰．河北沧州市郊刘胖庄西晋墓［J］．文物春秋，1989（5）：82-84.
［209］山西省考古研究所．山西运城十里铺砖墓清理简报［J］．考古，1989（5）：439-443.
［210］何新成．陕西汉中市铺镇砖厂汉墓清理简报［J］．考古与文物，1989（6）：35-49.
［211］临沂地区文物管理委员会，苍山县文物管理所．山东苍山县晋墓［J］．考古，

1989（8）：714–718.
［212］王思礼，赖非，等．山东微山县汉代画像石调查报告［J］．考古，1989（8）：699–709.
［213］济南市文化局文物处．山东济南青龙山汉画像石壁画墓［J］．考古，1989（11）：984–993.
［214］李俊山．永城太丘一号汉画像石墓［J］．中原文物，1990（1）：13–22.
［215］河北省文物研究所．河北阜城桑庄东汉墓发掘报告［J］．文物，1990（1）：19–30.
［216］新乡市博物馆．河南新乡五陵村战国两汉墓［J］．考古学报，1990（1）：103–135.
［217］永城县文物管理委员会，商丘博物馆．永城太丘二号汉画像石墓［J］．中原文物，1990（1）：23–27.
［218］新郑县文物保管所．新郑山水寨沟汉画像砖墓［J］．中原文物，1990（1）：33–38.
［219］李俊山．永城太丘一号汉画像石墓［J］．中原文物，1990（1）：13–22.
［220］郭世云，吴鸿禧，李功业．山东滨州市汲家湾发现汉墓［J］．文物，1990（2）：67–69.
［221］河北省文物研究所．燕下都“6”号遗址汉墓发掘简报［J］．文物春秋，1990（3）：14–20.
［222］河南省南阳地区文物研究所．新野樊集汉画像砖墓［J］．考古学报，1990（4）：475–508.
［223］郑洪春．陕西新安砖厂汉初积炭墓发掘报告［J］．考古与文物，1990（4）：31–57.
［224］蔡海玉．河南辉县发现一座西晋墓［J］．考古，1990（4）：381.
［225］陕西省考古所配合基建考古队．西安东郊田王村晋墓清理简报［J］．考古与文物，1990（5）：50–56.
［226］河北省文物研究所，张家口地区文化局．河北阳原西城南关东汉墓［J］．文物，1990（5）：56–63.
［227］马玺伦，刘一俊，孔繁刚．山东沂水县西水旺庄汉墓［J］．考古，1990（9）：863–864.
［228］微山县文化馆．山东微山县发现四座东汉墓［J］．考古，1990（10）：894–897.
［229］中国科学院考古研究所洛阳唐城队．1984 至 1986 年洛阳市区汉晋墓发掘简报［J］．考古学集刊（7），北京：科学出版社，1991：51–78.
［230］赵丛苍．八座汉墓出土文物简报［J］．考古与文物，1991（1）：41–46.
［231］保定市文物管理处．满城县四道口东汉墓发掘简报［J］．文物春秋，1991（1）：

29-33.
［232］河北省文物研究所．保定市郊发现一座东汉墓［J］．文物春秋，1991（3）：80.
［233］南阳市文物队．南阳市刘洼村汉画像石墓［J］．中原文物，1991（3）：107-111.
［234］周口地区文物工作队，淮阳县博物馆．河南淮阳北关一号汉墓发掘简报［J］．文物，1991（4）：34-46.
［235］南阳市文物研究所．河南南阳县蒲山汉墓的发掘［J］．华夏考古，1991（4）：20-30.
［236］程学华，丁保乾．西临高速公路汉墓清理简报［J］．考古与文物，1991（6）：1-11.
［237］洛阳市文物工作队．河南洛阳北郊东汉壁画墓［J］．考古，1991（8）：713-722.
［238］洛阳市文物工作队．洛阳孟津晋墓、北魏墓发掘简报［J］．文物，1991（8）：48-61.
［239］张新斌，卫平复．河南济源县承留汉墓的发掘［J］．考古，1991（12）：1084-1095.
［240］国家文物局考古领队培训班．山东济宁郊区潘庙汉代墓地［J］．文物，1991（12）：48-65.
［241］山西省考古研究所侯马工作站．侯马乔村M5001东汉墓发掘简报［J］．文物，1992（2）：22-27.
［242］郑州市文物工作队．河南密县密新商场汉墓和陶窑的发掘［J］．华夏考古，1992（2）：22-26.
［243］山西省考古研究所侯马工作站，侯马市博物馆．侯马发掘的三座东汉墓［J］．文物季刊，1992（3）：23-32.
［244］洛阳市文物工作队．洛阳北郊西晋墓［J］．文物，1992（3）：35-39.
［245］陕西省考古研究所汉陵考古队．汉景帝阳陵南区从葬坑发掘第一号简报［J］．文物，1992（4）：1-13.
［246］崔景贤．渭南市郊古墓葬清理简报［J］．文博，1992（6）：3-12.
［247］河北省文物研究所，邢台地区文物管理所．河北沙河兴固汉墓［J］．文物，1992（9）：12-21.
［248］济宁市博物馆．山东济宁师专西汉墓群清理简报［J］．文物，1992（9）：22-36.
［249］洛阳市第二文物工作队．洛阳金谷园东汉墓（IM337）发掘简报［J］．文物，1992（12）：9-14.
［250］安阳市文物工作队．安阳梯家口村汉墓的发掘［J］．华夏考古，1993（1）：11-29.
［251］洛阳市文物工作队．洛阳市东郊两座魏晋墓的发掘［J］．考古与文物，1993（1）：

29–37.
[252] 310国道孟津考古队.洛阳孟津三十里铺西晋墓发掘报告[J].华夏考古，1993(1)：31–41.
[253] 中国社会科学院考古研究所洛阳汉魏故城队.汉魏洛阳城西东汉墓园遗址[J].考古学报，1993(3)：351–380.
[254] 北京大学考古系，山西省考古研究所.1992年春天天马—曲村遗址墓葬发掘报告[J].文物，1993(3)：19–30.
[255] 三门峡市文物工作队.三门峡市华余包装公司16号汉墓发掘简报[J].华夏考古，1993(4)：68–71.
[256] 陕西省考古研究所配合基建考古队.陕西省185煤田地质队咸阳基地筹建处东汉墓发掘简报[J].考古与文物，1993(5)：15–26.
[257] 洛阳市第二文物工作队.洛阳浅井头西汉壁画墓发掘简报[J].文物,1993(5)：1–16.
[258] 潍坊市博物馆,昌乐县文物管理所.山东昌乐县东圈汉墓[J].考古,1993(6)：525–533.
[259] 山西省考古研究所侯马工作站.1990年山西侯马战国西汉墓发掘简报[J].文物，1993(7)：43–51.
[260] 中国社会科学院考古研究所安阳队.1991年安阳后岗殷墓的发掘[J].考古，1993(10)：880–903.
[261] 三门峡市文物工作队.三门峡市刘家渠汉墓的发掘[J].华夏考古，1994(1)：22–30.
[262] 三门峡市文物工作队.三门峡市立交桥西汉墓发掘简报[J].华夏考古,1994(1)：12–21.
[263] 南阳市文物工作队.南阳市环卫处汉墓发掘简报[J].中原文物，1994(1)：101–104.
[264] 山西省考古研究所侯马工作站.山西侯马东周、两汉墓[J].文物季刊,1994(2)：29–48.
[265] 310国道孟津考古队.洛阳孟津汉墓发掘简报[J].华夏考古，1994(2)：36–44.
[266] 济宁市博物馆.山东济宁发现一座东汉墓[J].考古，1994(2)：127–134.
[267] 河南省文物考古研究所，泌阳县文物保管所.河南省泌阳新客站汉墓群发掘简报[J].华夏考古，1994(3)：15–28.

[268] 刘新，周林．南阳市508厂汉墓发掘简报［J］．考古与文物，1994（4）：12–14.
[269] 南阳市文物工作队．南阳第二胶片厂汉墓发掘简报［J］．华夏考古，1994（4）：32–38.
[270] 南阳地区文物研究所，淅川县博物馆．河南淅川汉画像砖墓发掘报告［J］．华夏考古，1994（4）：21–31.
[271] 陕西省考古研究所汉陵考古队．汉景帝阳陵南区从葬坑发掘第二号简报［J］．文物，1994（6）：4–28.
[272] 洛阳市第二文物工作队．洛阳邮电局372号西汉墓［J］．文物，1994（7）：22–33.
[273] 洛阳市第二文物工作队．洛阳北邙45号空心砖汉墓［J］．文物，1994（7）：34–35.
[274] 洛阳市第二文物工作队．洛阳苗南新村528号汉墓发掘简报［J］．文物，1994（7）：36–43.
[275] 烟台市文物管理委员会．山东荣成梁南庄汉墓发掘简报［J］．考古，1994（12）：1069–1077.
[276] 衡水地区文物管理所．河北景县大代庄东汉壁画墓［J］．文物春秋，1995（1）：14–22.
[277] 山西省考古研究所，夏县博物馆．夏县王村东汉墓地的勘查与发掘［J］．文物季刊，1995（1）：5–13.
[278] 安康水电站库区考古队．陕西紫阳白马石汉墓发掘报告［J］．考古学报，1995（2）：209–237.
[279] 河南省文物考古研究所．河南巩义市仓西战国汉晋墓［J］．考古学报，1995（3）：365–390.
[280] 陕西省考古研究所，延安市文物管理委员会，甘泉县文物管理所．西延铁路甘泉段汉唐墓清理简报［J］．考古与文物，1995（3）：21–32.
[281] 孙德润．咸阳织布厂汉墓清理简报［J］．考古与文物，1995（4）：10–28.
[282] 洛阳市第二文物工作队．洛阳市西南郊东汉墓发掘简报［J］．中原文物，1995（4）：1–6.
[283] 索全星．河南焦作白庄6号东汉墓［J］．考古，1995（5）：396–402.
[284] 泗水县文物管理所．山东泗水南陈东汉画像石墓［J］．考古，1995（5）：390–395.
[285] 微山县文物管理所．山东微山县发现汉、宋墓葬［J］．考古，1995（8）：691–697.
[286] 微山县文物管理所．山东微山县墓前村西汉墓［J］．考古，1995（11）：997–1002.

[287] 洛阳市第二文物工作队．洛阳五女冢新莽墓发掘简报[J]. 文物,1995(11):4-19.
[288] 杨宏明，谢妮娅．陕西安塞县王家湾发现汉墓［J］．考古，1995（11）：1047-1048.
[289] 南阳市文物工作队．南阳市邢营画像石墓发掘报告［J］．中原文物，1996（1）：108-117.
[290] 河南省文物考古研究所．河南济源市赵庄汉墓发掘简报[J]. 华夏考古,1996(2):60-74.
[291] 河南省文物考古研究所．巩义市北窑湾汉晋唐五代墓葬[J]. 考古学报,1996(3):361-396.
[292] 南阳市文物研究所．河南省南阳县辛店乡熊营画像石墓［J］．中原文物，1996（3）：8-17.
[293] 南阳市文物研究所．桐柏县安棚画像石墓［J］．中原文物，1996（3）：22-25.
[294] 南阳市文物研究所．河南省邓州市梁寨汉画像石墓[J]. 中原文物,1996(3):1-7.
[295] 山西省考古研究所．山西离石再次发现东汉画像石墓［J］．文物，1996（4）：13-28.
[296] 洛阳市第二文物工作队．洛阳五女冢267号新莽墓发掘简报[J]. 文物,1996(7):42-53.
[297] 洛阳市第二文物工作队．洛阳谷水晋墓［J］．文物，1996（8）：37-45.
[298] 迁安县文物保管所．河北迁安于家村一号汉墓清理［J］．文物，1996（10）：30-42.
[299] 中国社会科学院考古研究所安阳工作队．河南安阳市郭家湾汉墓［J］．考古学集刊（11），1997：187-220.
[300] 洛阳市文物工作队．洛阳李屯元嘉二年发掘简报[J]. 考古与文物,1997(2):1-7.
[301] 运城行署文化局，永济市博物馆．山西永济上村东汉壁画墓清理简报［J］．文物季刊，1997（2）：5-11.
[302] 郑州市文物考古研究所．郑纺机油库发现的一座汉墓［J］．中原文物,1997（3）:56-60.
[303] 河北省文物研究所．河北抚宁县邴各庄汉墓发掘简报［J］．文物春秋,1997（3）:27-45.
[304] 怀安县文物保护所．怀安县乔子沟汉墓清理简报［J］．文物春秋，1997（3）：88-89.
[305] 郑州市文物考古研究所．郑州南关外汉代画像石空心砖墓[J]. 中原文物,1997(3):30-48.

[306] 定州市文物管理所．定州市35号汉墓清理简报[J]．文物春秋，1997（3）：35-37.
[307] 山东大学考古系，山东省文物局，长清县文化局．山东长清县双乳山一号汉墓发掘简报[J]．考古，1997（3）：1-9.
[308] 南阳市文物研究所．南阳市教师新村10号墓[J]．中原文物，1997（4）：24-29.
[309] 新乡市文物管理委员会．1995年新乡火电厂汉墓发掘简报[J]．华夏考古，1997（4）：15-26.
[310] 南阳市文物研究所．南阳中建七局机械厂汉画像石墓[J]．中原文物，1997（4）：35-47.
[311] 南阳市文物研究所．河南南阳蒲山二号汉画像石墓[J]．中原文物，1997（4）：48-55.
[312] 尔雅．陕西眉县白家村东汉墓清理简报[J]．考古与文物，1997（5）：9-14.
[313] 洛阳市文物工作队．洛阳北邙飞机场903号汉墓[J]．考古与文物，1997（5）：15-18.
[314] 洛阳市文物工作队．河南洛阳市东汉孝女黄晨、黄勺合葬墓[J]．考古，1997（7）：13-15.
[315] 洛阳市第二文物工作队．洛阳谷水晋墓（FM5）发掘简报[J]．文物，1997（9）：41-48.
[316] 枣庄市文物管理委员会办公室，枣庄市博物馆．山东枣庄小山西汉画像石墓[J]．文物，1997（12）：34-43.
[317] 南阳市文物工作队．南阳汽车制造厂东汉墓发掘简报[J]．华夏考古，1998（1）：17-22.
[318] 洛阳市文物工作队．河南新安县晋墓发掘简报[J]．华夏考古，1998（1）：24-30.
[319] 崔景贤，王文学．陕西渭南市区战国、汉墓清理简报[J]．考古与文物，1998（2）：14-24.
[320] 沧州市文物管理处．河北南皮县芦庄子汉墓[J]．文物春秋，1998（2）：1-4.
[321] 微山县文物管理所．山东微山县汉画像石墓的清理[J]．考古，1998（3）：8-32.
[322] 新乡市文物工作队．1997年新乡火电厂汉墓发掘简报[J]．华夏考古，1998（3）：33-43.
[323] 河北省文物研究所，邢台市文物管理处．邢台曹演庄汉墓发掘报告[J]．文物春秋，1998（4）：1-21.

［324］咸阳市文物考古研究所．咸阳师专西晋北朝墓清理简报［J］．文博，1998（6）：3–21.

［325］济宁市文物管理局．山东济宁市肖王庄一号汉墓［J］．考古学集刊（12），1999：41–57.

［326］山东省文物考古研究所．山东临淄金岭镇一号东汉墓［J］．考古学报，1999（1）：97–121.

［327］洛阳市文物工作队．洛阳发掘的四座东汉玉衣墓［J］．考古与文物，1999（1）：3–26.

［328］刘玉新．山东省东阿县曹植墓的发掘［J］．华夏考古，1999（1）：7–17.

［329］南阳市古代建筑保护研究所．河南南阳市东苑小区古代墓葬清理简报［J］．华夏考古，1999（2）：37–45.

［330］河南省文物考古研究所．河南济源泗涧沟墓地发掘简报［J］．华夏考古，1999（2）：25–36.

［331］南阳市古代建筑保护研究所．南阳市烟草专卖局春秋、西汉墓葬的发掘［J］．华夏考古，1999（3）：46–52.

［332］南阳市文物研究所．南阳市人民北路汉墓发掘简报［J］．华夏考古，1999（3）：53–58.

［333］解峰，陈秋歌．陕西第二针织厂汉墓清理简报［J］．文博，1999（3）：34–48.

［334］河南省文物考古研究所，新密市博物馆．河南新密市李堂画像砖墓的发掘［J］．华夏考古，1999（3）：27–32.

［335］陕西省考古研究所宝中铁路考古队．陕西陇县店子村汉唐墓葬［J］．考古与文物，1999（4）：3–11.

［336］山东省文物考古研究所鲁中南考古队，滕州市博物馆．山东滕州市官桥车站村汉墓［J］．考古，1999（4）：22–30.

［337］山东省文物考古研究所，沂水县博物馆．山东沂水县龙泉站西汉墓［J］．考古，1999（8）：47–52.

［338］聊城市文物管理委员会．山东阳谷县吴楼一号汉墓的发掘［J］．考古，1999（11）：35–45.

［339］河南省文物考古研究所．河南济源市桐花沟汉墓发掘简报［J］．文物，1999（12）：19–24.

［340］滕州市文化局，滕州市博物馆．山东滕州市西晋元康九年墓［J］．考古，1999（12）：

38–44.
[341] 济宁市文物管理局．山东济宁市肖王庄一号汉墓［J］．考古学集刊（12），1999：41–57.
[342] 河南省文物考古研究所．河南济源市桐花沟十号汉墓［J］．考古，2000（2）：78–88.
[343] 河南省文物考古研究所．河南济源市蓼坞汉墓［J］．华夏考古，2000（3）：21–30.
[344] 郑州市文物考古研究所．郑州上街水厂晋墓发掘简报［J］．华夏考古，2000（4）：40–47.
[345] 咸阳市文物考古所．咸阳马泉镇西汉空心砖墓清理报告［J］．文博，2000（6）：10–20.
[346] 洛阳市文物工作队．洛阳东北郊东汉墓发掘简报［J］．文物，2000（8）：33–40.
[347] 洛阳市第二文物工作队．洛阳春都路西晋墓发掘简报［J］．文物，2000（10）：26–34.
[348] 山东省文物考古研究所，滕州市博物馆．山东滕州市东小宫周代、西汉墓地［J］．考古，2000（10）：66–80.
[349] 洛阳市第二文物工作队．洛阳孟津大汉冢西晋围沟墓发掘简报［J］．文物，2000（10）：48–57.
[350] 郑州市文物考古研究所．河南巩义新华小区汉墓发掘简报［J］．华夏考古，2001（4）：33–51.
[351] 郑州市文物考古研究所，巩义市文物保护管理所．河南巩义市晋墓发掘报告［J］．华夏考古，2001（4）：52–61.
[352] 周原博物馆．陕西扶风县官务汉墓清理发掘简报［J］．考古与文物，2001（5）：22–23.
[353] 大同市考古研究所．山西广灵北关汉墓发掘简报［J］．文物，2001（7）：4–18.
[354] 洛阳市文物工作队．洛阳吉利区东汉墓发掘简报［J］．文物，2001（10）：52–59.
[355] 宝鸡市考古工作队．陕西陇县原子头汉墓发掘简报［J］．文博，2002（2）：3–11.
[356] 榆林地区文物管理委员会，绥德县博物馆．陕西绥德县四十里铺画像石墓调查简报［J］．考古与文物，2002（3）：19–26.
[357] 山西省考古研究所侯马工作站．山西侯马市虒祁墓地的发掘［J］．考古，2002（4）：41–59.
[358] 洛阳市文物工作队．洛阳新安县铁塔山汉墓发掘报告［J］．文物，2002（5）：

33-38.
[359] 洛阳市文物工作队．洛阳北郊 C8M574 西汉墓发掘简报［J］．考古与文物，2002（5）：7-11.
[360] 洛阳市文物工作队．洛阳新安县铁塔山汉墓发掘报告［J］．文物，2002（5）：33-38.
[361] 王巧莲，樊瑞平，刘友恒．河北省无极县东汉墓出土陶器［J］．文物，2002（5）：39-41.
[362] 洛阳市第二文物工作队．洛阳谷水晋墓（FM38）发掘简报［J］．文物，2002（9）：4-8.
[363] 郑州市文物考古研究所，巩义市文物保护管理所．河南巩义新华小区二号墓发掘简报［J］．华夏考古，2003（3）：25-32.
[364] 赵争鸣，等．河南新乡市王门村汉墓［J］．考古，2003（4）：88-91.
[365] 陕西省考古研究所．西安北郊晋唐墓发掘简报［J］．考古与文物，2003（6）：16-25.
[366] 洛阳市文物工作队．洛阳吉利区汉墓（C9M2365）发掘简报［J］．文物，2003（12）：39-42.
[367] 王守功，崔圣宽．章丘市危山汉代陪葬坑［C］．中国考古学年鉴，北京：文物出版社，2003：217-218.
[368] 郑州市文物考古研究所，巩义市文物保护管理所．巩义万宝苑昱盈阁公寓汉墓群发掘报告［J］．中原文物，2004（1）：4-17.
[369] 南阳市文物考古研究所．河南南阳市一中新校址汉墓发掘简报［J］．华夏考古，2004（2）：19-22.
[370] 河北省文物研究所，保定市文物管理所，定州市文物保护管理所．定州市南关墓地发掘简报［J］．文物春秋，2004（4）：32-42.
[371] 陕西省考古研究所，榆林市文物管理委员会．陕西定边县郝滩发现东汉壁画墓［J］．考古与文物，2004（5）：20-21.
[372] 邯郸市文物保护研究所．邯郸市龙城小区墓葬发掘简报［J］．文物春秋，2004（6）：67-76.
[373] 邯郸市文物保护研究所．邯郸市建设大街战汉墓葬发掘报告［J］．文物春秋，2004（6）：35-60.
[374] 济南市考古研究所，山东大学考古系，山东省文物考古研究所，等．山东章丘

市洛庄汉墓陪葬坑的清理［J］. 考古，2004（8）：3-16.
［375］济南市考古研究所 . 济南市闵子骞祠堂东汉墓［J］. 考古，2004（8）：42-49.
［376］济南市考古研究所，等 . 济南市长清区大觉寺村一、二号汉墓清理简报［J］. 考古，2004（8）：26-41.
［377］洛阳市第二文物工作队 . 洛阳火车站西汉墓（IM1779）发掘简报［J］. 文物，2004（9）：48-55.
［378］郑州市文物考古研究所，巩义市文物保护管理所 . 河南巩义站街晋墓［J］. 文物，2004（11）：39-53.
［379］洛阳市文物工作队 . 河南新安县西晋墓（C12M262）发掘简报［J］. 文物，2004（12）：13-25.
［380］枣庄市博物馆 . 枣庄渴口汉墓［J］. 考古学集刊（14），2004：80-160.
［381］洛阳市第二文物工作队 . 洛阳尹屯新莽壁画墓［J］. 考古学报，2005（1）：109-126.
［382］新乡市文物工作队 . 河南卫辉市唐庄东汉墓葬发掘报告［J］. 华夏考古，2005（1）：47-54.
［383］山东邹城市文物局 . 山东邹城西晋刘宝墓［J］. 文物，2005（1）：4-26.
［384］衡水市文物管理处 . 河北安平水泥管厂东汉墓［J］. 文物春秋，2005（2）：39-42.
［385］河南省文物考古研究所，伊川县文物管理委员会 . 河南伊川县槐庄墓地晋唐墓发掘简报［J］. 华夏考古，2005（3）：44-50.
［386］郑州市文物考古研究所，巩义市文物保护管理所 . 河南巩义市康店叶岭砖厂汉墓发掘简报［J］. 华夏考古，2005（3）：20-36.
［387］咸阳市文物研究所 . 陕西咸阳杜家堡东汉墓清理简报［J］. 文物，2005（4）：43-50.
［388］洛阳市第二文物工作队 . 嵩县果酒厂晋墓发掘简报［J］. 中原文物，2005（6）：13-18.
［389］洛阳市第二文物工作队 . 洛阳衡山路西晋墓发掘简报［J］. 文物，2005（7）：38-49.
［390］南阳市文物考古研究所 . 河南南阳市安居新村汉画像石墓［J］. 考古，2005（8）：27-33.
［391］洛阳市第二文物工作队 . 洛阳高新技术开发区西汉墓（GM646）［J］. 文物，2005（9）：36-45.

［392］洛阳市第二文物工作队．洛阳西汉张就墓发掘简报［J］．文物，2005（12）：31-40.
［393］咸阳市文物考古所．陕西咸阳二〇二所西汉墓葬发掘简报［J］．考古与文物，2006（1）：3-11.
［394］南阳市文物考古研究所．河南南阳市东关晋墓发掘简报［J］．华夏考古，2006（1）：17-23.
［395］李军，李恩玮．河北邢台西晋墓发掘简报［J］．文物，2006（1）：23-29.
［396］河南省文物考古研究所．河南淅川县阎杆岭38号汉墓的发掘［J］．华夏考古，2006（2）.
［397］马小青．张庄桥古墓小考［J］．邯郸职业技术学院学报，2006（1）：5-9.
［398］新乡市文物工作队．河南新乡市北站区汉墓［J］．考古，2006（3）：39-44.
［399］陕西省考古研究所，榆林市文物考古研究所．陕西靖边县张家坬西汉墓发掘简报［J］．考古与文物，2006（4）：3-9.
［400］中国社会科学院考古研究所汉长安城工作队．西安市汉唐昆明池遗址的钻探与试掘简报［J］．考古，2006（10）：53-65.
［401］洛阳市第二文物工作队．洛阳春都花园小区西汉墓（IM2354）发掘简报［J］．文物，2006（11）：22-32.
［402］洛阳市第二文物工作队．洛阳太原路西晋墓发掘简报［J］．文物，2006（12）：32-36.
［403］洛阳市第二文物工作队．洛阳华山路西晋墓发掘简报［J］．文物，2006（12）：18-31.
［404］扶风县博物馆．陕西扶风西河东汉纪年墓清理简报［J］．考古与文物（2007增刊）：43-47.
［405］郑州市文物考古研究所．郑州市同洲花园小区汉墓发掘简报［J］．考古与文物（2007增刊）：23-32.
［406］衡水市文物管理处．河北武邑青冢汉墓发掘简报［J］．文物春秋，2007（2）：31-35.
［407］西安市文物保护考古所．西安三国曹魏纪年墓清理简报［J］．考古与文物，2007（2）：21-29.
［408］衡水市文物管理处．河北武邑青冢汉墓发掘简报［J］．文物春秋，2007（2）：31-35.

［409］陕西省考古研究所．陕西高陵县宝诗佳公司汉墓发掘简报［J］．华夏考古，2007（3）：65–71.

［410］河南省文物考古研究所，南阳市文物考古研究所．河南方城平高台遗址汉墓发掘简报［J］．华夏考古，2007（4）：98–105.

［411］石家庄市文物保护研究所．石家庄市城角庄汉墓［J］．文物春秋，2007（6）：24–28.

［412］山东省青州市博物馆．山东青州市马家冢子东汉墓的清理［J］．考古，2007（6）：59–75.

［413］保定市文物管理所，满城县文物勘探队．河北满城西山花园东汉墓［J］．文物春秋，2007（6）：29–32.

［414］洛阳市文物工作队．洛阳关林皂角树西晋墓［J］．文物，2007（9）：54–62.

［415］新乡市文物考古研究所．2003 年河南新乡市火电厂墓地发掘简报［J］．华夏考古，2008（2）：39–64.

［416］南京大学历史系，南京市文物研究所．河南南阳市邢庄汉、宋墓群发掘报告［J］．华夏考古，2008（3）：37–46.

［417］洛阳市文物工作队．洛阳吉利区汉墓（C9M2365）发掘简报［J］．文物，2003（12）：39–42.

［418］南阳市文物考古研究所．南阳市防爆厂住宅小区汉墓 M62、M84 发掘简报［J］．中原文物，2008（4）：4–13.

［419］南阳知府衙门博物馆，南阳市文物考古研究所．南阳市嘉丰汽修厂汉墓清理简报［J］．中原文物，2008（4）：14–20.

［420］郑州大学历史学院考古系，河南省文物管理局南水北调文物保护办公室．河南新乡老道井墓地金灯寺墓区汉墓清理简报［J］．考古与文物，2008（5）：5–12.

［421］河南南阳市文物考古研究所．河南南阳市辛店熊营汉画像石墓［J］．考古，2008（10）：37–41.

［422］河南南阳市文物考古研究所．河南南阳市陈棚村 68 号汉墓［J］．考古，2008（10）：33–39.

［423］河南省文物管理局南水北调文物保护办公室，四川大学考古学系．河南卫辉市大司马村一号汉墓及墓前建筑［J］．考古，2008（10）：31–43.

［424］郑州大学历史学院考古系，河南省文物管理局南水北调文物保护办公室．河南新乡市金灯寺汉墓发掘简报［J］．华夏考古，2009（1）：81–86.

[425] 河南省文物管理局南水北调文物保护办公室，四川大学考古学系．河南卫辉市大司马村墓地晋墓（M18）发掘简报［J］．文物，2009（1）：15–21.
[426] 陕西省考古研究院，榆林市文物研究所，靖边县文物管理办公室．陕西靖边东汉壁画墓［J］．文物，2009（2）：32–43.
[427] 河南省文物考古研究所．河南三门峡南交口汉墓（M17）发掘简报［J］．文物，2009（3）：4–18.
[428] 洛阳市第二文物工作队．洛阳新发现的两座西晋墓发掘简报[J]. 文物,2009(3)：19–34.
[429] 洛阳市第二文物工作队,偃师商城博物馆．河南偃师西晋支伯姬墓发掘简报［J］．文物，2009（3）：36–40.
[430] 西安市文物保护考古所．西安南郊荆寺二村西汉墓发掘简报［J］．考古与文物，2009（4）：3–12.
[431] 郑州大学历史学院考古系，河南省文物管理局南水北调文物保护办公室，南阳市文物考古研究所．河南镇平县程庄墓地汉代墓葬发掘简报［J］．华夏考古，2009（4）：29–39.
[432] 郑州市文物考古研究院．河南荥阳晋墓、唐墓发掘简报［J］．文物，2009（9）：43–48.
[433] 微山县文物管理所．山东微山县微山岛汉代墓葬［J］．考古，2009（10）：21–48.
[434] 洛阳市文物工作队．洛阳厚载门街西晋墓发掘简报［J］．文物，2009（11）：30–41.
[435] 榆林市文物研究所,靖边县文物管理办公室．陕西靖边老坟梁汉墓发掘简报［J］．文物，2009（10）：51–69.
[436] 洛阳市第二文物工作队,偃师市文物局．河南偃师市首阳山西晋帝陵陪葬墓［J］．考古，2010（2）：47–62.
[437] 河南省文物考古研究所．河南内黄三杨庄汉代聚落遗址第二处庭院发掘简报[J]．华夏考古，2010（3）：19–31.
[438] 南阳市文物考古研究所．南阳市拆迁办M3东汉墓发掘简报［J］．中原文物，2010（6）：28–31.
[439] 焦作市文物工作队．河南焦作白庄汉墓M121、M122发掘简报［J］．中原文物，2010（6）：10–27.
[440] 洛阳市文物工作队．洛阳吉利区西晋墓发掘简报［J］．文物，2010（8）：29–47.

[441] 河南省文物考古研究所,安阳县文化局.河南安阳市西高穴曹操高陵[J].考古,2010(8):35-45.
[442] 西安市文物保护考古所.西安曲江二路西晋墓发掘简报[J].文物,2010(9):21-29.
[443] 洛阳市第二文物工作队,偃师市文物局.河南偃师市吴家湾东汉封土墓[J].考古,2010(9):37-45.
[444] 焦作市文物工作队.河南焦作山阳北路西晋墓发掘简报[J].文物,2010(9):58-66.
[445] 陕西省考古研究院.陕西扶风纸白西汉墓发掘简报[J].文物,2010(10):43-51.
[446] 河南省文物管理局南水北调文物保护办公室,四川大学考古学系.河南卫辉市大司马村墓地晋墓发掘简报[J].考古,2010(10):31-51.
[447] 陕西省考古研究院.陕西扶风纸白西汉墓发掘简报[J].文物,2010(10):43-51.
[448] 河北省文物研究所.邯郸百家村M6发掘简报[J].文物春秋,2011(1):51-56.
[449] 永城市博物馆.河南永城僖山二号汉墓清理简报[J].文物,2011(2):20-25.
[450] 河南省文物管理局南水北调文物保护办公室,北京大学考古文博学院.河南省淅川县香花镇杨河组的四座汉墓[J].南方文物,2011(2):114-120.
[451] 焦作市文物工作队.焦作武陟冯村汉墓M2发掘简报[J].中原文物,2011(5):11-14.
[452] 洛阳市第二文物工作队.洛阳孟津大汉冢曹魏贵族墓[J].文物,2011(9):32-48.

四、著作

[1] 罗振玉.古明器图录四卷[M].上虞罗氏影印本,1916.
[2] 郑德坤.中国明器图谱[M].厦门:厦门大学文学院,1935.
[3] 王国维.观堂集林(卷10)[M].北京:中华书局,1959.
[4] 沈其丽.仪礼士丧礼器物研究[M].台北:"中华书局",1971.
[5] [日]林巳奈夫.汉代の文物[M].日本京都大学人文科学研究所,1976.
[6] 侯外庐.中国封建史论[M].北京:人民出版社,1979.
[7] 陈寅恪.金明馆丛稿初编[M].上海:上海古籍出版社,1982.

[8] 刘敦桢．刘敦桢文集（一）[M]．北京：中国建筑工业出版社，1982.
[9] 中国社会科学院考古研究所，编．新中国的考古发现和研究[M]．北京：文物出版社，1984.
[10] 林剑鸣，余华清，等．秦汉社会文明[M]．西安：西北大学出版社，1985.
[11] 陈明达．中国古代木结构建筑技术（战国—北宋）[M]．北京：文物出版社，1987.
[12] 周振鹤．西汉政区地理[M]．北京：人民出版社，1987.
[13] 谢桂华，李均明，朱国炤．居延汉简释文合校[M]．北京：文物出版社，1987.
[14] 查瑞珍．战国秦汉考古[M]．南京：南京大学出版社，1990.
[15] 王建中，闪修山．南阳两汉画像石[M]．北京：文物出版社，1990.
[16] 李发林．战国秦汉考古[M]．济南：山东大学出版社，1991.
[17] 宋治民．战国秦汉考古[M]．成都：四川大学出版社，1993.
[18] 邹逸麟．中国历史地理概述[M]．福州：福建人民出版社，1993.
[19] 唐长孺．魏晋南北朝隋唐史三论[M]．武汉：武汉大学出版社，1996.
[20] 洛阳文物工作队．洛阳考古四十年——一九九二年洛阳考古学术研讨会论文集[M]．北京：科学出版社，1996.
[21] 中国社会科学院考古研究所．考古求知集——考古研究所中青年学术讨论会文集[M]．北京：中国社会科学出版社，1997.
[22] 周振鹤．中国历史文化区域研究[M]．上海：复旦大学出版社，1997.
[23] 葛剑雄．中国移民史（第二卷）[M]．福州：福建人民出版社，1997.
[24] 高敏．秦汉史探讨[M]．郑州：中州古籍出版社，1998.
[25] 葛兆光．中国思想史（一）[M]．上海：复旦大学出版社，1998.
[26] 陈其泰，等，编．二十世纪中国礼学研究论集[M]，北京：学苑出版社，1998.
[27] 韩国河．秦汉魏晋丧葬制度研究[M]．西安：陕西人民出版社，1999.
[28] 李晓杰．东汉政区地理[M]．济南：山东教育出版社，1999.
[29] 杨树达．汉代婚丧礼俗考[M]．上海：上海古籍出版社，2000.
[30] 咸阳市文物研究所．文物考古论集——咸阳市文物考古研究所成立十周年纪念[M]．西安：三秦出版社，2000.
[31] 信立祥．汉代画像石综合研究[M]．北京：文物出版社，2000.
[32] 梁思成，费慰梅，编，梁从诫，译．图像中国建筑史[M]．天津：百花文艺出版社，2001.

[33] 徐复观 . 两汉思想史 [M] . 上海 : 华东师范大学出版社 . 2001.
[34] 印群 . 黄河中下游地区的东周墓葬制度 [M] . 北京 : 社会科学文献出版社, 2001.
[35] 罗宗真 . 魏晋南北朝考古 [M] . 北京 : 文物出版社, 2001.
[36] 赵化成, 高崇文 . 秦汉考古 [M] . 北京 : 文物出版社, 2002.
[37] 河南博物院, 编 . 河南出土汉代建筑明器 [M] . 郑州 : 大象出版社, 2002.
[38] 彭卫, 杨振红 . 中国风俗通史 · 秦汉卷 [M] . 上海 : 上海文艺出版社, 2002.
[39] 俞伟超 . 古史的考古学探索 [M] . 北京 : 文物出版社, 2002.
[40] 黄晓芬 . 汉墓的考古学研究 [M] . 长沙 : 岳麓书社, 2003.
[41] 王学理 . 汉景帝与阳陵 [M] . 西安 : 三秦出版社, 2003.
[42] 刘敦桢 . 中国古代建筑史 (第二版) [M] . 北京 : 中国建筑工业出版社, 2003.
[43] 刘叙杰 . 中国古代建筑史 (第一卷) [M] . 北京 : 中国建筑工业出版社, 2003.
[44] [韩] 具圣姬 . 汉代人的死亡观 [M] . 北京 : 民族出版社, 2003.
[45] 张晓军 . 南阳汉代陶塑 [M] . 郑州 : 中州古籍出版社, 2004.
[46] [美] 巫鸿, 著, 郑岩, 等, 译 . 礼仪中的美术 [M] . 北京 : 三联书店, 2005.
[47] 程民生 . 河南经济简史 [M] . 北京 : 中国社会科学出版社, 2005.
[48] 许倬云 . 汉代农业 : 中国农业经济的起源及其特性 [M] . 南宁 : 广西师范大学出版社, 2005.
[49] 余英时著, 侯旭东, 等, 译 . 东汉生死观 [M] . 上海 : 上海古籍出版社, 2005.
[50] [英] 崔瑞德, 鲁惟一 . 剑桥中国秦汉史:公元前 221 年至公元 220 年 [M]. 北京: 中国社会科学出版社, 2006.
[51] 金春峰 . 汉代思想史 (增补第三版) [M] . 北京 : 中国社会科学出版社, 2006.
[52] 许倬云 . 求古编 [M] . 北京 : 新星出版社, 2006.
[53] 蒲慕州 . 追寻一己之福——中国古代的信仰世界 [M] . 上海 : 上海古籍出版社, 2007.
[54] 瞿同祖 . 汉代社会结构 [M] . 上海 : 上海世纪出版集团, 2007.
[55] 中国社会科学院考古研究所 . 新中国的考古发现和研究 [M]. 北京: 方志出版社, 2007.
[56] 孙机 . 汉代物质资料文化图说 (增订本) [M] . 上海 : 上海古籍出版社, 2008.
[57] 张履鹏, 孙陶生, 等 . 中国农田制度变迁与展望 [M] . 北京 : 中国农业出版社, 2009.

[58] [英]鲁惟一著,王浩,译．汉代的信仰、神话和理性[M]．北京:北京大学出版社,2009.
[59] 李梅田．魏晋北朝墓葬的考古学研究［M］．北京：商务印书馆．2009.
[60] 吕思勉．秦汉史［M］．北京：商务印书馆，2010．
[61] 中国社会科学院考古研究所．中国考古学·秦汉卷［M］．北京：中国社会科学出版社，2010.

五、论文

[1] 陈明达．关于汉代建筑的几个重要发现［J］．文物参考资料，1954（9）：91-92.
[2] 陈公柔．士丧礼、即夕礼中所记载的丧葬制度［J］．1956（4）：67-84.
[3] 沈文倬．对“士丧礼、既夕礼中所记载的丧葬制度”几点意见［J］．考古学报，1958（2）：29-38.
[4] 赵世纲．密县汉墓陶仓楼上所绘的地主收租图［J］．文物，1966（3）：6-7.
[5] 杨鸿勋．仰韶文化居住建筑发展问题的探讨［J］．考古学报，1975（1）：39-72.
[6] 张勋燎，刘磐石．四川县东汉残碑的性质和年代［J］．文物，1980（4）：72-73.
[7] 禚振西，杜葆仁．论秦汉时期的仓［J］．考古与文物，1982（6）：84-93.
[8] 韩伟．秦国的贮粮设施浅议［J］．考古与文物丛刊（第3号），1983.
[9] 余扶危，叶万松．我国古代地下储粮之研究（中）［J］．农业考古，1983（1）：263-269.
[10] 张锴生．汉代粮仓初探［J］．中原文物，1984（2）：93-101.
[11] 白文固．东汉庄园经济说质疑［J］．青海师范大学学报，1984（3）：82-88.
[12] 呼林贵．古代仓名考［J］．农业考古，1985（1）：344-345.
[13] 蔡永华．试论明器在丧葬中的作用［J］．四川师范大学学报（社会科学版），1986（1）：29-33.
[14] 李发林．古代旋转磨试探［J］．农业考古，1986（2）：146-167.
[15] 陈克伦．《仪礼·士丧礼》中所见丧葬、祭奠器物考略[J]．郑州大学学报(哲社版)，1989（3）：37-44.
[16] 林沄．周代用鼎制度商榷［J］．史学集刊，1990（3）：12-23.
[17] 杜金鹏．陶爵——中国古代酒器研究之一［J］．考古，1990（6）：519-530.
[18] 唐长寿．汉代墓葬门阙考［J］．中原文物，1991（3）：67-74.
[19] 高蒙河．先秦陶灶的初步研究［J］．考古，1991（11）：1019-1022.

[20] 刘增贵 . 汉隋之间的车驾制度 [J]. 历史语言研究所集刊（63 本，第二分），1993 ： 371-453.
[21] 刘一曼 . 安阳殷墓青铜礼器组合的几个问题 [J]. 考古学报，1995（4）: 395-412.
[22] 张剑峰 . 两汉时期陶囷的类型学分析 [J]. 江汉考古，1995（4）: 69-77.
[23] 龚良 .“圂”考释——兼论汉代的积肥与施肥 [J]. 中国农史，1995（1）: 90-95.
[24] 龚良 . 汉“更衣之室”形象及建筑技术考辨 [J]. 南京大学学报（哲社版），1995（1）: 129-135.
[25] 徐寿群 . 仓、囷与“筒腹罐”之界说 [J]. 江汉考古，1995（1）: 66-72.
[26] 李如森 . 西汉墓葬及其反映的社会面貌 [J]. 吉林大学社会科学学报，1995（6）: 58-62.
[27] 李如森 . 东汉墓葬及其反映的社会面貌 [J]. 吉林大学社会科学学报，1996（3）: 69-74.
[28] 郑同修，杨爱国 . 山东汉代墓葬形制初论 [J]. 华夏考古，1996（4）: 87-101.
[29] 郭灿江 . 河南出土的汉代陶灶 [J]. 中原文物，1998（3）: 62-66.
[30] 李根蟠 . 中国小农经济的起源及其早期形态 [J]. 中国经济史研究，1998（1）: 69-86.
[31] 梁云 . 论秦汉时代的陶灶 [J]. 考古与文物，1999（1）: 48-54.
[32] 安家媛，袁靖 . 新疆和静县察吾乎沟口一、三号墓动物骨骼研究报告 [J]. 考古，1998（7）: 63-68.
[33] 张颖岚 . 秦墓出土陶仓模型及相关问题研究 [J]. 秦文化论丛（第 7 辑），西安：西北大学出版社，1999.
[34] 曹建强 . 汉代的陶厕 [J]. 古今农业，1999（4）: 79-80.
[35] 杨哲峰 . 曲村秦汉墓葬分期 [J]. 考古学研究（四），北京：科学出版社，2000.
[36] 李桂阁 . 南阳地区汉代陶井及相关问题 [J]. 农业考古，2003（1）: 163-165.
[37] 周学鹰 . 汉代建筑明器探源 [J]. 中原文物，2003（3）: 54-62.
[38] 李卿，杨际平 . 汉魏晋南北朝的家族、宗族与所谓的“庄园制”关系辨析 [J]. 中国社会经济史研究，2003（4）: 21-26.
[39] 林沄 . 夏至战国中国北方长城地带游牧文化带的形成过程上 [J]. 燕京学报（14 期），2003 : 95-146.
[40] 蒋英炬 . 汉代画像“楼阁拜谒图”中的大树方位与诸图像意义 [J]. 艺术史研究（6），广州：中山大学出版社，2004.

［41］刘兴林．汉代农业的考古发现和研究［J］．兰州大学学报（社科版），2005（2）：11–19.

［42］王团华．汉代谷仓的活化石［J］．南方文物，2005（4）：58.

［43］刘海旺．首次发现的汉代农业闾里遗址——中国河南内黄三杨庄汉代聚落遗址初识［C］// 陈星灿，米盖拉，主编．考古发掘与历史复原．北京：中华书局，2006.

［44］党浩．胶东地区汉墓的特征及与周边地区的关系［C］// 汉代考古与汉文化国际学术研讨会论文集．济南：齐鲁书社，2006.

［45］何毓灵．殷墟墓葬随葬品冥器化现象分析［C］// 三代考古（二）．北京：科学出版社，2006.

［46］李京华．河南古代水井及提水机械与技术的发展史［C］// 李京华文物考古论集．郑州：中州古籍出版社，2006.

［47］巫鸿．“明器”的理论和实践——战国时期礼仪美术中的观念化倾向［J］．文物，2006（6）：72–81.

［48］杜林渊．南匈奴墓葬初步研究［J］．考古，2007（4）：74–83.

［49］韩建华．汉代宅第阙的类型及相关问题［J］．四川文物，2008（4）：83–89.

［50］程有为．内黄三杨庄水灾遗址与西汉黄河水患［J］．中州学刊，2008（4）：172–176.

［51］武玮．汉墓出土金灶寓意探析［J］．考古与文物，2008（5）：64–68.

［52］陕西省考古研究院秦汉考古研究部．陕西秦汉考古五十年综述［J］．考古与文物，2008（6）：96–160.

［53］郜向平．商墓中的毁器习俗与明器化现象［J］．考古与文物，2010（1）：42–49.

［54］官德祥．从王褒《僮约》探析汉代中叶四川田庄商品经济［J］．中国农史，2010（4）：35–47.

［55］陈国生．试论地理环境在西汉崇奢尚巫风俗形成中的作用［J］．中国历史地理论丛，1993（2）：46–50.

［56］杜林渊．汉代北部边疆地区移民墓葬所反映的历史问题［J］．考古与文物，2011：（1）69–72.

［57］孙家洲．从内黄三杨庄聚落遗址看汉代农村民居形式的多样性［J］．中国人民大学学报，2011（1）：2–8.

［58］袁靖．中国新石器时代家畜起源的几个问题［J］．农业考古，2011（1）：26–28.

后 记

本书是在我的博士学位论文的基础上修改完成的。

感谢我的导师韩国河教授。攻读博士学位期间，先生多次指出治学不应仅拘泥于考古，需涉足不同学科领域，从不同角度观察思考考古学文化。先生非常重视我的基础学习，亲自为我批讲《史记》《汉书》《后汉书》章节，点出我需沉下心来，将史学功底夯实打牢。在读期间，先生安排我参加其他学科的研讨班，使我得以管窥涉猎不同学术领域。在论文写作过程中，先生又倾注心血，为我的论文选题、结构及字句指导修改。我终因自身功底薄弱，论文完成出版之际，回想先生的授业与期望，不免惭愧，唯冀今后的工作学习中继续努力，争取有所收获。

写作期间，感谢河南省古代建筑研究院院长张得水研究员、河南省文物考古研究院郝本性研究员、河南财经政法大学张履鹏教授对我的论文指导，感谢郑州大学李锋教授、张国硕教授、靳松安教授、陈朝云教授等诸位老师对我论文的指导帮助。在搜集资料期间，得到南开大学历史学院刘毅教授、南开大学历史学院阎爱民教授、北京师范大学李梅田教授、郑州文物考古研究院胡亚毅女士、陕西省考古研究院马永赢研究员、四川文物考古研究院黄剑华研究员等的大力帮助，这里致以诚挚的谢意。感谢同门刘尊志、徐玲、赵海洲、朱津、张翔宇、张卫星、张贺君、张凤、张鸿亮等为我论文的写作与完成所付出的努力。诸位同门多已是单位业务骨干，在繁忙工作之余，为我的论文操刀斧正和建议指导，使我得以顺利完成写作。

感谢父母及家人对我长期的支持。父母年近古稀，却一直为我的学习和工作操心。从读硕士到博士这些年，我常因工作和学习，很不负责任地将孩子托付给父母。多年来二老一直默默地支持我，从无半句怨言。感谢我的儿子，从他出生之后，我就一直忙于学习与工作，未能给予他太多的母爱。他却理解我的辛苦，乖巧懂事，不让我操心太多。正是由于他们的无私支持我才能完成学业。

本书最终的出版得到河南博物院学术文库的资助，感谢工作单位河南博物院诸位领导和同事。特别是在我工作与学习期间，得到原院长张文军研究员，院长田凯研究员，副院长李宏研究员和副院长杜启明研究员等的大力支持与帮助，再次表示感谢。同时非常感谢大象出版社的领导和编辑为本书的出版所付出的辛勤劳动。

武玮

2014年7月于河南郑州